Giuseppe Fava

Bevor sie Euch töten

Zu diesem Buch

Vier Männer halten sich in den Bergen Siziliens versteckt, alle gegen ihren Willen zu Banditen geworden. Denn in dieser Welt des Umbruchs nach dem Weltkrieg gilt ein Menschenleben wenig. Die Reichen lassen prügeln und morden, und die Armen, gedungen und gezwungen, müssen es selber tun. Paolo, Antonio, Lorenzo und Michele versuchen um jeden Preis, einen Pass nach Venezuela zu bekommen. Aber ihr Traum vom besseren Leben wird sich kaum je erfüllen, das wissen sie im Grunde schon längst. Für die Menschen in den Dörfern ist es nicht anders. Es bleibt wenig Zeit zum Nachdenken in diesem verzweifelten Sizilien; es bleibt kaum Zeit, ein paar Augenblicke zu leben, »bevor sie euch töten«.

»Ein packender Roman über die sozialen Überlebenskämpfe, wo gewachsene Familienstrukturen eisern und kaum zu zerstören sind.« *Blick*

Der Autor

Giuseppe Fava, geboren 1925 in Palazzolo (Provinz Syrakus), wurde am 5. Januar 1984 vor dem von ihm gegründeten Theater in Catania, in dem sein Anti-Mafia-Stück *L'ultima violenza* (»Die letzte Gewalttat«) aufgeführt wurde, ermordet. Als Romancier, Dramatiker und Journalist hatte er sich mit der mafiosen Gesellschaft seiner Heimat auseinandergesetzt.

Im Unionsverlag ist außerdem lieferbar: *Ehrenwerte Leute*

Der Übersetzer

Peter O. Chotjewitz (1934–2010), ursprünglich Jurist, veröffentlichte Romane und Erzählungen, schrieb zahlreiche Hörspiele und arbeitete für verschiedene Zeitungen und als Übersetzer.

Vorwort

Pippo Pollina (*18.05.1963 in Palermo) ist ein italienischer Liedermacher und Musiker. Bereits in jungen Jahren engagierte er sich in der Antimafiabewegung und arbeitete gemeinsam mit Giuseppe Fava für die Monatszeitschrift *I Siciliani.* Pollina hat über zweihundert Lieder aufgenommen und lebt seit mehr als zwanzig Jahren in Zürich.

Giuseppe Fava

Bevor sie Euch töten

Roman

Aus dem Italienischen von
Peter O. Chotjewitz

Vorwort von Pippo Pollina

Unionsverlag

Die italienische Originalausgabe erschien 1976 bei Gruppo Editoriale Fabbri,
Bompiani, Sonzogno, Etas S. p. A. Milano.
Die deutsche Erstausgabe erschien 1992 im Verlag
Beck & Glückler, Freiburg.

Im Internet
Aktuelle Informationen, Dokumente und Materialien zu
Giuseppe Fava und diesem Buch
www.unionsverlag.com

Unionsverlag Taschenbuch 761

Originaltitel: Prima che vi uccidano (1976)

Neptunstrasse 20, CH-8032 Zürich
Telefon +41 44 283 20 00
mail@unionsverlag.ch

Die erste Ausgabe dieses Werks im Unionsverlag
erschien am 22. April 1994
Reihengestaltung: Heinz Unternährer
Umschlagfoto: Design Pics / Alamy Stock Photo
Umschlaggestaltung: Heike Ossenkop
Druck und Bindung: CPI – Clausen & Bosse, Leck
ISBN 978-3-293-20761-5

Der Unionsverlag wird vom Bundesamt für Kultur mit einem
Verlagsförderungs-Strukturbeitrag für die Jahre 2016–2020 unterstützt.

Auch als E-Book erhältlich

Pippo Pollina:
Erinnerung an Giuseppe Fava

Erinnerung an Giuseppe Fava

Pippo Pollina

Giuseppe Fava war ein faszinierender Mann: Bart und Haare zerzaust, die Kleidung stets unmodisch und er selbst von wunderbarer Wortgewandtheit. Er sprach mit jenem starken Akzent aus dem Westen Siziliens, aus Catania oder Siracus, der in den 1980er-Jahren in allen auf der Insel spielenden Filmen zu hören war.

Ich begegnete ihm nur dreimal in Sant'Agata li Battiati, einem Vorort von Catania, wo die Redaktion seiner Monatszeitschrift *I Siciliani* angesiedelt war. Ich hatte diese Publikation zufällig entdeckt. Ein Mitstreiter gegen die Mafia hatte sie mir als neue und revolutionäre Initiative empfohlen: Es wurde dort geradeheraus von der Cosa Nostra und der Politik gesprochen. Zuvor hatten es nur Mauro de Mauro, Journalist der palermischen Tageszeitung *L'Ora*, und sein Kollege Mario Francese vom *Giornale di Sicilia* gewagt, dieses Thema unabhängig und mit Sachverstand zu behandeln. Beide wurden kurz nacheinander beseitigt. De Mauro verschwand spurlos, und Francese wurde umgebracht.

Eine Schar junger Leute mit großen Hoffnungen und guter humanistischer Bildung bildete die Redaktion von *I Siciliani*. Ihrem Schreibstil merkte man an, dass sie die großen Schriftsteller gelesen hatten. Sie hießen unter anderem Riccardo Orioles, Miki Gambino, Claudio Fava (der Sohn Giuseppe Favas) und Antonio Roccuzzo. Ganz offensichtlich verachteten sie jegliche Form politischer Stiefelleckerei. Sie pflegten einen Idealismus, der meilenweit von der zynischen Haltung Leonardo Sciascias entfernt war, dem großen Literaten aus Sizilien, der sich nicht scheute, auch auf den Seiten des *Corriere della Sera* seinen Standpunkt klarzumachen, nicht immer mit realistischen Visionen.

»Wie kann ich euch helfen?«, fragte Fava mit einem wissenden Lächeln. Er wusste genau, warum wir gekommen waren. Ich besuchte ihn im Sommer 1983 zusammen mit einigen Kommilitonen, mit denen ich eine hektografierte Zeitschrift mit dem Namen *Dedalus* herausgab. Darin beschäftigten wir uns mit Kunst und Literatur, mit Politik und der Antimafia-Bewegung. Wir wollten nun weitere Erfahrungen sammeln, mitarbeiten oder auch bei der Verbreitung seiner Zeitschrift mithelfen. Fava schlug ein, und kurz darauf wurden unsere kleinen Nachforschungen als Einlage seiner Zeitschrift vertrieben, ein Dutzend Seiten, die wir *I Siciliani Giovani*, die jungen Sizilianer, nannten.

Was mich sofort für Fava einnahm, war seine Liebe zu unserer Geschichte und unserem Volk. Ich fand mich wieder in seinen Worten, seinem Schreiben, seinen Recherchen zur Emigration, in seinen präzis entworfenen Bildern, aber vor allem in der Leidenschaft, die aus jedem Wort, aus jedem Bild sprach, wenn er Sizilien beschrieb.

Nur selten sind große Schriftsteller auch fähige Journalisten. So wie die Edelfedern der italienischen Presse auch nur selten mit komplexen, umfangreichen Romanen glänzen. In seinem Roman *Bevor sie Euch töten* platziert sich Giuseppe Fava präzis zwischen den epischen Dramen eines Tomasi di Lampedusa und der soziopolitischen Schärfe von Leonardo Sciascia, zwischen dem »authentischen« Realismus eines Giovanni Verga und der elaborierten Wortwahl von Gesualdo Bufalinos Fresken. Und er vereinigt die zwei großartigen Seelen in seiner Brust: jene des anklagenden Chronisten und jene des Dramaturgen.

Fava schreibt als radikaler, aber nie unkontrollierter Romantiker. Seine präzise beschriebenen Figuren spielen keine zufälligen Rollen, sondern er will mit ihnen sein verdammtes, großartiges Sizilien zeichnen. Seine klar strukturierten Geschichten sollen nicht nur Elend und Resignation angesichts von Gewalt kommunizieren, nicht nur den Missbrauch der Armen durch die Mächtigen oder die ungehemmten Machenschaften in den Schattenbereichen unserer Demokratie. Mit seinen Geschichten will er uns auch aufrütteln. Nur dieses tief empfundene, tief greifende Motiv kann uns eine Kunst schenken, die sowohl zornig als auch ehrlich ist.

Bevor sie Euch töten ist der logische Nachfolger des Romans *Ehrenwerte Leute*. Während Fava mit seinem Erstling in die Fußstapfen von Leonardo Sciascia zu treten scheint, bilden die Handlungsstränge in *Bevor sie Euch töten* lediglich das Erzählgerüst. Die Figuren haben die Aufgabe, den historischen Kontext Siziliens an diesem komplexen Wendepunkt zwischen Vergangenheit und Zukunft abzubilden. Und das labile Gleichgewicht der Menschen zwischen Selbstaufgabe und Rebellion, das jederzeit kippen kann. Hierbei greift Fava in den unerschöpflichen Fundus sizilianischer Geschichten über Mafiosi und Verzweifelte, über kleine Staatsdiener und mutige Gewerkschafter, über maßlos stolze Bauern und deren hoffnungslose Söhne, die auf dem eigenen Boden zu Fremden werden.

Favas Erzählung schlägt einen hohen Ton an. Dieser ist aber kein selbstgefälliger Selbstzweck, er ist weder sentimental noch beschönigend. Und vor allem nie fügsam. Favas Warmherzigkeit und Liebe helfen dem Leser, vorwärtszuschauen und selbst im Dämmergrau noch einen Hoffnungsschimmer zu erkennen. Dieser Mix aus Absicht und Melancholie hat Giuseppe Favas Schreiben immer angetrieben. Bis er selbst zum Opfer wurde.

Die Rebellion von Turi, Stellina, Alfio, Possano oder Michele ist auch die Rebellion Giuseppe Favas, dieses Chronisten, der die ganze Insel durchstreifte, um Zeugnis ihrer unterdrückten Größe abzulegen. In Alfio, der Sizilien verlassen will, verkörpern sich die vielen Verzweifelten, denen Fava als Journalist in seinen Reportagen zum

Thema Emigration begegnete: Sie wollen in die unendliche See stechen, welche die Kontinente trennt.

Turi Scirpu erinnert uns an die bäuerlichen Aufstände, welche Großgrundbesitzer und Mafia, vereint in einem historischen und keineswegs geheimen Teufelspakt, unterdrückten. Indes Michele, der Kleinganove, die Hoffnung als einzigen Lichtblick zur Rebellion verklärt, bevor … sie euch töten.

Aber es ist Possanos Tod, der in seiner dramatischen Gewalttätigkeit zum Kern dieses Romans wird. Denn wie die Romanfigur, die Giuseppe Fava mit seiner Sprachkunst und Lebenskenntnis schuf, wurde auch er selbst von der Mafia umgebracht, die weder thematisiert noch lächerlich gemacht werden will. Die nicht das kleinste Hindernis auf ihrem Weg zur Macht akzeptiert und bereit ist, für dieses Ziel die besten Söhne des Landes zu eliminieren.

Ich erfuhr vom Mord an Giuseppe Fava durch einen Anruf meines guten Freundes Francesco Vitale. Es war der 5. Januar 1984. Wir sollten nicht an der Beerdigung teilnehmen, da die Familie eine einfache Trauerfeier im engsten Kreise wollte. Wir respektierten diesen verständlichen Wunsch. Die Zeitschrift erschien zunächst weiter. Aber uns war bald klar, dass die Redaktion ohne Favas erzählerische Kraft und ohne sein Talent, jedes auch noch so schlimme Ereignis in positive Energie umzuwandeln, bald nicht mehr standhalten würde. Einige Monate später schloss die Zeitung ihre Pforten.

Zürich, Januar 2017

Das Glück

Vier Männer lebten seit vielen Monaten auf einem Gipfel, der sich, vierzig Kilometer vom Meer entfernt, öde und nach allen Seiten steil abfallend, über das umliegende Bergland erhob. Unten hatte sich früher eine kleine Eisenbahn talabwärts zum Meer geschlängelt, aber jetzt wuchs Gras auf den Gleisen. Hier und da an den Hängen leuchtete noch das Rot der Bahnwärterhäuschen, in denen die Hirten schliefen, wenn sie ihre Herden auf die Winterweide trieben. Früher hatten sich in diesen Bergen und Schluchten Wolfsrudel mit fünfzehn oder zwanzig Tieren herumgetrieben, doch dann hatte die Regierung eine Prämie von hundert Lire pro Tier ausgesetzt, und binnen weniger Jahre waren sie fast ausgerottet worden. Jetzt gab es nur noch ein paar Vipern, Wildkaninchen und viele Tausend harmlose Schlangen, die so groß wie ein Fahrradschlauch waren.

Die vier Männer hießen Lorenzo, Paolo, Michele und Antonio. Nachts schliefen sie in einer Hütte, die vor fünfzig Jahren von Wolfsjägern zum Schutz gegen den Schnee errichtet worden war. Sie besaßen Zigaretten, Büchsenfleisch, Dosenmilch und Zwieback, um sich zu ernähren, eine alte Wagenlampe, vier Strohsäcke als Matratzen und ein paar Decken, in die sie sich zum Schlafen einrollten.

Wenn es geregnet hatte, sammelten sie die großen, schwarzen Schnecken, die unter dem Berggestein hervorschauten, und aßen sie. Immer zehn wurden mit dem Schneckenhaus auf Eisendraht gezogen und auf kleine Steine gehäuft. Dann entzündete man mit dürren Ästen ein Feuerchen und briet die Schnecken in ihrem eigenen Saft. Später, wenn das Holz heruntergebrannt war, saßen die Männer um die heißen Steine herum und klaubten die Schnecken aus der Asche. Eine nach der anderen wurden sie mit der Messerspitze herausgepult und mit Brot verzehrt. Lorenzo lachte dabei und berührte Antonios Hose mit der Messerspitze, direkt am Latz.

»Diese Schnecken sind unübertrefflich«, sagte er. »Es gibt nichts Anregenderes als eine Schnecke. Du kriegst so einen Ständer!«

Mehr als irgendetwas wünschten sie sich eine Frau. Paolo, der sechsundzwanzig Jahre alt war, wurde fast wahnsinnig. Im Gras liegend, entblößte er sich, betastete sein Glied, als wäre es der Hals einer Mandoline, und träumte von einer zarten Hand.

Die anderen lachten und bewarfen ihn mit Steinen wie einen Hund. Er wälzte sich röchelnd im Gras, zuckte und seufzte laut, wenn es ihm kam. Dann lag er wie tot da. Er war jung und mager, hatte dichte Augenbrauen und sehr langes, schwarzes Haar, dünne Arme und einen schmächtigen Brustkorb. Auch die Hände waren feingliedrig, denn er war lange Jahre Barbier gewesen.

Seine Gefährten dagegen waren muskulös – auch Lorenzo, der schon alt, klein und mager war. Er war zweiundsiebzig. Tag und Nacht lief er in abgetragenen roten Stiefeln herum, hatte die Mütze tief ins Gesicht gezogen und verwahrte in seinen Taschen unzählige Dinge: Bindfäden, Heiligenbildchen, Kerzenstummel, Kippen, Zündhölzer und sogar alte Kupfermünzen, Nägel und Patronenhülsen. Da er alt war, hatte er kaum noch Zähne, und sein Gesicht war entlang der Mundhöhle eingefallen. So kaute er sorgfältig auf dem Essen herum, bis nur noch ein paar Krümel in den Mundwinkeln am Barthaar hängen blieben. Sein Leben lang war er Hirte gewesen und zuweilen auch Bänkelsänger, sodass er ganze Gesänge des Rolandsliedes auswendig konnte.

»Du bist ein Tier!«, spöttelte Antonio manchmal. »Du bist ein analphabetischer Hirte. Ich kann lesen und schreiben, deshalb bin ich dein Herr!«

»Ich schneid ihn dir ab«, antwortete der Alte und packte Antonio bei der Hose. Vor Lachen liefen ihm die Tränen über die

Wangen, und er musste husten. Auch Antonio musste lachen und schlug ihn mit der Faust auf den Kopf, um freizukommen. Er war groß wie ein Stier, und seinem Kinn und den Händen sah man an, dass er stark war und grausam sein konnte. »Ihr werdet es erleben«, rief er, »dass wir eine Frau kriegen. Zuerst muss sie nackt auf allen vieren kriechen. Ich werde sie etwas peitschen, um sie zu erregen. Der Hintern muss blutig sein!«

Er fletschte die Zähne. Speichel lief aus seinem Mund. Dann biss er sich in die Hand.

»Jungfrauen und Huren, wo seid ihr?«

»Alle Weiber sind erst Jungfrauen und dann Huren«, sagte Paolo Chillemi. »Fragt Michele. Der weiß Bescheid. Er hat eine Sechzehnjährige entjungfert.«

Michele lag auf den Steinen, hatte sich in seine Decke gehüllt und antwortete nicht. Er war fünfundzwanzig Jahre alt, der Jüngste und der Unglücklichste von allen. Er grübelte unentwegt.

Eines Tages kam eine Hure aus Catania für zwanzigtausend Lire in eines der Bahnwärterhäuschen an der ehemaligen Eisenbahnlinie unten im Tal. Sie nannte sich Ciuzza, war klein und kräftig, schwarzhaarig und noch fest im Fleisch, obwohl sie mindestens vierzig war, aber ihre Augen glänzten vor Müdigkeit. Ihre Brüste waren groß, plump und von den Hieben und Kratzern ihrer Freier gezeichnet.

Paolo holte sie vom Postbus an der Provinzstraße jenseits der Hügel ab und begleitete sie das Tal hinauf. Argwöhnisch sah sie sich um.

»Warum gibt es hier keine Häuser?«, fragte sie. »Krieg ich nachher etwas Weißbrot?«

Paolo packte sie, zog ihr den Rock hoch und presste sich an sie, aber sie trat und schlug um sich und floh die Böschung hinauf.

»Jetzt nicht! Nicht hier!«, schrie sie. »Ich schlage dir den Schädel ein.«

»Schon gut, schon gut«, sagte Paolo lachend. Er spürte, wie sein Glied bebte. »Ich wollte nur als Erster ran!«

»Der Erste wolltest du sein?« Ciuzza lachte ebenfalls. »Du Tier!«

Sie erreichten das Häuschen. Innen war bereits aus Stroh ein Lager hergerichtet worden, auf dem eine Wolldecke lag. Den ganzen Nachmittag und die Nacht über lagen sie bei der Frau. Antonio schrie und lachte, dass man es bis zum Fluss hinunter hörte. Er war wie von Sinnen und prügelte sich sogar mit ihr. Aber Ciuzza hatte keine Furcht, schlug ihre Fingernägel in seinen Rücken, in den Nacken und beschimpfte ihn. Antonio zerrte an ihren Haaren, um sie zu bändigen, und drückte sie an sich. Er zuckte und zitterte wie ein Kampfstier und wollte nicht aufhören.

»Schöne, du Schöne«, murmelte er, »zeig mir, dass es dir Spaß macht!«

»Was verlangst du für fünftausend Lire«, schrie Ciuzza, »willst du mich umbringen?«

Ihr Atem ging heftig, und sie schlug ihn mit den Fäusten ins Gesicht, aber zum Schluss begann doch die Lust in ihr zu kribbeln, und sie beruhigte sich und schloss die Augen. Ein paar Mal verkrampfte sich ihr Körper und entspannte sich wieder, und ihr Gesicht war nass vor Schweiß. Ihr heiseres Wimmern erregte die anderen vor der Hütte so, dass sie sich im Gras wälzten.

Als es dunkel wurde, aßen sie Brot, Marmelade und Büchsenfleisch und saßen an den Rinnsalen des Flusses. Paolo, Antonio und Michele streckten sich im dichten Gras aus und begannen zu rauchen. Lorenzo war mit der Frau in der Hütte, weil er an der Reihe war. Nackt lagen sie nebeneinander, und Ciuzza schien erschöpft zu sein. Sie schaute ihn an und streichelte ihn sanft mit den Fingerspitzen. »Du Armer«, sagte sie, »wie mager du bist! Sprichst du nicht mit deiner Ciuzza?«

Sie umarmten sich, lagen reglos beieinander und beschnupperten sich. Ihr Schweiß war sauer.

»Was treibt ihr in den Bergen?«, fragte Ciuzza, ohne ihn anzublicken. »Was macht ihr alleine in den Bergen?«

Der alte Lorenzo ließ ein listiges Lächeln über sein faltiges Gesicht huschen und sagte nichts. Er genoss das hübsche Stück Fleisch, das auf ihm lastete, und betrachtete die großen, blau geäderten Brüste.

»Wir wehren uns gegen die Schlangen«, sagte er endlich. »In den Bergen gibt es Tausende davon. Sie kriechen umher und stürzen sich von den Klippen. Die Schlangen versuchen, uns umzubringen, und wir versuchen, die Schlangen umzubringen. So vergehen die Tage.«

Die Frau lachte unwillkürlich und zupfte an den Härchen auf seiner Brust. Dann schüttelte sie sich und sagte: »Ich fürchte mich vor Schlangen.«

Sie drückte Lorenzos Kopf mit zwei Fingern in ihre Blickrichtung.

»Und wer ist dieser Michele? Er nahm sich nicht mal die Zeit, mit mir zu reden, sprang auf mich drauf und war schon drin. Seine Zähne klapperten vor Anstrengung, und er war steif wie ein Brett. Kein Wort, keine Zärtlichkeit hat er sich gegönnt. Er wollte nur rasch fertig werden!«

Lorenzo sagte nichts, und Ciuzza betrachtete ihn.

»Weißt du, was ihm fehlt?«

»Wer weiß«, antwortete Lorenzo.

Eine Weile lag sie auf ihm. Als sie ihn mit ihren Lippen unter der Wolldecke bedrängte, zitterte und lachte er. Sein ganzer Leib lachte, und all seine Wollust schien sich darin zu entladen. Er versuchte, sich zu entziehen, aber sie lag auf ihm, schwer und schwitzend.

»Süßer, zeig mir, dass du ein Mann bist«, flüsterte Ciuzza. »Worauf wartest du? Es ist spät.«

»Ich bin alt«, stöhnte Lorenzo, der kaum Luft bekam. »Was hast du nur in der Zunge? Den Teufel?«

Sie biss sanft in sein Ohr.

»Schluss jetzt, beim nächsten Mal zeige ich dir einen Trick!«

Doch Ciuzza kehrte nie zurück in jenes wüste Tal am Fuß der Berge und sah auch keinen der vier Männer jemals wieder. Es war Winter, und der Fluss führte Hochwasser, hatte sich gelb gefärbt und toste bis in die ferne Ebene. Die Schlangen waren verschwunden, die Berge waren umhüllt von Regen und Nebel, und nur gelegentlich brach die Sonne durch. Dann sah man die weißen Dörfer mit ihren hohen Kirchen auf den Hügeln, aber sie waren so weit entfernt, dass man sie für Friedhöfe halten konnte.

Manchmal stiegen die vier Männer zum Fluss hinab und füllten die Kanister mit Wasser, legten sich an einer windgeschützten Stelle auf die Klippen und sonnten sich schweigend.

Michele dachte an den Abend, als er mit Stellina geflohen war und sie entjungfert hatte. Er hatte sie zu einem Gasthof in Vizzini gebracht, und an jenem Abend hatten sie nicht einmal das Essen angerührt. Stellina war sechzehn Jahre alt, und alles verkrampfte sich in ihr, doch sie weinte weder, noch schrie sie.

»Sei vorsichtig, Michele«, bat sie, »bitte tu mir nicht weh.« Dann hatte die Spannung sich gelöst, und aus ihrer Kehle war ein gieriges Grummeln gekommen, das plötzlich ihren ganzen Körper mit Wohlbehagen zu füllen schien.

Manchmal dachte Michele auch an seinen Vater und versuchte, sich vorzustellen, wie er vor seinem Tode ausgesehen hatte: klein, blond, mit weißen Strähnen im Haar, schweigsam und verschlossen. Jeden Abend, wenn er von der Arbeit kam, aß er wortlos seine Nudeln und legte sich hin. Die Füße musste man ihm stets mit einer Wolldecke zudecken, denn das Rheuma nagte an seinen Gelenken. Eines Tages brachten sie ihn blutüberströmt und in eine Zeltplane gewickelt heim. Ein Steinschlag hatte seine Glieder zertrümmert.

»Wenigstens bin ich nicht im Steinbruch gestorben«, dachte Michele. »Ich bin nicht so dumm wie mein Vater. Ich kann lesen und schreiben und kämpfe um mein Leben. Mein Vater war wirklich ein Stück Scheiße!«

Sieben Männer waren damals mit dem alten Passanisi im Steinbruch verunglückt, wo sie für zwanzig Lire am Tag gearbeitet hatten – kaum ausreichend zum Leben. Ein Kilo Brot kostete vier Lire und ein Päckchen Zigaretten zwei. Fünf Stunden dauerte es, bis man die Steinbrecher ausgegraben hatte. Ihre Knochen waren gebrochen, ihre Zähne herausgeschlagen, und ihre blutigen Körper waren bis unter die Fußnägel voll Steinstaub.

Noch vor dem Krieg hatte sich dieses Unglück ereignet. Als der Krieg dann ausbrach, schien er fern zu sein und war deshalb unwirklich. Man wusste nur, dass es keine Armen und keine Arbeitslosen mehr geben würde, wenn Italien ihn gewinnen sollte. Im Dorf wurde ein großer Umzug mit Wimpeln, Fahnen und Musikkapelle veranstaltet. Die Bürger sangen oder warfen Blumen aus den Fenstern ihrer Häuser, und Bürgermeister Scibilia marschierte vorneweg.

»Die Mützen ab!«, schrie er, und die Bauern gehorchten.

Die Jungen sangen, als sie ins Feld zogen. In den Wehrübungen hatte man den Bauern Kriegslieder beigebracht. Keiner kannte den Tod oder wusste, was eine Schlacht ist, und so lehnten sie aus den Fenstern der Eisenbahn und schwatzten, lachten und winkten. Die Berge zogen vorbei, die kleinen gelben Flüsse und die Olivenhaine. Es war Sommer, und das Getreide war reif. Auf den Bahnsteigen standen Rotkreuzschwestern und verteilten Schokolade und Zigaretten.

»Stimmt es, dass die Frauen in London groß und blond sind?«, riefen die Soldaten. »Solche Frauen gibt es nicht!«

Drei Jahre gingen ins Land, und nur die Frauen und alten Männer blieben zurück. Im Morgengrauen ritten sie hinaus – am Sattel die Sicheln und das Gewehr. Manchmal marschierte eine Kompanie Soldaten vorbei. Sie waren staubbedeckt und zogen Maultiere hinter sich her, die sie vor ihre Kanonen gespannt hatten.

Der Krieg in Afrika war schon verloren, und alle Soldaten dort unten waren tot oder gefangen. Es war erst Juli, doch der Sommer schon vorbei. Die Tage waren voller Wind. Staub und Häcksel wirbelten durch die leeren Feldscheunen auf den Hügeln, denn die Bauern hatten vorzeitig gemäht und gedroschen. Viele hatten die Ernte auf dem Land vergraben, damit die Regierung sie nicht beschlagnahmen konnte.

Am Abend des 9. Juli sah man am Himmel zum Meer hin einen riesigen Feuerball, und die Erde erzitterte. In der Dunkelheit hörte man Flugzeuge in großer Höhe, und in den Dörfern läuteten die Kirchenglocken Sturm. Drei Stunden vor Sonnenaufgang landeten englische Fallschirmjäger im Tal des Anapo und sprengten die Brücken, aber die Italiener kamen trotzdem durch, indem sie die Feldwege benutzten oder durch das Kiesbett der Flüsse fuhren. Sie verwendeten große Fiat-Lastwagen als Zugmaschinen für ihre alten, gelb gestrichenen Kanonen.

Aus den Provinzen des Landesinneren eilten sie an die Küste, wo die Schlacht tobte. Viele Bataillone marschierten zu Fuß, hatten kleine Kanonen auf dem Rücken ihrer Maultiere befestigt und wurden bei Tagesanbruch von den Tieffliegern aufgerieben.

Während der Nacht rückten die englischen Fallschirmspringer entlang der Flussufer vor und durchkämmten die Hänge auf der Suche nach Straßen, Brücken, Elektrizitätshäuschen und Munitionsdepots, die sie noch zerstören konnten.

Auf halber Höhe töteten sie einen Bauern, der bei seiner Getreideernte Wache hielt. Er hieß Alfio Scirpu, war sechsundachtzig Jahre und litt unter Altersschwachsinn. Nachts schlief er auf der Tenne unter einer Wolldecke, das Gewehr zwischen den Beinen. Er war massig, und sein weißes Haar war voller Spreu und Erde wie ein Schafspelz.

Ängstlich lauschte er dem fernen Gefechtslärm entlang der Küste und dem Dröhnen der Flieger, die das Tal überquerten. Plötzlich durchbrach Hundegebell die ländliche Stille, aber es war nicht zu erkennen, ob die Tiere etwas gehört hatten oder sich gegenseitig angriffen. Der Alte hob den Kopf und spähte in die Dunkelheit.

»Es sind Diebe«, dachte er. »Der Pöbel ist los. Sie ziehen durchs Land, um die einsamen Gehöfte auszuplündern.«

»Hands up!«, gellte eine Stimme in unmittelbarer Nähe. Der Alte richtete sich vorsichtig auf und nahm sein Gewehr. Zwei Männer näherten sich der Feldscheune.

»Ehrloses Gesindel!«, schrie der Alte und legte das Gewehr an, aber die zwei Männer sprangen ihm entgegen. Er drückte ab. Einer der beiden vollführte einen seltsamen Sprung und fiel ins Stroh. Der andere verschwand.

»Hurensohn!«, schrie der Alte und richtete die Gewehrläufe in die Dunkelheit. Eine Geschossgarbe zerfetzte seinen Hals und die Oberarme, und er fiel rücklings zu Boden. So starb Alfio Scirpu. Er trug noch die Birritta, die schwarze Wollmütze, die nach der Überlieferung den Familienvater kennzeichnet. Es dauerte zwei Tage, bis sie ihn fanden, schon mit Ameisen zwischen seinen Zähnen.

Kurz nach Sonnenaufgang wurde das Dorf von sechsunddreißig Flugzeugen angegriffen, die ein Blutbad anrichteten. Weinende Menschen wühlten in den Trümmern und suchten ihre Toten. Soldaten legten die Leichen in Reih und Glied auf die Bürgersteige. Einige waren verstümmelt, andere nackt, da der Tod sie im Schlaf überrascht hatte. Die Soldaten bedeckten sie mit Bettlaken, die sich blutrot färbten. Einen Tag lang waren die Menschen fast wahnsinnig vor Entsetzen. Der eine suchte seinen Schmuck, der andere seine Kinder, die verschüttet waren.

Auf einer Bahre wurde ein verletzter englischer Pilot angebracht. Er wimmerte und weinte. Sein Leib war eine einzige Wunde, doch keiner beachtete ihn, bis jemand in sein Gesicht trat. Jetzt schlugen alle auf ihn ein, auch mit Steinen. So töteten sie ihn.

Gegen neun Uhr wurde der Ort abermals von zwanzig Flugzeugen bombardiert. Die Menschen hörten auf, in den Trümmern zu wühlen, und liefen umher wie die Küken. In der Nacht kamen Panzer den Berg herauf. Es waren italienische Soldaten, die verdreckt und ohne Waffen ins Landesinnere flüchteten oder schon jetzt die Uniform auszogen, weil der Widerstand zusammengebrochen war.

Nach zwei Tagen besetzten die Engländer das Dorf. Sie luden die Leichen auf Lastwagen – Kinder, Soldaten und Frauen – und verbrannten sie auf dem Friedhof in einer großen Kalkgrube.

Der alte Alfio Scirpu wurde von seinem Sohn gefunden. Er lag im Stroh, dort, wo er gefallen war, denn die Soldaten, die ihn erschossen hatten, waren nicht einmal hingegangen, um zu schauen, ob ihm noch zu helfen war. Der Sohn legte die Leiche auf sein Muli und band Hände und Füße des Toten unter dem Bauch des Tieres zusammen. Der Leichnam lag auf dem Tier wie ein Sack.

Die englischen Soldaten schauten vom Lastwagen herab und riefen: »Der Italiener hat reiche Ernte gemacht!«

So kam der Krieg, und so ging er wieder – eine ferne, unbegreifliche Sache, die nichts als Staub und Blut brachte. Die jungen Männer des Dorfes waren mit einer Zange in der Tasche ausgezogen, um getöteten Feinden die Goldzähne zu ziehen, und blieben wer weiß wo liegen: unter afrikanischer oder russischer Erde. Langsam wurde alles wie früher, und im Dorf begannen die Reichen, ihre Häuser, die der Krieg zerstört hatte, wieder aufzubauen.

Der Ort war älter und mit zwanzigtausend Einwohnern größer als die anderen Orte der Gegend. Es gab eine Volksschule, ein Gymnasium, ein Steueramt und eine kleine Landwirtschaftsbank, die an die Gutsherren, Arbeiter, Beamten und sogar an die Kleinbauern Geld verlieh, wenn sie entsprechende Sicherheiten anzubieten hatten.

Das Bankgebäude, das an der Hauptstraße stand, war eines der ersten Häuser, die wieder aufgebaut wurden – genau wie es einmal ausgesehen hatte. Mit zwei Stockwerken, Bossen an den vier Ecken und schmiedeeisernen Balkonen. Zu seiner Eröffnung kamen der Präfekt und die Abgeordneten und Senatoren aus Palermo.

Auch alle anderen Büros und die wichtigsten Geschäfte lagen an der Hauptstraße; die Büros der Kommunisten, der Monarchisten und der Christdemokraten, die Apotheke, zwei Bars und der Kulturverein, wo der Landadel, die Beamten und die reichen Gutsherren sich abends trafen, um Zeitung zu lesen oder Karten und Billard zu spielen. Der Club hatte zweihundert Mitglieder, und die Leute nannten ihn das Bürgerkasino.

Alle Häuser des Dorfes, auch die herrschaftlichen, waren aus weißem Stein, der in den Tuffsteinbrüchen in den Bergen gewonnen wurde. Die Kirchen waren ebenfalls aus diesem weichen Gestein erbaut, in das man Friese, Rosetten und Säulen schneiden konnte. Im Zentrum des Dorfes lag ein großer Platz mit dem Rathaus, den Kolonnaden und der Mutterkirche, zu der eine hohe Freitreppe hinaufführte, die von zwei riesigen Löwen aus Marmor flankiert wurde.

Die Häuser der reichen Familien, die zugleich die ältesten waren, lagen oben am Berg, hatten Mauern, die zwei Meter dick waren, schmiedeeiserne Balkongeländer und Schießscharten, um auf die Wölfe zu feuern. Am eindrucksvollsten war der Palast der Barone Bufardeci. Er war drei Stockwerke hoch, hatte einen herrlichen Balkon und Decken, die bemalt und mit vergoldetem Stuck geschmückt waren. Der große Saal war voller Ritterrüstungen und Waffen, die angeblich von echten Kreuzrittern stammten, zu deren Nachkommen die Familie gehörte. Schwerter und Streitkolben, Hellebarden, Schilde und Büchsen hingen an den Wänden, und an der Stirnwand prangte die gelb-blaue Standarte derer von Bufardeci.

Auch die Kapelle der Bufardeci auf dem Friedhof, etwa einen Kilometer vom Ort entfernt, war die größte: majestätisch und mit riesigen Amphoren, Statuen und Fialen geschmückt. Sogar aus Catania und Palermo kamen die Touristen, um sie zu bewundern.

Die Gräber der Patrizier waren so groß wie Wohnhäuser, mit Altären, kristallenen Nymphen und drei Meter hohen Marmorengeln, die sich an den Säulen und Kreuzen festklammerten. Auch Arbeiter und Bauern besaßen Marmorgräber mit bronzenen Lampen, einer Skulptur und großen Fotografien der Verstorbenen. Überall in der Ebene und den Bergen sah man diese fantastischen Totenstädte, die nur aus weißen Kirchen zu bestehen schienen.

Die Ebene erstreckte sich etwa zwanzig Kilometer landeinwärts bis zu einem unbewachsenen Bergmassiv, während sie zum Meer hin von lieblichen und fruchtbaren Hügeln flankiert wurde. Eine asphaltierte Straße führte von der Küste herauf und durch ein Seitental zur Ebene von Catania. Sonst gab es nur Feldwege für die Herden und Karren, oder Sträßchen, die an einem Steilhang oder auf einem Feld endeten. Manche Bauersfamilien, die in abgelegenen Gemarkungen lebten, blieben deshalb das ganze Jahr in ihren Hütten und kamen nur ins Dorf, um das Fest des Schutzpatrons, des heiligen Paul, zu feiern, oder weil jemand erkrankt war. Der Kranke wurde von seinen Verwandten auf einen Karren gelegt, in Wolldecken gewickelt und ins Dorf gefahren. Fast alle Zitrusplantagen und die Hälfte der Ländereien gehörten etwa fünfzig Familien. Sie vergaben das Land gegen Leibrente oder in Halbpacht oder ließen es von Verwaltern bewirtschaften, die ihrerseits Arbeiter und Tagelöhner nach Bedarf einsetzten.

Große Teile der Ebene waren ohne Wasser und lagen brach. Hier und da erstreckten sich wie braune Flecken die Olivenhaine, und auf den Hängen wurde Weizen und anderes Getreide angebaut, aber alles lag voller Steine, die der Regen von den Bergen herabspülte.

Nur an den Flussufern gab es fruchtbare Orangenhaine, die sich zum Ausgang des Tales hin erweiterten und immer üppiger wurden, weil sich dort das Flusswasser staute.

Die Berghöhen dagegen waren öde, und die Hirten, die mit ihren Herden auch den Winter dort verbrachten, trafen kilometerweit keinen Menschen. Ein paar Alte entsannen sich noch der Wölfe, die mit hängender Zunge ins Tal kamen, wenn es sehr kalt wurde, und die nur Haut und Knochen waren. Dann wurden die Zugänge zum Dorf verrammelt, und die Adligen zogen mit Säbeln und Gewehren hinaus auf die Jagd.

Später durften auch die Verwalter und Bauern Waffen tragen, und so starben die Wölfe. Nur einige wenige retteten sich in die Wälder, und nicht einmal der Hunger und der Schnee konnten sie noch bewegen, ins Tal zu kommen.

Turi Scirpu wohnte in der Via Delle Calcare, fast oben auf dem Berg, wo die Felder beginnen, und sein Haus war eines der höchsten. Von hier aus sah man in weiter Ferne das Meer zwischen den Bergen und den weißen Gipfeln des Ätna.

Turi war mit seinem Haus zufrieden. Es war vor hundert Jahren erbaut worden und besaß dicke Mauern, die sogar dem Erdbeben standhielten. Im Übrigen war er hier zur Welt gekommen, genau wie seine drei Kinder, Alfio, Stellina und Tanuzzu.

Groß und etwas krumm im Rücken, dunkelhäutig und mit grauem Haar und Schnurrbart, wirkte er älter, als er wirklich war. Doch er war voller Lebenskraft und hatte einen Nacken wie ein Stier. Lesen und schreiben konnte er nicht, das war unwichtig für sein Leben. Er war immer Bauer gewesen und wusste alles, was er dazu brauchte: wie man eine Mauer errichtet, ein Pferd beschlägt oder auf dem Land einen Brunnen gräbt.

Man mochte ihn ungebildet nennen, doch war er gutmütig. Er glaubte nur, was er gesehen und gelernt hatte, und nie hatte er sich dafür interessiert, was jenseits der Berge geschah.

Seit vierzig Jahren hatte seine Familie ein Podere des Advokaten Trapanese in Halbpacht, und sein größter Wunsch war, das Land zu kaufen. Er sparte am Essen, so gut er konnte, las auf den Feldwegen den Kot seines Maultieres auf, um ihn als Dünger zu verwenden, und für die Winterfeuerung sammelte er Laub und Zweige.

Während des Krieges riskierte er sogar, von den Soldaten erschossen zu werden, da er Woche für Woche zehn Kilo Weißbrot an die Händler aus Catania verkaufte, die aufs Land kamen, um Nahrungsmittel zu hamstern. Jetzt war er Herr über 470 000 Lire.

»Das Land ist das Einzige, was sicher ist auf der Welt«, pflegte er zu sagen. »Erdbeben kann es geben oder Krieg, in hundert Jahren sind alle tot, und die Häuser stehen nicht mehr. Aber das Land gibt es noch immer!«

»Lass uns elektrisches Licht ins Haus legen«, sagte seine Frau. »Alle in unserer Straße haben schon Lampen im Haus.«

»Dummes Zeug!«, antwortete Turi. »Der Vertrag mit dem Elektrizitätswerk kostet zwanzigtausend Lire. Wer lesen und schreiben muss, braucht elektrisches Licht. Aber wir, was sollen wir damit?«

Am Abend, wenn sie zu Bett gingen, streichelte er ihren Leib mit seinen dicken, rauen Fingern, schmiegte den Kopf an ihre Brust, als wollte er an ihr riechen, und legte seine Hand auf ihren Schoß. »Als Tochter eines Barons hättest du zur Welt kommen müssen«, sagte er. »Dein Fleisch riecht wie Milch so gut.«

»Das sind die Kinder, die ich dir geboren habe«, sagte sie, schob seine Hand beiseite und lachte.

Santuzza hieß sie, war klein und mager, hatte kräftige Hände und Zähne, doch ihr Blick war klar und ihre Haut so weiß, als wäre sie keine Bäuerin. Nur ihre Hände waren hart wie Holz. Auch sie war Analphabetin, hatte die Berge niemals verlassen und keine Stadt gesehen.

Stellina, ihre Tochter, ähnelte ihr. Sie war sechzehn Jahre alt, klein und zierlich, hatte dünne Beine und ein zartes Gesichtchen.

Schweigsam und aufmerksam war sie, und ihr Blick wirkte scheu, als ob ihre zarte Gestalt sie traurig machte.

Sie war nicht einmal schön, denn ihr magerer Körper ließ sie unreif und kindlich erscheinen. Nur ihre Lippen waren schon weich und voll, und die großen, immer etwas umränderten Augen strahlten.

Bis zur fünften Klasse hatte sie die Volksschule besucht, dann hatte sie den Eltern bei der Landwirtschaft geholfen, bis sie mit dreizehn an einer Brustfellentzündung erkrankt war. Drei Monate war sie krank gewesen. Danach hatten die Eltern sie nicht mehr zur Feldarbeit geschickt, sondern in eine Schule gegeben, wo sie Sticken lernte.

Davon waren ihre Hände noch weißer und zarter geworden. Manchmal wurde sie von unbändiger Fröhlichkeit ergriffen, bog den Hals nach hinten und lachte mit aufgerissenem Mund. Dann wieder litt sie unter Schwächeanfällen, schwieg tagelang und las ununterbrochen in alten Illustrierten, die ihre Kameradinnen in der Stickschule ihr liehen.

Seit zwei Jahren war sie eine Frau. Beim ersten Mal hatte ihre Mutter das blutige Bettlaken genommen, es ihrem Mann gezeigt und geheimnisvoll gelächelt. Turi hatte mit dem Kopf genickt und böse gegrummelt.

»Eine schöne Bescherung! Und was geht mich das an? Du bist die Mutter und musst damit fertig werden.«

Von den zwei Söhnen ähnelte Alfio mehr dem Vater: groß und braun, mit langen, starken Armen, dunklen Augen und Haaren. Ein dicker Hals und vorstehende Backenknochen. Mit zwanzig Jahren war er zum Militärdienst gegangen. Er konnte lesen und schreiben, und auch er wusste alles über die Landwirtschaft: in welcher Woche des Jahres man die Ackerfurchen mit Mist bedecken musste, wie man die jungen Olivenbäume veredelte, ein Tier kastrierte und eine Mauer errichtete. Aber er schien mit nichts zufrieden.

Oft saß er alleine und grübelte. Stellina setzte sich neben ihn, betrachtete ihn ironisch und war so grazil und blond, dass sie nicht wie seine Schwester wirkte.

»Was denkst du?«, fragte sie. »Mein armer Bruder.«

Alfio sah sie ruhig an, und in seinen Augen blitzte schon das Lachen. Sie fuhr sanft über sein Haar, als wäre es das Fell eines Hundes, und wisperte beschwichtigend.

»Mein armer Bruder. Fehlt es dir an Brot?«

Sie mussten beide lachen, aber in ihren Gedanken blieben sie allein.

Der andere Bruder, Tanuzzu, saß dabei und hörte zu, aber die beiden zogen ihn nicht ins Vertrauen, denn er war erst dreizehn Jahre alt und ein bisschen begriffsstutzig. Die zweite Klasse der Grundschule hatte er dreimal wiederholt, und weiter war er nicht gekommen. Immer saß er in der letzten Bank, und zum Schluss überragte er die anderen um Haupteslänge.

Ständig machte er ein Gesicht, als hätte man ihn erschreckt. Seine Arme lagen so schwer auf der Schulbank, dass er den Bleistift abbrach, wenn er schrieb. Vor dem Lehrer stand er in Habtachtstellung, den Rücken etwas gekrümmt, und schaute ihn schweigend an.

»Was für eine Sorte Tier bist du?«, fragte der Lehrer. Tanuzzu musste die Handflächen vorzeigen, und der Lehrer gab ihm mit dem Rohrstock zehn Hiebe auf die eine Hand und noch einmal zehn auf die andere. Zum Schluss nahm der Vater ihn von der Schule und schickte ihn aufs Feld. Die ganze Familie wusste, dass Turi Scirpu den Hof kaufen wollte und 470 000 Lire gespart hatte.

»Auf diesem Land hat schon mein Vater gesät und Schweiß vergossen, bevor ihr auf der Welt wart«, sagte Turi, »doch es gehört uns noch immer nicht, und Ende des Jahres müssen wir dem Patron die halbe Ernte bringen.«

Der Grundherr war Advokat Sebastiano Trapanese, dem alle

umliegenden Höfe bis hin zum Flusskies gehörten – mindestens zweihundert Hektar, den ganzen Hügel entlang. Manchmal kam er zu Pferde den Hügel herab, hatte den Mantel über die Schultern geworfen, Ledergamaschen an den Beinen, und man sah, wie er von einem Hof zum nächsten galoppierte, als wäre er nicht sechzig Jahre alt.

An Hochmut stand er den Adligen in nichts nach, dabei verachtete er sie ebenso wie die Plebejer und hatte nur vor zwei Dingen Respekt: dem Geld und den Gesetzen. Er lebte allein, denn er war Witwer; seine zwei Töchter hatte er nach Catania verheiratet, und der Sohn besuchte die Universität.

Von Statur war er klein, und seine Haut war so bleich wie die Tasten eines alten Klaviers, doch seltsam speckig. Seine Augen waren zwei Hosenknöpfe und die Nase enorm. Krank sah er aus und ritt doch wie ein Viehhüter, das Gewehr ins Futteral am Sattel gesteckt und auf dem Kopf einen großen schwarzen Hut.

Zur Zeit der Ernte und im September, wenn ausgesät wurde, geisterte er auf einem alten, grauen Hengst über die Felder, hielt das Tier im Zaum und prüfte wortlos, ob die Furchen richtig gezogen waren, wie man die Bäume beschnitten hatte, ob die Mauern intakt waren und die Misthaufen vorschriftsmäßig geschichtet. Den Bauern gab er mit einer Kopfbewegung Bescheid, ohne sie anzusehen. »Zu viel Land bestellst du«, sagte er zu Turi. »Zu viel Getreide willst du ernten und ruinierst meinen Acker. Du nimmst ihm das Blut.«

»Wollt Ihr mich lehren, wie ich meinen Beruf auszuüben habe, Euer Ehren?«, antwortete Turi lächelnd. Er lief neben dem Pferd her und hielt die Mütze in den Händen.

»Und wer ist das?«, fragte der Advokat und deutete auf Tanuzzu, der abseitsstand und so finster wie ein Wolf aussah.

»Mein Sohn Tanuzzu. Er ist vierzehn Jahre alt«, antwortete Turi. »Ihr kennt auch die anderen beiden, Euer Ehren: Alfio und Stellina.«

»Zu viele, die von meinem Land satt werden müssen«, sagte der Advokat. »Ihr saugt uns das Blut aus.«

Turi Scirpu lief schweigend neben dem Pferd her, die Mütze noch immer in den Händen, und lächelte aus den Augenwinkeln. Er schaute zum Herrn auf wie zu einem Altar, und die Worte erstarben ihm auf den Lippen.

»Ihr wisst, Euer Ehren, dass ich das Land kaufen will!«, sagte er schließlich.

Der Advokat lächelte, als verstünde er nicht, was gemeint war, und zuckte nur mit den Schultern. Dann gab er dem Pferd die Gerte und ritt langsam weiter. Turi lief schneller seine Furche entlang und folgte dem Pferd.

»Alles ist möglich im Leben«, sagte der Advokat ohne Nachdruck. Er hielt sich gerade, nur mit der Kraft seiner kleinen Beine, und besah sich weiter aufmerksam die Landschaft, überprüfte jede Mauer einzeln und verlangte sogar, dass man ihm das Saatgut in die Hand schüttete.

Eine Tages brachte er sein Pferd zum Stehen und kramte in seiner Weste nach Streichhölzern. Turi stand mit angehaltenem Atem daneben, während der Advokat sich die Zigarre anzündete. »Na los, Turi Scirpu!«, sagte er. »Hast du 700 000 Lire in bar? Gleich morgen verkaufe ich dir das Land!«

Turi griff nach dem Zügel des Tieres, als wollte er instinktiv verhindern, dass der Advokat weiterritt. An seinem Kinn zitterten die Schweißtropfen.

»Wie das?«, rief er. »Letztes Jahr habt Ihr gesagt, das Land kostet 500 000 Lire, Euer Ehren!«

Advokat Trapanese rauchte schweigend, stützte die Hand auf den Sattelknopf und schaute bald hierhin, bald dorthin, als hätte er anderes im Kopf. »Das Land ist teurer geworden«, sagte er schließlich mit leiser Stimme, wie zerstreut und ohne Turi ins Gesicht zu blicken. »Die Preise sind gestiegen.«

Traurig und wütend schüttelte Turi den Kopf. Ihm fielen nicht die richtigen Worte ein.

»Zwanzig Jahre habe ich gearbeitet, um das Geld aufzubringen«, sagte er. »Ihr habt gesagt, es würde reichen, Euer Ehren.«

Der Advokat sah ihm nun doch ins Gesicht. Er war nicht böse, nur müde, weil man ihn nicht verstand, und so wiederholte er mit freundlicher Stimme: »Tag für Tag wächst der Wert des Bodens. Dein Kopf ist härter als die Steine, Turi! Wer Land hat, sollte es niemals verkaufen! Ich verlange 700 000 und keine Lira weniger. Sonst vergeuden wir beide nur unsere Zeit.«

Zwei Monate vergingen, und es wurde Herbst. In all dieser Zeit hatte Turi Scirpu keinen anderen Gedanken und keine andere Hoffnung als das Land, aber niemand fragte ihn danach oder sagte etwas, weder die Frau noch die Kinder, denn er war das Haupt der Familie und hatte zu entscheiden. Auch nachts, wenn es dunkel war, lag er mit offenen Augen da, dachte an das Land, auf dem er jede Mulde und jeden Olivenbaum kannte, rief sich alles ins Gedächtnis, sogar die Mauern, die Agaven und die Bäume mit den Wildfrüchten, und überlegte, was sie wert sein mochten.

Es war ein Herbst voller Elend, und Turi fürchtete deshalb, der Bodenpreis könnte während der kommenden Wintermonate noch weiter ansteigen. Die Leute erzählten, die Regierung habe wieder Getreide beschlagnahmt, und das Kilo Mehl kostete bereits hundertdreißig Lire.

Am Ende des Tales wurden die Steinbrüche wieder in Betrieb genommen, denn überall brauchte man Steine für die neuen Häuser in den Städten. Mindestens dreihundert Männer fanden dort Arbeit. Die Brüche waren bald mehr als einen halben Kilometer lang, hundertfünfzig Meter hoch und nahmen die ganze Breite des Berges ein.

Die Steinbrecher kletterten die senkrecht abfallenden Wände hoch und spannten Stahlnetze, um zu verhindern, dass die Steinmassen herabstürzten. Dann schlugen sie mit Spitzhacken Kerben in den Tuff und sprengten große Blöcke heraus.

Jeder Arbeiter erhielt sechshundert Lire am Tag, dazu siebzig Lire Zulage für die Ehefrau und jedes Kind. Viele Arbeitslose bekamen Arbeit, doch die Preise stiegen unaufhaltsam. Ein Kilo Brot kostete hundertvierzig Lire, das Öl fast siebenhundert Lire der Liter. Zum Schluss erhöhte die Regierung sogar den Zigarettenpreis.

Noch bevor der Winter kam, beschloss Turi Scirpu, das Land zu kaufen. Eines Nachmittags kam er schon früh vom Feld und setzte sich schweigend auf die Stufen vor der Haustür. Mehr als eine Stunde blieb er dort sitzen und dachte nach, bis seine Frau herauskam und sich neben ihn setzte.

»Ich bin alt geworden«, sagte er mit großer Handbewegung, aber er wirkte nicht niedergeschlagen, sondern hatte nur einen merkwürdigen Ton in der Stimme, als wollte er getröstet werden.

»Wenn man jung ist«, fuhr er fort, »kann man sich nicht vorstellen, jemals alt zu werden.« Er betrachtete seine Handfläche, dann auch den Handrücken, und berührte mit einem Finger die dicke Ader, die zum Handgelenk führt.

»Aber ich beklage mich nicht. Ich habe die Kinder und mein Brot.«

Santuzza schaute ihn liebevoll an, denn sie wusste, was er sagen wollte. Turi wurde lebhafter, suchte nach Worten und ballte die Fäuste.

»Ich will nur …«, rief er. »Ja, ich will nur, dass etwas von mir bleibt. Das Land. Was kann ich meinen Kindern anderes hinterlassen als das Land?«

Santuzza blieb nachdenklich und sah ihm immer noch liebevoll ins Gesicht. Dann seufzte sie.

»Wir müssten 300 000 Lire aufnehmen«, sagte sie. »Ich habe Angst, Turi! Wir werden nie so viel Geld verdienen, um die Schulden zu bezahlen.«

Turi fuhr sich mit der Hand durchs Haar und schüttelte den Kopf. Aber er hatte sich entschieden, und keine Macht der Welt hätte ihn von seiner Entscheidung noch abbringen können. »Ich weiß. Ich weiß. Es wird schwer werden«, sagte er. »Aber ich möchte nicht alt werden und erleben, dass meine Söhne wie die Tiere im Steinbruch oder für andere auf dem Acker arbeiten müssen.«

Das fehlende Geld bekam er von der Landwirtschaftsbank, die neun Jahre lang siebzigtausend Lire für die Abtragung und die Zinsen verlangte und sich dazu eine Hypothek einräumen ließ.

Am ersten Sonntag im Oktober wurde beim Notar der Vertrag geschlossen. Advokat Trapanese behielt den großen schwarzen Hut auf, klemmte sich den Spazierstock zwischen die Beine und schwieg beharrlich. Die Leute, die ein und aus gingen, grüßten ihn, und er antwortete mit einem knappen Kopfnicken.

Turi saß ihm gegenüber. Er hatte seinen Anzug aus schwarzem Wollstoff angezogen und rollte die Mütze in den Händen. Aufgeregt blickte er von einer Seite des Zimmers zur anderen, warf bald dem Advokaten einen untertänigen Blick zu, bald den Zeugen oder dem Notar. Er wirkte wie betäubt vor Erregung. Zum Schluss brauchte er eine geschlagene Minute, um seine Unterschrift auf das Stempelpapier zu krakeln.

»Glückwunsch!«, sagte Advokat Trapanese. »Jetzt bist du der Patron! Respektiere dein Land und sorge dafür, dass die anderen es respektieren!«

»Seid unbesorgt, Euer Ehren!«, sagte Turi mit lauter Stimme und legte die rechte Hand aufs Herz. Er war schweißgebadet, und seine Augenlider bebten, weil er so erregt war.

Drei Tage später ließ seine Tochter Stellina sich von Michele Passanisi entführen. Einen Monat zuvor war Angelica Trigila vorstellig geworden – eine Nonne, die keinem Orden angehörte und auch als Mammana, als Heiratsvermittlerin für die Armen im Dorf, tätig war. Sie war alt, trug eine Brille und hatte auf den Schultern stets ein violettes Tuch liegen, um zu zeigen, dass sie ein Keuschheitsgelübde abgelegt hatte. Lange redete sie mit Turi Scirpu und tätschelte sogar seine Hände, um ihn zu überreden, dass er Stellina mit Michele Passanisi verheiraten müsse. Aber vergeblich.

»Er ist ein anständiger, braver junger Mann«, sagte sie. »Seine Eltern sind beide gestorben, und er wird sein wie euer Sohn.«

»Kommt nicht infrage«, antwortete Turi. »Sucht er eine Mitgift? Oder eine Wohnungseinrichtung? Steinbrecher ist er und verdient ganze sechshundert Lire am Tag. Vor zehn Jahren hat man die Steinbrüche geschlossen, und die Steinbrecher waren arbeitslos und wurden fast verrückt. Wo gibts denn so etwas? Meine Tochter ist erst sechzehn Jahre alt. Es wäre nicht recht!« So flohen Stellina und Michele, die sich seit mindestens einem Jahr heimlich trafen, wenn Stellina aus der Stickereischule kam.

Die erste Nacht verbrachten sie in einem Gasthof in Vizzini und schlossen sich in einer Kammer im ersten Stock ein. Von der Decke hing eine kleine gläserne Lampe, es gab ein Bett mit einem großen, gelben Überwurf, einen alten Spiegelschrank, und in der Ecke standen ein hölzerner Waschtisch mit Schüssel, ein Bidet und ein Eimer. Stellina setzte sich auf einen Stuhl mitten im Zimmer und sah ihn schweigend an.

Dann fragte sie: »Wirst du mich niemals verlassen?«

Er kniete vor ihr nieder, streichelte sie überall, hob den Rocksaum und küsste ihre Schenkel. Sie saß auf ihrem Stuhl, spürte, wie sie feucht wurde, öffnete die Beine und rutschte nach vorne.

»Du darfst mir nicht wehtun«, flüsterte sie.

»Nein, nein«, murmelte Michele und barg seinen Kopf in ihrem Schoß. Dann hob er sie auf, trug sie zum Bett und begann, sie zu entkleiden. Ihr Leib war schmächtig, aber weiß und warm, pelziger Flaum bedeckte Scham und Achselhöhlen, und ihr Busen war winzig. Die kleinen Brüste und die schmächtigen Schultern bildeten einen merkwürdigen Gegensatz zu ihren kräftigen, rundlichen Hüften und Schenkeln.

Michele legte sich auf sie, sie hielt die Augen geschlossen und öffnete die Beine, um ihn in sich aufzunehmen. Ihr Hals und ihr Gesicht waren nass vor Schweiß.

»Sei vorsichtig, Michele!«, flüsterte sie. »Bitte tu mir nicht weh!«

Später, als es schon Nacht war, lachten sie über das Blut auf dem Laken, und sie versuchte, die Flecken mit der Hand abzudecken. Aber die Scham war vorbei, und im Augenblick der Lust bäumte sie sich auf, kam ihm wimmernd entgegen und grub ihre Fingernägel in seine Schultern.

»Mein Liebster, mein Liebster!«

Nach zwei Tagen zogen sie in Micheles Haus im Unterdorf. Die Häuser hier waren alt, gelb oder himmelblau angestrichen, hatten kleine Steintreppen und eiserne Geländer vor der Tür, und in ihrer Mitte erhob sich die Annunziata.

Sie war die kleinste und älteste Kirche des Dorfes, aus gelbem und grauem Tuffstein erbaut, und besaß vier mächtige Säulen, die über und über mit Voluten, Intarsien, Blumen und Köpfen von Engeln und Heiligen geschmückt waren. Über dem Ganzen thronte ein kleiner Glockenturm, auf dem das Gras wuchs. Hinter dem Kirchplatz lag ein Plätzchen, und dann kamen die kleinen und großen Häuser des Dorfes, die sich hügelwärts türmten.

Über den Platz und durch die Via Anapo kam selten jemand, nur die Bauern, die in der Frühe mit ihren Karren aufs Feld zogen. Von ihrem Fenster aus sah Stellina die öden Fassaden oder beobachtete die Tauben, die um den Kirchturm schwirrten.

Stundenlang saß sie reglos am Fenster und wartete, bis Michele zurückkam. Zuweilen wurden Stille und Einsamkeit so bedrückend, dass alles, was sie in ihrem Gedächtnis bewahrt hatte, unwirklich wurde, sogar die Erinnerung an die Stimmen ihrer Familie.

»Du darfst mich nie wieder alleine lassen«, sagte sie, wenn Michele abends nach Hause kam.

»Eines Tages wird man dich stehlen«, lachte er. Aber sie berührte ihn zärtlich und saugte träge seinen Schweißgeruch ein.

»Nicht eine einzige Stimme hört man hier«, murmelte sie. »Ich denke nur immer: Wann kommt Michele?«

Während des Essens saßen sie am Ofen, wärmten sich an dem kleinen Herdfeuer und hielten die Teller auf den Knien. Dann zogen sie sich aus. Stellina legte sich nackt auf das Bett und wartete, bis auch er sich entkleidet hatte. Es war kalt. Er wärmte sie mit seinem Atem und küsste sie am ganzen Körper.

Stellina lag unter ihm und betastete sein Gesicht und seine Glieder mit den Fingerspitzen, wie es die Blinden tun, um etwas zu erkennen. Manchmal lachte sie verschämt, wenn es vorbei war, und er drückte seinen Kopf zufrieden ins Kissen und lachte ebenfalls.

»Ich kriege jedes Mal einen Schreck«, sagte er, »weil ich denke, du stirbst.«

Stellina schloss die Augen, nickte und schwieg.

Doch Michele war unzufrieden. Was er besaß, reichte ihm nicht. Er arbeitete in den Steinbrüchen und erhielt sechshundert Lire am Tag. Davon musste er Nudeln und Öl kaufen, Brot und Aufschnitt, das Holz für den Herd und Zigaretten. Sie wurden tageweise entlohnt wie die Landarbeiter. Wenn man krank wurde und einen Tag nicht zur Arbeit kam, verlor man sechshundert Lire, und wenn man eine Woche krank war, verlor man die Stellung.

In der kalten Jahreszeit trug Michele eine alte Felljacke, einen langen Wollschal, den er sich um den Kopf schlang, und eine Mütze, die er über die Ohren zog. Er hatte Frostbeulen an den Füßen, trotz der wollenen Socken, und die Finger waren aufgesprungen vor Kälte. Abends badete er sie in einem Schüsselchen mit warmem Wasser, und langsam begannen die Verletzungen zu bluten.

Stellina rieb seine Finger mit warmem Öl ein und verband sie einzeln mit Gaze.

»In diesem Dorf gibt es keine Hoffnung«, sagte Michele. »Ich war Soldat und habe Dörfer gesehen, die noch elender waren als dieses, aber ich habe auch Orte kennengelernt, wo man täglich Butter und Fleisch zu essen bekam. Am Abend gehen die Menschen ins Kino oder ins Kaffeehaus, und jeder hat mindestens zwei Päckchen Zigaretten in der Tasche.

Was habe ich für eine Hoffnung? Mein Vater ist dreißig Jahre im Steinbruch gewesen. Vor Sonnenaufgang ging er hin, und wenn es dunkel wurde, kam er wieder, Sommer wie Winter. Er hat gelebt wie ein Tier. Einmal hatte er drei Tage lang nichts zu rauchen, denn es war Winter, und ich brauchte eine Mütze. Immer wieder sagte er zu mir: ›Geh gut damit um. Ich habe drei Tage lang nicht geraucht, um sie dir zu kaufen.‹

Meinem Vater ging es so schlecht, dass er niemanden lieben konnte. Dann stürzte der Berg über ihm zusammen, und er starb. Meine Mutter war die Einzige, die ihn erkannte. Sie wusch ihn, legte ihn aufs Bett, kämmte sogar sein Haar und zog ihm den guten Anzug an. Das war der einzige Trost, der ihm in seinem Leben widerfuhr!«

Wenn er so redete, hockte Stellina sich mit der Wärmpfanne in eine Ecke und hörte mit furchtsamen Augen zu, ohne etwas zu sagen. Dann taten seine Worte ihm leid, und er rückte näher und schürte langsam und schweigend die Holzkohle oder fuhr sich mit der Hand durch das Haar. Doch die Gedanken ließen ihn nicht los.

»Ist das alles im Leben eines Menschen? Wie kann das sein?«, fragte er. »Eine Hoffnung muss es geben und einen Weg, das Leben zu ändern!«

Stellina mit ihren sechzehn Jahren hatte dagegen nur Sinn für die Nöte und Wünsche ihres Körpers. Schon seit der ersten Nacht war sie schwanger, und ihr Bauch hatte sich langsam gerundet und wölbte sich nun schwer nach außen. Sie spürte, wie ihr Inneres ausgefüllt wurde. Ihre Gedanken waren nur nach innen gerichtet, aber sie begriff nicht, ob das Blut, das in ihr pochte, von diesem Bauch ausging oder ob alles Blut ihres Körpers dort mündete.

Sie wollte das Kind, weil sie glaubte, dass Michele sie nie wieder verlassen würde, wenn sie erst ein Kind hatten. Oft verschränkte sie die Hände schützend vor ihrem Bauch und erschrak, wenn sich dort etwas einen Moment lang drehte oder ihr Blut aufwallte.

Sie verstand nicht einmal, wie ein Wesen dort wachsen und menschliche Formen annehmen konnte; wie es möglich war, dass es eines Tages außerhalb ihres Leibes leben sollte, eine Stimme besitzen, Gesichtszüge, Haare und Augen haben und sich von allen anderen auf der Welt unterscheiden.

Michele war auch über das Kind nicht glücklich. Er hatte Angst, es könnte ihn eines Tages daran hindern, das Dorf zu verlassen und sich eine bessere Arbeit zu suchen. Wortlos zog er abends die alte Lederjacke aus, nahm den nassen Schal ab und setzte sich neben die Kohlenpfanne, um sich aufzuwärmen.

Immer seltener sprach er, kniete nur vor der Pfanne und berührte die Glut fast mit den Händen. Dann holte er Kippen aus der Tasche und bröselte den Tabak in die Handfläche, lockerte ihn vorsichtig auf und drehte sich eine Zigarette. »Ich spüre sein Herz schlagen!«, sagte Stellina unterwürfig. Sie saß vor ihm, entblößte ihren Bauch und strich mit der Hand über die Wölbung. Ihre Haut war so weiß, dass ihr Schamhaar dichter und geheimnisvoller aussah. Sie nahm seine Hand und legte sie auf ihren Leib.

»Fühl nur!«, sagte sie. »Spürst du, wie es sich bewegt?«

»Ich fühle nichts«, brummelte Michele. »Was gibts da zu fühlen?«

Stellina bedeckte sich wieder und presste die Arme eng an den Leib, um ihn zu wärmen. Am Abend im Bett legte sie Micheles Kopf auf ihre Schulter und streichelte zärtlich sein Haar, als wäre er das Kind. Doch wenn sie fragte, was ihm fehle, so stöhnte er nur und wurde böse.

»Nichts«, knurrte er. »Die Kälte hat mir die Hände aufgerissen, und mein Rücken tut weh!«

Doch dann beruhigte er sich, weil ihre Sanftmut stärker war als seine Wut, und schmiegte seine Wange an ihren Busen.

»Tu ich dir weh?«, fragte er. Sie fuhr wieder durch sein Haar und drückte ihn an sich.

»Nein, nein, bleib so!«

Als Michele eines Abends in der ersten Maiwoche von der Arbeit kam, traf er draußen vor dem Dorf Alfio Scirpu. Alfio saß auf einem Mäuerchen, hatte die Mütze tief in die Stirn gezogen, den kurzen Mantel über die Schultern gehängt und schien zu warten.

Es dämmerte bereits, der Landregen verbarg das Dorf und die Felder, und der Weg war menschenleer. Alfio rief Michele beim Namen. Der blieb stehen und spürte, wie die Angst in ihm hochkam.

Er wollte weitergehen, doch Alfio packte seinen Arm und versperrte ihm den Weg. Man sah, dass er lange gewartet hatte, denn er war nass, und Regen tropfte vom Schirm seiner Mütze.

»Hast du mir nichts zu sagen?«, fragte Alfio.

»Nichts«, antwortete Michele.

Er wusste, dass Alfio Scirpu hier war, um ihn herauszufordern, doch er hegte weder Hass noch Groll gegen ihn. Seit er Stellina entführt hatte, war ihm klar, dass es eines Tages so kommen musste, und so gesellte sich zu seiner Angst eine Art stolzer Wut.

Er wich zurück, wickelte sich den Schal um den linken Unterarm, holte mit der Rechten das Messer heraus und öffnete es mit den Zähnen. Auch Alfio machte zwei Schritte nach hinten, nahm sein Messer und klappte es auf. Den Mantel hängte er sich zum Schutz über die linke Schulter.

Sie gingen in Kampfstellung und starrten angestrengt in die

Dämmerung. Alfio hatte den Oberkörper vorgebeugt, das Messer in der Rechten, und hielt den ausgestreckten Arm nach innen gekrümmt. Michele ging ihm aufrecht entgegen, mit hängenden Armen und angehaltenem Atem.

Anfangs versuchten beide, eine gewisse Eleganz an den Tag zu legen, und täuschten Angriffe vor, um den anderen zu verwirren, aber in Wirklichkeit kannte keiner der beiden die Regeln des Messerkampfes, und so bewegten sie sich steif und ungelenk.

Der Erste, der zustach, war Alfio, aber Michele ging mit einem kleinen Sprung auf Distanz und griff seinerseits an. Er stieß einen Kampfschrei aus und führte das Messer von unten nach oben. Auch sein Stoß ging ins Leere, und er wagte nicht, sogleich einen zweiten Hieb folgen zu lassen, da er fürchtete, dem Gegner zu nahe zu kommen.

Wieder belauerten sie sich, denn Angst hatten sie beide. Alfio trat beiseite und federte in den Knien, um einen plötzlichen Angriff vorzutäuschen. Michele umkreiste den Gegner mit kleinen Schritten, um ihn zu verunsichern, und schaute ihn angriffslustig an.

Diesmal führte er einen geraden, heftigen Stoß, und er hätte nur ein zweites Mal zustechen müssen, um Alfio zu treffen, denn der stand breitbeinig da, sodass er nicht ausweichen konnte. Doch Michele zog sich nach dem Fehlstoß instinktiv zurück. Einen Moment lang blieb sein linker Arm in der Luft hängen und gab die Schulter schutzlos preis.

Alfio vollführte eine halbkreisförmige Bewegung mit der Waffe und stach Michele tief in den Oberarm. Michele stürzte, überschlug sich, landete auf den Knien und begann blindlings, nach allen Seiten Messerstiche auszuteilen, da er dachte, Alfio sei schon über ihm. Stattdessen verspürte er einen heftigen Tritt im Gesicht und verlor das Messer.

Mühsam versuchte er, sich aufzurichten. Sofort verpasste Alfio ihm einen zweiten kräftigen Tritt vor die Brust, der ihn abermals zu Boden warf. Alfio stürzte sich auf ihn, trat und schlug ihm ins Gesicht und in den Rücken und benutzte auch den scharfkantigen Messergriff zum Schlagen.

Michele duckte sich, umklammerte Alfios Beine, um sich hochzuziehen, aber jedes Mal fiel er wieder auf die Knie. Nicht einmal das Gesicht vermochte er mit den Händen zu schützen, und zum Schluss hatte er den Mund voller Blut, keuchte und hatte das Gefühl, ohnmächtig zu werden.

»Ehrloser Feigling!«, schrie Alfio wie ein Wahnsinniger. »Was bist du für ein Mensch?! Du ehrloser Verbrecher!«

Plötzlich legte sich seine Wut. Sein Atem ging keuchend. Das Messer fest in der Hand, trat er etwas zurück, hob den Umhang von der Straße auf und lief querfeldein.

Michele drehte sich auf die Seite, erhob sich schwankend und spürte, wie das Blut aus dem Ärmel über seinen Handrücken floss. Mühsam schlurfte er über die Straße und suchte nach seinem Messer. Er fand es schließlich auf dem Pflaster und begann, seinen Weg fortzusetzen. Eine Zeit lang rannte er, hielt sich den verletzten Arm und stöhnte, aber seine Kräfte reichten nicht weit.

»Er hat mich gestochen«, dachte er, »aber es war dunkel, und ich bin ausgerutscht. Deshalb hat er mich erwischt. Ich bringe ihn um.«

Es gab nichts auf der Welt, woran er hätte denken können. Nur daran, dass er Alfio umbringen musste. Das Messer in der Faust, wankte er bis zu den ersten Häusern des Dorfes. Es regnete noch immer, Wind war aufgekommen, und so begegnete ihm auch hier kein Mensch.

Stellina schrie, als sie ihn sah. Seine Lippen waren geschwollen, auf den Jochbögen hatten sich Blutergüsse gebildet, und die Felljacke war blutig und voller Dreck und Erde.

»Ruhe!«, brüllte er und ließ sich laut stöhnend auf das Bett fallen. Dort lag er reglos, presste den verletzten Arm an den Oberkörper und starrte mit aufgerissenen Augen zur Zimmerdecke.

»Wer war das, wer war das?«, fragte Stellina weinend. »Besser, du weißt es nicht«, antwortete er, und sie begriff.

Dumpf und schweigend half sie ihm, sich zu entkleiden, zuerst die Felljacke, dann das Hemd, und hielt jedes Mal inne und seufzte, wenn Michele wegen einer unbedachten Bewegung stöhnte und vor Schmerz erblasste. Die Wunde war nicht tief, aber an die dreißig Zentimeter lang und zog sich den ganzen Arm hinunter bis zum Handrücken.

Stellina wusch ihn wortlos, verband die Stichwunde, säuberte auch die Schwellungen im Gesicht mit Wasser und Alkohol. Sie versuchte, so behutsam wie möglich zu sein, aber Michele schaute sie nicht einmal an.

Noch nie hatte er eine solche Schmach erfahren. Er setzte sich auf die Bettkante, senkte den Kopf und dachte nur an seinen Hass auf Alfio. Ein paar Mal versuchte er, die verwundete Hand zur Faust zu ballen, dann erhob er sich mit großer Anstrengung und zog die Jacke an. Stellina folgte ihm schweigend zur Tür, lehnte sich breitbeinig dagegen und sah ihm mit entschlossener Miene ins Gesicht.

Michele schien sie nicht wahrzunehmen. Er schlang sich den Schal um den Hals, nahm mit der rechten Hand die Mütze vom Haken und setzte sie auf. Sein Gesicht war blass, und in den Nasenlöchern klebte verkrustetes Blut.

»Scher dich weg!«, sagte er leise und wartete, dass sie ihm Platz machte. Als er sah, dass sie nicht nachgab, versuchte er, die Tür zu öffnen, doch Stellina wich nicht von der Stelle.

»Wo willst du hin?«, schrie sie zitternd. »Erst musst du mich umbringen.«

Als sie spürte, dass sie zu schwach war, ihn länger aufzuhalten, füllten sich ihre Augen mit Tränen. Sie packte seinen Arm, versuchte, ihn wegzuzerren, und ging in die Knie, ohne ihn loszulassen. Er versetzte ihr einen heftigen Faustschlag in den Nacken.

Es gelang ihm, die Tür zu öffnen und nach draußen zu kommen. Wie zwei Blinde kämpften sie in der Dunkelheit auf dem regennassen Treppenabsatz. Stellina klammerte sich an ihn und hielt sich zugleich am Treppengeländer fest. Er schleifte sie mit, doch schon nach wenigen Sekunden brach ihr Widerstand unter seinen Schlägen zusammen. Ein Faustschlag aufs Auge betäubte sie fast. Sie stürzte und schlug mit dem Bauch auf die Treppenstufen.

In der Nacht bekam sie heftige Schmerzen. Ein paar Frauen aus der Nachbarschaft riefen die Hebamme. Sie zogen Stellina aus, legten sie aufs Bett, wischten ihr mit einem feuchten Lappen den Schweiß ab und hielten ihre Beine fest.

Von Zeit zu Zeit legte ihr eine Alte ein geweihtes Bildchen der Madonna auf den Bauch. Alle bekreuzigten sich und murmelten: »Ich bitte dich, ich bitte dich, Herz Jesu, reiche ihr deine Hand und führe sie.«

Morgens um drei Uhr gebar Stellina einen Jungen, der nach wenigen Minuten starb. Seine Finger waren noch knorpelig, und vielleicht war sein Schädel gebrochen. Die Frauen breiteten eine Decke über den Tisch, wickelten das Kind in ein Handtuch und legten es darauf. Nur die Alte blieb bei ihm und betrachtete es neugierig. Von Zeit zu Zeit schlug sie das Handtuch zurück und strich zärtlich mit den Fingern über den winzigen Körper.

»Armer Sohn«, sagte sie, »was hast du für viele Haare! Wer weiß, was du für Abenteuer erlebt hättest, wenn du ein Mann geworden wärst.«

Dann begann sie, den Rosenkranz zu beten und mit lauter Stimme zu wehklagen. Stellina lag bis zum nächsten Mittag auf Leben und Tod, denn die Blutung wollte nicht aufhören. Die Frauen wuschen ihren Körper mit eiskaltem Wasser und wischten ihr den Schweiß von den Beinen.

»Sie ist jung«, sagten sie, »sie kommt durch. Aber wie viel Blut sie im Leib hatte!«

Am Nachmittag kamen zwei Totengräber mit einem kleinen schwarzen Pferdekarren. Sie trugen alte Militärmäntel, Mützen mit goldenen Litzen und waren von Kopf bis Fuß durchnässt. Den kleinen Leichnam betteten sie in einen Kasten aus Fichtenholz, stellten ihn auf den Boden, steckten sich Nägel in den Mund und begannen zu nageln. Zum Schluss wickelten sie den Sarg in ein Wachstuch. Eine Frau bot ihnen ein Glas Wein an.

Sie tranken bedächtig und tappten dabei mit den Füßen auf den Boden.

»So eine Kälte!«, sagten sie und nahmen noch einen Schluck. »Man möchte nicht glauben, dass Frühling ist.«

Die Bestattungskosten betrugen zweitausend Lire einschließlich des Geldes für Messe, Priester, zwei Messdiener und einen kleinen Blumenkranz. Die Totengräber mochten Michele nicht darauf ansprechen und baten die Frauen, ihn zu fragen. Michele hielt den Kopf in den Händen und hatte die Augen geschlossen. Schließlich gab die eine sich einen Ruck, trat zu ihm hin und redete ihn leise an. Michele erhob sich, nahm das Geld aus dem Küchenschrank und zählte es wortlos ab.

»Du bist nicht bei der Gemeinde im Armenregister eingeschrieben?«, fragte einer der Totengräber und grinste traurig, als Michele ein Nein andeutete. »Dann bräuchtest du nur hundert Lire zu zahlen«, fügte er hinzu. Endlich nahmen sie den Sarg, legten ihn auf den Karren und fuhren zum Friedhof.

Michele wollte mitgehen, aber die Frauen hinderten ihn daran, führten ihn sanft zum Bett und hießen ihn niedersitzen. Eine Weile streichelten sie ihm liebevoll übers Haar und trösteten ihn leise.

Den ganzen Mai über stürmte es. Die Berge schimmerten gelb und grau, die Täler waren ohne Licht, und unaufhörlich ging ein heftiger Wind, als wäre der Winter zurückgekehrt. Die Alten behaupteten, das Wetter sei früher besser gewesen. Da habe die Sonne um diese Jahreszeit schon so gebrannt, dass die Steine zersprungen seien.

Turi Scirpu erfuhr nicht einmal, dass sein Sohn Alfio sich mit Michele Passanisi gestochen hatte. Er wusste nichts von der Fehlgeburt seiner Tochter und erkundigte sich auch nicht nach ihr. Er war jetzt Grundbesitzer, und die Getreideernte würde nur ihm gehören, genau wie das Olivenöl, das Heu und die Mandeln.

Innerlich jedoch war er voller Unruhe wegen der Schulden, die er neun Jahre lang abzahlen sollte. Er fürchtete, nicht lange genug zu leben, um sich davon befreien zu können. Abends ging er nicht einmal mehr auf die Piazza, um sich mit den anderen Freibauern zu unterhalten und unter den Oleandern seine Pfeife zu rauchen.

Wie ein Tier arbeitete er auf dem Feld, zog die Quecken aus den Furchen und besserte die Mauern aus, verteilte den Mist mit den Händen, damit der Boden den Dünger rasch aufnahm, und verstärkte immer wieder das steinerne Bachbett. Zuweilen erlebte er Augenblicke unverhoffter Heiterkeit.

»Schau an«, sagte er und wog eine Erdscholle in der Hand, »was für ein fetter Boden. Er ist saftig wie Honig. Das gibt eine Mordsernte!«

Alfio nickte, denn das Land war auch sein Brot, obwohl es nicht seine einzige Hoffnung war. Er war beim Militär gewesen und hatte die großen Häfen gesehen, die riesigen stählernen Bauwerke, die sich kilometerweit aneinanderreihten, die glitzernden Städte und die wimmelnden Bahnhöfe. Selbst hier roch er den Wind, der vom Meer heraufwehte, die Algen und den geheimnisvollen Geruch der großen Küstenstädte. Doch er war geduldig, beschwerte sich nicht, half dem Vater und ging an seiner Seite wie ein zahmes Tier.

Seit dem Militärdienst war er nur ein einziges Mal in Syrakus gewesen, um eine Angelegenheit beim Wehrersatzamt zu regeln, und so war er auch mit zwei Handlangern aus dem Dorf ins Freudenhaus gegangen. Für hundertfünfzig Lire hatte er eine Viertelstunde mit einer Frau aus Triest verbracht, die eine Handbreit größer war als er, rothaarig und voller Sommersprossen.

Er zog sich ganz aus, und dann hatte es kaum eine Minute gedauert.

»Wenigstens die Socken hättest du anlassen können, mein Lieber«, sagte die Frau wie abwesend und biss ihn vorsichtig ins Ohr. »Nicht so stürmisch, mach langsam, du zerquetschst mich ja!«

Seit ein paar Monaten war Alfio in Annuzza Trigila verliebt. Jeden Sonntag ging er in die zweite Messe, lehnte sich an eine Säule und schaute zu ihr hinüber. Während des ganzen Hochamts blickte er verlangend auf sie und versuchte zugleich, sich ein verwegenes Aussehen zu geben. Doch sobald sie aufschaute, rutschte ihm das Herz in die Hose.

Den ganzen Tag über musste er an diesen Augenblick denken. Die Mutter bemerkte seinen Kummer und seufzte.

»Was hast du?«, fragte der Vater.

»Der Schirokko«, antwortete sie und seufzte noch einmal.

Einmal gelang es Alfio, Annuzza in ein Höfchen zu locken und einige Minuten mit ihr zu reden. Fast hätte er sie geküsst. Sie war sechzehn und verging in seinen Armen.

»Jetzt müssen wir uns verloben«, stammelte sie.

»Ja, ja!«, sagte er, und seine Stimme bebte vor Erregung. »Dann hält uns nichts mehr.«

Ihr Vater, Amedeo Trigila, besaß an der Kirche von San Michele einen kleinen Laden, wo er Leder und Schuhe verkaufte. Er war sechzig Jahre alt, sehr groß, außerordentlich mager, hatte zwei enorme Hände und trug eine winzige altmodische Brille, die auf der Nase zu drücken schien, denn er pflegte sie mit einem Wattebausch zu unterlegen.

Er trug nur Schwarz, da seine Frau bei dem Bombenangriff umgekommen war, und genoss viel Respekt im Dorf, seit er einem Vertreter aus Catania im Streit das Ledermesser zweimal durchs

Gesicht gezogen hatte. Alfio wechselte deshalb immer die Straßenseite, wenn er ihm begegnete.

Seit der Messerstecherei mit Michele Passanisi hatte Alfio sich im Dorf nicht mehr blicken lassen. Michele hatte sechs Tage lang Fieber, dann ging er wieder zur Arbeit, obwohl sein Arm noch verbunden war.

Er war noch schweigsamer geworden und redete auch bei der Arbeit fast nie. In der Mittagspause setzte er sich abseits auf einen Felssporn, drückte sich an die Wand, um sich gegen den Wind zu schützen, löffelte sein Kochgeschirr leer und rauchte.

Er konnte es nicht vergessen, das kleine, violette Lebewesen, das mit einer käsigen Schicht bedeckt war, in die sich geronnenes Blut mischte.

»Es lebt! Es lebt!«, hatten die Frauen geschrien, aber die kleine Kreatur war sofort gestorben. Der Kopf des Neugeborenen war winziger gewesen als eine Faust, und das Gesicht voller Runzeln. Vor der Geburt hatte Stellina drei Stunden lang geschrien, sich gekrümmt und die Beine weit geöffnet.

Michele hatte die langen Wehen beobachtet, die den Körper durchzogen, und auf ihren zum Platzen aufgeblähten Leib gestarrt.

Immer wieder fiel sie erschöpft aufs Laken zurück, schien einzuschlafen und röchelte leise. Es klang wie ein Schnarchen. Dann wieder bäumte sie sich auf und schrie entsetzlich.

Nie hätte er gedacht, dass eine Frau so stark sein und so viel Schmerz aushalten könnte. In seiner Erinnerung war es eine Nacht voller Blut und Ekel gewesen, und jenes kleine verkrümmte Lebewesen in seinem Handtuch kam ihm wie ein fremdes Ding vor.

Er spürte keinen Widerwillen bei dem Gedanken, dass dieses kleine Wesen sein Sohn gewesen war, aber er empfand seither eine Abneigung gegen den weiblichen Körper.

Mit Stellina sprach er fast nie. Abends, wenn er vom Steinbruch kam, kniete er schweigend an der Wärmpfanne und hegte seinen tödlichen Groll gegen Alfio. Der Gedanke, ihn zu töten, war die letzte Hoffnung, die er noch hatte.

Wenn er aß, hielt er die Suppenschüssel in beiden Händen und röstete sich Brotscheiben und Oliven direkt auf der Glut. Danach drehte er sich eine Zigarette und rauchte, ohne ein Wort zu sagen.

Manchmal sagte Stellina: »Lass uns weggehen von hier.«

Doch er senkte den Kopf, beugte sich tiefer über die Wärmpfanne und stocherte mit dem Schürhaken in der Holzkohle. Sie saß auf dem hölzernen Rand des Kohlebeckens, eng an seinen Beinen, versuchte, in seine Augen zu blicken, und streichelte und küsste seine Hände. »Weggehen, wohin? Und wie?«, sagte er schließlich. »Was machen wir dort?«

Eines Abends küsste Stellina ihn unvermittelt auf den Mund, legte die Arme um seinen Hals und wollte nicht loslassen. Er stand da, hielt die Augen geschlossen und presste die Lippen zusammen, bis Stellina von ihm abließ.

»Was ist passiert?«, fragte sie leise. »Was hat sich geändert?«

Sie lehnte den Kopf an seine Schulter und hielt sich an ihm fest. Vorsichtig berührten ihre Lippen seine Wangen und seinen Hals, bis sie seinen Mund fand und ihn mit dem Druck ihrer Lippen zu öffnen versuchte. Plötzlich löste sie sich von ihm und sagte hastig mit leuchtenden Augen: »Jetzt verstehe ich. Du hast Angst vor mir wegen der Fehlgeburt. Du denkst, ich wäre anders, stimmt es?«

Sie hob den Rock, entblößte den Unterleib und kniete sich hin. Dann fuhr sie mit den Fingern durch ihr Schamhaar, sah ihm auffordernd in die Augen und rief: »Michele!« Er spürte, wie auch in ihm der Wunsch wach wurde, sie zu besitzen, doch er senkte den Kopf, sah nicht hin und rührte sich nicht.

»Michele!«, rief sie abermals, dann ließ sie resigniert den Rock fallen und presste die Arme vor den Leib. Als die Tränen kamen, setzte sie sich aufs Bett und verbarg ihr Gesicht. Michele schaute kurz auf und empfand Mitleid und Liebe, aus der eine große Zärtlichkeit emporstieg.

Er stellte sich vor, wie sie nackt unter ihm lag, ihre kräftigen, rundlichen Schenkel seine Hüften berührten und er vorsichtig in sie eindrang. Der bloße Gedanke daran erfüllte ihn mit Wollust. Doch er schämte sich zu sehr. Er hörte sie weinen, setzte sich, beugte sich vor und drehte sich langsam noch eine Zigarette.

Anfang Juni ereignete sich im Steinbruch ein Unglück. Eine ganze Wand stürzte herab und begrub die Holzgerüste unter sich. Aber es war ein alter Gaden, in dem sich schon vor zwei Monaten große Risse gebildet hatten und den die Männer daher abgestützt und aufgegeben hatten. Es gab keine Verletzten, und die Arbeit wurde nur einen Tag lang unterbrochen.

Aus Catania kam ein Gewerkschafter, ein zierliches Männchen im schwarzen Anzug mit Brille, der eine Betriebsversammlung veranstaltete und den Steinbrechern erklärte, sie müssten die Arbeit verweigern, da sie in diesem Steinbruch riskierten, verschüttet zu werden.

Er war aus Turin und sprach abgehackt. Er beschrieb die stählernen Gerüste, die man entlang der Wände errichten müsste, und die neuen Maschinen, die das Gestein automatisch abbauten und die Arbeit von hundert Männern verrichteten. Die Arbeiter verstanden nicht viel von seiner Rede, und die Geschichte mit der Maschine, die hundert Leute arbeitslos machte, überzeugte sie auch nicht.

So streikten sie nur einen halben Tag lang. Wegen des Streiks hatten sie bereits dreihundert Lire eingebüßt, und ändern würde sich doch nichts. Die Eigentümer der Steinbrüche ließen sich nicht blicken, und auch der Gewerkschafter kehrte am Abend wieder nach Catania zurück.

Bei der Abfahrt grüßte er noch einmal aus dem Autofenster.

»Hart bleiben!«, rief er und schüttelte die Faust. »Haltet durch!«

Einige Wochen lang redete niemand mehr darüber, dann kam die Katastrophe.

Vor Zeiten hatte es dort, wo jetzt die Steinbrüche betrieben wurden, zwei Hügel aus Tuffstein gegeben, die sich fast berührten, aber da der Stein schon seit mindestens hundert Jahren abgebaut wurde, hatte sich zwischen den zwei Hügeln eine riesige Kaverne aus Tuffstein gebildet, die einen halben Kilometer breit und fast zweihundert Meter hoch war.

Auf der Talsohle arbeiteten mit ohrenbetäubendem Getöse zwei große Maschinen, die den Tuff zu Kiesel zerrieben, der mit Wagen und Lastautos abtransportiert wurde. Die ganze Bergflanke war staubbedeckt und fast ohne Vegetation.

Vor dem Krieg bekam jeder fünfzehn bis zwanzig Lire pro Tag, je nachdem, ob er Arbeiter oder Vorarbeiter war, und jeder brach bis zu drei Zentner Stein in den acht Stunden, die er arbeitete. Der Zentner Stein wurde für mindestens hundert Lire weiterverkauft, sodass die Eigentümer der Steinbrüche erheblich mehr verdienten als alle Steinbrecher und Vorarbeiter zusammen.

Betreiber waren der Cavaliere Bellia und der Advokat Saraceno, denen die Hügel gehörten. Dem Cavaliere Bellia gehörte auch der Feudo von Monturo, der sich bis zu den Plantagen in der Ebene erstreckte, und der Advokat Saraceno besaß an die vierzig Wohnungen in Catania, Syrakus und Caltanisetta.

Früher, vor dem Krieg, kletterten die Männer an Stahlseilen in die Steilwand oder schlugen Treppenstufen in den Stein und sprengten mit Dynamit große Blöcke heraus. Andere Arbeiter zersägten sie unten zu rechteckigen Steinen oder zerkleinerten sie mit Vorschlaghämmern, damit sie zermahlen werden konnten.

Dann war eine Wand heruntergekommen, und die Steinbrüche hatten fünf Jahre lang stillgelegen. In den Felsnischen war Gras gewachsen, und die Wand war dunkel und von der Witterung geglättet worden. Nach und nach hatte der Regen auch den Staub von den Berghängen gespült. Gleich nach dem Krieg hatten die Ingenieure vom Bergamt jedoch gestattet, die Steinbrüche wieder in Betrieb zu nehmen. Zur Wiedereröffnung wurde eine Feier veranstaltet, und auf den Hängen wurden Fahnen gehisst.

Doch der Tuff war unter der nachgedunkelten harten Oberfläche mürbe geworden und von tiefen Rissen durchzogen. Das war auch der Grund, weshalb die Arbeiter jetzt keine Stufen mehr in den Steilhang schlugen. Sie kletterten vorsichtig hinauf und sicherten die Wand mit großen Stahlnetzen. Dann schlugen sie Löcher in den Stein, füllten sie mit Dynamit und sprengten die Blöcke heraus. Sobald eine Sprengung bevorstand, gab ein Junge auf einer kleinen Trompete das Signal, und die Vorarbeiter schwenkten rote Fahnen, um die Arbeiter zu warnen.

Seit einiger Zeit fiel der Preis für Tuffstein, denn inzwischen war der Zement in Mode gekommen, und Tuff wurde nur noch für die Fassaden, die Denkmäler auf dem Friedhof und die Häuser der armen Leute verwendet. Auch der Preis für den Grus war gefallen. Wenn die Bauunternehmer aus Catania mit ihren Lastwagen kamen, um die Säcke aufzuladen, beschwerten sie sich, er wäre zu grobkörnig.

»Eure Maschinen sind zu alt«, sagten sie. »Sie sind ausgeleiert und mahlen nicht mehr richtig. Warum kauft ihr keine stärkeren Maschinen? Oder ihr errichtet eine Zementfabrik und ein Ziegelwerk und baut eine Straße bis zur Eisenbahn.«

»Jawohl, mein Herr«, sagte der Signorino Bellia. »Jetzt verkaufe ich ein Feudo und beginne mit Ziegelsteinen. Aber wo und wann? Eine solche Fabrik kostet mindestens dreihundert Millionen!«

Er war um die sechzig und groß, aber er hielt sich so krumm, dass er einen Buckel zu haben schien. Sein Haar war schneeweiß und seine Haut glatt wie die eines Kindes. Die Leute nannten ihn einfach den »Signorino«, da er weder Baron noch Cavaliere war und nicht einmal Professor oder Advokat. Mindestens fünf Familien, mit denen er verwandt war, warteten auf seinen Tod, um ihn zu beerben, denn er war Witwer und kinderlos.

»Diese Hurensöhne zahlen nicht mehr als zweihundert Lire den Zentner«, klagte er. »Überall bauen sie Häuser aus Stahlbeton! Wunderschön! Jeden Furz hörst du durch die Wand!«

Am zweiten Sonntag im Juli löste sich eine Wand im Steinbruch und stürzte mit dumpfem Schlag auf eine Kolonne. Ein Mann wurde blind durch den Steinschlag, ein anderer zerquetscht wie eine Fliege. Weitere sieben wurden verletzt. Das Werk wurde von den Behörden geschlossen, und jeder Arbeiter bekam fünftausend Lire Ausfallgeld. Viele suchten vergeblich nach einer anderen Arbeit – in den Salpeterhöhlen bei Catania oder den Schwefelminen. Andere gingen für zweihundert Lire pro Tag aufs Feld oder arbeiteten an einer der großen roten Dreschmaschinen, wo in vier oder fünf Wochen das Getreide des ganzen Tales gedroschen wurde. Michele verdingte sich für fünfundzwanzig Tage auf einem Hof in der Ebene von Catania und bestieg mit weiteren zwanzig Mann, die ebenfalls in den Steinbrüchen gearbeitet hatten, den Lastwagen.

Es war Juli, und der Sommer war heiß. Auch Turi Scirpu drosch mit seinen Söhnen Alfio und Tanuzzu das Getreide, jedoch unter den Hufen des Maultieres. Breitbeinig stand er auf der Tenne, die Zügel in der einen, die Peitsche in der anderen Hand. Stundenlang ging das Tier im Kreis und zertrat die Ähren, die Alfio mit der Forke unentwegt auf den Steinfußboden warf.

Später schaufelten Turi und Alfio das Häcksel mit der dreizackigen Gabel auf einen Haufen. Ihre Oberkörper waren nackt, um den Hals hatten sie sich ein Taschentuch gebunden, und auf dem Kopf trugen sie einen Strohhut. Der Wind wehte Spreu und Spelzen davon, und die Körner fielen zu Boden.

Den Tag über droschen sie. Am Abend schaufelten sie das über die Tenne verstreute Getreide in Siebe, verlasen und siebten und schütteten es auf eine Stelle, wo sich ein großer gelber Hügel bildete. Turi Scirpu betrachtete die Körner, als wären sie pures Gold.

»Ich entsinne mich noch an den Ersten Weltkrieg«, sagte er. »Die Menschen waren wie die Wölfe, und die Leute starben an der Spanischen Grippe, am Hunger und an den Schrotkugeln der Briganten. So ist es immer nach jedem Krieg, aber wer damals ein Stück Land besaß, der überlebte.«

Als es dunkel wurde, setzten sie sich auf eine Mauer, und Turi teilte vier Tomaten und rohe Paprika auf einem irdenen Teller und würzte sie mit Öl und Salz. Dann schnitten sie sich eine Scheibe Brot ab und aßen alle drei vom selben Teller. Der Wasserkrug stand daneben, und wenn sie tranken, hoben sie den Krug hoch und ließen den Wasserstrahl in den geöffneten Mund springen.

»In den Steinbrüchen haben sie sämtliche Männer entlassen«, sagte Alfio. »Jetzt suchen sie Arbeit auf dem Land und finden keine. Viele sind bis rauf nach Caltanisetta und hoffen, in den Minen unterzukommen.«

»Als ich sechzehn war, habe ich auch einmal sieben Monate in der Mine geschafft«, sagte Turi. »Drei Lire gaben sie dir am Tag. Madonna del Carmine! Die Männer sind mit dem Holzfahrstuhl runter in den Berg und haben die Stollen immer tiefer getrieben, bis einen Kilometer unter die Erde. Alle arbeiteten nackt, sogar ohne Unterhosen, und der Schweiß lief ihnen runter wie Wasser.

Nach einer Stunde bist du voll Staub, bis in die Augen und unter die Haare. Sie essen sogar da unten, hocken sich hin, verrichten ihre Notdurft da unten, und deshalb herrscht immer ein fürchterlicher Gestank. Manchmal bricht ein Stollen ein und begräbt die Bergleute unter sich, oder sie siechen dahin vor Hunger und Durst. Zwei, drei Tage vor dem Sterben werden sie verrückt. Einmal sah ich Tote mit angefressenen Händen, als ob die Hunde daran genagt hätten. Aber wo gibt es denn Hunde unter der Erde? Das Bergwerk ist eine schändliche Sache!«

»Und warum wehren sich die Schwefelarbeiter nicht?«, fragte Alfio. »Sind das keine Menschen?«

»Sich wehren …?«, fragte Turi. »Gegen wen? Es muss auch Leute geben, die den Schwefel aus dem Berg holen. Es gibt Fabriken, die den Schwefel brauchen, für Streichhölzer oder für Kunstdünger. Wer weiß, wie viele ihr Brot damit verdienen. Jeder Mensch hat ein anderes Schicksal!«

Er sprach gerne in Worten, die wie Weisheiten klangen. Die Stirn gerunzelt, so aß er schweigend oder wischte das Messer mit dem Brot trocken.

»Nimm den Advokaten Trapanese!«, fuhr er fort. »Dies war sein Land, und er besitzt andere Ländereien im Tal, Häuser und Orangenhaine. Doch der Advokat Ieli besitzt zehnmal so viel und ist Herr über Feudalgüter …«

Um zu zeigen, wie unglaublich und bewundernswert diese Tatsache war, riss er die Augen weit auf und schüttelte den Kopf. Dann rief er: »Ich entsinne mich noch seines Vaters. Ein Männchen, das nur in Schwarz herumlief, und die Herrschaften von Catania standen vor ihm stramm wie die letzten Dummköpfe.

Wenn der alte Ieli über das Land ging, knieten die Pächter nieder und küssten seine Hände, als stünde er über dem Kardinal. Dafür behandelte er sie gut, und wenn die Frau eines seiner Bauern einen Jungen gebar, schenkte er ihr zehn Lire. Aber wenn einer auch nur versucht hätte, Getreide zu stehlen. Gott steh mir bei, was dann geschehen wäre …«

Er seufzte tief und riss abermals die Augen auf. Ein tiefer Stolz erfüllte ihn, wenn er diese alten Geschichten erzählte, denn er hatte diese Persönlichkeiten gekannt. Mit gespreiztem Daumen und Zeigefinger vermaß er den alten Ieli.

»So klein war er! Eine Handbreit! Und was war er? Eine Macht! Als ich jung war, habe ich auf seinem Feudo gearbeitet, und er schätzte mich. Nie vergaß er meinen Namen. ›Turi Scirpu!‹, rief er.

›Zu Befehl, Euer Ehren!‹ Auf dem Friedhof ließ er seiner Familie ein Mausoleum bauen. Mit einer Kapelle so groß wie eine Basilika.

Aber die Kinder starben ihm weg wie die Fliegen. Sechs Kinder hatte er. Zwei starben am Spanischen Fieber, eine Tochter vergiftete sich wegen einer unglücklichen Liebe, und ein anderer Sohn wurde von den Briganten ermordet, nach dem Ersten Weltkrieg, zur Zeit der berühmten Bande Rapisarda.

Er wurde entführt, weil die Banditen eine Kiste voll Geld für seine Freilassung wollten, aber dann bekamen sie Angst, er könnte sie erkannt haben. Deshalb fesselten sie ihn in einer Höhle und erschlugen ihn mit dem Beil. Von allen seinen Kindern ist nur noch Don Giuseppe am Leben, der dem Vater ein bisschen ähnlich sieht, und eine Tochter, die in Rom lebt und einen General geheiratet hat.«

Auch wenn Turi Scirpu erzählte, arbeitete er weiter wie ein Tier, denn immer hatte er diese Schulden im Kopf, die Ende des Jahres fällig waren, und so sammelte er die Körner auf, die zwischen den Steinen lagen, häufelte das Stroh, begann zu dreschen, sobald die Sonne aufging, machte nur eine Stunde Mittagspause und arbeitete dann fort, bis es dunkel wurde. Die Sonne versengte seinen Rücken, sodass er nicht minder zerschunden war als der seines Maultieres, das er mit ständigen Peitschenhieben über die Ähren trieb.

Am Abend stiegen Alfio und Tanuzzu mit dem Tier zum Dorf hinauf, Turi hingegen warf einen leeren Sack aufs Stroh und legte sich schlafen – die Flinte zwischen den Beinen, da die Banditen die Gegend unsicher machten und schon Vieh und Getreide gestohlen hatten.

Auf den Gutshöfen holten die Bauern und Gutsherren die Schrotgewehre heraus, um die Herden zu verteidigen, und über die Latifundien ritten die Feldhüter die ganze Nacht von einer Grenze zur anderen, das Repetiergewehr vor sich auf dem Sattel.

Sie waren gnadenlos. So töteten sie Vincenzo Gallo, der mit anderen Kriminellen in den Viehherden am Fluss räubern wollte. Am anderen Morgen fand man seine Leiche, an einen Baum gefesselt und vom Schrot zersiebt. Die Schafhirten, die im Morgengrauen über den Weideweg zogen, nahmen den Leichnam ab und legten ihn auf die Stoppeln, aber niemand ging, um die Carabinieri zu benachrichtigen, und man erfuhr auch nicht, wer ihn umgebracht hatte.

Es gab wenige Feudalherren, aber sie waren mächtig: die Familien Ieli, Bellia und Messina, der Baron Bufardeci, Doktor Scibilia, der fünfzehn Jahre lang Bürgermeister gewesen war, Advokat Trapanese, der Marchese Terranova, der in Palermo wohnte und auch in jener Provinz zweihundert Hektar Zitrusplantagen besaß. Ihnen gehörten die Wälder und wenigstens vierzig Prozent der Ländereien im Tal, die Steinbrüche und die großen Plantagen längs des Flusses.

Der Mächtigste von allen war Advokat Giuseppe Ieli, denn er besaß ein riesiges Latifundium, das die Hänge Richtung Ragusa bedeckte. Dazu hatte er Ländereien und Plantagen nahe der Küste und ein paar Tausend Weidetiere. Zusammen mit seinem Sohn Matteo bewohnte er einen zweistöckigen Palast mit einer riesigen, eisenbeschlagenen Hoftür.

Seine Frau war zwei Jahre vor Kriegsausbruch gestorben. Sie entstammte einer adligen Familie aus Scicli, konnte Klavier spielen und Französisch sprechen. Häufig ging sie ins Armenhospiz, und jedes Jahr an San Giuseppe lud sie die Armen des Dorfes zum Essen ein und sprach zu ihnen mit ihrer traurigen, sanften Stimme.

Während der letzten Jahre ihres Lebens verließ sie das Haus kaum noch, da sie Brustkrebs hatte und die Schmerzen so groß waren, dass sie nicht einmal mehr reden konnte. Ihr jüngster Sohn, Carmelo, starb zwei Jahre nach ihr. Das Unterseeboot, auf dem er fuhr, brach mitten im Atlantik in zwei Teile, und Carmelo bekam nachträglich die silberne Ehrenmedaille verliehen. Advokat Ieli selber hatte gewünscht, dass er sich freiwillig meldete, doch nun haderte er mit dem Schicksal.

»Mein Sohn ist für das Vaterland gefallen«, sagte er, »und die Hurensöhne sind zurückgekehrt.«

Er war zweiundsechzig, hochmütig und wortkarg. Jähzorn und Kraft sprachen aus seiner Person, der kleinen, stämmigen Statur und dem harten, undurchdringlichen Gesicht, dem kurz geschorenen Schädel und dem grauen Schnurrbart.

Seine Augen waren pechschwarz und leuchteten wie Glasperlen. Immer hielt er sich sehr gerade, verbarg die Hände hinter dem Rücken, und immer war sein Kinn hochgereckt, als blicke er auch auf jene herab, die größer waren als er.

Wie viele Menschen er befehligte, wusste niemand: Bauern und Viehtreiber auf den Feldern, Waldarbeiter und Fuhrknechte, die das Getreide oder den Mist fuhren, Feldhüter, die über seine Latifundien galoppierten und das Gesetz verkörperten.

Seinen Besitz verteidigte er unerbittlich. Als die Bauern sich nach dem Krieg mit Sicheln und Äxten bewaffnet hatten und die Latifundien besetzt hielten, war er ihnen alleine entgegengetreten.

Schon als er in seiner Kalesche, die von einem Schimmel gezogen wurde, aufs Feld kam, breitete sich Schweigen aus. Er fuhr in die Menge, die Zügel schlaff in der Hand, das Gewehr auf dem Schoß, und während er seine Bauern der Reihe nach anschaute und vorwurfsvoll den Kopf schüttelte, begannen die Ersten, die Mütze vom Kopf zu nehmen.

Schließlich brüllte er sie an: »Ich habe die Plantagen angepflanzt! Ich habe die Bäume gesetzt und die Gräben gezogen, um sie zu bewässern! Jetzt kommt ihr und wollt mir das Land rauben?«

Auf einmal hatte er das Pferd hochgerissen, im Galopp in die Versammlung gelenkt und mit der Peitsche links und rechts Schläge ausgeteilt. Ein Tagelöhner, der unter die Hufe gekommen war, hatte sich mit blutigem Gesicht aufgerichtet, die Hippe geschwungen und versucht, die Kalesche zu stürmen. Doch Advokat Ieli hatte mit einer Hand das Gewehr gehoben, einen Schuss abgefeuert und den Mann auf der Stelle getötet. Ein Untersuchungsrichter bestätigte ihm, dass er in Notwehr gehandelt habe.

Er war überzeugt davon, dass Macht und Ehre des Individuums die obersten Tugenden seien, aber er war auch gewieft. Die Armen und Feigen verachtete er, respektierte jedoch diejenigen, die ihm von Nutzen waren oder dienten, da er sie zu seinem Besitz rechnete.

Jede Woche zahlten seine Feldhüter den Arbeitern ihren Lohn von zweihundertachtzig Lire, genau wie es die Provinz amtlich festgesetzt hatte. An die Steuerpächter und Halbpächter ließ er kostenlos Kunstdünger verteilen, seine treuesten Leute erhielten jährlich einen Scheffel Getreide oder ein Maultier, und wenn ein Bauer heiratete und in seinen Diensten blieb, bekam er einen neuen Pflug.

Er wirkte wie ein Mensch, der keine Furcht kannte, kein Erbarmen und keinen Hass, und der kein Gefühl besaß außer der unbändigen Liebe zu den Dingen, die ihm gehörten, wie das Land und die Kinder.

Als Carmelo im Krieg blieb, war es ihm nicht gelungen, sich mit seinem Tod abzufinden, wenngleich er darin ein dunkles Gesetz des Universums vermutete. Es gab jenseits der Dinge, die sichtbar waren oder von denen er sich ein Bild machen konnte, etwas Undefinierbares – und so verstand er Gott –, aber es war feindselig und trostlos, und der Mensch konnte sich dagegen nur durch Kraft und Stolz zur Wehr setzen.

Wenn er etwas liebte, so war es die Musik. Sie war für ihn der einzig mögliche Ausdruck der Kunst und eine geheimnisvolle Art zu reden. In ihr empfand er eine Dimension, die jenseits des Menschlichen lag.

In seinem Palast hatte er ein riesiges Bibliothekszimmer. Dort schloss er sich stundenlang ein, um zu lesen oder die Register seines Feudo zu studieren. Oft saß er in seinem Ledersessel und hörte Musik von Beethoven, Schumann oder Liszt, die er längst auswendig kannte. Dann schloss er die Augen, und sein Kopf schwang hin und her, als überwältige ihn ein ungeahnter Genuss. Keiner im Haus wagte auch nur zu klopfen, wenn er Musik hörte, nicht einmal sein Sohn Matteo.

Matteo war dreißig und hatte Medizin studiert. Er hatte einen riesigen, unförmigen Leib, war aber sanft, träge und zurückhaltend.

Er glich der Mutter, denn auch sie war groß und weißhäutig gewesen, hatte die gleichen schmachtenden Augen, das gleiche hellblonde Haar und sogar die gleichen langsamen Bewegungen gehabt.

In Gesellschaft begab er sich selten. Er rauchte nicht und konnte nicht einmal Karten oder Billard spielen.

Seine Zeit verbrachte er mit Nichtstun und dachte nur fortgesetzt über alles nach: die Welt und ihre Bewohner, das Dorf, die Armut der Bauern, den Tod der Mutter, seine Hoffnungen und die Gründe, warum sich Dinge ereigneten, an denen er nichts ändern konnte.

Als Landarzt mochte er sich nicht niederlassen. Nach dem Examen wäre er gerne in der Stadt geblieben, um in einem Krankenhaus zu arbeiten, aber der Vater hatte ihn heimgeholt. So lebte er schon zwei Jahre in diesem großen, öden Palast und empfand eine Trauer, als wäre er mit einem Schlag um dreißig Jahre gealtert.

Den Vater mochte er nicht. Nicht nur seine Grausamkeit warf er ihm vor, sondern mehr noch die eigene Unfähigkeit, sich aufzulehnen. So blieb er tagelang in seinem Zimmer, lag angekleidet auf dem Bett und grübelte oder lief in seinem weißen Wettermantel über die Felder von einem Bauern zum nächsten und achtete nicht auf die Erde an seinen Schuhen.

Manchmal redete er mit den Tieren, beobachtete die Kinder beim Spielen oder schaute den Bauern beim Arbeiten zu.

»Euer Ehren, warum werdet Ihr nicht Arzt?«, fragten die Bauern. »Niemand wäre so gut wie Euer Ehren!«

Er verstand auch etwas von Tiermedizin, half den Stuten beim Fohlen und saß hinterher bei dem eben geborenen Füllen, das schaumbedeckt und zitternd im Stroh lag. Die Bauern lachten, gaben dem Saumtier Zucker und kraulten seine Kruppe.

In jener Zeit bekam Matteo auch den Leichnam des Vincenzo Gallo zu sehen, den die Mafiosi an einen Baum gebunden und erschossen hatten. Seine Kinnlade war vom Blei und den Nägeln aus der Schrotflinte zertrümmert worden.

Da Matteo Arzt war, erlaubten ihm die Carabinieri, sich der Leiche zu nähern. Er kniete nieder, befühlte die kalten Hände, die kalten, starren Beine, die harten Wangen.

»Sie haben aus drei Metern Entfernung auf ihn geschossen«, berichtete der Brigadiere. »In den Kartuschen waren zerbrochene Rasierklingen.«

»In einem Monat ist dieser Körper zerfallen«, dachte Matteo. »Die Körpersäfte kehren zur Erde zurück, und die Würmer düngen das Gras. Nichts bleibt von diesem Menschen. Sein Dasein und auch die Art seines Todes erscheinen sinnlos.«

Bis abends um neun streifte er über die Gehöfte des Feudo. Dann wanderte er durch die dunklen Felder zum Dorf zurück und verspürte das Grauen des Todes.

Zwei Kilometer vor dem Dorf kam ihm sein Vater in der Kalesche entgegen, von bewaffneten Feldhütern begleitet. Matteo setzte sich wortlos neben den Vater auf das Polster und zog den großen Kopf zwischen den Schultern ein, als wäre ihm kalt.

Das Gefühl des Ekels ließ ihn nicht los. In der Anatomie hatte er häufig mit Leichen zu tun gehabt. Es waren auch Frauen und junge Leute dabei gewesen, aber sie waren nackt und anonym gewesen, gewaschen und aller Hinweise auf ihr Leben entkleidet. Er hatte sie als einen Gegenstand der Anatomie empfunden, und das galt auch für ihre Körper, wenn er sie sezierte: die Haare, die Gefäße, die Haut, die Sehnen.

Jetzt hatte er zum ersten Mal einen wirklichen Toten gesehen, der auf der Erde lag und noch die Zeichen seines soeben beendeten Lebens am Körper trug: die Hose, die beim Kampf herabgerutscht war, Augen, die vom Salz der Tränen verkrustet waren, Haare voller Blut, und in einiger Entfernung die beiden Kinder, die Frau und die Schwester des Toten, die um ihn trauerten und mit entsetzlichen Schreien, als wäre er noch am Leben, seinen Namen riefen.

»Du kannst nicht mitten in der Nacht alleine auf dem Land herumlaufen«, sagte der Vater, »höchstens zu Pferde und mit einem Gewehr!«

Matteo antwortete nicht, und der Vater drehte sich nach den Feldhütern um.

»Ihr könnt gehen!«, sagte er.

Die Männer machten kehrt und ritten auf die Felder zurück.

»Ich weiß nicht, wer diesen Bauern umgebracht hat«, sagte Advokat Ieli.

»Was bedeutet das schon«, antwortete Matteo, »ob unsere Feldhüter ihn ermordet haben? Wenn überhaupt, könnte man fragen, warum sie ihn umgebracht haben!«

»Weil er stehlen wollte«, sagte der Vater langsam. »Er war ein Dieb.«

Matteo nickte und schwieg.

»Warum, warum!«, rief der Vater plötzlich. »Du denkst, es müsste immer ein Warum für alles geben!«

Er wirkte ruhig und selbstsicher, aber man spürte die Wut in seiner Stimme.

»Die Dinge passieren und Schluss!«, fuhr er fort. »Der Mann wollte stehlen, und deshalb hat man ihn umgebracht! Wenn man ihn nicht umgebracht hätte, wäre er morgen wiedergekommen, um zu stehlen. In einer Woche oder in einem Monat hätten hundert Bauern angefangen zu stehlen und zu plündern!«

Er sah auf die Straße und dachte nach.

»Der Mann ist nicht von unseren Feldhütern umgebracht worden«, sagte er, »aber das reicht dir nicht. Du willst auch noch wissen, warum er tot ist und warum er sterben musste.«

Matteo nickte abermals. Er hatte die Hände auf die Oberschenkel gestützt, den massigen Oberkörper vornübergebeugt und starrte in die Dunkelheit.

»Ich glaube, es war sein Schicksal, zu sterben«, murmelte er. »Ich glaube, in diesem Dorf sind noch viele Menschen dazu bestimmt, zu sterben. Das ist es, was ich nicht begreife: Sie sterben für nichts. Für ein Kalb, das ein paar tausend Lire kostet, oder für einen Sack Korn.« Es begann zu regnen, und die zwei Männer hörten ein Rauschen, das die dunkle Landschaft erfüllte, aber das Dorf war jetzt nahe. Man sah bereits die Lichter der Straßenlaternen. Advokat Ieli ermunterte das Pferd ein wenig mit der Peitsche, und es trottete schneller.

Matteo nahm die Brille ab und spürte den Regen auf seinem Gesicht. Er dachte daran, dass die Carabinieri nicht einmal eine Zeltplane hatten. Der Regen würde das Blut und die Erde von dem Toten waschen, und sein Körper würde noch schneller verwesen.

Der Hufschlag und die Räder hallten laut in den leeren Gassen. Es war fast zehn Uhr abends. Die Hauseingänge und Hoftore waren verschlossen, und von den Mauern der Häuser triefte das Wasser.

»Das ist eine arme Gegend«, sagte Advokat Ieli. »Es gibt zu viele Arme, und sie vermehren sich wie die Karnickel. Aber es gibt auch Familien, die seit Jahrhunderten hier wohnen. Sie haben Häuser gebaut, das Land kultiviert und die Berghänge urbar gemacht. Wenn die Barbaren kamen, haben sie ihren Teil der Erde verteidigt und zurückerobert, nach jedem Erdbeben haben sie ihr Haus wieder aufgebaut, und dort, wo ehedem Wölfe hausten, haben sie Weideland geschaffen. Sie hören nicht auf, sich zu verteidigen. Was sollen sie sonst machen?«

Die Kalesche hielt vor der hohen Fassade. Aus dem Hof des Palastes hörte man Stimmen. Leute eilten herbei, um das Tor zu öffnen. Matteo ließ die Schultern hängen, um dem Regen weniger Fläche zu bieten. Er sah, wie der Vater die Gewehrhähne entspannte, und bemerkte erst jetzt, dass er den Finger während der ganzen Fahrt am Abzug gehabt hatte.

Dann wurde das Tor geöffnet, und Advokat Ieli lenkte das Pferd langsam in den Hof. In einer Ecke standen fünf Wagen mit brennenden Laternen. Die Bauern hatten sich Wachstücher über die Schultern gelegt und saßen schweigend im Sattel. Ihre Reittiere rührten sich nicht, hielten die langen Hälse gesenkt und stampften bedächtig.

»Sie haben das Getreide gebracht«, sagte ein Mann, »aber sie müssen gleich wieder weg. Es sind noch Säcke ins Lager zu bringen.«

Vier Männer zu Pferde kamen näher und nahmen neben dem vordersten Wagen Aufstellung. Sie hatten sich Tücher um die Köpfe gebunden, um nicht nass zu werden. Dann fuhren die Wagen mit donnernden Rädern auf die Straße hinaus. Der Mann, der das Kopftier am Halfter hielt, streichelte es langsam und wischte ihm das Wasser vom Hals.

»Ein warmer Regen«, sagte er, »das ist pures Gold für die Felder.«

Advokat Ieli kletterte aus der Kutsche und wandte sich der Freitreppe zu, die in den ersten Stock des Hauses führte. Dann drehte er sich um und sah, dass Matteo noch immer mitten auf dem Hof stand.

»Matteo!«, rief er und wartete, bis der Sohn bei ihm war. »Matteo, dieses Haus ist unser Eigentum, und uns gehören auch das Land, das Vieh und die Gehöfte auf dem Feld. Sie gehören uns wirklich, und unsere Familie besitzt sie seit wenigstens dreihundert Jahren. Was willst du mehr?«

Plötzlich zitterte seine Stimme vor Zorn. Das Gespräch mit dem Sohn, der mit gesenktem Kopf auf dem Treppenabsatz stand, machte ihn traurig und böse zugleich.

»Schande über dich, wenn du nicht den Mut aufbringst, deinen Besitz zu verteidigen!«, knurrte der Alte. »Der Tote heute war ein Bauer. Andere Bauern haben ihn umgebracht, weil er gegen ihre Art zu leben verstoßen hat. Sie wollen nicht für alles einen Grund wissen. Sie wollen leben. Sonst nichts!«

Matteo schüttelte die Fäuste, als wollte er etwas fragen, das er nicht ausdrücken konnte, dann lief er eilig die Stufen hinauf, überholte den Vater und blieb noch einmal stehen.

»Und sonst nichts?«, schrie er. »Gibt es sonst nichts auf der Welt? Das Land, die Bauern, die Dinge, der Gutsherr ... Gibt es auf der Welt nur das?«

Er stöhnte vor Wut und lachte höhnisch. Doch gleich wurde er wieder kleinmütig und furchtsam, denn er besaß nicht einmal die Kraft zu sagen, wie er die Dinge sah. Er nahm die Brille ab, wischte sich mit dem Handrücken das Wasser aus den Augen und ging dem Vater zwei Stufen entgegen.

»Gibt es auf der Welt nur das?«, fragte er so sanft wie möglich.

Der Vater zuckte nur kurz und schlug ihm die Faust gegen die Brust.

»Nein, gewiss nicht. Aber das sind die Dinge, auf die es wirklich ankommt, und wir haben sie. Wir müssen sie verteidigen! Wann begreifst du das endlich?«

Matteo trat etwas zurück und schaute den Vater prüfend an, um den Grund für seine Heftigkeit zu verstehen. Dann lenkte er ein: »Ja, gut, wir haben diese Dinge. Worauf es ankommt, ist, sie zu besitzen!«

Er stieg abermals einige Stufen höher, als fürchtete er sich tatsächlich. Doch dann fuhr er herum. »Hör zu«, sagte er leise, »hör mir bitte zu! Ich will weg hier. Ich will in die Stadt und mich als Arzt niederlassen oder in einem Krankenhaus arbeiten …«

Seine Stimme klang unterwürfig, doch der Vater schien ihn nicht einmal zu hören und ging die Stufen hinauf.

»Deine Mutter ist tot«, sagte er im Vorbeigehen leise. »Auch dein Bruder ist tot! Ich bin einsam und allein!«

Dann verschwand er im Haus. Matteo schrie keuchend: »Aber ich will weg hier! Ich will die Dinge nicht, die du mir geben möchtest! Ich bin ein Mensch! Ich bin ein Mensch!«

Er war allein. Vom Land her hörte er zwei Schüsse, dann noch einen. Das Geräusch kam aus großer Entfernung. Zugleich hatte er den Eindruck, jemand sei auf dem Hof. Er drehte sich rasch um, beugte sich über die Balustrade und lauschte.

»He, ihr da unten!«, rief er und hielt den Atem an, um zu hören, ob jemand da war. Niemand antwortete. Wütend lief er hinunter, rüttelte mit aller Kraft am Hoftor und versuchte, es zu öffnen.

Aus der Dunkelheit kamen zwei Männer mit einer Wagenlaterne, gefolgt von einem Verwalter, der einen schwarzen Regenmantel übergezogen hatte, wie ihn die Carabinieri trugen. Er war groß, stämmig und hatte einen grauen Schnurrbart.

»Wo wollt Ihr hin, Euer Ehren?«, fragte er ruhig. »Im Dorf ist es dunkel.«

»Ich habe keine Angst!«, schrie Matteo. »Du Dummkopf! Ich habe keine Angst!« Der Verwalter sah ihn schweigend an.

»Wovor solltet Ihr Angst haben?«, fragte er.

Matteo knurrte böse.

»Hast du nicht gehört?«, fragte er. »Draußen auf dem Feld ist geschossen worden.«

»Ja, Euer Ehren«, antwortete der Mann, »aber was macht das schon? Bei diesem Wetter sind mehr Viehdiebe unterwegs als streunende Hunde.«

Matteo spürte auf einmal, wie müde er war. Er brummte noch einmal, nickte und starrte die Bauern an. Sie warteten stumm, bis er sich abwandte, um wieder die Treppe hinaufzugehen, und leuchteten ihm mit der Laterne.

Es regnete nur diese eine Nacht, dann kehrte der Sommer zurück. Die Sonne brannte vom Himmel herab, und der Wind wirbelte Staub und dürre Äste über die Felder. Am Abend kehrten die Bauern in langen Karawanen zurück ins Dorf, und ihre Mulis und Saumtiere ächzten unter den Lasten.

Die Feudalgüter dagegen ließen ihr Getreide mit Lastwagen oder Ochsenkarren abtransportieren.

Turi Scirpu besaß jetzt fünfundzwanzig Zentner Getreide. Davon sollte die Familie das ganze Jahr über satt werden, sich Schuhe, Hemden, Arbeitsgeräte und Dünger kaufen, und ein Teil musste auch noch für die nächste Aussaat beiseitegelegt werden.

Mindestens zehn Zentner wurden gebraucht, um im Dezember die erste Rate von siebzigtausend Lire an die Bank zu zahlen. Turi Scirpu rechnete, schätzte auch den Wert der Oliven an den Bäumen, das Reisig, das Heu, und ihn schauderte bei dem Gedanken, die Olivenernte könnte missraten.

»Es braucht nur zu hageln«, sagte er, »dann bleiben mir nur die Augen zum Weinen.«

Er beschloss, Tanuzzu bei einem Gutsherrn in die Lehre zu geben. Es würde ihm pro Jahr mindestens sechs Scheffel Getreide und einen Kaven Öl einbringen, das heißt zwanzigtausend Lire. Zehn Monate lang musste Tanuzzu auf dem Land des Herrn bleiben, von August bis Juni, das Feld bearbeiten, wie der Herr es befahl, hacken, Steine sammeln, jäten, mähen, Mist aufladen, Oliven und Mandeln lesen und das Vieh zur Tränke treiben.

Außer dem Korn und Öl standen ihm täglich zwei warme Mahlzeiten und ein halbes Kilo Brot mit Käse zu, dazu zwei Paar Schuhe im Jahr. Auch die Jungens, die sich als Jungknechte verdingten, bekamen nicht mehr.

So nahm Turi seinen Sohn am letzten Sonntag im Juli mit auf die Piazza, damit er für ihn einen Herrn fände. Es war der Tag des heiligen Cäcilius, des Schutzpatrons der Tagelöhner, Bauern und Schurken, und deshalb fand zugleich der Gesindemarkt statt.

Jedes Jahr an diesem Tag, wenn das Dreschen beendet war, kamen die Bauern mit ihren Familien ins Dorf, und auf dem Land blieben nur die Zigeuner, die von einem Gut zum nächsten zogen, um Ähren zu lesen. Von den entlegensten Latifundien kamen die Bauern mit Maultieren und Eseln, mit Karren, die verstaubt und vom Mist verdreckt waren, und brachten ihre Hacken und Holzpflüge mit.

Manchmal saßen zwölf oder fünfzehn Personen auf einem Karren – ganze Familien mit Kleinkindern, die sie auf dem Sitz festgebunden hatten, damit sie im Schlaf nicht hinunterfielen.

Die Gutsherren trugen schwarze Samtanzüge, Krawatten und Mützen. In ihren Kaleschen fuhren sie über den Corso oder ritten auf großen, mit bunten Federn geschmückten Hengsten über die Piazza. Die Feldhüter trugen rote Ledergamaschen und ein seidenes Tüchlein um den Hals; sie waren die schlimmsten Gauner, die selbst vor einem Mord nicht zurückschreckten.

Um die Mittagsstunde versammelten sich die Gutsherren und Feldhüter auf der Piazza, um die Bauern und Arbeiter für das neue Jahr zu dingen. Hoch zu Pferde drängten sie sich durch die Menge und wählten die größten und kräftigsten aus. Die kleineren Gutsherren suchten vor allem nach Lehrlingen für die Zeit von August bis Juni, weil sie weniger kosteten, gefügiger waren und die meisten Arbeiten besser verrichteten als ein Mann von sechzig.

Auch aus den anderen Dörfern des Tales und sogar aus anderen Provinzen kamen die Menschen, die einen Patron suchten. Manche waren so alt, dass sie sich kaum auf den Beinen hielten, und andere noch Kinder von neun oder zehn Jahren.

Es gab Männer, deren Gesichter und Schädel von der Sonne verbrannt waren, als hätte man sie skalpiert, und Greise mit schlohweißem Haar, die durch die Menge hinkten.

Sie alle zogen ihre Bahn von einer Seite der Piazza zur anderen, hörten sich die Angebote an oder drängten sich schreiend um das Pferd eines Gutsherrn. Die Piazza und die Stufen der Kirche waren übersät von dieser schwarzen Masse.

Die Feldhüter und die Herren mischten sich auf ihren fuchsroten Hengsten unter das Volk, reckten einen Arm in die Höhe und schrien: »Dreihundert Lire am Tag und ein Fuder Getreide für das ganze Jahr! Drei Tage Urlaub: Ostern, Weihnachten und den Schutzheiligen!«

Die Bauern drängten sich um den Rufer, riefen ihre Namen, damit sie ins Verzeichnis geschrieben wurden, und manchmal gab es auch Balgereien.

Das Lohnangebot war fast immer gleich, weil sich die großen Landbesitzer bereits über die Preise geeinigt hatten, und nur wenn das Land sehr weit außerhalb lag, boten sie fünfzig Lire mehr pro Tag.

Tanuzzu Scirpu wurde vom Gutsbesitzer Nicola genommen, der hinter den Bergen wohnte. Das waren fünfzehn Kilometer Entfernung, doch dafür hatte der Junge sein sicheres Essen, und am Ende würde er der Familie noch acht Scheffel Getreide und zwanzig Liter Öl einbringen.

Der Gutsherr Nicola saß an einem Marmortischchen vor einer Bar der Piazza und erwartete sie. Bei ihm waren zwei Landarbeiter, die er für die Aussaat eingestellt hatte. Er war ein vierschrötiger Kerl, der ständig lachte, mit kräftigen Armen und Beinen, die ständig in Bewegung waren. Sein Schädel war breit, das Haar weiß, und um die Augen zuckten zahllose Falten.

»Ist das Euer Sohn?«, fragte er Turi und musterte die Arme, Beine, Augen und Hände des Jungen, um seine Brauchbarkeit festzustellen.

»Das ist er!«, antwortete Turi und legte Tanuzzu die Hand auf die

Schultern. Sie setzten sich an das Tischchen, um die Bedingungen auszuhandeln, und der Gutsbesitzer ließ noch zwei Gläser Orangeade bringen.

Tanuzzu saß regungslos da und schwieg. Die Ärmel seiner schwarzen Jacke waren zu kurz, und da seine Hose erst recht nicht mehr passte, hatte die Mutter ihm eine alte Hose seines Bruders angezogen. Dazu trug er ein gestreiftes Hemd und eine ebenfalls schwarze Krawatte, die ihm die Mutter zu einem großen Knoten gebunden hatte.

Die Mutter hatte auch seine Haare nass gekämmt, sodass sie an der Stirn klebten und nur hier und da auf dem Kopf kleine Locken bildeten.

Er drückte die Hände auf die Oberschenkel, um nicht zu zittern, denn er fürchtete, der Vater könnte merken, dass er Angst hatte. Die Bilder schwirrten ihm durch den Kopf – die Orangeade auf dem Tisch, die Männer auf der Piazza, der Gutsbesitzer Nicola, der ihn wortlos musterte.

»Und er ist nie krank gewesen?«, fragte Nicola schließlich. »Ich frage nur, weil er so groß ist und einen so langen Hals und dünne Arme hat. Wenn es darauf ankommt, muss er bei jedem Wetter raus. Ihr kennt das!«

»Er ist stark, und seine Knochen sind hart!«, antwortete Turi. »Macht Euch keine Sorgen um ihn.«

Der Gutsbesitzer nickte und brummelte zufrieden.

»Mein Gut ist klein«, sagte er, »nur acht Joch. Aber so weit seine Grenzen reichen, bin ich der Herr, und nur Gott steht über mir. Das darf Euer Sohn nie vergessen.«

Wieder nickte er zum Zeichen, dass dieser Satz unumstößlich war. Dann wandte er sich dem Jungen zu.

»Kannst du reiten?«

»Jawohl, Herr!«, antwortete Tanuzzu.

»Eine Herde zum Fluss treiben, um sie zu tränken?«

»Jawohl, Herr!«

»Aus Steinen eine Mauer errichten, das Gras mähen, ein Pferd striegeln, kannst du das?«

»Jawohl, Herr!«

»Weißt du, wie man einem Saumtier beim Fohlen hilft?«

Tanuzzu schwieg, und der Gutsherr bekam winzige Augen vor Vergnügen. Auch Turi lächelte.

»Einem Pferd, das fohlen muss, welche Füße bindest du ihm zusammen, damit es nicht ausschlägt?«, fragte der Gutsherr. »Die vorderen oder die hinteren?«

Tanuzzu antwortete nicht. Die Augen des Gutsherrn wurden immer kleiner, und seine Lider zuckten. Schließlich lachte er schallend und stieß Tanuzzu einen dicken Finger an die Brust. »Mach dir keine Gedanken«, sagte er, »das lernst du von mir.«

Er spuckte auf die Straße und trank dann seine Orangeade in einem Zug aus.

»Also gut«, rief er und wandte sich an Turi, »Weihnachten bekommt Ihr sieben Scheffel Getreide!«

»Aber Ihr hattet gesagt, acht Scheffel!«, sagte Turi Scirpu.

Der Gutsbesitzer nahm die Mütze ab und fuhr sich langsam und nachdenklich mit der Hand über den Schädel. Dann kniff er die Lippen zusammen und schnaubte.

»Also gut! Acht Scheffel und zu Neujahr zwanzig Liter Öl!«

Sie gaben sich die Hand und bestellten noch einmal fünf Gläser Orangeade. Ein Zigeuner mit einer kleinen Ziehharmonika strich um die Tische. Die Tasten seines Instruments waren mit Perlmutt belegt. Er war winzig, trug ein rot und grün gemustertes Hemd, und sein lockiges Haar fiel ihm über die Ohren. Schließlich setzte er sich auf die Stufen und spielte eine Mazurka.

»Heute Nacht wird gefahren«, sagte der Gutsherr Nicola. »Noch vor Morgengrauen. Zu Mittag müssen wir dort sein. Damit die Tiere nicht so lange durch die Sonne laufen müssen.«

»Heute Nacht. Jawohl, mein Herr!«, sagte Turi und strich seinem Sohn über den Kopf. »Wann bekommt er Urlaub?«

»Vor Weihnachten kommt nicht infrage«, sagte der Gutsherr. »Er braucht einen Tag ins Dorf und einen zurück.«

Der Zigeuner hatte seine Mazurka beendet und begann, das Trinkgeld einzusammeln. Jemand gab ihm fünf Lire.

Einer der beiden Bauern, die der Gutsherr angeheuert hatte, deutete auf den Zigeuner.

»Verdammte Seelen! Ziehen mit ihren Wagen durchs Land und stehlen das Getreide. Manchmal rauben sie auch Kinder und bringen sie um.«

Der Gutsbesitzer lachte verächtlich und sah den Bauern böse an: »Was redest du für einen Blödsinn?«, sagte er. »Weißt du, wo die Diebe und Mörder sich herumtreiben? Da auf der Piazza!«

Er stemmte die Hände auf den Tisch, fixierte den Zigeuner und gab noch einen höhnischen Ton von sich.

»Egal ob Zigeuner oder nicht. Wer mein Land anfasst, den erschieße ich wie ein Kaninchen!«

Er lachte gut gelaunt, nahm wieder die Mütze ab und fuhr sich mit den Fingern durch das Haar. Lächelnd sagte er zu Tanuzzu: »Hast du noch nie einen Toten gesehen? Wieso hast du noch nie einen Toten gesehen?«

Tanuzzu schüttelte den Kopf, und der Gutsbesitzer brummelte verwundert. Mit dem Handballen wischte er sich den Schweiß aus dem Gesicht, wie man eine Fliege verscheucht. Schließlich stand er auf, rückte den Hosengurt zurecht und setzte die Mütze auf.

»Wir sehen uns heute Nacht um halb vier beim steinernen Kreuz.«

So begann in jener Nacht Tanuzzus Marsch zur Gemarkung Famulio, wo der Gutsbesitzer Nicola seine Felder hatte. Es war noch eine Stunde bis Sonnenaufgang, und der Himmel war dunkel und voller Sterne. Die Eltern begleiteten ihn bis zu dem steinernen Kreuz, das am Dorfrand stand. Sie gaben ihm einen Brotbeutel, zwei Hemden, zwei wollene Unterhemden, einen Schal aus Schafwolle, eine Mütze und ein Okuliermesser mit. In den Brotbeutel legten sie ein Pfund Brot, eine Dose mit schwarzen Oliven und getrocknete Tomaten.

Neben dem steinernen Kreuz trafen sie den Gutsbesitzer Nicola mit seinen Leuten und den Maultieren. Er wolle sofort losreiten, sagte er. Sie sollten sich rasch verabschieden. Dann lenkte er die Tiere den dunklen Saumpfad ins Tal hinunter.

Tanuzzu wandte sich um und umarmte den Vater, denn der Augenblick des Abschieds war gekommen.

»Gott segne euch!«, sagte er mit kindlicher Stimme.

Er küsste dem Vater die Hand und mochte sie in seiner Verzweiflung kaum loslassen. Dann gab es keinen Grund mehr, den Abschied zu verzögern.

»Vergesst mich nicht, Euer Gnaden!«, rief er noch, warf sich den Brotbeutel über die Schulter und folgte dem Staub, den die Mulis aufwirbelten.

Am nächsten Tag nahm auch Turi seine Landarbeit wieder auf, aber es war die Jahreszeit, in der die Erde Regen brauchte, und kein Mensch konnte ihr etwas geben. Sie war wie tot, verbrannt und rissig, und der Wind trieb den Staub von einem Berghang zum anderen.

Turi schnitt die toten Äste von den Olivenbäumen, besserte die Terrassen aus, entfernte den Wildwuchs und las Steine. Er veredelte auch dreißig neue Olivenbäume.

»In zwanzig Jahren sind diese Bäume groß«, sagte er zu seinem Sohn Alfio. »Ich werde tot sein, doch ihr werdet jedes Jahr mindestens zehn Kaven Olivenöl von diesen Bäumen haben.«

Manchmal dachte Turi an Stellina. Dann wurde er wütend, und sein Herz zitterte. Aber mit der Zeit ließ die Erschütterung nach, und die Tochter war für ihn wie tot.

In der ersten Zeit nach ihrer Flucht hatte Turi überlegt, Michele Passanisi umzubringen, weil er hoffte, dadurch seinen Schmerz zu lindern, denn ihm war, als hätte er großen Durst und werde von einem Stein erdrückt. Seine Frau schlug vor, bei den Carabinieri Anzeige zu erstatten.

»Stellina ist minderjährig«, sagte sie. »Dieser Verbrecher hat ein Kind entführt.«

»Was nutzt es mir, wenn sie ihn ins Gefängnis stecken?«, erwiderte Turi. »Meine Tochter ist entehrt! Sollen wir sie hier im Haus als Hure anbieten? Oder was willst du mit ihr machen? Daran denkst du nicht! Ihr seid beide Huren!«

Mit dem Ende der Saison waren viele Steinbrecher, die auf den Gutshöfen und Latifundien Arbeit gefunden hatten, ins Dorf zurückgekehrt und lungerten nun auf der Piazza herum. Wer ein paar Tausend Lire verdient hatte, lebte davon und hoffte, bald Arbeit zu finden. Gerüchte gingen um, dass die Regierung Leute für den Straßenbau suche oder dass die Steinbrüche wieder eröffnet werden sollten. Aus Catania kamen die Gewerkschaftsredner und veranstalteten eine lautstarke Kundgebung, die damit endete, dass dreihundert Arbeitslose das Rathaus zu stürmen versuchten.

Auch Michele war ins Dorf zurückgekehrt. Er hatte zweiundvierzig Tage auf einem Dreschplatz bei Catania und in der Zuckerrübenernte gearbeitet. Danach hatte er sich darum beworben, in einer Zuckerfabrik eingestellt zu werden, aber auf dem Arbeitsamt hatten sie ihn ausgelacht.

»Wie das denn!? Du musst seit mindestens vier Monaten deinen Wohnsitz in der Stadt haben.«

Bei der Gewerkschaft wuschen sie sich die Hände in Unschuld und meinten: »Alle kommen zu uns und wollen in der Fabrik arbeiten. Und wer bleibt auf dem Land? Diesen Monat waren schon mindestens dreitausend Landarbeiter hier. Sie finden keine Arbeit, krepieren vor Hunger, und dann kommen die Carabinieri und schicken sie ins Dorf zurück.«

In zweiundvierzig Tagen hatte Michele achttausend Lire gespart, und das reichte nicht einmal bis Weihnachten. Jeden Tag stand er mit den anderen auf der Piazza herum. Sie diskutierten und schrien durcheinander, und wenn es dunkel wurde, packte ihn eine unüberwindliche Trostlosigkeit. Manchmal hoffte er, Stellina würde fortlaufen. Sogar ihr Geruch im Bett machte ihn traurig und wütend. Er redete nicht mit ihr darüber, doch sie schien seine Verzweiflung zu verstehen, schwieg geduldig und sah ihn nur an.

Michele sagte: »In ein paar Wochen ist Winter.«

»Wenn du willst, dann gehe ich«, antwortete Stellina. »Ich habe dir nur Unglück gebracht. Ich will nicht, dass du mich zu hassen beginnst.«

»Ich hasse dich nicht«, antwortete er. »Wo willst du hingehen? Hat deine Familie jemals nach dir gefragt?«

Eines Abends begann Stellina zu weinen. Sie hatte wieder hohes Fieber, und die Angst stand in ihren großen Augen.

»Was hast du gegen mich, Michele? Was hast du gegen mich?«

»Nichts! Nichts!«, schrie er und presste die Fäuste in die Augen. »Ich habe gegen niemanden etwas! Ich bin ein armer Hund, der nicht fähig ist, hundert Lire zu verdienen.«

Er steckte sich die Hand quer in den Mund und biss hinein. Dann lehnte er die Stirn gegen die kalte Fensterscheibe und sah wortlos ins Dunkel. Er hörte Stellinas Wimmern und lauschte dem Wind, der von den Feldern kam. »Es ist wirklich bald Winter!«, dachte er.

In der folgenden Woche fand im Ort eine Kundgebung statt, an der mindestens tausend Arbeiter mit ihren Familien teilnahmen. Mit der Rückkehr der Steinbrecher war die Zahl der Arbeitslosen noch einmal angewachsen, und ihre Wut wurde täglich größer.

Luigi Gangemi, ein Steinbrecher von fünfzig Jahren, hielt eine Rede: »In der Stadt bauen sie immer neue Häuser mit Fassaden aus Tuffstein, doch bei uns bleiben die Brüche geschlossen. Die Ingenieure vom Bergamt sagen, die Wand könnte wieder einstürzen, und wir glauben ihnen. Himmelherrgott! Was sind wir für Feiglinge! Die Ingenieure sind bestochen von den Eigentümern der Steinbrüche in Palermo und Enna, die keine Konkurrenz wollen. Dreißig Jahre lang haben wir in diesen Steinbrüchen Blut gespuckt, und jetzt liegen wir auf der Straße!«

Die Menge tobte. Ein schmalbrüstiger Alter von mindestens achtzig Jahren und so dünn wie ein Drahtseil, spreizte die Hände, reckte die Arme und schrie zu den Palästen der Bergherren hinüber: »Sechzig Jahre im Steinbruch! Ich … ich! Ihr Verräter! Wo wart ihr in diesen sechzig Jahren? Jetzt muss ich einen Platz im Armenhaus beantragen!«

Noch am gleichen Tag wurde eine Kommission der Demonstranten zum Signorino Bellia entsandt. Er war bleich vor Angst, keuchte und hielt mindestens drei Meter Abstand, obwohl einige Carabinieri zu seinem Schutz mitgekommen waren. »Es lohnt sich nicht mehr«, sagte er, »ich kann es euch am Schreibtisch vorrechnen, wenn euch das überzeugt. Der Stein ist zu brüchig, und ich kann die Verantwortung nicht übernehmen. Auch die Maschinen sind Schrott. Man bräuchte dreißig Millionen, um neue Maschinen und Metallgerüste zu kaufen. Wer gibt mir die? Heutzutage wird nur noch mit Beton gebaut.«

Drei Tage später verbreitete sich das Gerücht, am nächsten Morgen solle der Steinbruch besetzt werden, und schon am Nachmittag um vier versammelte sich auf der Piazza eine aufgeregte Menschenmenge. Den ganzen Morgen hatte es geregnet, aber dann war Wind aufgekommen und hatte die Regenwolken vertrieben. Eine kalte, gelbliche Sonne stand über dem Tal, und es roch nach Regen und Gras.

»Morgen, morgen«, schrien die Steinbrecher, »morgen früh wird der Steinbruch besetzt!«

Viele Arbeiter hatten Angst, denn sie wussten, dass der Regen durch die tausend Risse des Berges gesickert war und den Tuff noch unsicherer gemacht hatte, aber sie sahen keinen anderen Ausweg, als die Brüche wieder in Betrieb zu nehmen. Schließlich kam Luigi Gangemi, und die Menschen umringten ihn rufend und schreiend, denn er war inzwischen als ihr Führer anerkannt und zudem der erfahrenste Meister, der jeden Spalt und jede Ritze des Berges kannte. Er wusste, wie der Tuff beschaffen war und wo man die Sprengladungen anbringen musste.

Er hatte noch einmal mit dem Signorino Bellia verhandelt und schwenkte ein Dokument, als er die Freitreppe der Kirche hinaufging, um von dort aus die letzten Neuigkeiten zu verkünden.

»Wir haben Arbeit!«, schrie er. »Der Eigentümer hat unterschrieben, dass er den Betrieb für zwei Jahre auf eine Arbeitergenossenschaft überträgt. Der Steinbruch gehört uns, und dem Signorino Bellia stehen nur drei Prozent vom Verkauf zu …« Sein Atem ging stoßweise, und er schüttelte die Fäuste, während er sprach. Beifall kam auf, der immer heftiger wurde. Viele verstanden kein Wort und waren trotzdem begeistert.

»Wir müssen eine Genossenschaft gründen«, rief Luigi Gangemi und beruhigte die Leute mit einer Handbewegung, »das heißt, eine Vereinigung von Arbeitern, die dadurch zu den alleinigen Eigentümern des Betriebes werden. Wir bestimmen, wie viel Stein gebrochen wird, an welcher Stelle des Berges, an wen wir verkaufen, zu welchem Preis und was jeder einzelne Arbeiter verdient. Jeder, der Mitglied der Genossenschaft werden will, muss sich bis heute Abend im Büro des Notars eintragen und mit seinem Namen unterschreiben …«

Luigi Gangemi hob die geballten Fäuste und rief, so laut er konnte, damit alle ihn hörten: »Morgen früh hissen wir die Fahne auf dem Gipfel des Steinbruchs und zeigen damit, dass uns das Werk wirklich gehört!«

Auf der Piazza brach lärmende Begeisterung aus. Fäuste wurden gereckt, eine Fahne in den Nationalfarben gehisst, zum Rathaus getragen und auch dort mit Jubel begrüßt. Viele hatten das Gefühl, den Beginn einer neuen Zeit zu erleben. Um sechs Uhr unterzeichneten die zehn ältesten Steinbrecher vor dem Notar die Satzung der Genossenschaft. Dann wurde die Einschreibung eröffnet. Jeder Arbeiter legte seinen Ausweis vor und schrieb mit eigener Hand seinen Namen in das Register. Michele Passanisi stand drei Stunden lang vor dem Büro Schlange und bekam die Nummer hundertzweiunddreißig. Noch vor zehn Uhr hatten sich dreihundertzwölf Arbeiter eingetragen, unter denen sich auch einige Handlanger, Tagelöhner und ehemalige Bergleute befanden.

Man vereinbarte, dass in der ersten Woche kein Lohn gezahlt werden sollte, weil erst die Verträge über den Verkauf von Grus und Steinen mit den Bauunternehmern in Catania geschlossen werden mussten.

Das ganze Dorf war in heller Aufregung. Die Wiederaufnahme der Arbeit war trotz der Einigung mit Bellia illegal, da das behördliche Verbot, die Steinbrüche zu nutzen, in Kraft blieb.

Die Männer standen in Gruppen herum, diskutierten, stritten sich über den Preis für das Gestein, gingen auf und ab, und überall hörte man Rufe und Gelächter. Die Kinder durften länger aufbleiben, rannten durch die Menge und machten einen Heidenlärm.

Noch in der Nacht kam ein Lastwagen voll Carabinieri, die in den Klassenzimmern der Volksschule Quartier bezogen. Ihr Befehl lautete, Ausschreitungen zu verhindern, nicht jedoch, gegen die widerrechtliche Inbetriebnahme der Steinbrüche einzuschreiten.

Um fünf Uhr früh, eine halbe Stunde vor Sonnenaufgang, begannen die Steinbrecher mit den Vorarbeiten. Die versiegelten

Tore wurden geöffnet und die Gitter abgebaut, zusammengebunden und ans Flussufer geschleppt. Dann bildeten die Arbeiter mehrere Kolonnen und warteten, dass es Tag wurde, um die Arbeit zu beginnen.

Auf einmal färbten sich die Wände des Steinbruchs gelb, und zahllose Tautropfen begannen zu glitzern. Kaum zehn Minuten später hatte die Sonne die Talsohle erreicht. Vorsichtig kletterte ein Mann die Wand hinauf und hisste die Nationalflagge.

Sofort begannen die Kolonnen ihre Arbeit. Lockeres Gestein und die vom Regen beschädigten Rampen wurden abgeschlagen. Je höher die Kolonnen kamen, desto langsamer und schwieriger wurde die Arbeit. Jeder Riss musste auf seine Tiefe und Richtung, jeder Felszacken auf seine Festigkeit hin untersucht werden.

Erst wenn die Wand von allen Gefahren befreit war, würde eine Kolonne hinaufklettern und die Oberfläche der Wand, die instabil und brüchig wie Tonerde war, mit Dynamit wegsprengen. Nur so konnten die Arbeiter sich später in den Berg hineingraben, wo der Tuff fest und trocken war und wo sich Blöcke herausschneiden ließen, die fünf oder sechs Tonnen wogen.

Um die Mittagszeit heulte die Sirene. Die Männer kletterten herab und machten eine Stunde Pause. Teils in Gruppen, teils einzeln hockten sie sich in den Schatten der Wand oder ans Flussufer, stellten ihre Aluminiumteller auf die Erde und verzehrten, was die Frauen ihnen mitgegeben hatten: Brot, Mortadella und Käse, gebratene Paprika und Tomaten.

Einer spielte Ziehharmonika, und ein paar Arbeiter begannen, miteinander zu tanzen. Andere zogen sich in den Schatten zurück, legten sich eine Zeitung aufs Gesicht und schliefen.

Um eins erklang wieder die Sirene, und die Arbeit ging weiter. Um das Äußere der Wand abzusprengen, mussten mindestens zwanzig Sprenglöcher hineingeschlagen und mit Dynamit gefüllt werden, doch zunächst war der obere Teil mit Stahlnetzen zu verkleiden, um zu vermeiden, dass die Arbeiter, die die Sprengsätze anbrachten, durch einen Steinschlag verletzt wurden.

Die Netze waren an die vier Meter hoch, zehn Meter breit und eine Tonne schwer. Um sie hochzuziehen, waren sechs Seilwinden erforderlich. Also wurden drei Kolonnen mit je fünfzehn Leuten gebildet. Die Männer trugen zwei oder drei Hosen übereinander, um ihre Beine zu schützen, und alte Lederhandschuhe oder Tücher an den Händen, um sich beim Ziehen nicht an den Stahlseilen zu verletzen.

Luigi Gangemi hatte die Aufgabe übernommen, die Seilwinden nach oben zu schaffen und im Fels zu befestigen. Als die drei Stahlnetze am Fuß der Wand ausgebreitet waren und die Männer sich niederließen, um auszuruhen, schlang er sich ein langes Hanfseil quer über die Schulter, band sich die Spitzhacke auf den Rücken und begann den Aufstieg.

Er war noch immer ein guter Kletterer, trotz seiner fünfzig Jahre, doch die Wand war fast senkrecht und nahezu ohne Stufen. Mit den Händen betastete er die Vorsprünge und Spalten, zog sich dann hoch und holte die Füße nach. Einmal gab der alte Tuff unter ihm nach, und er verletzte sich an der Hand, als er hastig in eine Felsspalte langte, um nicht abzurutschen.

Als er endlich die oberste Terrasse des Steinbruchs erreicht hatte, legte er sich flach auf den Boden, um sich einen Augenblick lang auszuruhen. Dann wickelte er sich das Taschentuch um den verletzten Handballen und ließ ein Seilende hinab, um die Rollen heraufzuziehen. Als auch das geschafft war, hörte er einen lauten Ruf der Steinbrecher, die ihm zujubelten und die Arme schwenkten. Er lächelte und reckte die Fäuste, um ihren Gruß zu erwidern. »Selbst wenn sie Soldaten schicken, um uns zu vertreiben«, dachte er, »finden sie nur Männer, die arbeiten. Wie wollen sie uns da vertreiben? Die Soldaten haben nie auf Menschen geschossen, die bei der Arbeit waren. Sie sind selber Bauern, Tischler oder Bergarbeiter. Nächsten

Monat bauen wir eine Straße zur Eisenbahn, und dann kommen die Lastwagen bis ans Flussufer, um unseren Stein aufzuladen.«

Mit der Spitzhacke begann er, die sechs Löcher zu schlagen, um die Rollen zu befestigen. Es war eine schwierige Arbeit, denn an manchen Stellen war der Stein so weich, dass er schon nach den ersten Schlägen zerfiel. Dann musste er suchen, bis er eine Stelle fand, wo der Tuff trocken genug war, um das Gewicht der Winden, Zugseile und Netze zu halten. Er arbeitete verbissen. Manchmal schaute er nach unten, sah die Männer, die am Fuß des Abhangs warteten, und dachte daran, dass viele von ihnen sich zwanzig oder dreißig Jahre lang in diesen kleinen Berg aus versteinerter Vulkanasche gewühlt hatten.

»Die Leute haben Angst«, dachte er, »weil sie den Berg kennen. Ich habe auch Angst. Keiner meiner Söhne soll jemals in einem Steinbruch oder im Bergwerk arbeiten. Es ist etwas für lebensmüde Dummköpfe!«

Er steckte die Eisenbolzen in die Löcher, sicherte sie mit Holzkeilen, die er mit dem Schlegel festklopfte, hängte die Seilwinden ein und prüfte, ob sie standhielten. Dann fädelte er in jede Winde ein Drahtseil und ließ es durchlaufen.

Er sah, wie die Männer am Boden das Drahtseil aufnahmen und an den Netzen befestigten, das andere Seilende auf je dreißig Hände verteilten, zurücktraten und die Netze Zug um Zug in die Höhe hievten.

»Heiliger Himmel!«, dachte er, während er sich das Taschentuch von der Hand wickelte und es zu schwenken begann, um anzuzeigen, dass die Pflöcke hielten und die Seile genau in den Rollen liefen. »Die Netze kommen hoch, und der Stein hält. Vielleicht gelingt es uns tatsächlich, die Wand zu sichern.«

Er lief am Rand der Terrasse hin und her, um alle sechs Winden unter Kontrolle zu haben, und achtete vor allem darauf, dass keine Fäden gerissen waren.

Die Seilmannschaften arbeiteten gleichmäßig und präzise, krümmten den Rücken, beugten sich mit ausgestreckten Armen vor, sammelten ihre Kraft, gaben einen lauten Schrei von sich und richteten sich dann auf, sodass die Netze ein weiteres Stück hochgezogen wurden.

Luigi Gangemi verspürte einen unbändigen Stolz, wie er sie arbeiten sah, und er trat noch dichter an den Abgrund heran, um sie anzufeuern: »Hau-ruck! Hau-ruck! Ah-oh! Ah-oh!«

Unten im Tal schimmerte grünlich der Fluss, und zuweilen wurde Luigi von einer der heftigen Böen erfasst, die an der Wand entlangfuhren, doch er schwitzte so stark, dass ihm der Schweiß sogar auf den Augenlidern stand.

Er zog das Hemd aus und trocknete sich das Gesicht, die Brust und die Achselhöhlen ab, doch der Schweiß rann ihm unaufhörlich vom Kopf in den Nacken.

»Das ist die Angst«, dachte er. »Nicht einmal einem Hund würde man so viel Angst einjagen!«

Plötzlich sprang einer der Keile heraus, danach der Eisenpflock mit der Seilwinde, und das Drahtseil schlingerte durch die Luft wie eine Schlange. Luigi Gangemi sah eben noch, wie die Männer die Drahtseile losließen und in Panik die Böschung hinabliefen, um nicht von den Stahlnetzen erschlagen zu werden, und spürte, dass der Fels tief innen erzitterte. Dann begann Gestein herabzufallen, und er warf sich zu Boden.

Wo Luigi Gangemi lag, bildeten sich zahllose feine Risse im Stein. Die Räder der Seilwinden wirbelten unter dem Gewicht des herabstürzenden Netzes herum und drehten sich noch eine Weile, als das Netz bereits unten aufgeschlagen war.

Es war, als ob ein geheimnisvolles Gewicht auf dem kleinen Berg gelastet hätte, das ihn in zwei Teile riss, einen immer größer werdenden Spalt bildete und die Bergwand in unzählige Felsblöcke zerlegte, die sich ihrerseits auflösten. Jeder Stein fiel mit einem dumpfen

Aufprall herab, aber Luigi verspürte schon keinen Schmerz mehr, sah nicht mehr, wie es rasch dunkel wurde, seine Wunden bluteten und er unter einer Geröllhalde verschwand.

Alle Männer der mittleren Kolonne wurden vom Steinschlag erfasst. Aus der riesigen Kaverne der Steinbrüche erhob sich eine dichte Staubwolke, in der man keine menschliche Gestalt mehr erkannte und aus der nur Geschrei und Wehklagen ertönte. Die Sonne war fast erloschen und nur noch ein kleiner, heller Punkt.

Zehn Steinbrecher starben, und sieben wurden verletzt. Im Dorf wurden zum Zeichen der Trauer alle Türen und Fenster, die Fallgitter der Geschäfte und die Portale der Kirchen verriegelt. Aus Catania kamen fünf Lastwagen mit hundert Carabinieri, die von einem Major kommandiert wurden, aber die erwarteten Unruhen blieben aus. In der Nacht begann es wieder, heftig zu regnen, und die Posten der Carabinieri standen in ihren grünen Regencapes nutzlos herum und bewachten das Rathaus und die Straßenkreuzungen.

Nach zwei Tagen fand die feierliche Beisetzung der zehn Steinbrecher statt. Es gab mindestens vierzig Kränze, darunter die des Bürgermeisters, des Präfekten, des Erzbischofs, des Signorino Bellia und der Gewerkschaften in Catania. Die Fahnen der auf halbmast beflaggten öffentlichen Gebäude sahen aus wie Putzlumpen, da sie völlig durchnässt waren.

Die Bahren der zehn Toten wurden von ihren Kameraden von der Kirche zum Friedhof getragen. Dahinter gingen die Angehörigen der Toten, gefolgt von mindestens tausend Menschen. Die Frauen hatten sich untergehakt, und auch ihre Schultertücher waren durchnässt.

Am Dorfausgang wurden die Toten auf Lastwagen geladen, und nun folgten nur noch die Angehörigen. Alle Übrigen rannten nach Hause zurück, denn bis zum Friedhof war es noch mindestens ein Kilometer, und der Regen, der immer heftiger fiel, überschwemmte bereits die Straßen.

Drei Tage dauerte das Unwetter, dann standen die Steinbrecher wieder den ganzen Tag auf dem Platz herum, saßen mit den anderen Arbeitslosen des Dorfes auf den eisernen Bänken oder der Freitreppe der Kathedrale, genossen die spärliche Wintersonne und zogen die Mütze tiefer, wenn der Wind aus den Bergen ins Gesicht schnitt.

Der Präfekt der Provinz hatte sofort nach dem Unglück ein großes Arbeitsprogramm verkündet, aber seither waren mehr als drei Wochen vergangen, und noch immer hatte kein einziger Steinbrecher Arbeit bekommen.

Stattdessen kamen Techniker und Justizbeamte aus Catania, um das Unglück zu untersuchen. Auch Signorino Bellia, der Bergherr, wurde zweimal vernommen.

»Bis in mein Haus sind sie gekommen und haben vor mir ausgespuckt«, sagte er. »Was hätte ich tun sollen? Sie wollten den Steinbruch selber betreiben, und ich musste ihn hergeben. Auf dem Gipfel haben sie die Fahne gehisst. Die Carabinieri haben gewusst, was passieren würde.«

Die Arbeitslosen, die ihre Tage auf der Piazza verbrachten, redeten über dies und jenes oder sprachen davon, dass sie auswandern wollten, aber auch das war sinnloses Gerede, denn dazu brauchte man Fahrgeld, und die meisten hatten eine Familie und Kinder, die sie nicht zurücklassen konnten.

Trotzdem sprach man darüber.

Sie erzählten sich, die Regierung von Venezuela lasse demnächst eine große Straße durch den Urwald bauen, und ein Arbeiter könne dort leicht zwei- oder dreitausend Lire am Tag verdienen, oder in Australien gebe es Steppen so groß wie das Mittelmeer, auf denen Tausende von Pferden herrenlos herumliefen, und die Viehtreiber bekämen mindestens zehn Pfund die Woche. Diejenigen, die gleich nach dem Krieg ausgewandert seien, hätten es bereits zu Wohlstand gebracht.

Orazio Luminaria, ein Bauer, dessen Stirn so niedrig war, dass die Augen direkt unter der Schädeldecke saßen, berichtete aufgeregt: »In Amerika soll es Land geben, das keinem gehört. Wie kann das sein, dass es Land gibt, das keinem gehört?«

Er wurde nicht ernst genommen, da er nur einen Meter fünfzig groß war und man ihn selbst beim Militär nicht gewollt hatte.

»Dummkopf!«, antworteten die anderen. »Denkst du vielleicht, in Amerika hätte das Land keine Herren?«

Orazio Luminaria schwieg nachdenklich, doch dann klopfte er mit einem schwarzen Zeigefinger auf die Treppenstufe.

»Mag sein, dass es auch dort Herren gibt«, sagte er halsstarrig, »aber warum sollten sie uns nicht auf ihrem Land arbeiten lassen?«

Die Sache leuchtete ihm nicht ein, und die anderen konnten sie ihm auch nicht erklären.

Gelegentlich redeten sie sogar über Politik, weil demnächst Wahlen stattfinden sollten und ein heftiger Wahlkampf bevorstand. Jemand rief: »Die Kommunisten haben die großen Städte im Norden erobert! Nach der nächsten Wahl kommen sie auch in Rom an die Regierung!«

Doch andere wandten sofort ein: »Aber wo denn und wann? Die Pfarrer werden ihnen den Arsch aufreißen!«

Am häufigsten jedoch debattierten sie über Frauen. »Teresa Chillemi nimmt jetzt tausend Lire für eine Nacht. Diese Hure! Von dem Geld, das sie verdient, hat sie sich schon eine Wohnung mit Salon eingerichtet!«

»Erinnert ihr euch noch an ihren Mann?«, fragte ein anderer. »Als Soldat ist er weg, und wer weiß, wo er das Fell gelassen hat. Sie ist sofort ins Bordell nach Syrakus und kam nur noch einmal im Monat, um die Pension abzuholen. Das war zur Zeit der Deutschen. Die haben sie gewaltig über den Tisch gezogen. Die sind schlimmer als die Tiere. Aber Teresa hat gut dabei verdient. Die kennt sämtliche Tricks und nimmt die Männer aus wie unsereins die Wachtelnester!«

»Ich hab in Caltanisetta im Bergwerk gearbeitet«, erzählte wieder ein anderer. »Von überall her kamen die Huren, versteckten sich in den Lastenaufzügen und liefen uns nach bis tief in den Berg. Da sahst du bald dreißig oder vierzig Mann, die nackt durch den Stollen kletterten, weil es unter der Erde so heiß war, und sich beinahe geprügelt hätten, bloß um an eine dieser Frauen ranzukommen. Die Weiber machten auf dem blanken Steinboden die Beine breit, und ein paar von uns kriegten sofort einen Schlappen, weil ihnen beim Pimpern alle zuschauten und lachten, sobald einer stöhnte. Aber das waren meistens nur alte Nutten. Zum Kotzen!«

Auch Michele Passanisi stand jeden Tag bis zum Einbruch der Dämmerung auf der Piazza und hörte zu, wie sie über die Frauen oder das Auswandern sprachen. Er lachte mit, aber es machte ihm keinen Spaß, und fortgesetzt quälten ihn Kopfschmerzen.

Manchmal dachte er daran, dass er nur noch zweitausend Lire besaß, und hatte das Gefühl, keine Luft zu bekommen. Dann überkam ihn der Wunsch, etwas zu tun – sich zu prügeln, jemanden um Hilfe zu bitten oder sich die Fäuste an der Wand blutig zu schlagen –, doch gleich meldete der Kopfschmerz sich wieder, und sein Tatendrang verwandelte sich in Selbstmitleid und Lethargie.

Eines Abends weinte er. Er saß mit Stellina am Kohlebecken. Sie hatten zum ersten Mal in diesem Herbst geheizt, und er dachte daran, dass sie in zwei oder drei Wochen nicht einmal mehr das Geld für die Holzkohle haben würden. Auf einmal bedeckte er das Gesicht mit den Händen und begann zu weinen. Stellina schwieg, denn seit einiger Zeit fürchtete sie sich sogar vor seinen Gedanken. Doch er hörte nicht auf zu weinen. Sie kniete nieder und umarmte seine Beine.

»Michele, Michele!«, rief sie ängstlich.

Sie umarmte ihn fester, und er streichelte ihr Haar. Ihr warmer Körper tröstete ihn, und so küsste er ihren Hals.

Es war das erste Mal seit der Fehlgeburt, dass er die Kraft aufbrachte, sie anzufassen.

Sie rührte sich nicht und drückte nur ihre Wange an sein Bein.

Er sah ihren Mundwinkel, die geöffneten Lippen, auf denen der Speichel glänzte, und fühlte sich matt. Der Schlaf lähmte schon die Sinne und Glieder, und die Gegenstände begannen, ihre Deutlichkeit zu verlieren.

Er erinnerte sich plötzlich daran, wie weich und warm sie war, ihm fiel ein, wie süß sie wimmerte, wenn sie mit ihm schlief, und wie sie ihn zu rufen pflegte, ihr Körper sich zu regen begann, sich nach ihm sehnte und sich aufbäumte, wenn ihre Lust sich dem Höhepunkt näherte.

Wieder küsste er sie und fuhr mit den Lippen über ihren Nacken.

Stellina rieb ihren Leib an seinem Bein und hob den Blick. Ihr Gesicht glühte.

»Wir sind allein, Michele«, sagte sie. »Wir sind ganz allein auf der Welt.«

Die Gewalt

In den ersten Wochen des Winters zogen einige Bauern und Hirten mit ihren Herden das Tal hinauf und besetzten die Weiden am Fluss. Sie waren unbewaffnet, saßen auf Maultieren oder kleinen klapprigen Pferden, und mancher besaß nur einen Esel. Im Gepäck hatten sie Decken und große Schirme aus Segeltuch, da sie oben am Fluss kampieren wollten, bis es bei ihnen wieder Wasser gab.

Drei Monate zuvor hatten einige Großgrundbesitzer am Oberlauf des Flusses einen Staudamm errichtet, um Zitrusplantagen anzulegen, wo jetzt Kornfelder lagen. Durch den Damm konnten dreihundert Hektar Land bewässert werden, das als Getreideland höchstens fünfhundert Millionen Lire wert war. In drei Jahren, wenn die Plantagen Früchte trugen, würde es dagegen einen Wert von zehn Milliarden haben.

Die Regierung hatte den Bau sogar mit dreihundert Millionen subventioniert, da er im allgemeinen Interesse liege. Nun war der Fluss auf einer Länge von zwei Kilometern fast ausgetrocknet und führte erst in der Ebene, wo die großen Viehzuchtbetriebe lagen und das Wasser aus den Seitentälern zusammenströmte, wieder ausreichend Wasser.

Die Leidtragenden waren die kleinen Bauern und Viehzüchter, die am Mittellauf siedelten. Erschöpft und mit geschwollener Zunge irrten ihre Tiere über den Kies, kauerten apathisch an den wenigen Wasserlöchern und reagierten nicht einmal mehr auf Steinwürfe. An die dreißig Viehzüchter und Bauern beschlossen deshalb, mit ihren Herden flussaufwärts zu ziehen und die Uferweiden der

Großgrundbesitzer zu besetzen, die den Damm errichtet hatten und ihnen das Wasser vorenthielten.

Im Schutz der Nacht trieben sie das Vieh über das Kiesbett, wo es große Staubwolken aufwirbelte, schlugen mit Stöcken auf die Tiere ein, wenn sie auszubrechen versuchten, und bewarfen die vorweg trottenden Kälber mit Steinen, um sie zur Eile anzuspornen.

So kamen sie an den Damm und zogen weiter, bis sie eine Tränke fanden. Der Fluss färbte sich gelb, als das staubbedeckte Vieh ins Wasser stieg.

Im Morgengrauen kamen zwei Feldhüter angeritten und verharrten in sicherer Entfernung am Rand der Anhöhe. Reglos betrachteten sie das Vieh, das sich am Ufer drängte, und sahen den Bauern zu, die mit Rufen und Stockschlägen dafür sorgten, dass die Tiere zusammenblieben. Dann rissen sie ihre Pferde herum und verschwanden.

Um die Mittagszeit erschienen fünfzehn Feldhüter mit doppelläufigen Flinten. Sie wurden vom alten Salvatore Infantino angeführt. Er war groß, schwarz gekleidet, an die siebzig Jahre alt und hatte vor vielen Jahren als Feldwebel der königlichen Garde gedient.

Mehrfach war er wegen Verabredung zum Mord, Körperverletzung und Sachbeschädigung angeklagt worden, aber stets hatten die Richter ihn mangels Beweisen freigesprochen. So war er eine Respektsperson geworden, vor der nicht nur die Bauern strammstanden, sondern auch die Gendarmen und Förster.

Die Feldhüter ritten den Hügel herab und näherten sich bis auf zwanzig Meter. Salvatore Infantino hob die Flinte und schoss ohne Warnung. Ein kräftiger Stier sprang hoch und begann, am ganzen Leib zu zittern. Die anderen Tiere zuckten zusammen, versuchten zu fliehen, stießen gegeneinander und blieben schließlich unruhig stehen.

»Du Hurensohn!«, schrie einer der Bauern. »Ihr seid alle Hurensöhne!«

Der Stier sank, tödlich verletzt, auf die Vorderfüße, schüttelte den Kopf, und aus seinem Hals sickerte Blut. Mit einem tiefen Stöhnen versuchte er noch einmal, sich aufzurichten, dann glitt der schwere Körper den Hang hinunter und blieb reglos liegen, während das Blut wie Wasser aus der großen Halswunde strömte.

»Was wollt ihr hier?«, rief der alte Infantino mit lauter Stimme. »Das ist nicht euer Land!«

Einer der Hirten trat vor und schlug sich die Fäuste gegen die Brust.

»Wasser!«, schrie er, wie von Sinnen. »Wasser! Ihr Elenden nehmt uns das Wasser! Unser Vieh muss verdursten!«

Der alte Feldhüter zielte mit der Flinte auf seinen Kopf und sagte verächtlich: »Der Fluss gehört zum Land und damit das Wasser. Unser Herr kann damit machen, was er will. Jeder ist sein eigener Herr!«

Sein hochmütiger Blick glitt über die verschüchterten Bauern. Seine Flinte war drohend auf sie gerichtet, und sein Zeigefinger berührte den Abzug.

»Verschwindet, oder ich schieße euch über den Haufen! Ihr verletzt fremdes Eigentum!«

Die Bauern schauten sich ratlos an und rührten sich nicht von der Stelle.

Drei Feldhüter stiegen vom Pferd, nahmen ihre Lassos vom Sattelknopf und näherten sich gemächlich einem Zuchtbullen. Ein vierter Feldhüter folgte ihnen mit einer Zange. Das Tier rührte sich nicht, schnaubte nur wütend und senkte angriffslustig die Hörner.

Die Lassos flogen wie auf Kommando und wurden mit einem Ruck gestrafft. Der Stier taumelte und fiel auf die Seite. Sofort waren die Männer über ihm und wälzten ihn auf den Rücken, sodass seine gefesselten Beine in die Luft ragten. Der Mann mit der Zange sprang auf seinen Bauch, Staub wirbelte auf, und einen Augenblick lang sah es so aus, als kämpfte er mit dem Stier. Doch sofort erhob er sich wieder und hielt triumphierend die blutigen Hoden in die Höhe.

Die Feldhüter lachten. Einer schaukelte im Sattel und jammerte höhnisch: »Was machen jetzt die armen Kühe?«

Die Männer, die den Stier kastriert hatten, standen auf, lösten mit rascher Bewegung die Lassos und klopften sich den Staub von den Kleidern. Mit einem Ruck befreiten sie das Tier von den Stricken.

Der Bulle strampelte ein paar Mal, erhob sich schnaubend, knickte wieder ein, erhob sich abermals und blieb mit gesenktem Kopf stehen.

Von seinem Bauch tropfte Blut, und auch sein Fell war blutig, wie man jetzt sah. Nach einiger Zeit vollführte er einige schwerfällige Sprünge, die von den Feldhütern mit lauten Rufen begleitet wurden, doch bald stand er wieder, betäubt vom Schmerz, und schüttelte den Kopf.

Die Bauern verfolgten das Schauspiel wie gelähmt, doch nun schienen sie zu erwachen. Einer nach dem anderen begann, die Tiere mit lauten Rufen zu sammeln und mit Stockschlägen talwärts zu treiben.

»Büttel! Speichellecker!«, riefen sie den Feldhütern zu. »Wenn wir wiederkommen, stechen wir euch ab!«

Dann flüchteten sie.

Die Feldhüter bestiegen ihre Pferde, postierten sich auf der Anhöhe und beobachteten noch eine Weile, wie die kleine Herde jenseits der Staumauer in einer Staubwolke verschwand.

Dann ritten sie den Hügel hinauf und ließen nur drei Leute zurück, um den Damm zu bewachen.

Schon bald nach diesem Vorfall trafen sich einige Großgrundbesitzer auf einem Gutshof, der einsam und an die fünfzehn Kilometer vom Dorf entfernt in den Hügeln lag. Das große Herrenhaus gehörte den Baronen Bufardeci, die sich früher, wenn im Dorf die Spanische Grippe grassierte und die Menschen wie die Fliegen starben, mit der ganzen Familie hierher zurückgezogen hatten.

Seither bewohnte nur noch der Gutsverwalter das Haus, und die Herrschaften hatten sich lediglich den Salon reserviert, in dem jetzt getagt wurde. Es war ein riesiger Raum, voller alter Möbel aus Nussbaum. Neben den Türen standen Waffenschränke, große Petroleumlampen hingen von der Decke herab, und in einer Ecke schimmerte ein gewaltiges Pianoforte.

Die Versammlung bestand aus fünf Leuten, denen der größte Teil der Ländereien gehörte, die durch den Staudamm bewässert wurden: Advokat Ieli, Signorino Bellia, Baron Bufardeci und die Landwirte Vincenzo und Nicola Messina, Vater und Sohn.

Baron Bufardeci war ein kleiner und hagerer Mann mit stahlblauen Augen. Sein fast kahl geschorener, sonnengebräunter Kopf und seine Hände schienen ständig in Bewegung, und auch seine Kleidung unterschied ihn stark von den übrigen Anwesenden, denn er trug eine hirschlederne Weste, rote Stiefel und ein zierliches Goldkettchen am Handgelenk.

Er war dreißig Jahre alt und der einzige Erbe des Vermögens dreier Familien. Ihm gehörten Orangenhaine, Wälder und einige Tausend Hektar Land, sogar im Tal von Catania.

Er war viel auf Reisen, und man erzählte sich, er habe Frauen in jeder Stadt, herrliche Lebedamen und sogar Schauspielerinnen. Ein Examen hatte er nicht.

»Ich pfeife auf Titel«, pflegte er zu sagen. »Heutzutage hat jeder Trottel einen Doktortitel!«

So leicht er in Wut geriet, so auffällig war seine Großzügigkeit. Seine Halbpächter und Bauern bezahlte er besser als jeder andere, und er war, im Gegensatz zu seinen Standesgenossen, nicht einmal sonderlich grausam, sondern spielte nur gerne den Draufgänger und Spötter. Anders jedoch als Advokat Ieli empfand er eine gewisse Verachtung für alle, die verpflichtet oder daran interessiert waren, ihm zu dienen.

Als Letzter kam Don Vincenzo Messina mit seinem Sohn. Ihm gehörten Ländereien und Weidegründe in der ganzen Provinz, obwohl er nicht lesen und schreiben konnte und als einfacher Bauer angefangen hatte. Mit Gerissenheit und Gewalt, Anmaßung und Wucher hatte er sich im Laufe seiner siebenundachtzig Lebensjahre einen enormen Grundbesitz angeeignet und dabei den eigenen Kindern kaum das Brot gegönnt.

Es gab derer zehn, alle männlich, alte Männer inzwischen, die ein Leben lang wie Tiere gearbeitet hatten, ohne jemals zu klagen. Nur einer war als Priester nach Rom gezogen, und wenn er gelegentlich ins Dorf zurückkehrte, küssten seine Brüder ihm die Hand, nannten ihn Monsignore und beteten mit ihm den Rosenkranz.

Alle anderen waren beim Vater geblieben. Einen ganzen Hang des Gebirges hatten sie mit Olivenhainen bepflanzt, Häuser für die Pachtbauern und Ställe für die Viehzüchter gebaut, Ödland gerodet und Bewässerungskanäle gegraben, Mauern errichtet und Terrassen angelegt.

Mindestens sechshundert Hektar gehörten ihnen, aber sie waren einfache Bauern geblieben, zu jedem Opfer bereit, und es gab nichts, wovor sie sich fürchteten, wenn es galt, ihr Land zu verteidigen.

Ihre Söhne freilich, Don Vincenzos Enkel, studierten Jura, Medizin oder Agrarökonomie an den Universitäten von Palermo und Catania.

Wo Don Vincenzo auftrat, verbreitete sich der Eindruck von überkommener Feierlichkeit, denn er war das Oberhaupt eines mächtigen Clans. Er war klein und fett, hatte eine seltsam rötliche Haut und stützte sich beim Gehen schwer auf den Sohn.

Seine Kleidung war von bäuerlichem Zuschnitt, doch aus schwerer, teurer Wolle gefertigt und schwarz von den Schuhen bis zur Mütze. Sogar das große wollene Tuch, das auf den Schultern lag, war schwarz.

Sein Sohn, Nicola Messina, der ebenfalls schwarz gekleidet war, hatte die Statur eines Riesen, gewaltige Arme und weißes Haar. Er zog ein Bein nach, da ihm ein Gewehrschuss vor zwanzig Jahren die Kniescheibe zerschmettert hatte.

Don Vincenzo Messina begrüßte die Anwesenden, nahm langsam die Mütze ab und hielt sie zum Zeichen der Ehrerbietung einen Moment lang über dem Schädel, bevor er sie wieder aufsetzte.

Dann ließ er sich mühsam nieder, zog sein Tuch mit kleinen akkuraten Handbewegungen enger und murmelte: »Kalt ist es hier! Ah, ich bin alt und stehe mit einem Bein im Grabe.«

Sein Sohn setzte sich neben ihn, beugte die mächtigen Schultern vor, um Aufmerksamkeit zu bezeugen, behielt die Mütze in der Hand, wie es sich für einen einfachen Bauern gehörte, und sagte nichts.

Man trank Kaffee mit Cognac. Nur Signorino Bellia lehnte es ab, etwas zu trinken, und beobachtete die anderen argwöhnisch aus verquollenen Augen. Der Mund, aus dem etwas Speichel sickerte, war leicht geöffnet. Er war groß gewachsen, jedoch schmächtig und krumm, und hatte langes weißes Haar.

An die vierzig Jahre schon lebte er im Dorf, hatte es nie verlassen und kannte deshalb nichts von der Welt.

Obwohl er Witwer war und keine Kinder hatte, verkehrte er mit niemandem und verließ während der Sommermonate nicht einmal das Haus, weil er angeblich die grelle Sonne nicht vertrug. Er war jedoch außerordentlich gebildet, besaß eine Bibliothek mit einigen Tausend Büchern über Jurisprudenz, Theologie, Naturwissenschaften, Geografie, Architektur, und es hieß, er habe sie nicht nur alle gelesen, sondern viele davon sogar auswendig gelernt.

Auch er gehörte zu den Reichen in der Provinz und fürchtete

fortgesetzt, um sein Eigentum gebracht zu werden, war jedoch keiner, der selber die Initiative ergriff, es zu verteidigen. Stattdessen begnügte er sich damit, die Ratschläge von Leuten zu befolgen, die er für ebenbürtig hielt und die entschlossener waren als er.

Während die anderen ihren Kaffee tranken, saß er schweigend dabei, betrachtete sie fast dümmlich und war sehr beunruhigt.

»Eines Nachts werden die Bauern zurückkommen und den Deich in die Luft sprengen!«, sagte Advokat Ieli. »Nichts leichter als das!«

»Lasst sie doch kommen!«, erwiderte Baron Bufardeci. »Wir werden hundert bewaffnete Männer auf den Deichen postieren! Das ganze Tal lassen wir von unseren Leuten bewachen!«

Advokat Ieli lächelte ironisch.

Signorino Bellia nickte aufgeregt, spreizte die Finger und fuhr mit seiner wachsbleichen Hand zweimal erregt durch die Luft.

»Genau, was ich sage!«, rief er. »Wenn das nicht reicht, verstärken wir die Posten und fordern die Gendarmerie an. Dann vergeht ihnen der Spaß!«

Don Vincenzo Messina hob den Kopf und schaute in eine entfernte Ecke des Zimmers. Offensichtlich wollte er die Aufmerksamkeit der anderen auf sich ziehen, da seine Herkunft ihm nicht erlaubte, das Gespräch zu unterbrechen. Reglos, in sein schwarzes Tuch gehüllt, wirkte er majestätisch wie die Weisheit schlechthin.

Endlich schwiegen die anderen, und er begann zu reden. Seine Stimme klang feierlich, und am Ende jedes Satzes senkte er die Lider, um anzudeuten, dass seine Aussagen unbestreitbar und unwiderruflich waren.

»Wir haben es mit wenigstens dreitausend Bauern und Hirten zu tun«, sagte er, »vielleicht sogar vier- oder fünftausend, denn die Gewerkschaften werden auch aus den anderen Provinzen Leute heranschaffen. Sie werden sogar Leute beibringen, denen der Damm gleichgültig ist und die trotzdem kommen werden. Wir wissen, was passieren wird. Aus der ganzen Ebene von Catania werden die Ziegen- und Rinderhirten, Bauern, Schäfer und Landarbeiter kommen, und sie werden mindestens zehntausend Pferde, Rinder, Maultiere und Ziegen vor sich hertreiben. Nicht ein Stein wird vom Damm übrig bleiben und nicht ein Tropfen Wasser für unsere Plantagen. Sogar die Bäume werden sie fällen!«

»Was soll das heißen!?«, rief Signorino Bellia mit keifender Stimme. »Voriges Jahr haben zweitausend Leute mein Land besetzt. Ein paar von ihnen waren regelrechte Verbrecher, obwohl sie die Fahne dabeihatten. Sie waren wie wahnsinnig. Aber dann kamen die Carabinieri, haben ihre Maschinengewehre in Stellung gebracht, und nach zehn Minuten hatte der Spuk ein Ende!«

»Vergebt mir«, sagte Don Vincenzo Messina bescheiden. »Ihr werdet mir beipflichten, dass ein Berg toter Männer nicht dazu geeignet ist, einen Fluss zu stauen. Für einen Staudamm braucht man Zement und Steine, damit er auch hält. Wir müssen erreichen, dass der Staudamm so lange bleibt, wie wir ihn brauchen.«

Baron Bufardeci, der an der Wand lehnte, lachte giftig, nahm ein Gewehr aus dem Schrank und ließ den Verschluss schnappen.

»Hundert Mann, habe ich gesagt! Mit hundert Gewehren wie diesem hier! Und nicht einmal Gottvater kommt durch!«

Der Alte fixierte ihn mit seinen kleinen Augen, die achtzig Jahre gesehen hatten, und es war ungewiss, ob sein Blick unterwürfig oder väterlich war.

»Es ist schwer, einen Menschen umzubringen«, sagte er. »Möge Gott euch davor bewahren, es mit eigenen Händen tun zu müssen.«

Die Herren schwiegen. Auch Signorino Bellia war offensichtlich nicht wohl bei der Vorstellung, selber Hand anlegen zu müssen.

»Aber irgendeinen Weg muss es doch geben«, sagte er tonlos.

Advokat Ieli hatte einen Moment lang das Gefühl, nicht mehr zu wissen, was gut und richtig war, und fühlte sich plötzlich sehr müde. Doch dann bemerkte er ein winziges Funkeln von Bauernschläue in Don Vincenzos Augen, lächelte ihm zu, und der Alte lächelte bescheiden zurück.

»Ich sehe, die Herren amüsieren sich über uns«, sagte Baron Bufardeci verärgert.

Advokat Ieli zeichnete mit der Spitze seines Gehstocks eine Figur in den dünnen Staub des Fußbodens.

»Don Vincenzo hat recht«, sagte er. »Wenn die Bauern erst organisiert sind, haben wir verloren. Von uns hier wird keiner sie aufhalten. Es werden mindestens fünftausend sein, und sie werden Waffen haben, davon können wir ausgehen. Sie sind unwissend und wild, denn sie sind davon überzeugt, dass wir sie wie Sklaven behandeln, ihnen das Brot vom Mund rauben und das Wasser stehlen. Ihr Hass ist tausend Jahre alt, und ihr Wunsch, sich an uns zu rächen, vererbt sich von Generation zu Generation.«

»Sie tun gerade so, als ob wir keine Regierung hätten«, sagte Baron Bufardeci.

»Ja«, kreischte Signorino Bellia, »wir müssen die Regierung auffordern, den Gesetzen Respekt zu verschaffen. Sie müssen uns eine Kompanie Carabinieri schicken. Wenn nötig, muss sogar die Armee eingreifen.«

Der Advokat lachte höhnisch. Dann sagte er nachsichtig: »Natürlich. Polizei und Carabinieri werden einschreiten, wenn es Unruhen gibt, und vielleicht schickt die Regierung sogar Soldaten. Ich nehme es nicht an, aber selbst wenn sie es tut, was nutzt uns das? Sie kann sogar auf die Bauern schießen lassen. Alles das beseitigt nicht im Geringsten die Gefahr, dass die Bauern wiederkommen und unseren Staudamm einreißen; und wenn nur ein Bauer erschossen wird, setzen sie uns auch noch den Dachstuhl in Brand.«

Advokat Ieli sah in die Runde, um festzustellen, ob er auf dem richtigen Weg war. Die zwei Messinas nickten, Baron Bufardeci schien nachzudenken, und nur Signorino Bellia hatte noch immer nichts begriffen.

»Alle aufhängen! Alle aufhängen!«, geiferte er halblaut.

Advokat Ieli sprang auf und schrie wütend: »Wann begreifst du endlich, worum es geht, du Idiot?!«

Signorino Bellia riss den Mund auf, bekam ein rotes Gesicht und keuchte. Einen Moment lang machte er Anstalten, den Saal zu verlassen, dann sank er in seinen Sessel zurück, fuhr sich übers Gesicht und stöhnte.

»Und worum geht es?«, fragte er beleidigt.

Advokat Ieli nickte zufrieden.

»Wir müssen begreifen, wie es kommt, dass die Bauern sich gegen uns auflehnen. Die Gewerkschaften fangen an, eine Macht zu werden. Immer mehr Tagelöhner, Schäfer und Viehtreiber schließen sich zusammen, und inzwischen sind wir so weit, dass sogar die Bauern, Viehzüchter und Gutsverwalter mit ihnen sympathisieren. Ich warte nur auf den Tag, dass der erste Feldhüter in die Gewerkschaft eintritt.

Die Gewerkschaften sind es, die die Bauern aufhetzen. Sie verlangen höhere Löhne, Aufhebung der Latifundien, Arbeitslosenversicherung, Steuererhöhungen auf der einen Seite, kostenlose medizinische Betreuung auf der anderen.

Ich denke nur an den Vorsitzenden der Landarbeitergewerkschaft, Paolo Lantieri. Letzten Sonntag hat er auf zwei großen Kundgebungen in Catania und Ragusa gesprochen, und er hat wörtlich gesagt: ›Entweder dieser Staudamm wird wieder abgerissen, oder ich stelle mich mit der Fahne in der Hand an die Spitze der Bauern und organisiere persönlich die Landbesetzung!‹ Der Mann ist ein Fanatiker. Vom ersten Moment an hat er den Bauern in den Kopf gesetzt, gegen den Staudamm zu protestieren.«

Advokat Ieli wandte sich an Nicola Messina und nickte ihm aufmunternd zu. »Du kennst den Mann«, sagte er. »Du bist auf einer der Kundgebungen gewesen! Erzähl ihnen, wer Paolo Lantieri ist.«

Der Bauer bewegte langsam den massigen Oberkörper, schaukelte ein wenig und sagte verlegen: »Wie Ihr wünscht, Euer Ehren. Der Doktor Paolo Lantieri kommt aus Caltanisetta. Sein Vater ist ein kleiner Gutsbesitzer. Er ist Rechtsanwalt und zweiunddreißig Jahre alt, aber die Bauern und Tagelöhner würden sich für ihn auspeitschen lassen. Er verführt sie mit Worten und verspricht ihnen das Paradies auf Erden!«

»Solange dieser Mann am Leben ist«, warf Advokat Ieli ein, »kann er jederzeit unseren Staudamm vernichten!«

Baron Bufardeci lachte.

»Ach, so ist das«, sagte er ungläubig, und das Lachen verwandelte sich in eine Art Wimmern. Die plötzliche Entdeckung, dass die beiden Messinas und Advokat Ieli schon einen Plan hatten, verunsicherte ihn. Vorsichtig sagte er: »Wenn die Leute so verrückt nach ihm sind, muss etwas Wahres an dem sein, was er sagt.«

»Selbstverständlich, Euer Ehren.«

Baron Bufardeci hatte jetzt einen Weg gefunden, die Verantwortung von sich wegzuschieben, und bekam neue Farbe ins Gesicht.

»Ah! Und was sagt er Wahres, zum Beispiel?«

»Er sagt zum Beispiel, dass die Menschen auf dem Land verhungern; dass die Leute, die das Land bearbeiten, fast alle Analphabeten sind und dass die Arbeiter in den Schwefelminen ihr Leben riskieren, weil die Stollen baufällig sind.«

Das war es, worauf Bufardeci gewartet hatte. Er neigte neugierig den Kopf, als fände er die Auskunft sehr interessant, und fragte mit schmeichelnder Stimme: »Wenn das so ist, dann sag mir nur noch, warum du trotzdem dafür bist, dass der Mann umgebracht wird. Wenn du mich überzeugst, will ich mich gerne der Mehrheit anschließen.«

Nicola Messina drehte die Mütze in den Händen und nickte schweigend.

»Ich muss mein Hab und Gut verteidigen«, sagte er schlicht. »Ich habe fünf Kinder und will, dass sie etwas lernen und ordentliche Menschen werden. Deshalb muss ich meine Sachen verteidigen.«

Der alte Vincenzo Messina nickte kaum merklich und schaute nun auch Signorino Bellia aus sanften, fragenden Augen an.

»Jetzt bist du dran, Bellia«, sagte Bufardeci spöttisch.

Signorino Bellia hatte das Kinn auf die Brust gesenkt, die Hände zwischen den Schenkeln vergraben und schien nachzudenken.

»Was ist?«, drängelte Advokat Ieli. »Bis vor ein paar Minuten wolltest du alle erschießen, und jetzt hast du Angst?«

Signorino Bellia schüttelte den Kopf. »Ich habe keine Angst«, sagte er. »Mir scheint, da ist ein Unterschied …«

»Natürlich ist es ein Unterschied, ob du hundert Leute umbringst oder einen!«, fauchte Advokat Ieli ihn an. »Du hast offenbar immer noch nicht begriffen, wer dieser Lantieri ist! Er ist der Mann, der zeit seines Lebens versuchen wird, die Deiche zu zerstören, die wir errichten, uns zu enteignen, die Häuser wegzunehmen, die Bäume abzuholzen und das Getreide aus den Scheunen zu holen. Seit zehn Generationen haben unsere Familien Terrassen und Gutshöfe errichtet, Ställe und Tränken gebaut, Brunnen gebohrt, Zisternen aus dem Tuff geschnitten, Olivenhaine angelegt und die Hügel aufgeforstet. Zehn Generationen, das sind mindestens dreihundert Jahre. Er aber will an einem Tag alles zerstören. Er verspricht den Bauern Wohnungen und Schulen, Wasserleitungen, Krankenhäuser und Feldwege, ohne zu erklären, warum sie bisher nicht gebaut worden sind. Jetzt will er auch noch ins Parlament, und das ist die eigentliche Gefahr. Der Abriss des Staudammes wäre nichts dagegen. Willst du, dass Leute wie Paolo Lantieri an die Macht kommen?«

Signorino Bellia hob den Blick, schaute Ieli lange an und schüttelte den Kopf.

Drei Tage später wurde Paolo Lantieri auf der Provinzialstraße, einen Kilometer vor der Abzweigung nach Catania, ermordet. Die Zeitungen schrieben, drei Männer hätten ihm einen Hinterhalt gelegt und gleichzeitig aus verschiedenen Richtungen das Feuer auf sein kleines Auto eröffnet, aber in Wahrheit wurde er von einem einzigen Mann getötet.

Er hatte soeben die Kurve am Ende einer Steigung erreicht, als er zwei Felsbrocken auf der Straße liegen sah. Sein Wagen kam in einer großen Staubwolke zum Stehen, stellte sich quer, und Lantieri kam gerade noch dazu, die Pistole aus dem Handschuhfach zu nehmen. Sofort begann ein Mann vom Straßenrand her, mit einer alten deutschen Maschinenpistole zu schießen, sodass die Scheiben zu Bruch gingen und das Blech des Kleinwagens durchlöchert wurde.

Dann lief der Mann auf die Straße, stellte sich direkt vor dem Wagen auf und schoss abermals, obwohl Lantieri bereits tot war. Der Tote wurde von den Einschlägen durchgeschüttelt und regelrecht auf den Sitz genagelt. Schließlich ging der Mörder zur Fahrerseite des Wagens, nahm eine Schrotflinte, die er im Straßengraben versteckt hatte, zielte auf den Kopf des Toten und drückte zweimal ab, bis kein Gesicht mehr zu erkennen war.

Die Bauern kamen erst von den Feldern, als die Schießerei vorbei war. Qualm stand über der Anhöhe, und sie sahen den Gewerkschafter reglos in seinem brennenden Wagen sitzen.

»Rettet ihn!«, riefen die Bauern. »Da sitzt einer in dem brennenden Wagen!«

Als sie das zerschossene Gesicht sahen, schwiegen sie betroffen und kehrten rasch auf ihre Felder zurück, um keine Aussage machen zu müssen, wenn die Carabinieri kamen.

Es war der härteste Winter seit Kriegsende. Einige Männer erhielten Auswanderungspapiere nach Kanada, Venezuela oder Australien. Andere zogen nach Norditalien, wurden Fabrikarbeiter und heirateten ein Mädchen aus der Stadt. Wieder andere gingen nach Frankreich oder landeten im Gefängnis.

Die Zeitungen in Norditalien schrieben, es kämen zu viele Leute aus dem Süden, die dumm und ungebildet seien und ihr Glück mit dem Messer suchten.

Im Dorf wurde im Auftrag der Präfektur eine Baustelle eröffnet, wo nur arbeitslose Steinbrecher und Kriegsteilnehmer beschäftigt werden durften. Auch Michele Passanisi fand dort Arbeit.

Die Straße, die sie bauten, war sinnlos, hörte nach zweihundert Metern am Rand einer Weide auf, und bald hatte der Regen den Asphalt und das Straßenfutter fortgespült. Nach einem Monat war die Arbeit beendet, und die zwölftausend Lire, die Michele verdient hatte, zerrannen ihm zwischen den Fingern, denn ein Kilo Brot kostete hundert Lire und ein Päckchen Zigaretten siebzig.

Die Hinterbliebenen der Steinbrecher, die bei dem Bergrutsch umgekommen waren, erhielten eine einmalige Unterstützung von fünfzigtausend Lire, dazu zehntausend Lire für jedes Kind.

Die höchste Entschädigung bekam eine gewisse Concetta Lo Giudice, die sieben Kinder hatte. Als die Bank ihr 120 000 Lire auszahlte, weinte sie, rief nach ihrem Mann und pries ihn überschwänglich.

Concetta konnte weder lesen noch schreiben und verstand nicht, dass ein toter Mann so viel wert war, wo er zu Lebzeiten doch nicht mehr gegolten hatte als ein Stück Vieh.

Verstört lief sie nach Hause und versteckte das Geld unter einem Backstein. Jeden Sonntag ging sie mit ihren Kindern aufs Feld, pflückte Blumen und schmückte das Grab ihres Wohltäters.

»Gesegnet, gesegnet!«, rief sie und küsste die Marmorplatte. Dann beteten sie gemeinsam einen Rosenkranz, und wenn das Wetter schön war, setzten sie sich auf die Stufen des Grabes und aßen Brot und Käse.

Ständig fürchtete sie, es sei ein Irrtum passiert, und sie müsse das Geld zurückzahlen. Schließlich hob sie unter dem Herd ein Loch aus und vergrub es dort.

Sie war erst fünfunddreißig Jahre alt, und wenn die vielen Schwangerschaften sie auch breit gemacht hatten und ihre Hände hart waren, so war ihre Haut doch immer noch schön und weiß. So wurde sie die Geliebte eines reichen Gutsbesitzers, eines gewissen Vincenzo De Mattia, der siebzig Jahre alt war.

Concetta ging zu ihm, wenn er schon im Bett lag, schob sich nackend an seine Seite und bedeckte seinen Leib mit Küssen und Zärtlichkeiten. Doch der Alte gab nur tiefe Seufzer von sich und schlief langsam ein.

In jenen Monaten begann auch die Schwefelkrise. Die Bergherren zahlten zwar Hungerlöhne und kassierten Subventionen, aber auch das reichte nicht mehr aus, um der Konkurrenz standzuhalten, denn die Betriebe waren völlig veraltet.

Der Schwefel wurde noch per Hand abgebaut und von den Bergleuten zu den Holzfahrstühlen geschleppt. Jede Tonne Schwefel entsprach der Arbeit von hundert Bergleuten, während es in Amerika Maschinen gab, die jede für sich die Arbeit von hundert Männern verrichtete.

Etliche Minen waren deshalb gezwungen zu schließen, ihre Besitzer flüchteten, und vor den Werkstoren standen ein paar Hundert Güterwagen voll Schwefel. Der Schwefel war gelb, und es sah aus, als wären die Wagen voller Brot oder Gold, aber sie waren nichts wert.

In Caltanisetta versuchten fünftausend Bergleute, mit ihren Frauen in eine stillgelegte Mine einzudringen. Als die Menge angriff, schossen die Carabinieri in die Luft. Die Demonstranten am Werkstor versuchten zu fliehen, doch die Nachdrängenden quetschten sie gegen das Eisengitter, wo sie sich mit Fäusten und Füßen und blutenden Gesichtern verteidigten. Zwei Carabinieri kamen ums Leben. Später wurden die Werksanlagen und Maschinen zerstört, um die Arbeiter davon abzuhalten, die Mine abermals zu besetzen.

Auch auf den Latifundien breitete sich die Gewalt aus. Nicht wenige Landarbeiter, Bauern und Hirten gingen in die Berge und bildeten Banden, die manchmal nur aus zwei oder drei Leuten bestanden. Nachts durchstreiften sie das Land, raubten Gehöfte aus oder überfielen die Autobusse, die aus den Städten in die Bergdörfer zurückkehrten. Es gab keine Autorität, die in der Lage war, die Besitzenden zu schützen. Advokat Calleri, der im Tal von Alcantara ein Gestüt besaß, wandte sich an die Polizei, weil man ihm vierzig Pferde geraubt hatte. Drei Tage später wurde er tot aufgefunden. Eine Ladung Schrot hatte ihm den Rücken zerfetzt.

So verteidigte sich jeder auf eigene Faust und mit aller Härte. Sobald es dunkel wurde, verbarrikadierten sich die Gutsbesitzer in ihren Häusern und luden die doppelläufigen Schrotflinten mit Eisensplittern und Nägeln, sodass schon der erste Schuss tödlich war.

Die Feldhüter verstärkten den Schutz der Herden, weil die Banditen vor allem das Vieh der großen Güter zu stehlen versuchten. In den Städten zahlten die Händler bis zu dreißigtausend Lire für den Zentner Rindfleisch, das schon auf den Weiden zerteilt wurde.

Eines Nachts überraschten die Feldhüter einen Mann, der zwei Schafe getötet hatte und aus dem Pferch zu zerren versuchte. Der Räuber war ein kleiner, alter Schäfer namens Lorenzo Giliberto, der auf dem Gutshof gelegentlich beschäftigt wurde.

Die Feldhüter banden ihn an einen Baum und peitschten ihn mit Stacheldraht bis aufs Blut. Zwei Tage später legte sich Lorenzo Giliberto auf die Lauer und tötete Nicola Ferro, ihren Vormann, mit zwei Schrotladungen in den Rücken. Dann zog er ihm Mantel und Stiefel aus, nahm ihm die Geldbörse ab, hängte sich den Karabiner und die Patronengurte des Toten über die Schulter und verschwand in den Bergen.

In der Weihnachtswoche wurde eine Kompanie Soldaten im Dorf stationiert, um die öffentliche Sicherheit wiederherzustellen. Sie kamen aus dem Veneto und der Poebene. Die Kinder des Dorfes lungerten bei den Lastwagen herum, zogen sich die Mütze über die Ohren und schauten ihnen beim Essen zu.

»Ihr Schmutzfinken«, sagten die Soldaten, »eure Väter haben nur keine Lust zu arbeiten.«

Manchmal gaben sie ihnen Fleischsuppe, und die Kinder hockten sich abseits auf die Kirchentreppe und aßen wortlos. Nach dem Essen kauerten sich die Soldaten auf die Ladeflächen der Lastwagen.

»Was für ein lausiges Kaff! Gibt es hier keine Nutten?«

Abends wurden sie melancholisch, stützten sich auf die Gewehre, sangen oder beobachteten die Bauern, die ins Dorf zurückkamen. Das Hufklappern wollte kein Ende nehmen.

Ihr Kompanieführer war ein kleiner Hauptmann von vierzig Jahren. Er hatte sich in seinen grünen Wintermantel gehüllt, einen Schal umgeschlungen und die Ohrenklappen der Mütze nach unten gezogen. Am Gurt trug er eine kleine Pistole. Breitbeinig stand er auf der Freitreppe der Kirche und beäugte argwöhnisch den Ort und seine Bewohner. »Wenn ich auch nur eine Woche hier bleiben muss, schieße ich mir eine Kugel in den Mund!«, dachte er. »Die Kirche ist zu groß, und die Häuser der Bauern sind zu klein. Nicht einmal in der Stadt haben sie so prächtige Kirchen. Die Menschen in den Palästen verachten die Bauern, und die Bauern verachten die Menschen in den Palästen. Sie leben keine hundert Meter voneinander entfernt, und trotzdem hassen sie sich. Es ist unglaublich.«

In der Nacht postierte er Wachen auf allen Kreuzungen und an den Ortsausgängen. Er selbst stand die ganze Nacht auf der Piazza. Nichts passierte. Keine Banditen versuchten, ins Dorf zu schleichen, und nur ein paar Mal hörte man vom Land her Schüsse.

In diesem Winter begann man, sich von einem Mann zu erzählen, der durch die Dörfer zog und zu den armen Leuten predigte. Es hieß, er sei groß und braun, habe langes graues Haar, einen seltsamen, grau und blond gesprenkelten Bart, und überall versammelten sich die Menschen, um ihn zu hören.

Einige meinten, er sei ein Bauer, der wegen eines Mordes zwanzig Jahre im Zuchthaus gesessen habe. Dort habe er Lesen und Schreiben gelernt und alles, was er über die Menschen und Dinge wusste. Andere hielten ihn für verrückt und behaupteten, seine Kinder seien im Krieg umgekommen. Wieder andere erzählten, er habe keinen Besitz, gehe nur zu Fuß und ernähre sich von den Almosen der Häusler und Armen.

In der Provinz Palermo wurde er eines Tages von den Feldhütern aufgegriffen und ausgepeitscht, da sie fürchteten, er wolle die Bauern aufwiegeln. Sie zogen ihm Jacke und Hose aus und verabreichten ihm dreißig Schläge auf den Rücken. Anschließend wurde er von den Carabinieri verhaftetet, da seine Reden die öffentliche Ordnung gefährdeten. Nach drei Tagen ließ man ihn wieder frei und ermahnte ihn, sich nicht wieder blicken zu lassen, doch die Bauern nahmen ihn weiterhin auf, und er predigte zu ihnen.

»Fürchtet euch nicht«, sagte er. »Solange ihr euch fürchtet, werdet ihr arm bleiben und Not leiden. Es gibt nur deshalb so viel Armut auf der Erde, weil die Menschen feige und dumm sind. Solange ihr euch fürchtet, werdet ihr immer die Diener sein!«

In der ersten Januarwoche kamen große Militärfahrzeuge aufs Land, luden Getreide und fuhren es in die Stadt, wo der Hunger eine Revolte auszulösen drohte. Sofort verbreitete sich das Gerücht, die Regierung plane, wie damals im Krieg, das Getreide zu beschlagnahmen. Wer jetzt noch Korn hatte, versteckte es. Die Gutsbesitzer brachten ihre Vorräte in Höhlen und ließen sie zumauern, und die Bauern vergruben das Korn im Lehmboden ihrer Dreschscheunen.

Turi Scirpu klammerte sich an sein Podere. Jedes Eckchen Land wurde bestellt, und auch auf die Wildbäume pfropfte er Olivenzweige. Todmüde kehrten Alfio und er spätabends heim, hockten sich ans Kohlebecken und aßen. Später stand Alfio auf und sah aus dem Fenster. Der Wintersturm zerrte an den Büschen, und Wetterleuchten tauchte das Tal für Augenblicke in blauweißes Licht.

»Das Dorf ist wie ausgestorben«, sagte er. »Es ist zu ruhig. Eines Tages werden die Menschen herauskommen und den Soldaten die Hälse durchschneiden. Sie werden die Reichen und ihre Kinder abschlachten wie Ziegenlämmer.«

Die Mutter bekreuzigte sich hastig.

»Jungfrau, erbarme dich«, sagte sie. »Die unschuldigen Kreaturen!«

Turi Scirpu nahm mit großen, steifen Fingern ein Stück Glut aus dem Kohlebecken, drückte es mit dem Daumen in den Tabak und zog an seiner Pfeife. Er hatte die Mütze auf dem Kopf und den regennassen Mantel zum Trocknen auf den Schultern liegen.

»Was zum Teufel geht mich das an?«, fragte er grimmig. »An Neujahr muss ich der Bank siebzigtausend Lire zahlen. Siebzig Scheine zu tausend. Haben wir denn etwa keine Sorgen?«

Manchmal dachte er an Stellina und spürte eine gewisse Leere. Seine Kinder waren für ihn Dinge, die ihm gehörten, wie das Land, das er zwanghaft liebte, und da die Tochter nun fort war, fehlte ihm ein Gegenstand. Wenn es nachts regnete, lag er mit offenen Augen im Bett und lauschte. Er stellte sich vor, wie das Wasser die Mauern unterspülte, die Wurzeln der Bäume freilegte, und hatte das beängstigende Gefühl, selber im Freien zu liegen und zu erleben, wie auch der Mutterboden unter seinem Bett langsam weggeschwemmt wurde.

Tastend legte er sich die schweren Fäuste auf die Brust und presste sie dagegen, um das Gefühl der Atemnot loszuwerden.

»Noch ein paar Jahre«, dachte er. »Dann gehört das Land endgültig mir, und meine Kinder haben ausgesorgt. Ich bin nicht mehr jung, aber ich bin noch kräftig und habe keine Angst vor der Zukunft.«

Seit Michele arbeitslos war, sah er aus wie ein Bettler, ließ die Haare wachsen und trug einen Backenbart. Stumm und mit peinlicher Sorgfalt, um keinen Krümel zu vergeuden, zerkleinerte er den Tabak im Handteller und schüttete ihn ins Blättchen. Stellina saß über eine Stickerei gebeugt und schwieg. Die Nonnen gaben ihr Spitzen zu klöppeln und zahlten ihr hundert Lire pro Meter. Ohne Pause hockte sie am Kohlebecken und arbeitete bis in die Nacht, sodass sie an manchen Tagen hundertfünfzig Lire verdiente.

Seit vier Monaten war sie wieder schwanger. Manchmal seufzte sie und legte die Hand in den Rücken.

»Hier tuts mir weh!«, sagte sie. Noch bevor Essenszeit war, hatte sie einen Bärenhunger und amüsierte sich darüber. Dann aßen sie gekochte Bohnen mit Speck und graues Brot dazu.

Am Nachmittag lungerte Michele jetzt wieder auf der Piazza herum oder saß in einer Ecke der Osteria, schaute den Männern beim Tarocken zu und gab gute Ratschläge. Keiner antwortete ihm, doch gelegentlich schenkte jemand ihm eine Zigarette. Die rauchte er stumm und kiebitzte noch heftiger. Interessiert verfolgte er das Spiel, sah jedem in die Karten und schüttelte bedenklich den Kopf.

Am Abend auf dem Heimweg trödelte er. Er fürchtete Stellinas Gejammer. Sie lag schon im Bett, war aber wach. Als er neben ihr lag, streichelte sie ihn behutsam. Er wusste, was sie sagen wollte, denn er kannte jede ihrer Gesten, den Geschmack ihrer Lippen und den Geruch ihrer Haut, und empfand eine unerwartete Zärtlichkeit für sie.

Er kroch unter die Bettdecke und küsste sie. Stellina nahm seine Hand und schob sie auf ihren Schoß.

»Da schläft dein Kind«, sagte sie. »Es ist erst so groß wie meine Faust, aber eines Tages wird es so groß und stark sein wie du!«

»Wie ich?«, dachte Michele, der noch mit dem Kopf unter der Bettdecke lag und das Gefühl hatte, in einer endlosen Dunkelheit zu versinken. Stellina glühte vor Fieber, und irgendwo in ihr sollte ein faustgroßes Menschlein schlafen, das schon alle Pein und allen Schmerz in sich trug, die ein Mensch erleiden musste.

Eines Nachmittags betrat er die große Kirche an der Piazza. Sie war leer und dunkel. Auf dem Altar flackerten ein paar Kerzen, und von irgendwoher wehte ein eisiger Wind. Er versuchte zu beten, aber es gelang ihm nicht.

Michele setzte sich in eine Ecke, starrte die Kerzen an und sah einigen alten Frauen beim Beten zu.

»Sie warten auf das Paradies«, dachte Michele, »aber bis dahin frieren sie und müssen sich mit Schals und wollenen Handschuhen begnügen.«

Er wandte sich wieder den Kerzen zu, betrachtete das große silberne Kreuz, die Heiligenbilder an den Wänden, die Marmorengel auf dem Taufbecken und fragte sich, was alle diese Dinge mit Gott zu tun haben mochten.

Er hatte keine Vorstellung von Gott, und doch musste es ihn irgendwo geben. Vielleicht gab er sich erst zu erkennen, wenn der Mensch tot war. Er überlegte, wie es sein mochte, wenn man tot war, aber außer einer totalen Finsternis und eisigen Kälte fiel ihm nichts ein. Er fror, fühlte sich elend und spähte in die dunklen Seitenschiffe, wo die riesigen Bilder der bleichen Heiligen hingen.

»Die sind auch schon lange tot«, dachte er, »und obwohl sie heilig sind, ist nichts von ihnen übrig geblieben. Mein Vater und meine Mutter sind auch gestorben. Eines Tages stirbt jeder, und dann ist alles vorbei: der Hunger, die Kälte, die tägliche Mühe, das Fieber. Es ist der einzige Trost, den die Menschen haben. Gott ist wirklich zu bedauern. Solange ich lebe, kann er mir nicht helfen, und wenn ich tot bin, brauche ich ihn nicht mehr.«

Fast eine Stunde lang saß er in der Kirche. Er hatte Hunger und fühlte sich so schwach, dass er glaubte, nie wieder aufstehen oder gar in einem Steinbruch arbeiten zu können.

Am Abend, als er neben Stellina lag und ihren mühsamen Atem hörte, hatte er plötzlich den Wunsch, ihr die Fäuste ins Gesicht zu schlagen, vor allem aber in den Leib, wo das faustgroße Menschlein schlief, das eines Tages unweigerlich sterben würde, wie die Heiligen in der Kirche und seine Eltern.

»Es ist alles sinnlos«, dachte er. »Wenn der Tod unsere einzige Hoffnung ist, hat alles keinen Sinn!«

Er stellte sich vor, wie er Stellina mit Fäusten schlug und dabei schrie. Er prügelte sie und schrie dabei, prügelte und schrie, bis er sich von seiner Angst befreit hatte. Dann schrieb er einen Abschiedsbrief: »Ihr wolltet mir nicht helfen! Ihr seid alle Schweine!«

Und danach hängte er sich auf.

Er faltete die Hände, starrte an die schwach beleuchtete Decke der Kammer und bewegte hastig die Lippen. Er betete.

Eines Morgens fuhren drei große Militärlastwagen durchs Dorf, und sofort verbreitete sich das Gerücht, die Regierung lasse das Getreide der Latifundien und Bauernhöfe beschlagnahmen. Es gab nur noch schwarzes Brot, das aus Lehm zu sein schien und Bauchschmerzen verursachte. In sämtlichen Läden war das Weißmehl ausverkauft, die Bäckereien und Mühlen waren wie leer gefegt. Es sah so aus, als habe die Regierung tatsächlich den gesamten Weizen abtransportiert.

Je mehr Hiobsbotschaften verbreitet wurden, desto größer wurde die Angst vor einem Aufstand. Die Militärfahrzeuge fuhren angeblich nur noch nachts, um die Bevölkerung nicht zu provozieren, und im Landesinneren, hieß es, sei das Militär bereits mit Gewalt vorgegangen.

Mit aufgepflanztem Bajonett seien sie in die Zimmer eingedrungen, hätten die Tennen aufgerissen und die Dächer in Brand gesteckt.

In den Nachmittagsstunden verbreitete sich die Nachricht, dass die voll beladenen Fahrzeuge im Laufe der Nacht zurückkommen würden. Die halbe Bevölkerung schien entschlossen, die Lastwagen zu überfallen, und die andere Hälfte hatte Angst vor den unvermeidlichen Folgen. Außerdem konnte man nie wissen, was der Mob sonst noch anrichten würde.

Am meisten Angst hatten diejenigen, die etwas zu verlieren hatten. Die Handwerker und Krämer schlossen ihre Läden, die Pfarrer verbarrikadierten ihre Kirchenportale, die wohlhabenden Bürger verrammelten die Haustüren, und die Adligen ließen Ackerwagen quer vor die Portale ihrer Paläste stellen und bewaffneten ihre Dienerschaft.

Sogar die Carabinieri bereiteten sich auf einen Aufstand vor, verriegelten das große eiserne Portal, brachten ihre Familienangehörigen im Inneren der Kaserne unter und postierten sich mit Handgranaten und Gewehren hinter den Schießscharten.

Die Dorfstraßen leerten sich, und die Fensterläden wurden geschlossen. Von Zeit zu Zeit rannten Männer in kleinen Gruppen durch die Straßen. Sie waren staubbedeckt, schwitzten, hatten große, aufgeregte Augen, schwangen Stöcke, Äxte oder alte doppelläufige Flinten und klopften an die Haustüren.

»In Scordia hat es mehr als zwanzig Tote gegeben«, schrien sie, »aber der Transport ist durchgekommen. Die Bauern haben das Rathaus in Brand gesetzt. In Giarratana wird noch gekämpft. Sie haben schon drei Lastwagen mit Getreide erobert!«

Bereits eine Stunde vor Sonnenuntergang war der Ort gähnend leer. Die verwilderten Landhunde verstanden die Welt nicht mehr, kamen vorzeitig ins Dorf, streunten in Rudeln umher, kläfften unruhig und wussten nicht, ob Tag oder Nacht war.

Nur ein paar Herren hätten die merkwürdigen Vorfälle erklären können. Das waren die reichen Besitzer der Güter und Latifundien. Sie beratschlagten seit Langem, wie sie die Regierung zwingen konnten, die amtlichen Getreidepreise zu erhöhen. Jetzt hatten sie beschlossen, kein Getreide mehr zu verkaufen, und verbreiteten das Gerücht, es gebe keinen Weizen mehr, weil er beschlagnahmt worden sei. Da sie sich gegen die Regierung nicht durchsetzen konnten, musste die Bevölkerung zum Aufstand verleitet werden. Sie wussten aus Erfahrung: Sobald es Tote gab, würde die Regierung die Preise freigeben oder zumindest heraufsetzen, und die Geschäfte begännen sich wieder zu lohnen.

Sie ließen die Türen der Silos zumauern und nicht einmal die leeren Getreidewagen in den Ort zurückbringen. Ihre Feldhüter mussten die Grenzen der Latifundien schließen, die großen Gatter Tag und Nacht bewachen und hatten Befehl, sogar auf die Soldaten zu schießen.

Auch Matteo Ieli kannte den Plan, war aber nicht daran beteiligt, denn er hatte einen Malaria-Anfall erlitten. Erst in den letzten Stunden war das Fieber gefallen, und der stechende Schmerz in Armen und Beinen hatte nachgelassen.

Er schlief tief und wachte erst am Nachmittag auf. Im Bett sitzend, frühstückte er ausgiebig und ließ sich das Gesicht und die Hände mit warmem Wasser waschen. Neben seinem Bett lagen Zeitungen und Bücher. Er setzte sich hin, um zu lesen, wurde rasch müde, streckte und räkelte sich und zog sich die Decke über den Kopf. Er fühlte sich rundum zufrieden.

Wenn er den Kopf nach rechts drehte, sah er die Straße und die Häuser, die am Hang standen. An einer Hauswand lehnte ein Eselskarren. In zwei Häusern hatte es kürzlich einen Todesfall gegeben. Die Haustüren waren schwarz verhängt. Zwei Männer kamen eilig die Straße entlang. Sie sahen aus wie Landarbeiter oder landlose Bauern, und vielleicht hatten sie daheim Frau und Kinder.

Matteo überlegte sich, dass er nur auf den Balkon zu gehen und ihnen eine kleine Rede zu halten brauchte, um ihr Leben zu retten.

»Paolo, Sebastiano, oder wie zum Kotzen ihr heißen mögt! Heute Abend stürmt ihr einen Lastwagen mit Weizen und bringt jemanden um oder werdet selber umgebracht. Wisst ihr was? Auf dem Lastwagen stehen hundert oder zweihundert Sack Korn, aber ich habe auf meinen Ländereien einige Tausend Säcke versteckt. Ihr kommt jetzt rein, holt euch aus meinem Lagerhaus jeder einen Sack Getreide, lauft nach Hause, und wenn die Carabinieri euch fragen, sagt ihr, es sei von mir!«

Der Letzte, den Matteo Ieli die Straße entlanggehen sah, war ein langer Dünner, der eine Axt bei sich hatte. Er schaute sich um, sah zu den verriegelten Balkontüren hinauf, begann zu rennen, hielt inne und drehte sich abermals um. Dann verschwand er.

»Den kenne ich«, dachte Matteo. »Er heißt Paolo Meli und hat eine Stimme wie ein Mädchen. Ich glaube, er ist anders als die anderen. Erst kürzlich hat er hier im Haus ein paar Schreinerarbeiten verrichtet. Er hat lange Wimpern und einen sehr weiblichen Mund. Aber vielleicht ist er auch ganz normal und geht einmal im Monat mit seinen Freunden in den Puff. Sobald der Arbeiter ein paar Lire in der Tasche hat, fährt er nach Syrakus und kauft sich eine Hure. Die Kerle, die ein bisschen weibisch wirken, sind manchmal die schärfsten Hunde.«

Es war dunkel geworden, und das Fieber schien wieder gestiegen zu sein. Große, gelbe Kreise schwebten durch den unbeleuchteten Raum. Es ärgerte ihn, dass er mit ein paar Kaffern Mitleid empfunden hatte, die abends auf ihren Frauen lagen und am Sonntag nach Syrakus ins Bordell fuhren.

Zärtlich streichelte er seine Brust, den Leib, die Schenkel, hob den Arm und küsste seinen Handrücken. Mit der anderen Hand rieb er sein Glied.

»Mein Körper ist das Einzige, was ich wirklich liebe«, dachte er. »Solange ich lebe, werde ich immer dafür sorgen, dass es ihm gut geht. Was kümmern mich die anderen? Egal was ich tue: Sie werden sich immer gegenseitig hassen und umbringen.«

Gegen acht Uhr näherten sich zwei Militärlastwagen, die Getreide geladen hatten, aus Richtung Buccheri. Sie hatten je acht Mann Besatzung und wurden von zwei Motorradfahrern eskortiert. Eine halbe Stunde später hatten sie die Anhöhe erreicht. Ihre grellen Scheinwerfer erfassten die Fassaden des Ortes und glitten über die Wände im Inneren der Häuser. Die Carabinieri sahen die Fenster, die leeren Gassen und die zwei weißen Kirchen, die aus der Dunkelheit ragten.

Als sie die Piazza erreicht hatten, lief eine Frau mit gellendem Schrei den Lastwagen entgegen. Sie schwenkte die Arme und lief direkt in den Lichtkegel der Scheinwerfer, sodass die Carabinieri sie deutlich erkennen konnten.

»Das Getreide! Das Getreide!«, rief sie.

Der Konvoi verlangsamte seine Fahrt. Ein Motorradfahrer versuchte, die Frau von der Straße zu zerren. Jetzt näherte sich aus den Seitenstraßen eine aufgebrachte Menschenmenge und strömte auf die Fahrbahn.

Der Motorradfahrer gab Gas, kam ins Schleudern, rutschte seitlich in die Menge und spürte nur noch, wie das Gewicht der Maschine seinen Oberschenkel zerquetschte. Dann spaltete eine Axt sein Gesicht von der Stirn bis zum Kinn.

Ein Offizier, der schwankend auf dem Fahrerhaus des ersten Wagens stand, schlug mit der Pistole auf das Blech und schrie: »Weg da! Aus dem Weg, sonst schieße ich!«

Einen Augenblick schien es, als könnten die Lastwagen ihren Weg fortsetzen, doch schon am Ausgang der Piazza war die Fahrt zu Ende. Fünf umgekippte Wagen mit zerschnittenen Reifen lagen quer über der Straße.

Sofort wurde der Konvoi gestürmt. Die Carabinieri gaben nicht mehr als ein paar Schüsse ab, die zwei Demonstranten töteten. Dann wurden sie von ihren Lastwagen gezerrt und regelrecht zerfleischt. Die Leiche des Offiziers schleifte man auf den Platz, wo man ihm die Schärpe, die Handschuhe und die Stiefel vom Leib riss.

Vom Portal der Kaserne war eine Stimme zu hören. Der Feldwebel der Carabinieri kam mit einer kleinen weißen Fahne und einer Lampe heraus.

»Ich bin unbewaffnet!«, schrie er. »Hört auf!«

Eine männliche Stimme antwortete: »Du Büttel!«

Dann wurde auch der Feldwebel mit der Axt erschlagen und stürzte zu Boden. Im Schein der flackernden Lampe lag die Fahne auf dem feuchten Pflaster.

Inzwischen kämpften die Aufständischen bereits erbittert um die Getreidesäcke. Viele verletzten sich am Glas der zerbrochenen Autoscheiben, an der Karosserie oder beim Sturz auf die Straße. Ein Mann schrie: »Wir haben gesiegt! Zum Rathaus!«

Niemand achtete auf ihn. Keuchend schleppten die Menschen das eroberte Getreide nach Hause und verbarrikadierten die Türen. Auf dem Pflaster lagen dreizehn leblose Körper, doch niemand wagte sich auf die Piazza, um nachzusehen, ob einem von ihnen vielleicht noch zu helfen war. Erst im Morgengrauen kamen Soldaten, an die zweihundert Mann auf acht Lastwagen und zwei Schützenpanzern, postierten Maschinengewehre auf den Kirchtürmen und an den Straßenkreuzungen, besetzten die Ortsausgänge und durchkämmten das Dorf.

Der Ort war so still und leer, als wäre er unbewohnt, und noch stundenlang lagen die dreizehn Leichen auf der Piazza, nur von einigen Carabinieri bewacht.

Als es hell wurde, begannen die Durchsuchungen. Die Soldaten umzingelten die Häuser, schlugen mit Gewehrkolben gegen die Türen und traten sie ein, wenn nicht sofort geöffnet wurde. Wer aussah wie ein Tagelöhner oder Kleinbauer, wurde verhaftet. Die Gefangenen wurden mit Ketten aneinandergefesselt, auf Lastwagen geladen und ins Gefängnis nach Catania gebracht.

Antonio Malacarne, der den Offizier und den Feldwebel mit der Axt erschlagen hatte, war verschwunden.

»Wenn wir den finden, binden wir ihn an eine Säule vor der Kirche und erschießen ihn!«, sagten die Carabinieri.

Malacarne lebte mit einer gewissen Concetta Di Prima zusammen, die drei Jahre in den Bordellen von Syrakus gearbeitet hatte, bis er sie zu seiner Geliebten machte. Als ihre Ersparnisse aufgebraucht waren, wäre sie am liebsten wieder ins Bordell gegangen, aber er fesselte sie auf dem Bett und schlug sie mit dem Ochsenziemer, bis sie es sich anders überlegte.

Sie war eine große, schwarze Frau mit einem Pferdegesicht und tief liegenden Augen. Als die Carabinieri das Haus stürmten und alles durchwühlten, stand sie schweigend herum. Plötzlich streckte sie den Unterleib vor, schlug sich mit der flachen Hand auf die Scham und sagte: »Hier müsst ihr suchen. Bis gestern war er hier!«

Ein Carabiniere gab ihr einen Schlag ins Gesicht. Sie verbiss sich in seine Hand und ließ erst los, als ein anderer ihr den Gewehrkolben in den Rücken stieß. Auch sie wurde gefesselt und auf den Lastwagen geworfen.

Eine Woche lang glich das Dorf einem Heerlager. Die Bauern, die morgens aufs Land wollten, um Viehfutter zu holen, mussten sich mit erhobenen Händen an die Wand stellen und wurden nach Waffen durchsucht.

Der Getreidepreis wurde schon nach drei Tagen freigegeben, und die Grundbesitzer, die Pächter und auch die Kleinbauern gruben ihr Getreide wieder aus, weil sie keine Angst mehr zu haben brauchten, dass die Soldaten es beschlagnahmten. Die Güter stellten neue Leute ein, um das Korn zur Küste hinunterzufahren. Jeder konnte wieder so viel Getreide kaufen, wie er brauchte, aber man zahlte dreißigtausend Lire für einen Zentner. Noch vor ein paar Tagen hätte man für das gleiche Geld außerdem ein Paar Schuhe, einen Mantel und den Tabak für zwei Monate bekommen.

Viele Menschen mussten jetzt auf diese Dinge verzichten, aber sie waren es zufrieden, weil sie überzeugt waren, die Regierung besiegt zu haben.

»In drei Monaten sind Wahlen«, sagten sie, »dann müssen die Regierung und die Reichen Blut spucken!«

Auch Michele war es gelungen, einen Sack Weizen zu erbeuten. Er hatte sich mit den anderen geschlagen, die Hände blutig gerissen und war mit dem Sack vom Wagen gestürzt.

Zu Hause angekommen, hatte er die Tür verriegelt, sich das Blut von den Händen gewaschen und ein Loch unter dem Bett gegraben. Die halbe Nacht lang hatte er mit dem Schürhaken gekratzt und gebohrt. Zum Schluss hatte er eine Decke über den Sack gelegt, ihn mit Erde bedeckt und die Ziegelsteine sorgfältig wieder an ihre Stelle gelegt.

Als drei Tage später auch die Mühlen wieder geöffnet wurden, brachte er das Getreide zum Müller und bekam dafür vierzig Kilo Mehl.

Stellina trug schwer an der Schwangerschaft. Ihr Bauch wurde immer dicker, doch ihre Schenkel waren abgemagert, wie ausgetrocknet, und im Weiß ihrer Augen hatten sich rote Äderchen gebildet.

Sie klöppelte immer noch Spitzen für die Nonnen und verdiente hundert Lire am Tag. Zuweilen, wenn sie sich über den Rahmen beugte, durchfuhr sie ein Schmerz, als hätte man ihr ein langes Messer in den Rücken gestoßen. Dann hielt sie den Atem an und wartete, bis die Schmerzen in der Brust nachließen.

Eines Abends rann schwarzes Blut aus ihrer Nase.

»Michele, hilf mir!«, rief sie. »Ich ersticke!«

In der Nacht hustete sie Blut, und sie musste den Kopf über ein Schüsselchen halten, um das Bett nicht zu verunreinigen. Michele verkaufte die letzten zwanzig Kilo Mehl und fuhr mit ihr ins Krankenhaus nach Catania. Sie musste sich nackt ausziehen und auf einen alten Metalltisch legen. Mit ihrem aufgeblähten Bauch, den geschwollenen Knien und den abgemagerten Schenkeln sah sie aus wie eine Wasserleiche.

Die Untersuchung dauerte eine Stunde. Schließlich sagte der Arzt: »Sie muss sofort ins Sanatorium! Da sie erst siebzehn Jahre alt ist, muss ihr Vater den Antrag stellen und alles unterschreiben. Er soll ein Attest des Gemeindearztes und eine Bescheinigung der Gemeinde mitbringen, dass die Familie arm ist und die Behandlungskosten nicht zahlen kann.«

Noch auf der Rückfahrt fasste Michele einen Plan, der ihm sogleich wie ein schrecklicher Frevel vorkam: Er beschloss, die Grabstelle seiner Eltern zu verkaufen. Sein Vater war ein einfacher Mann des Südens gewesen, der nicht lesen und schreiben konnte, aber das hatte ihn nicht gehindert, über seinen Tod hinauszudenken.

Manchmal nahm er seinen Sohn mit auf den Friedhof und zeigte ihm die acht Quadratmeter, auf denen vier Gräber Platz hatten.

»Jeder Mann muss das Stückchen Erde besitzen, auf dem er begraben werden wird«, sagte er. »Für deine Mutter, für mich und für dich habe ich dieses Land gekauft. Halte es immer in Ehren. Auf der Marmortafel musst du unsere Fotografien anbringen!«

Dann nahm er eine Handvoll Erde und roch daran.

»Das ist guter, warmer Boden«, sagte er. »Er ist trocken.«

Die Friedhofsgärtner schraubten die Marmorplatte ab, hoben die Erde aus, bis sie mit den Hacken auf das Holz der Särge stießen, erweiterten sorgfältig die Grube, zogen die zwei aufgequollenen und zerfallenden Särge herauf und stellten sie an die Mauer, bevor sie die Überreste ins Ossarium warfen.

Der Makler, der die Grabstelle gekauft hatte, zählte Michele dreißigtausend Lire in die Hand und schenkte ihm eine Zigarette.

»Nur Würmer und faulige Erde waren in diesen Särgen«, dachte Michele. »Mein Vater hielt sich für einen Berg, und das ist alles, was von ihm übrig ist. Im Grunde sind wir ein Nichts.«

Mit dem Geld kaufte er die Spritzen, die die Ärzte im Krankenhaus für Stellina verschrieben hatten: vierundzwanzig fingergroße Ampullen, die eine himmelblaue Flüssigkeit enthielten. Der Apotheker faltete das Rezept zusammen und gab es Michele zurück.

»Ich weiß nicht, für wen das ist«, sagte er, »aber gebt der Person viel Pferdefleisch zu essen!«

Am gleichen Abend kaufte Michele zwei Kilo Fleisch, einige große Äpfel und zwei Päckchen Zigaretten.

Stellina betastete die Schachteln mit den blauen Ampullen und bestaunte das Fleisch und die großen Äpfel auf dem Tisch.

»Das war bestimmt sehr teuer«, sagte sie und schaute ihn prüfend an.

»Ich habe meine Leiche verkauft«, sagte er leichthin. »Wusstest du nicht, dass man dem Krankenhaus seine Leiche verkaufen kann? Du gehst hin, sie untersuchen dich, ob du gesund bist, und dann nehmen sie dich. ›Hier hast du dreißigtausend‹, sagen die Ärzte zu dir. ›Wenn du tot bist, gehört deine Leiche uns. Wir brauchen nur deine Adresse. Hier bitte eine Unterschrift!‹ Dann wirst du von den Wissenschaftlern zerlegt, damit die Studenten was lernen, und während sie an dir herumschnipseln, sagen sie: ›Ein prächtiger Kerl! So große Eier sieht man selten!‹«

Er redete, als wäre es die natürlichste Sache der Welt, nach dem Tod zerlegt zu werden, denn er war froh, Stellina nicht sagen zu müssen, dass er die Gräber verkauft hatte.

Sie schaute ihn misstrauisch an.

»Wir könnten meine Eltern fragen«, sagte sie. »Vielleicht kannst du meinem Vater bei der Feldarbeit helfen!«

Er wandte sich mit heftiger Geste ab und schrie: »Wenn du das noch einmal sagst, bringe ich dich um!«

Seine Bewegung war so ungestüm, dass der Tisch umstürzte. Er kniete nieder und hob die Schachteln auf, rieb die Äpfel am Jackenärmel sauber, bevor er sie wieder auf den Tisch legte, und versorgte das Fleisch im Küchenschrank.

Bald darauf stritten sie nie wieder. Er kaufte noch einen Wollschal für Stellina und einen Zentner Brennholz; es blieben sechzehntausend Lire übrig. Das genügte, um einen Monat zu leben und weitere vierundzwanzig Ampullen zu kaufen.

Abends sprach er jetzt oft davon, nach Venezuela auszuwandern. Er musste nur erst eine Arbeit finden, um das Geld für die Überfahrt zu verdienen. Vielleicht würde es vier oder fünf Jahre dauern, bis er das Geld zusammenbrachte, aber das hatte auch Vorteile. Stellina würde bis dahin wieder gesund sein, und wenn sie volljährig war, konnten sie sogar heiraten.

Gelegentlich ereiferte er sich, um sie von seiner Idee zu überzeugen.

»In Venezuela bauen sie Straßen im Urwald«, sagte er. »Die Bäume sind so hoch wie bei uns die Kirchtürme, und zwischen den großen Blättern sitzen gelbe und blaue Papageien. Die Vögel und die Schlangen führen überall wilde Kämpfe aus. Die Sonne ist wie ein glühendes Holzscheit, und wenn einer nicht genug Fett auf den Rippen hat, schrumpft seine Leber und wird hart wie ein Kieselstein. Aber ein Arbeiter verdient fünftausend Lire am Tag.«

Er spreizte die Finger, um das Unerhörte dieser Summe zu unterstreichen. Stellina hörte ihm schweigend zu und sah ihn aus traurigen Augen an.

»Sie glaubt mir nicht«, dachte Michele. »Sie ist krank. Sie spürt, dass sie bald sterben wird!«

An einem dieser Tage fuhr Michele mit zehn anderen ehemaligen Steinbrechern nach Ragusa, wo eine amerikanische Firma Arbeiter für ein Asphaltwerk suchte. Ein Lastwagen nahm sie mit. Vor der Grube warteten bereits zahlreiche Arbeiter aus Ragusa, und die Stimmung war aggressiv. Von auswärts kommende Arbeiter wurden bespuckt und mit Steinen beworfen. Werkschutz sicherte die Bürogebäude und Werkstore, und Carabinieri waren im Einsatz.

Michele Passanisi und seine Kollegen wurden sofort mit Dachlatten angegriffen, und die Carabinieri mussten die Streitenden trennen.

»Ehrloses Gesindel!«, schrie die Menge. »Ihr wollt uns die Arbeit wegnehmen! Verschwindet!«

Der Lastwagen wurde umgeworfen, das Verdeck zerschnitten, und drei Steinbrecher erlitten Rippenbrüche.

Michele fuhr mit dem Zug zurück, da kein Überlandbus mehr ging. Die Bahn endete in Vizzini, und so musste er zu Fuß weiter. Von der Höhe über dem Fluss, der Hochwasser führte, blickte er auf die gegenüberliegenden Hügel, die gelblich und grau anstiegen, und sah in der Ferne sein Dorf. Sogar die drei weißen Kirchen waren zu erkennen. Es roch nach Gras und Wasser. Er stieg die Triften hinab zu den Flussklippen und marschierte flussaufwärts, um eine Furt zu suchen. Plötzlich sah er einen kleinen alten Mann, der auf einem Stein saß, die Mütze tief in die Stirn gezogen hatte und mit einem Militärkarabiner bewaffnet war. Er mochte sechzig Jahre alt sein, hatte einen grauen Backenbart, trug rote Stiefel und einen dicken Wollschal um den Hals.

Sie begrüßten sich mit einem Kopfnicken.

»Ich suche eine Furt durch den Fluss«, sagte Michele. »Ich komme zu Fuß vom Bahnhof in Vizzini!«

Der Alte lächelte und deutete mit dem Gewehr auf eine Stelle am Ufer. Sein kleines Gesicht sah müde aus.

»Da drüben«, sagte er. »Wer ausrutscht, ist tot!«

Michele setzte sich neben ihn und betrachtete den Fluss, der schäumend durch die Klippen schoss. Soweit er gehört hatte, waren hier schon Pferde ertrunken.

»Sind schon viele Leute in diesem Fluss ertrunken?«, fragte er.

Der Alte grinste.

»Hier kommt nie jemand vorbei«, sagte er.

Seine Nasenlöcher waren gerötet, die Augenlider geschwollen und die Augenhöhlen kleine blutige Kreise. Unter seinem Schal holte er einen großen Apfel hervor und biss hinein. Sein Zahnfleisch war bläulich.

»Ich heiße Lorenzo Giliberto«, sagte er. »Die Feldhüter haben mich an einen Baum gebunden und mit Stacheldraht ausgepeitscht, weil ich zwei Schafe stehlen wollte. Aber ich habe ihren Vormann getötet!«

Er schaute zum Fluss und machte ein Gesicht, als gäbe es Dinge, die er nur dem fließenden Wasser anvertrauen konnte.

»Das war sein Gewehr, und das waren seine Stiefel!«, sagte er gut gelaunt. »Hast du eine Zigarette für mich?«

Seine Augen waren zwar entzündet, aber er hatte einen flinken Blick wie ein Frettchen. Sie rauchten und schwiegen, weil es nichts gab, worüber sie reden konnten. Michele überlegte, ob der Alte ihn wohl in der Furt von hinten erschießen würde. Vielleicht bereute er es schon, ihm den Mord an Nicola Ferro gebeichtet zu haben.

»Lebt wohl!«, sagte er, und der Alte grüßte mit einem Kopfnicken. Das Wasser stand hüfthoch. Michele zitterte. Er wusste nicht, ob das kalte Wasser daran schuld war oder die Furcht, im nächsten Augenblick erschossen zu werden.

Als er den Uferkies erreicht hatte, drehte er sich um. Das gegenüberliegende Ufer war leer. Sein Blick suchte die steil ansteigende Böschung und den schroffen Berghang ab, doch der Alte war spurlos verschwunden.

Die Lust

Die Wahlkampagne begann am zweiten Sonntag im Februar, einen Monat nach der Revolte. Schon am Morgen wurde der örtliche Posten der Carabinieri um fünfzig Mann verstärkt, und bereits am ersten Nachmittag gab es fünf Versammlungen nacheinander: Monarchisten, Sozialisten, Christdemokraten, Liberale und Kommunisten. Sogar aus den Großstädten Catania und Palermo reisten die Professoren und Advokaten an, die als Abgeordnete kandidierten. Jeder brachte sein eigenes Gefolge mit, das auf Lastwagen herangekarrt wurde, Beifall klatschte und Fahnen schwenkte. Auf der Freitreppe der Kathedrale stand ein Mikrofon, über das bis in den späten Abend hinein Reden gehalten wurden.

Zur letzten Kundgebung des Tages, die von den Kommunisten veranstaltet wurde, trafen an die zweihundert Bergleute und Landarbeiter aus den umliegenden Ortschaften ein. Sie trugen rote Halstücher und wurden mit großem Beifall empfangen. Später zog ein Teil der Versammlung zum Haus von Dr. Scibilia, der unter dem Faschismus Bürgermeister und Sturmführer gewesen war, und versuchte, es in Brand zu stecken.

Die Carabinieri schlugen mit dem Gewehrkolben zu und trieben die Leute auseinander. Auch Frauen und Kinder stürzten in der Menge zu Boden, wurden von den Flüchtenden verletzt oder von den Carabinieri zusammengeschlagen.

Der Wahlkampf versetzte den Ort mehrere Wochen lang in eine gewalttätige und zugleich fröhliche Stimmung. Die Parteien befestigten Lautsprecher an den Balkons, und stundenlang dröhnten ihre Slogans und Hymnen über den Platz. In den Abendstunden strömten die Neugierigen herbei, und die Agitatoren stürzten sich auf die Grüppchen, die sich vor den Bars und auf den Straßen und Plätzen bildeten.

Alle redeten gleichzeitig, und man verstand nicht einmal, was sie sagten und wofür sie eintraten. Zuweilen kam es zu Handgreiflichkeiten, wenn Anhänger konkurrierender Parteien aneinandergerieten, aber es geschah auch, dass zwei von der gleichen Partei sich stritten, und wieder setzte es Fausthiebe und Fußtritte.

Der Adel, die Beamten und die Selbstständigen saßen im Bürgerverein, lasen Zeitung und diskutierten.

Ein berüchtigter Streithahn war Dr. Scibilia. Er hatte stets einen Knüppel dabei, wenn er ausging. Sobald sich ein Demonstrationszug näherte oder eine Versammlung stattfand, drohte er mit dem Stock und rief: »Haut ab, ihr Kanaillen!«

Am meisten hasste er die Kommunisten.

»Pro Kopf einen Liter Rizinusöl«, sagte er höhnisch. »So haben wir es früher gemacht. Sie müssen so lange kacken, bis sie krepieren!«

Jeden Abend kam er hochmütig über den Platz, betrat den Bürgerverein, setzte sich und stützte die Hände auf den Prügel. Wenn er die Zeitung gelesen hatte, hörte er sich mit müder Arroganz an, was die anderen redeten. Widerwille breitete sich auf seinem Gesicht aus, bis er die Geduld verlor und aufsprang.

»Wer hat denn den Krieg verloren?«, schrie er. »Ihr habt ihn verloren, weil ihr Feiglinge und Verräter seid. Pro Kopf einen Liter Rizinusöl!«

Nach einer Woche wurde offiziell bekannt gegeben, dass Advokat Giuseppe Ieli auf der Liste der Christdemokraten kandidierte, denn er war der Einzige, der in diesem Wahlkreis die erforderlichen zehntausend Stimmen erobern konnte. Es war eine einfache Rechnung: Die Männer, die auf seinem Feudo arbeiteten, mussten ihn wählen, die Bauern und Pächter der anderen Großgrundbesitzer, die Familien des Adels, deren Interessen er vertrat, die Selbstständigen, die von den Grundherren lebten, und nicht zuletzt die vielen Freibauern, denn er war auch Präsident der Landwirtschaftsbank und entschied darüber, wer einen Kredit bekam und wer nicht.

Es gab viele Gründe, ihn zu unterstützen. Die einen machten sich Hoffnung auf eine Stellung, einen Posten als Lehrer an der Grundschule, eine Empfehlung bei einer Bewerbung oder einem öffentlichen Auftrag, und die anderen erwarteten sich eine Lizenz für einen Tabakladen oder brachten ihm jenen unbestimmbaren Respekt entgegen, der sich aus Macht nährt, und sei es nur die Macht, den Menschen Angst einzuflößen.

Seit Tagen hatten die einflussreichsten Persönlichkeiten der Provinz in Ielis Haus ihre Aufwartung gemacht: Parteisekretäre und Professoren, Barone und Bauunternehmer, und einmal war sogar ein Abgesandter des erzbischöflichen Ordinariats in die Bibliothek geführt worden.

Nur ein Mensch nahm an all diesen Gesprächen und Versammlungen teil und wusste über alles Bescheid, doch er schwieg wie ein Grab: der Buchhalter Santino Amenta, der Ielis Vermögen verwaltete.

Santino war wie Ielis Schatten, er beschützte ihn oder hörte ihm zu, verwaltete seine Ländereien, vertrat ihn in den Sitzungen der Bank und war sein Diener, Freund, Angestellter und wichtigster Ratgeber.

Er überwachte die Pachteintreiber, organisierte den Dienst der Feldhüter, zählte die Wagenladungen Getreide, wusste genau, wie viele Tausend Liter Öl in den Lagerhäusern waren und wann man es verkaufen musste, bestimmte, wem die Bank Geld auslieh, bei wem man gnadenlos auf Rückzahlung bestehen musste und vieles andere mehr.

Er war gutmütig oder grausam, gerade so, wie es ihm angebracht zu sein schien. Die Festigkeit, mit der er auftrat, hielt er für ein moralisches Prinzip. Vor dem Krieg hatte man ihn beschuldigt, in einen Doppelmord verwickelt zu sein, aber sein Leumund war tadellos geblieben.

Er war Advokat Ielis ergebenster Diener, sobald sie in der Öffentlichkeit auftraten, doch wenn sie unter sich waren, behandelte er ihn wie seinesgleichen. Den Hut auf dem Kopf, ging er auf und ab, gestikulierte und raunzte, informierte Ieli über den Fortgang der Feldarbeit, berichtete ihm, was im Ort vorfiel, geriet in Wut oder lachte unbändig und schlug sich auf die Schenkel.

Advokat Ieli beobachtete ihn schweigsam, mit ironischer Aufmerksamkeit, und in seinem Blick lag etwas wie Bewunderung. Santinos Auftreten belustigte ihn, wie man sich über einen Clown amüsiert, doch zugleich wusste er, dass er in ihm einen unentbehrlichen Helfer hatte.

Matteo Ieli dagegen hasste Santino. Es war ihm unbegreiflich, dass es so etwas gab. Santino Amenta kam ihm vor wie der Triumph dieser dumpfen, dörflichen Welt, in der er leben musste.

Matteo hasste die grauen Mauern, die Kirchen, die Menschen, die jeden Sonntag in diese Kirchen gingen, die Bürger und Adligen, die im Kasino saßen und sich langweilten, die Frauen, die sich in ihren schwarzen Tüchern vergruben, und die Bauern, die steif vom Rheuma und wie Mumien auf den Stufen vor ihren Häusern kauerten.

Nicht einmal der Krieg hatte in dieser abgeschotteten Welt etwas ändern können. Seine eigene Familie wohnte seit Jahrhunderten im gleichen Haus. Die Treppenstufen und Fußböden waren ausgetreten, und dies war die einzige Hinterlassenschaft der Männer und Frauen, die früher hier gelebt hatten. Sie hatten nur gelebt, aber nichts verändert.

Er dachte: »Sie hätten es nicht einmal bemerkt, wenn die Welt jenseits der Berge zu existieren aufgehört hätte. Ich habe Angst:

Morgen, übermorgen, in einem Jahr werde ich die gleichen Dinge sehen, die gleichen Menschen, die gleichen Straßen wie seit zwei Jahren. Auch in meinem Leben wird sich nichts mehr ändern, und eines Tages werde ich tot sein.«

Er begann, sich zu vernachlässigen. Mit schmuddeligem Wettermantel und ungepflegtem Haar, so bewegte er sich träge durch die Menge auf der Piazza, und manchmal war er so verwirrt, dass er selbst alte Bekannte nicht grüßte.

Er dagegen wurde höflich gegrüßt, wenn er über den Corso ging oder das Bürgerkasino betrat, und seit man wusste, dass der alte Ieli demnächst Abgeordneter sein würde, hatte sich die Höflichkeit zu Ehrerbietung gesteigert.

Noch am gleichen Abend wurde eine Kundgebung organisiert, und da Advokat Ieli verreist war, erschien im Kasino eine Abordnung der Bürger, um wenigstens seinem Sohn zu huldigen. Auch die Mitglieder des Bürgerkasinos erhoben sich und klatschten.

Vor der Tür hatte die Blaskapelle Aufstellung genommen. Die Türen wurden aufgerissen und ein Umzug veranstaltet.

Matteo ging direkt hinter der Blaskapelle, umgeben von den vornehmsten Personen des Ortes. Fahnen wurden entrollt, Hüte geschwenkt, und wer keinen Hut hatte, klatschte in die Hände.

Wer irgendwie zum Anhang der Ielis gehörte, lief mit: Tagelöhner und Pachtbauern, Steuereintreiber und Kutscher. Auch Matteo klatschte in die Hände, und die Menschen drängelten sich mit Fäusten und Tritten in seine Nähe, um sich bemerkbar zu machen. Zum Schluss hatten sich an die tausend Leute dem Umzug angeschlossen.

So marschierten sie feierlich, als wollten sie wer weiß wohin marschieren, doch dann zogen sie nur bis ans Ende des Korsos, machten kehrt und begleiteten Matteo nach Hause. Die Fahnen flatterten, die Menge jubelte, und die Kapelle spielte auch noch die Nationalhymne.

Als Matteo endlich alleine im Innenhof stand, wurde er von einem heftigen Lachen gepackt, sodass er sich am Geländer festhalten musste. Er kam sich vor wie ein Popanz, den man nach Belieben an den Platz seines Vaters stellen konnte. Es war albern und beschämend zugleich. Noch Stunden später stand er mit heruntergelassenen Hosen in seinem Zimmer, hob die Hände, klatschte und betrachtete sich im Spiegel.

»Hoch soll er leben«, sagte er mit leiser Stimme. Wieder packte ihn das Lachen, bis er sich vor Bauchschmerzen krümmte.

»Was gibt es da überhaupt zu lachen«, dachte er. »Du bist Matteo Ieli, hast Ländereien, Dienstboten, einen Palast, Viehherden und Geld. Eines Tages werden sie dich selber zum Abgeordneten machen. Die anderen gieren nach diesen Dingen, und du hast sie einfach. Was ist schon dabei?«

Er zog sich weiter aus, streichelte sein Glied und betrachtete seine fetten Hüften, die schwarzen Härchen auf dem Bauch und den großen, dunklen Nabel.

Er ekelte sich, und der Ekel erregte ihn.

»Ich stinke«, dachte er, »aber es ist mein Gestank. Zumindest das unterscheidet die Menschen. Jeder hat seinen eigenen Gestank.«

Er bespuckte sein Spiegelbild und kroch unter die Bettdecke. Sein Glied war geschwollen, und er hielt es fest in der Hand. So schlief er ein.

Seit jenem Abend ging er häufiger ins Bürgerkasino, saß neben der Tür und nahm die Glückwünsche der Anwesenden entgegen. Nur Dr. Scibilia war noch in der Opposition.

»Hört mir auf mit diesen Parteien!«, rief er. »Ich bin Arzt und habe fünfzig Hektar Land. Ich brauche keine Parteien. Hier steckt die Pistole …«

Die anderen Herren mokierten sich. Man musste mit der Zeit gehen. Scibilia wurde wild.

»Ihr werdet es noch bitter bereuen. Eines Tages werden euch

die Kanaillen und Kaffer die Haustür einschlagen und die Gurgel durchschneiden. Mit Kuhscheiße an den Füßen werden sie auf euren Teppichen herumtrampeln! Eure Frauen werden sie schwängern!«

»Da lachen ja die Hühner und die Eier dazu!«, rief der Cavaliere Altavilla und schlug sich mit einer unflätigen Geste zwischen die Beine.

Scibilia war beleidigt. Eine solche Respektlosigkeit konnte er nicht hinnehmen.

»Die Tatsache, dass Sie ein Ritter von Jerusalem sind, schließt nicht aus, dass Sie ein Rindvieh sind!«, antwortete er kühl.

Nun musste auch der Cavaliere Altavilla sich duellieren. Es war Dr. Scibilias fünftes Duell mit einem Angehörigen des Bürgervereins. Täglich paukte er mit seinem Rentmeister im Herrenzimmer, wo seine alten Offizierssäbel hingen. Die Duellwaffen ließ er aus Catania kommen.

Er gab sich unerschrocken. Nachts ging er alleine auf dem Corso spazieren, schlug den Knüppel aufs Pflaster, betrachtete sarkastisch die Plakate der Parteien und zerfetzte sie mit dem Stock.

Inzwischen beteiligten sich auch die Pfarrer am Wahlkampf, predigten Abend für Abend gegen das Böse und erinnerten daran, dass nur eine Partei das Kreuz im Wappen habe. Der Erzpriester, dem die sechzehn Sprengel des Ortes unterstanden, feierte die Messe in der Mutterkirche. Von der Kanzel herab beäugte er die vielen Köpfe, die aus dem Halbdunkel zu ihm heraufschauten, als müsste er erst einmal überprüfen, dass sich keine Ungläubigen eingeschlichen hatten.

»Euer Schicksal steht auf dem Spiel!«, donnerte er. »Gott, die Familie und die Religion sind eurem Gewissen anvertraut. Wer gegen die Kirche stimmt, begeht eine Todsünde! Die Ruchlosen und Abtrünnigen werden im Fegefeuer schmachten!«

Santuzza Scirpu ging jeden Abend zum Beten in die Kirche, und der Zeigefinger des Erzpriesters drang ihr zwischen die Rippen wie ein Messer. Vor dem Einschlafen betete sie fünf Rosenkränze und schlug sich reuevoll gegen die Brust.

Ihr Mann musterte sie schweigend und schüttelte den Kopf. »Die Priester sollen die Messe lesen, die Kinder taufen und die Letzte Ölung geben, sonst richten sie nur Unheil an. Als ich jung war, riet mir der Pfarrer, mich mit kaltem Wasser zu waschen, um die unkeuschen Gedanken zu vertreiben. Ich war drei Monate lang krank.«

Seine Frau bekreuzigte sich rasch und schlug sich abermals gegen die Brust.

»Davon kriegt man Schwindsucht«, sagte er. »Die Priester können uns auch nicht helfen. Was sie sagen, ist genauso verlogen wie das Gerede der Politiker auf der Piazza. Jeder muss sich selber helfen. Ich muss jedes Jahr soundso viele Lire für das Land hinblättern, und dabei hilft mir kein Christus!«

Zu Neujahr hatte Turi Scirpu den ersten Wechsel über siebzigtausend Lire eingelöst. Er besaß noch zwölf Zentner Getreide, zehn Kaven Öl und die acht Scheffel Weizen, die der Gutsbesitzer Nicola für Tanuzzus Arbeit bezahlt hatte. Bis zur neuen Ernte musste das reichen.

Turi knauserte mit allem, sogar mit Petroleum und dem Geld für Alfios Zigaretten. Es war wie eine Manie. Er reparierte den alten Schirm aus Wachstuch und sammelte Buschwerk und dürre Zweige an den Feldwegen, um Reisigbündel für den Backofen zu schnüren.

Nichts durfte weggeworfen werden, nicht einmal die krummen Nägel und alten Kanten. Was die anderen auf den Tellern ließen, aß er selber, auch wenn er bereits satt war.

»Es beleidigt den Herrn, wenn etwas weggeworfen wird«, sagte er, »ihr verachtet Gottes Gnade!«

»Wir leben schlimmer als die Hunde«, sagte Alfio, wenn es ihm gelang, sich mit Annuzza unter einem Torbogen zu treffen. Er beneidete seine Kameraden, die als Handlanger arbeiteten, immer fünfhundert Lire in der Tasche hatten und am Sonntag nach Syrakus ins Bordell fuhren. Wenn es nach ihm gegangen wäre, hätte er Haus und Land verkauft, wäre nach Amerika ausgewandert und hätte dort sein Glück versucht.

»In Amerika nennt man die Herren Bossi«, sagte er. »Die Bossi zahlen ihren Bauern fünf Dollars am Tag, das sind dreitausend Lire. Früher oder später gehe ich weg.«

Annuzza spürte, wie ihr Herz zuckte, und sah ihn bestürzt an.

»Und wirst du dich dann noch an mich erinnern?«, flüsterte sie mit Tränen in den Augen.

»Wenn ich Geld habe«, antwortete Alfio, »kehre ich zurück, hole dich ab und kaufe dir teure Kleider, als wärst du die Frau eines Arztes oder eines Advokaten! Ich bin kein Hanswurst!«

»Das sind Märchen«, sagte sie wehmütig. »In Amerika gibt es genug reiche Frauen. Die lassen sich einen so hübschen Kerl wie dich nicht entgehen.«

Statt zu antworten, küsste er sie auf den Mund, ohne die Lippen zu öffnen, denn er hatte noch nie eine Frau aus Liebe geküsst. Manchmal ließ Annuzza sich den Rock übers Knie schieben, sodass seine Hand ihren Schenkel berührte. Dann lag sie in seinen Armen wie eine Tote.

Auf dem Heimweg ging er breitbeinig an den Häusern entlang und trat gegen die Mauern. Sein Gehirn war dumpf, als hätte er getrunken, und sein Glied pochte.

Eines Nachts klopfte es. Fioravante, der alte Hund, begann zu bellen, zerrte an der Kette und jaulte. Als Alfio öffnete, fand er Tanuzzu. Er kauerte auf den Stufen, war eiskalt, zitterte vor Fieber und weinte.

Sie legten ihn unter die noch warmen Decken, und der Junge berichtete, er habe vor einigen Tagen begonnen, sich zu übergeben. Dann sei er umgefallen und ohnmächtig geworden. Die Bauern hätten ihn in einen Lagerraum gebettet und in warme Decken gehüllt, weil er so geröchelt und gefroren habe. Jeden Tag hätten sie ihm zehn Tabletten Chinin gegeben. Etliche meinten, er habe eine Lungenentzündung, weil seine Glieder immer so eiskalt waren, aber Nicola, der Gutsherr, sagte: »Nichts hat er. Bloß die Malaria! Sein Bauch ist dick, als wäre er eine Kröte. Das geht vorbei!«

Vier Tage und vier Nächte lang fieberte er, und kein Arzt kümmerte sich um ihn. Seine Hände wurden weiß und mager, und auch seine Brust war eingefallen. In der letzten Nacht fantasierte er ständig. Am anderen Morgen litt er unter Albträumen und hatte entsetzliche Angst zu sterben, ohne die Eltern noch einmal zu sehen.

So kleidete er sich an und lief davon, die ganzen zwanzig Kilometer. Wenn er auf dem Feld einen Hund bellen hörte, warf er sich in eine Furche, weil er fürchtete, der Gutsherr Nicola habe die Mastiffs losgelassen, um ihn wieder einzufangen. Ein paar Mal musste er sich übergeben, und nachts schlief er in einer Höhle.

Er begann wieder zu weinen, zitterte und betrachtete ängstlich die Seinen. Er schämte sich, weil er seinem Herrn davongelaufen war, und wunderte sich, dass die Eltern ihm keine Vorwürfe machten.

Am anderen Morgen stellte sich heraus, dass er Typhus hatte. Der Gemeindearzt, der ihn untersuchte, erklärte, man könne nichts machen und müsse es der Natur überlassen, die Krankheit zu besiegen. Es war zu spät, Tanuzzu ins Hospital nach Catania zu bringen, da er schon so angegriffen war, dass er auf dem Transport gestorben wäre.

Es kamen auch zwei Gemeindediener, die mit Kalk zwei große Kreuze auf die Hauswand malten. Außer Alfio und den Eltern durfte niemand das Haus betreten. Tag und Nacht saßen die Eltern und der Bruder mit roten, verweinten Augen am Bett des Kranken und betrachteten sein weißes Gesicht. Manchmal öffnete er die Augen und rief ihre Namen.

Am Morgen des dritten Tages erkannte er niemanden mehr – nicht einmal die Mutter, die fortgesetzt seinen Namen rief und seine Hände küsste.

Bevor er starb, wurde sein Verstand noch einmal klar, und er erkannte seine Familie. Die Mutter musste ihm die Hand geben, die er bis zuletzt in seinen kraftlosen Fingern hielt.

»Jetzt werden wir uns nicht wiedersehen«, sagte er. »Du darfst mich nicht vergessen …«

Gegen Abend brachen seine Augen. Er röchelte, und Schweiß bedeckte sein Gesicht. Zum Schluss wurde er bleich wie Wachs und starb mit einem leisen Gurgeln in der Kehle.

Turi schien um zehn Jahre gealtert, und die ersten Tage der Trauer mochte er nicht einmal aufs Land gehen, um die Steine zu lesen, die der Regen angeschwemmt hatte. Der Arzt, die Medizin, der Sarg und die Beerdigung kosteten ihn achtzehntausend Lire.

Die Mutter saß am Fenster, starrte ins Tal hinunter, bis es dunkel wurde, und führte Selbstgespräche.

»Dem Wind und dem Regen haben wir ihn überlassen«, sagte sie. »Verkauft haben wir ihn für acht Scheffel Getreide und zwei Paar Schuhe im Jahr!«

Stellina erfuhr nicht, dass ihr Bruder Tanuzzu tot war. Sie sah niemanden und traf niemanden. Die Spritzen hatten eine seltsame Wirkung. Wenn das Fieber nachließ, wurde ihr Körper kraftlos und kalt. Zugleich aber fühlte sie sich gesund und munter, und ihre Lungen schienen sich mit Luft zu füllen.

Bisweilen wurde sie von einer wilden Fröhlichkeit ergriffen, räumte das Zimmer auf, säuberte und wusch alles, und verdiente in wenigen Stunden dreihundert Lire mit ihrer Stickerei. Dann wieder wurde sie von Fieber geschüttelt, musste sich ins Bett legen, fantasierte und hatte blutlose Lippen.

Eines Sonntags Anfang März stand Don Santino Amenta vor

der Tür – breit und imposant wie der Apostel Paulus. Er trug eine Samtjacke und Gamaschen.

»Ich muss mit dir reden«, sagte er zu Michele und winkte ihn heraus.

Michele nickte, nahm die Jacke und folgte ihm. Hinter der Annunziata bogen sie ab und nahmen die Straße, die aufs Feld hinausführte. Schließlich blieb Don Santino stehen, holte ein kleines Klappmesser aus der Tasche, nahm ein Stöckchen und spitzte es an. Dann klappte er das Taschenmesser zu und pulte sich mit dem Hölzchen bedächtig in den Zähnen.

»Demnächst sind Wahlen«, sagte er und spuckte aus. »Advokat Ieli kandidiert für das Parlament.«

Michele sah ihn wortlos an. Don Santino legte die Hände auf den Rücken und ging weiter.

»Es ist eine große Ehre für unser Dorf, wenn Advokat Ieli ins Parlament gewählt wird. Dann kann uns niemand mehr verachten!«

Dort, wo der Weg steil abfiel, blieb er stehen, nahm die Hände vom Rücken und straffte sich. Nachdenklich wies er ins Tal hinunter.

»Das ist ein Land der Hungerleider«, sagte er. »Seit zweihundert Jahren dürfen wir nur Steuern zahlen, aber man gibt uns nichts. Zur Zeit der Bourbonen stand auf der Piazza ein Galgen. Wer seine Steuern nicht bezahlte, wurde aufgeknüpft und blieb sieben Tage lang hängen. Seit fünfzig Jahren warten wir darauf, dass die Eisenbahn endlich bis in diese Berge fährt. Dass eine Wasserleitung und ein Staudamm gebaut werden, ein Hospital und eine Straße nach Catania.«

Sein hochgerecktes Kinn drückte die Verachtung aus, die er für die Regierungen empfand. Michele konnte die dicken Haare in seinen Nasenlöchern sehen.

»Wenn Advokat Ieli gewählt wird«, sagte Don Santino, »wird der

Ort alle diese Dinge bekommen, und es wird keinen Hunger und keine Arbeitslosigkeit mehr geben.«

Sie gingen noch ein Stückchen bis zu der großen Mauer, die den Steilhang zum Tal hin begrenzte. Unten sah man leere, traurige Felder, am Fuß der Mauer sammelten sich Abfälle, und im Fluss erkannte man die Reste eines Staudammes, den die Bauern aus Steinen lose aufgeschichtet hatten.

»Für einen Staudamm braucht man Zement und Armierungseisen«, sagte Don Santino und machte eine Faust. »Dann kann nicht einmal die Sintflut ihn umwerfen.«

Er wandte sich Michele zu, sah ihn durchdringend an und sagte: »Du bist arbeitslos, Passanisi. Brauchst du Geld?«

Michele wartete auf diese Frage, seit Santino ihn aus dem Haus geholt hatte.

»Das geht keinen was an«, sagte er.

Don Santino brummte wie ein böses Tier und nickte.

»Gewiss, gewiss«, sagte er. »Es geht niemanden was an! Aber seit dem Steinschlag hast du keine Arbeit mehr gefunden. Nicht einmal in den Asphaltminen haben sie dich gewollt. Du hast deine vier Handbreit Land auf dem Friedhof verkaufen müssen.«

Seine Augen glitten rasch und grausam über Micheles Gesicht, das sehr bleich geworden war.

»Du lebst mit einer Frau zusammen«, sagte Don Santino. »Sie hat die Schwindsucht!«

Michele senkte den Kopf und atmete tief durch. Als er wieder aufschaute, hatte sein Gesicht sich verzerrt.

»Ich habe vor euch keine Angst, Don Santino«, sagte er. »Noch ein Wort über die Frau, und ich schneide euch mit dem Messer die Kehle durch! Hier draußen sieht uns niemand.«

Don Santino lachte verschlagen und legte ihm sanft die große Hand in den Nacken.

»Warum das Messer?«, sagte er gutmütig. »Ich bin dein Freund!«

Er hakte sich bei ihm ein, und zusammen kehrten sie zum Dorf zurück.

»Versteh mich richtig, Passanisi«, sagte er. »Ich kann dir helfen, aber du musst mir ebenfalls helfen. Wir führen einen schweren Kampf, um Advokat Ieli ins Parlament zu bringen. Ich verlange nur eins von dir: Treue! Du gehst dorthin, wo ich dich hinschicke, und sagst, was ich dir auftrage.

Du musst Plakate kleben, von Haus zu Haus gehen und mit den Leuten reden, zu den Versammlungen fahren und klatschen oder pfeifen. Du gehst in die Dörfer und auf die Gutshöfe, und selbst die Bettler, Kaffer, Alten und Kranken musst du dazu bewegen, Advokat Ieli ihre Stimme zu geben. Wenn unsere Gegner dich verprügeln wollen, lässt du dich prügeln. Du musst dir nur ihre Namen merken. Wir werden uns um sie kümmern. Hast du verstanden, Michele? Mit Männern wie dir will ich in dieser Provinz zwanzigtausend Stimmen gewinnen!«

Er unterbrach sich, als wäre ihm etwas eingefallen, und schaute Michele wieder mit seinem listigen Blick an.

»Oder hast du Angst?«, fragte er.

Michele nahm einen letzten Zug. Dann trat er die Kippe aus und blies den Rauch aus den Lungen. Er versuchte, ebenso sicher und hochmütig zu erscheinen wie Santino.

»Weiter!«, sagte er.

»Schau mich an, wenn du mit mir redest«, sagte Don Santino. »Das ist eine Sache zwischen Männern.«

Er spreizte drei Finger und hielt sie hoch in die Luft.

»Ich zahle dreitausend Lire am Tag«, sagte er. »Wenn Advokat Ieli gewählt wird, bekommst du noch einmal zwanzigtausend.«

Michele steckte die Hände in die Hosentaschen und suchte eine Zigarette. Dann nickte er mehrfach.

»In Ordnung«, sagte er.

Ihm fiel ein, dass er keine Zigaretten mehr hatte. Mit einem Mal stieg Wut in ihm auf. »Aber denk daran«, fügte er hinzu, »ich fürchte mich vor niemandem!«

Don Santino schloss die Augen und blähte die Nasenlöcher. Fast jeder hätte ihn jetzt gefürchtet. Plötzlich entspannte sich sein Gesicht. Er lachte wieder und berührte Micheles Kinnlade sanft mit der Faust.

»Gewiss«, sagte er leise. »Warum sollte ich dir sonst Geld geben?«

Sie hatten die ersten Häuser des Dorfes erreicht.

»Komm morgen früh um sechs zu Ielis Palast. Neben dem Portal ist eine kleine Eisentür. Da gehst du rein!«

Michele nickte und dachte: »Wenn ihr glaubt, ich wäre euer Diener, dann irrt ihr euch. Mit dem Messer steche ich euch ab, wenn ihr mich zu betrügen versucht.«

Doch kaum war Santino Amenta hinter der Kirche verschwunden, verwandelte sein Ärger sich in Genugtuung. Er dachte an das Geld, das er in den drei Wochen bis zur Wahl verdienen würde, und begann, es schon einzuteilen.

Dreitausend Lire pro Tag auf drei Wochen bis zum Wahlsonntag bedeuteten sechzigtausend Lire. Davon konnte er Nudeln kaufen, Hülsenfrüchte, Zigaretten, mindestens zehn Kilo Pferdefleisch und eine Lederjoppe. Vielleicht konnte er sich auch ein Paar Stiefel leisten.

»Von Politik verstehe ich nichts«, dachte er. »Die Stärkeren sind immer oben und versuchen, die anderen zu regieren. Das ist Politik. Don Santino verspricht uns, Wasser in die Wohnungen zu legen und dafür zu sorgen, dass unser Dorf an die Eisenbahn angeschlossen wird. Vielleicht wird es so werden, vielleicht auch nicht. Sie können mir alle gestohlen bleiben. Ich kriege dreitausend Lire am Tag, und das zählt!« Er verspürte eine unbändige Kraft in den Gliedern und reckte sich, sodass die Muskeln unter der Haut hervortraten. Er hätte mit den Fäusten draufschlagen und Fußtritte austeilen können. Plötzlich merkte er, wie müde er war, und musste gähnen. Er machte es sich auf einer Mauer am Wegrand bequem, verschränkte die Hände im Nacken und streckte den Bauch in die Luft.

»Hab ich einen Hunger!«, dachte er.

Im Morgengrauen des nächsten Tages ging er zum Palast der Ieli und wurde in einen hohen und großen Saal geführt. Er kam sich vor wie in der Kirche. An den Wänden hingen riesige Gemälde. Die Rahmen wirkten staubig. Einige Leinwände waren rissig und fast schwarz. Michele erkannte Männer in Waffen mit eisernen Rüstungen und geschmückten Helmen, andere in Talaren, die sich mit der Hand auf dicke Bücher stützten, und feiste Prälaten. Es war feucht, und vom Fußboden stieg ein Gestank auf, als wäre der Saal das Pissoir der herrschaftlichen Maulesel.

Michele sah sich suchend um, hatte Bedenken, sich auf den feinen Diwan zu setzen, und begnügte sich mit einer großen Sitztruhe. Nach ihm kamen Saro Cotugno und Mariano, der Franzose. Sie begrüßten Michele und setzten sich zu ihm auf die Truhe.

»Gehörst du auch zur Partei?«, fragte Saro Cotugno.

»Nein«, antwortete Michele, »mich interessiert nur das Geld.«

Saro Cotugno war ein großer, hagerer Mensch mit einer spitzen Nase. Sein Kopf zuckte, sodass er aussah wie ein Reptil. Außerdem war er halbseitig gelähmt. Seine Gesichtshaut spannte sich über dem Jochbein, ein Auge war aufgerissen und blutunterlaufen und schien kein Lid mehr zu besitzen. Im Ort nannten sie ihn nur Frankenstein.

Trotz seiner sechzig Jahre war er als Raufbold gefürchtet. Als die Soldaten nach dem Aufstand sein Haus stürmten, hatte er sich mit Händen und Füßen gewehrt, sodass sie ihn in eine Zwangsjacke stecken und mit Gewalt abtransportieren mussten. Sein Sohn saß noch immer im Gefängnis, weil man unter seinem Bett einen Sack Getreide gefunden hatte.

»Das wird ein Kampf bis aufs Messer«, sagte er.

Frankenstein unterstützte Advokat Ieli, weil er hoffte, dass der seinen Sohn aus dem Gefängnis holen würde, wenn er erst Abgeordneter war.

Er hatte lange bei den Carabinieri gedient, zwei Kriege mitgemacht und war vor zwanzig Jahren mit gezücktem Säbel neben einem General geritten. Auch jetzt hielt er sich stramm und aufrecht, als trüge er noch immer die Uniform.

»Mir ist alles egal«, sagte Mariano, der Franzose. »Die Faschisten, die Popen und die Sozialisten, alles ein Pack! Italiener bleibt Italiener! Oder? Ich will dreitausend Lire!«

Er hob drei Finger und hielt sie Cotugno unter die Nase.

»Dreitausend!«

»Ich bin Patriot«, sagte der alte Carabiniere.

»Und ich bin keiner!«, sagte Mariano.

Er war untersetzt, um die dreißig, hatte dichtes Haar, und sogar aus der Nase und auf den Backenknochen wuchsen ihm schwarze Härchen. Seine Augen waren groß und träumerisch, die Arme kurz und die Hände klein, olivbraun, grazil und kraftlos.

In Gesellschaft spielte er gerne den Ganoven, rauchte mit weit geöffnetem Mund, sog den Qualm tief ein und stieß ihn durch die Nase aus, vollführte große Armbewegungen und trug die Mütze tief in die Stirn gezogen. Manchmal ballte er die Hand und stieß zu, als wollte er jemandem das Messer in den Bauch stechen. Anschließend sah er Beifall heischend in die Runde, lachte und erwartete, dass die anderen ebenfalls lachten.

Während des Krieges war seine Division in Frankreich versprengt worden, und er war in Marseille hängen geblieben, wo er eine Französin geheiratet hatte. So war er zu seinem Spitznamen gekommen. Aber schon bald war er in den Süden zurückgekehrt, da es in Marseille nichts zu essen gab. Alles, was er mitbrachte, waren eine alte Lederjacke und achttausend Lire, die er seiner Frau gestohlen hatte.

»Wir Italiener sind doch ein primitives Volk«, sagte er. »In Frankreich gehen die Frauen alleine auf die Straße, tragen Röcke, die nicht bis zum Knie reichen und durchsichtig sind, und man sieht ihre großen Arschbacken wippen. Wenn dir eine gefällt, hakst du sie unter und gehst mit ihr ins Bett. In Italien tragen die Frauen Baumwollstrümpfe, wollene Unterhosen, einen Haufen Röcke und Schürzen, und wenn du mit ihnen im Bett warst, fangen sie an zu heulen und behaupten, es hätte ihnen keinen Spaß gemacht. In Frankreich weiß eine Frau nicht, wie du heißt, aber wenn es ihr kommt, dann winselt sie und wimmert, und zum Schluss sagt sie: ›Machs gut, chéri!‹ Und du siehst sie nie wieder. Das ist was anderes!«

Grinsend wandte er sich an Saro Cotugno.

»Hast du schon mal mit einer Französin geschlafen?«

»Ich bin sechzig«, antwortete Saro. »Aber ich werde noch mit jeder Frau fertig, egal ob Französin oder nicht.«

Mariano stieß einen obszönen Schrei aus und legte dem Alten die Hand aufs Glied. Der lachte glucksend und versuchte, die Hand wegzuschieben.

»Das ist das Einzige, was zählt«, sagte der Franzose. »Wenn du nackend im Bett liegst und hast eine nackte Frau auf dir hocken, die dich von den Ohrläppchen bis zu den Fußzehen abküsst. Das ist das einzige Vergnügen im Leben!«

Er rekelte sich, spreizte die Beine und streichelte langsam seinen Leib. »Ein Mief ist das hier«, sagte er. »Es stinkt wie Jauche.«

Er spuckte aus, und der weiße Auswurf landete mitten auf dem Tisch. Saro Cotugno schaute ihn durchdringend aus seinen vorquellenden Augen an.

»Das sieht man«, sagte er und streckte den Zeigefinger aus.

Mariano stand auf und wischte den Tisch mit dem Taschentuch sauber. Er setzte sich wieder und blickte erst den einen, dann den anderen seiner Gefährten mit lachenden Augen an. Schließlich zog er den Schirm seiner Mütze tiefer in die Stirn und beruhigte sich.

Als Don Santino Amenta eintrat, erhoben sich alle drei.

»Gott zum Gruß«, sagte Saro Cotugno. »Zu Diensten!«

Er stand in Habtachtstellung, hatte eine untertänige Miene aufgesetzt und nickte bereits, bevor Don Santino zu reden begann.

»Ihr geht zum Feudo von Santo Lio«, sagte Don Santino, »zählt, wie viele Männer und Frauen es gibt, und fragt, wo sie zur Wahl gehen, ob hier im Ort oder anderswo. Dann zeigt ihr ihnen, wo sie ihr Kreuzchen auf dem Stimmzettel zu machen haben. Ihr müsst es ihnen hundertmal erklären, bis sie es kapiert haben, und ihnen eintrichtern, dass sie zu wählen haben, und zwar alle. Auch die Kranken, selbst wenn sie nicht sehen oder laufen können. Am Wahltag müsst ihr die Blinden und Analphabeten zum Wahllokal begleiten und für sie das Kreuzchen machen. Den Kranken sagt ihr, dass sie mit dem Krankenwagen abgeholt werden. Wenn ihr hört, dass andere Parteien auf dem Feudo Stimmen sammeln, gebt ihr mir Bescheid. Um die kümmern wir uns. Wenn Santo Lio fünfhundert Wähler hat, müssen mindestens dreihundert für Advokat Ieli stimmen. Sonst habt ihr versagt!«

Noch am gleichen Tag begannen die drei Wahlkämpfer mit der Arbeit. Frühmorgens fuhren sie mit den Fahrrädern hinaus, und wenn sie heimkehrten, war ihr Mund ausgetrocknet vom vielen Reden. Michele taten die Knochen weh, aber jeden Abend konnte er sich dreitausend Lire in die Tasche stecken.

Nach drei Tagen drückte man ihm und Mariano einen Eimer mit Kleister, einen Besen und eine Rolle in die Hand. Die halbe Nacht lang klebten sie gelbrote Plakate an sämtliche verfügbaren Flächen.

»Meine Mutter, diese Riesenhure, könnte ich erschlagen«, sagte Mariano. »Wenn sie mich nicht in die Welt gesetzt hätte, bräuchte ich jetzt nicht zu plakatieren.«

»Und was würdest du stattdessen machen?«, fragte Michele.

Mariano verteilte Kleister, hängte das Plakat über den Besen, drückte es an die Wand und fuhr ein paar Mal darüber.

»Im Bett liegen«, sagte er. »Auf einer breiten Matratze mit einer Französin. Ich unten, sie oben, die ganze Nacht lang.«

Die ersten Bauern ritten schon aufs Feld. Michele und der Franzose setzten sich auf die Freitreppe und schauten ihnen nach. Der Korso hallte vom Hufschlag.

»Es gibt jetzt noch eine Partei«, sagte Mariano. »Sie nennen sich Separatisten und wollen, dass Sizilien unabhängig wird. Dann bräuchten wir keinen Krieg mehr zu führen und hätten genug Weizen. Die Partei gehört den Amerikanern und hat mehr Dollars als meine Frau Haare unterm Bauch.«

Er lachte und beugte sich vor, um zu schauen, ob Michele ebenfalls lachte. Mit spitzem Finger berührte er seinen Hosenlatz und fragte vertraulich: »Du magst Frauen mit vielen Haaren da unten. Stimmts?«

Michele dachte nach. Dann rief er: »Die Amis haben Geld wie Heu!«

»Diese Hurensöhne!«, antwortete Mariano. Er stützte die Ellenbogen auf die Oberschenkel und legte das Gesicht in die Hände.

»Sie bieten mir hunderttausend Lire, wenn ich ihnen auf dem Feudo von Santo Lio hundert Stimmen beschaffe. Einer von ihnen war gestern bei mir. Vor vierzig Jahren ist er nach Amerika, mit nichts als ein paar Lumpen auf dem Hintern. Jetzt hat er eine Fabrik in Amerika, und in Ragusa gehören ihm Häuser und Grundstücke. Den Menschen muss man gesehen haben: weißer Anzug, großer, weißer Strohhut, goldene Brille, goldene Krawattennadel und vier Ringe an jeder Hand. Seine Hand wiegt mindestens zehn Kilo. ›Du arbeitest für mich‹, sagt er. ›Ich zahle dir hundertfünfzig Dollar. Aber ich verlange hundert Stimmen aus Santo Lio!‹«

Michele fragte mit rauer Stimme: »Und? Nimmst du das Geld an?«

Der Franzose schnaubte.

»Für hundertfünfzig Dollar lasse ich mir nicht die Kehle durchschneiden. Was meinst du, was Don Santino mit uns macht?«

Er schien zu frieren, schüttelte sich, kreuzte die Arme vor der Brust und zog die Schultern nach vorne. Nach einer Weile sagte er: »Im Grunde bin ich ein Angsthase. Als ich noch in Marseille war, habe ich meine Frau eines Tages mit einem anderen Mann im Bett erwischt. Sie waren nackt und verschwitzt, und mir wurde richtig schlecht. Jeder andere Mann hätte sie mit dem Messer abgestochen. Alle beide. Weißt du, was ich gemacht habe? Du wirst es mir nicht glauben: Ich habe zu weinen angefangen. Sie hat geraucht, und ich habe geweint. Die halbe Nacht habe ich geredet, aber sie hat mich ausgelacht. ›Stell dich nicht so an, du dummer, kleiner Italiener. Was ist schon dabei, wenn ich mal mit einem anderen Mann ins Bett gehe. Er hat dir doch nichts weggenommen. Gehts dir nicht gut bei mir? Du kriegst zu essen, zu trinken, Zigaretten und gönnst mir noch nicht mal einen Liebhaber. Ich bin doch nicht dein Eigentum!‹ Am nächsten Morgen habe ich mir achttausend Lire genommen und bin zurück nach Italien. Für den Diebstahl habe ich sechs Monate im Gefängnis gesessen. Das kann man keinem erzählen, was ich durchgemacht habe!«

Er versuchte zu lächeln. Dann wies er mit ausgestrecktem Arm auf die Bauern, die in einer endlosen Kette aufs Feld zogen. Einige ritten, saßen aufrecht im Sattel, andere liefen hinter ihren voll beladenen Mulis her. Aus den Gassen gellten die kehligen Laute, mit denen sie ihre Tiere antrieben.

»Die sind noch beschissener dran als wir«, sagte der Franzose verächtlich. »Alles, was sie haben, ist ein Stück Land, das ihnen nicht gehört. Auf jeden Herrn, der sich in seinem Palast ein schönes Leben macht, kommen tausend Kaffer, die jeden Morgen zehn oder fünfzehn Kilometer weit aufs Feld laufen und abends zurück. Ihr Leben lang lesen sie Steine, hacken den Acker, mähen, dreschen; und was sie für sich behalten dürfen, langt ihnen nicht einmal zum

Leben. Und warum? Weil sie noch mehr Angst haben als wir. Wo bei anderen das Herz sitzt, haben sie einen Haufen Scheiße!«

Michele sagte mit kräftiger Stimme: »Ich habe keine Angst. Für Geld tue ich alles!«

Der Franzose schien nachzudenken.

»Ich kann dir sagen, wie der Amerikaner heißt«, sagte er schließlich. »Er heißt Rosario Gangemi und wohnt in Ragusa, in dem neuen Hotel am Corso.«

Sie rauchten noch eine Zigarette und arbeiteten dann weiter. Als es hell wurde, sahen die Leute mit Erstaunen, dass sogar die Fassade der Kirche rot und gelb gemustert war.

Zwei Tage später wurde ein Mann ermordet, als er einige Wahlhelfer daran hindern wollte, auf einem Feudo Wahlreklame zu machen. Hoch zu Pferde sprengte er die Grenze entlang, das Gewehr geschultert.

»Hier kommt keiner rein, um eine Versammlung abzuhalten. Wer die Grenze überschreitet, wird erschossen!«

Der Mann hieß Carmelo Trovato, war Feldhüter bei Advokat Ieli, verheiratet, zwei Kinder. Die Wahlhelfer streckten ihn mit der Axt nieder und schlugen ihm fast den Kopf ab. Den Leichnam ließen sie am Gatter liegen.

Es war der erste Anschlag gegen Advokat Ieli.

Die Carabinieri nahmen fünf Personen fest und verprügelten sie in der Arrestzelle. Der Schläger war ein großer, schwarzer Brigadier mit kahl geschorenem Schädel. Mit Vorliebe schlug er ins Genick. Seine Hände waren schwer wie Blei, außerdem benutzte er einen eisernen Schlagring. Nach zwei Tagen wurden die fünf entlassen, da es keine Beweise gab. Die Carabinieri durchkämmten die Gegend, überprüften jeden, und die Bauern taten, was die Offiziere ihnen befahlen. Sie stiegen vom Pferd, knieten sich hin und legten die Hände auf den Kopf. Keiner von ihnen wusste etwas.

»Ihr Hurensöhne!«, schrien die Soldaten.

Der zweite Anschlag ereignete sich in der gleichen Woche, als Matteo Ieli mit der Kutsche zum Feudo von Santo Lio fuhr. Drei Männer versperrten ihm den Weg. Der Größte hielt das Pferd am Zaumzeug fest. Er trug die übliche Bauernmütze. Seine Stiefel waren verdreckt.

»Absteigen, Euer Ehren!«, sagte er schlicht.

Matteo peitschte die Kruppe des Pferdes, aber der Mann hängte sich mit seinem ganzen Gewicht ans Halfter. Ein anderer schlug Matteo die Muskete in den Rücken. Dann zerrten sie ihn von der Kutsche, hielten ihn an den Haaren fest und drückten ihm die Knie in den Rücken.

Er kämpfte sich frei und erhob sich wieder. Ein Gewehrkolben landete auf seinem Hinterkopf, sodass er die Brille verlor. Blut sickerte aus seinem Haar, doch immer noch konnten sie ihn nicht bändigen. Er war zwar schwer und langsam, jedoch zäh und kräftig. Wieder schlugen sie ihn, pressten seinen Kopf in den Staub der Straße, und endlich gelang es ihnen, seine Hände hinter dem Rücken zu fesseln und ihm ein schwarzes Taschentuch vor die Augen zu binden.

Sie spannten das Pferd aus, hoben Matteo darauf und banden seine Beine unter dem Bauch des Tieres zusammen. Die Kutsche kippten sie in den Straßengraben. Dann zerrten sie sein Tier hinunter ins Tal, wo sie im Schilf ihre eigenen Pferde versteckt hatten.

Es war gegen elf Uhr vormittags, und sie ritten drei oder vier Stunden lang, bis sie die erste Pause einlegten. Manchmal stiegen sie ab und führten die Tiere am Halfter, wenn die Abhänge zu steil waren. Matteo versuchte, sich die Gesichtszüge seiner Entführer zu vergegenwärtigen, aber es gelang ihm nicht, da er sie auch während der Schlägerei nur schemenhaft gesehen hatte. Seine Arme und Beine schmerzten, denn die Fesseln schnitten beim Reiten ins Fleisch.

Die Haut begann, sich aufzuscheuern, und er spürte, wie das Blut über seine Knöchel lief.

Auch als die Männer anhielten, um den Pferden eine Rast zu gönnen, ließen sie Matteo nicht absteigen.

»Wir sind die ganze Zeit bergauf geritten«, dachte er. »Es ist kalt, und der Wind ist eisig. Wahrscheinlich befinden wir uns auf einem Gebirgspass oder einem Saumpfad zwischen zwei Bergen. Ich habe das Gefühl, wir reiten nach Westen, Richtung Caltanisetta. Die Männer sind vermutlich aus einer anderen Provinz.«

Er hatte keine Angst, doch er ärgerte sich über seine Dummheit, ohne Eskorte über Land zu fahren, und war wütend, dass ausgerechnet er den Banditen in die Hände fallen musste. Mit einem Ruck richtete er sich im Sattel auf, stieß den Unterleib gegen den Sattelknopf und warf den Oberkörper nach hinten. Das Pferd zuckte, setzte sich in Bewegung, doch sofort fiel ihm einer der Männer in die Zügel und schlug Matteo einen Strick in den Rücken, sodass er vornübersank. Er spürte die Mähne im Gesicht, blieb liegen und schluchzte vor Hass auf seine Entführer.

Eilig wurde weitergeritten. Sie schienen jetzt eine Bergweide zu passieren, denn die Hufe verursachten kein Geräusch mehr. Büsche streiften Matteos Beine. Er war erschöpft und fürchtete, ohnmächtig zu werden.

»Ich habe Durst«, dachte er. »Diesen Durst halte ich nicht länger aus. Es kann noch Stunden dauern. Wenn wir endlich am Ziel sind, werden sie mich irgendwo verstecken, und wenn etwas schiefgeht, lassen sie mich einfach verhungern.«

Einer der Banditen kam an seine Seite.

»Ihr habt viel riskiert, Euer Ehren«, sagte der Unbekannte.

Seine Stimme klang jung und freundlich.

»Wenn es Euch gelungen wäre zu fliehen, hätten wir auf Euch schießen müssen. Das müsst Ihr verstehen. Wenn Ihr vernünftig seid, wird Euch nichts geschehen!«

Matteo antwortete nicht. Über die Kruppe des Pferdes gebeugt, spürte er das Gewicht und die Müdigkeit seines Körpers. Bei jedem Hufschlag rieben sich die Schnüre in seine Haut, doch die heftigste Qual verursachte der Durst.

»Gebt mir etwas Wasser«, sagte er mit matter Stimme.

»Hier gibt es kein Wasser«, sagte der Mann. »Das solltet Ihr wissen, Euer Ehren!«

Matteos Bitte amüsierte ihn.

»Ihr habt Güter und Paläste, und auf Euren Besitzungen seid Ihr ein Gott. Jetzt habt Ihr nicht einmal ein Glas Wasser!«

Die Pferde kletterten einen leichten Abhang hinunter, und Wind kam auf. Matteo stellte sich eine riesige, hügelige Ebene vor, die von Bergen umgeben war, und am Horizont einen glitzernden Streifen: das Meer.

»Ich habe eine großartige Frau«, sagte die jugendliche Stimme. »Sie heißt Lucia. Ihr habt vermutlich noch nie mit einer so herrlichen Frau im Bett gelegen. Ich bin zwar nur ein armes Schwein, aber wenn ich abends zu Bett gehe, habe ich mehr vom Leben als ein König. Und was habt Ihr? Nicht einmal ein Glas Wasser. Ihr müsst lernen, dass es wichtigere Dinge gibt als Titel, Paläste und Güter.«

Der Unbekannte sprach diesen Satz fast emphatisch. Danach sagte er nichts mehr. Er pfiff nur gelegentlich leise, seufzte oder sang vor sich hin. Nur einmal sagte er: »Nur Mut, Euer Ehren! Bald bekommt Ihr so viel Wasser, wie Ihr wollt!«

»Du kleiner Scheißer!«, dachte Matteo. »Jetzt weiß ich, wer du bist. Du stammst aus der Provinz Caltanisetta, und die kleine Nutte, mit der du im Bett liegst, heißt Lucia. Wenn ich überlebe, dann kriege ich dich, und wenn alle meine Feldhüter ein Jahr lang nach dir suchen müssen!«

Sie ritten einen steilen, glatten Abhang hinab. Die Pferde gingen unsicher und rutschten manchmal. Zwei Schüsse zerrissen das

Geräusch der tastenden Hufe, und jemand stieß einen Schrei aus. Die Pferde scheuten und begannen zu galoppieren. Jemand schien Matteos Schimmel am Zügel hinter sich herzuziehen. Er trieb die Tiere mit lauten Schreien zur Eile an.

Matteo rief um Hilfe. Sofort spürte er einen harten Schlag in der Nierengegend, der ihm das Rückgrat zu brechen schien. Er sank nach vorne und bekam keine Luft. Wieder hörte er Schüsse, Schreie und verzweifelte Zurufe, die sich rasch entfernten.

Plötzlich wurde Matteos Pferd nicht mehr gezogen. Es trabte noch ein paar Sekunden, dann blieb es keuchend stehen. Matteo hing seitlich vom Sattel herab und hatte nicht die Kraft, sich aufzurichten. Sein Rücken schmerzte. Er hörte Männerstimmen und Hufschlag, der näher kam.

Seine Fesseln wurden durchtrennt – erst an den Fußgelenken, dann auch an den Unterarmen. Kräftige Arme hoben ihn vom Pferd und legten ihn auf den weichen Boden. Dann wurde auch die Binde von seinen Augen genommen.

Eine Weile lag er benommen im Gras. Dann richtete er sich mühsam auf und wimmerte leise. Er sah einige Feldhüter seines Feudo und versuchte zu lächeln, sah seine blutverschmierten Schuhe, die Handgelenke und Fußknöchel, an denen Dreck und Blut klebten. Er war so erleichtert, dass er zitterte.

Ein Alter trat zu ihm und legte ihm den Mantel um die Schultern.

»Seid gegrüßt, Euer Ehren«, sagte er. »Ihr braucht keine Angst mehr zu haben!«

Sein schwarzer Anzug und die schwarze Mütze waren staubig, die Augen gerötet vom Wind und die Barthaare vom Schweiß feucht und verklebt. Matteo erkannte Salvatore Infantino, den Vormann der Feldhüter von Santo Lio, und einige andere wie Francesco Criscione, Paolo Scarantino, Antonio Blundo, Sebastiano Cimino. Sie hatten Jagdflinten, Militärkarabiner und Seitengewehre.

Zwei Feldhüter schleiften einen Mann herbei. Einer der Feldhüter blutete am Oberschenkel, hielt sich jedoch tapfer im Sattel.

Matteo erkannte den Mann, den sie anschleppten, obwohl sein Gesicht und sein Oberkörper verdreckt waren. Er stand stöhnend auf und versetzte dem Banditen einen Faustschlag auf die Nase.

»Du Hurensohn!«, schrie er. »Du dreckiger Hurensohn!«

Er schlug wieder und wieder zu, in die Augen, auf den Mund und die Nase, bis der Mann ohnmächtig umkippte.

Der alte Infantino fasste Matteo am Arm und versuchte, ihn daran zu hindern, den Bewusstlosen mit den Füßen zu treten.

»Deine Mutter ist eine dreckige Hure!«, sagte Matteo keuchend.

Er zitterte vor Hass und war so erschöpft, dass er sich hinlegen musste.

Fünf Männer kamen den Berg herauf. Sie zogen ein Pferd hinter sich her, auf dem zwei Männer festgebunden waren. Der eine war offensichtlich bereits tot, denn er fiel wie ein nasser Sack ins Gras, als die Feldhüter ihn vom Pferd zerrten, doch der andere hockte sich sofort auf die Knie und schimpfte mit kehliger Stimme.

Die Feldhüter packten ihn unter den Achseln und schleiften ihn fort. Seine Hände und Füße waren mit einer Zügelleine gefesselt, trotzdem drehte und wand er sich wie ein Aal, wehrte sich mit Fußtritten und Kopfstößen.

Sie warfen ihn kopfüber ins Gras, und noch immer versuchte er, sich aufzurichten, bis einer der Feldhüter ihm einen Tritt ins Gesicht versetzte. Da wurde er still.

»Ihr müsst die Kraft aufbringen zu reiten, Euer Ehren«, sagte Salvatore Infantino. »Wir werden die ganze Nacht unterwegs sein!«

Er half Matteo, aufs Pferd zu steigen, und auch die Übrigen saßen auf. Es waren etwa zwanzig, die darauf warteten, dass die Sache zu Ende kam.

Der alte Infantino ging zu den beiden Banditen, schlug mit dem Messer ihre Fesseln durch und hob die Riemchen auf. Der junge

Mann, den Matteo bewusstlos geschlagen hatte, lag mit dem Gesicht auf dem Boden. Der andere schaute sich mit eingezogenem Kopf langsam um.

Er hatte langes, schwarzes Haar. Verzweifelt weinend, kroch er ein Stück auf den Knien. Sein Gesicht glich dem eines Verrückten. Er blutete aus dem Mund, seine Lippen waren geschwollen, und aus der Nase hing Rotz.

Salvatore Infantino stieg rasch in den Sattel. Die Zügel in der linken, das Gewehr in der rechten Hand, so thronte er kerzengerade auf dem Rücken des Pferdes. Der Gewehrlauf mit aufgepflanztem Bajonett wies nach unten.

»Mach das Kreuz!«, sagte er.

Der Bandit zuckte zusammen, wand sich und klammerte sich mit den Händen ans Gras, als wollte er sich daran entlanghangeln und flüchten, aber die Hufe der Pferde blieben direkt vor seinem Gesicht.

»Gnade!«, schrie er. »Gnade!«

Der Alte wandte sein Pferd zur Seite. Der Bandit machte rasch das Kreuzzeichen, rollte sich ein und bedeckte den Nacken mit den Händen. Salvatore Infantino hob das Gewehr und stieß das Bajonett mit einer Hand kräftig zwischen die Schulterblätter des jungen Mannes – genauso, wie man einen Stier tötet.

Der Körper zitterte vom Nacken bis zu den Beinen, als hätte er einen heftigen Stromstoß erlitten. Erst als das Zucken aufhörte und der Tote schlaff wurde, zog Infantino das Bajonett heraus.

Matteo schloss die Augen und zog den Wollmantel enger um die Schultern. Der alte Campiere ritt zu dem Banditen hinüber, der reglos am Boden lag, streckte die Hand mit dem Gewehr aus und zielte. Matteo atmete tief ein und ließ die Luft erst entweichen, als der Schuss verhallte. »Eben noch ist dieser Mann an meiner Seite geritten und hat geprahlt«, dachte er. »Ich bin nur ein armes Schwein, aber im Bett lebe ich wie ein König. Und was habt Ihr?

Mitten im Leben glaubte er zu stehen, wie alle Menschen, und dreihundert Meter weiter wartete schon der Tod auf ihn!«

Vier Feldhüter legten die drei Leichen nebeneinander und durchsuchten ihre Taschen. Sie fanden nur ein paar Zigaretten, die Messer, Streichhölzer, zwei Taschentücher und Schrotpatronen, doch keine Ausweise. Dann häuften sie große Steine auf die Toten, bis nichts mehr von ihnen zu sehen war.

Als auch das erledigt war, setzte der Zug sich in Bewegung. Sie ritten wieder bergan. Es war ein langer Tag gewesen. Im Osten der Hochebene begann schon die Dämmerung, aber es war noch hell. Über dem Horizont stand die Sonne rot und riesengroß, und das Gras auf den endlosen Almen schimmerte blau.

Die Pferde stemmten sich mit gesenkten Köpfen dem Wind entgegen. Die Männer saßen gekrümmt im Sattel und hatten die Mützen über die Stirn gezogen.

Neben Matteo ritt der junge Feldhüter, der bei dem Schusswechsel verletzt worden war. Durch einen Riss in der Hose sah man die weiße Haut und das angetrocknete Blut an der Innenseite des Oberschenkels.

»Gott zum Gruß, Euer Ehren«, begrüßte er Matteo. »Dieser Hurensohn hat mich am Bein verletzt, aber es tut nicht weh. Könnt Ihr mir die Schrotkörner herausholen, Euer Ehren?«

Matteo nickte.

»Sobald wir daheim sind. Bis dahin musst du dir ein Tuch auf die Wunde legen.«

Der Junge lächelte, spreizte die Schenkel und wies auf ein Taschentuch, das er sich um den Schenkel gebunden hatte. Es war mit Blut durchtränkt. Er schob die Unterhose beiseite, und Matteo versuchte, einen Blick auf das Geschlechtsteil zu erhaschen. Der Junge lächelte abermals, zog die Reithose zurecht und drückte den Schenkel wieder an den Sattel.

Auch der alte Infantino lenkte sein Pferd jetzt an Matteos Seite.

»Diese Banditen«, sagte er. »Üble Hunde! Der Marchese von Terranova hat auf diese Weise vor drei Jahren den Sohn verloren! Sie wollten ein Lösegeld von fünfzig Millionen. Die Carabinieri haben das ganze Gebirge abgesucht.«

Er schnaubte verächtlich: »Nach zwei Monaten wurde seine Leiche in einer Höhle gefunden. Er hatte drei Kugeln im Kopf und bestand nur noch aus Haut und Knochen. Neben ihm stand noch der Wasserkrug. Der Marchese Terranova bekam über Nacht weiße Haare.«

Matteo sagte nichts und stellte auch keine Fragen. Er bat nicht einmal um Wasser. Auch die Feldhüter tranken nichts, und er wollte nicht schwächlich erscheinen.

Sie erreichten die Berghöhe und sahen sehr weit im Westen das Meer. Der Wind wehte eisig. Die Sonne sank schneller, je näher sie dem Horizont kam, und verschwand binnen weniger Minuten. Sofort wurde es Nacht.

Am Anapo, wo die Ländereien der Ielis begannen, machten sie Rast und tränkten ihre Tiere an einer flachen Stelle in Ufernähe. Matteo ließ sich vorsichtig vom Sattel gleiten, bückte sich, schöpfte das Wasser mit beiden Händen und trank in langen, gierigen Zügen.

Die Pferde standen direkt neben ihm, und der Fluss wusch den Staub von ihren Fesseln. Das Wasser schmeckte nach Erde und Pferdeschweiß, doch er trank über eine Minute lang. Dann stand er keuchend auf, stieg aufs Pferd und zog sich den Mantel über Kopf und Schultern.

Vor sich sah er das riesige, dunkle Tal. Er betrachtete die Pferde, die träge am Flussufer entlangliefen, und die Männer, die sie mit leisen Rufen lockten.

»Das ist das Land meines Vaters«, dachte Matteo. »Es ist mehr wert als ein Menschenleben. Eines Tages wird es mir gehören und danach meinen Kindern!«

Es schauderte ihn bei dem Gedanken, dass er selber einmal Kinder haben könnte. Wann immer er sich seine ungezeugten Kinder vorstellte, sah er sie kahlköpfig und mit einem Wasserbauch. Das schmutzige Wasser grummelte in seinem Magen, und der kleine Bandit, der um Gnade gefleht hatte, wurde noch einmal von Infantinos Bajonett getroffen und sank auf die Unterarme. Matteo brachte sein Pferd zum Stehen und übergab sich.

Die drei Banditen wurden zehn Tage vor dem Wahlsonntag umgebracht, doch niemand vermisste sie. In ein paar Jahren würden die Grabhügel zerfallen und ein paar Knochen freigeben, die niemand mehr identifizieren könnte. Die Hirten in den Bergen fanden zuweilen eine skelettierte Leiche mit Einschüssen. Dann verbargen sie die Knochen rasch wieder unter einem Steinhaufen, um keine Anzeige erstatten zu müssen.

Doch auch wenn in jenen Wochen ein Leichenfund angezeigt worden wäre, hätte sich niemand dafür interessiert. Die Zeitungen schrieben fast nur noch über den Wahlkampf oder druckten die Reden der Politiker ab. Oft kamen neunzig- oder hunderttausend Menschen zu ihren Versammlungen.

Am heftigsten tobte der Kampf in den kleineren Ortschaften, wo sich die Menschen hassten und fürchteten, weil sie auf engem Raum zusammenleben mussten. Die Herren, von denen das Schicksal jedes Einzelnen abhing, waren hier besonders deutlich zu spüren.

Auch Matteo beteiligte sich am Wahlkampf. Mit dem Auto fuhr er über Land, um Versammlungen zu veranstalten, und in seinem Gefolge befanden sich meist etliche staubige Lastwagen voller singender Menschen, die Fahnen schwenkten, sobald sie auf dem Feld eine lebende Seele sahen.

Zuweilen erinnerte er sich der Welt jenseits der Berge, die er bis vor zwei Jahren gekannt hatte, aber jetzt schien ihm, als gäbe es sie nicht mehr – das Meer mit seinen großen Schiffen, die Universitäten, wo er studiert hatte, das Menschengewimmel in Catania, Turin, Mailand, die riesigen Fabriken mit ihrem Geruch nach Eisen und Rauch, die Züge, die an der Küste entlangrasten.

Eines Abends war er mit seinem Vater im Arbeitszimmer allein. Er fragte ihn, ob er an Gott glaube oder an irgendeine andere Sache, die es wert sei, zu leben. Er stellte die Frage unvermittelt, mit lauter Stimme, und Advokat Ieli dachte lange nach, ohne ihn anzuschauen.

»Ich bin fünfundsechzig Jahre alt«, sagte er, »und mein Leben neigt sich dem Ende zu. Für mich existiert nur das, was ich sehe und verstehe! Es gibt keine Vollkommenheit in diesem Leben. Die Schönheit, die Intelligenz, der Hass, die Liebe, der Schmerz – es ist alles relativ. Alles richtet sich nach der Natur des einzelnen Menschen und danach, in welcher Situation er sich befindet. Deshalb existieren das Gute und das Böse immer gleichzeitig.

Wenn die Menschen grausam sind, dann deshalb, weil sie dazu gezwungen werden, und dann wieder ist der Mensch großzügig und sanft, weil die Umstände es erlauben. Niemand sieht einem Menschen ins Herz. Wenn Gott so ist, wie die Kirche es lehrt, dann sage ich: Es gibt ihn nicht! Er ist ein Bluff! Über die Menschen kann niemand richten.«

Die Erklärung befriedigte ihn offensichtlich selber nicht. Er schwieg einen Moment und suchte nach Worten, um sich einfacher und anschaulicher auszudrücken.

»Ich glaube nur an eine Sache«, fügte er hinzu, »und danach beurteile ich einen Menschen. Ich glaube an die Kraft des Individuums. Damit meine ich nicht nur seine körperliche Kraft oder sein Geld, sondern auch seinen Mut, seinen Verstand und die Stärke seiner Seele. Nur wer stark ist, ist frei und kann nach seinem Gewissen leben. Deshalb halte ich die Familie für so wichtig. Sie verleiht dem Menschen Stärke. Wenigstens hier bei uns!«

Er kniff die Augen zusammen und betrachtete den Sohn.

»Du glaubst nicht an die Familie?«, fragte er nach einer langen Pause.

Matteo schüttelte den Kopf.

»Es gibt Wichtigeres!«, sagte er.

Advokat Ieli brauste auf. Seine Hände malten zwei große Fragezeichen in die Luft, und die Adern auf der Stirn und am Hals traten hervor.

»Was hast du gegen die Familie? Sie besteht aus Dingen, die dein Vater erworben hat oder schon der Vater deines Vaters. Was wir unser Eigen nennen, ist das Ergebnis von Kämpfen, Leidenschaften und Opfern all derer, die es vor dir in dieser Familie gegeben hat und denen du deine Existenz verdankst. Du denkst immer nur an dich. Aber alles Übrige, zählt das etwa nicht? Deiner Meinung nach geht alles verloren, wenn der Mensch stirbt: sein Name, sein Ansehen, sein Geld, seine Gedanken. Wird das alles ausgelöscht vom Weltall? Bleibt nichts für die Nachkommen? Denkst du wirklich, das Leben eines Menschen wäre so kurz?«

Matteo fühlte sich eingeschüchtert und versuchte es mit einer ironischen Bemerkung. Seine Lider hingen schwer herab, und er sagte müde, als wäre dies der springende Punkt: »Du hast drei Männer umbringen lassen. Ihr Leben war auch nicht sehr lang!«

Der Alte liebte Matteo mehr als alles auf der Welt, da er sein einziger Sohn war, aber zuweilen hasste er ihn auch. Immer versuchte Matteo auszuweichen oder war schlicht feige.

»Das waren Straßenräuber und Mörder!«, antwortete er.

Matteo schüttelte den Kopf, gab zugleich aber ein leises, zustimmendes Gebrummel von sich.

»Einverstanden, das waren Galgenvögel und Halsabschneider! Aber du würdest einen Mann auch aus dem einfachen Grund töten lassen, dass er dein Feind ist!«

Die Lippen des Alten wurden schmal.

»Ich kämpfe für die Sache meiner Familie«, sagte er. »Was soll ich sonst tun? Mich meinen Gegnern ergeben, nur weil sie so zahlreich sind? Alles, was meine Familie im Laufe der Jahrhunderte aufgebaut hat, wollen sie zerstören. Sie halten Reden auf der Piazza, hetzen die Bauern auf, mir mein Land zu stehlen und meine Häuser zu besetzen, fordern Gesetze, um mir mein Geld abzunehmen, meine Getreidespeicher, meine Bücher, meinen Sessel in der Kirche. Sie reden in aller Öffentlichkeit, aber sie sind nicht besser als die Felddiebe, die mir einen Sack Korn stehlen, die Einbrecher, die meine Höfe verwüsten, und die Totschläger, die meine Angehörigen umbringen. Nichts als rauben, verwüsten und umbringen wollen sie! Soll ich feige und tatenlos zuschauen, wie sie meine Türen aufreißen und um die Wette laufen, wer mir zuerst ins Bett scheißen darf? Los, sag schon! Du hast doch so viel Mitleid mit diesem Gesindel: Habe ich keine Rechte? Soll ich dem Räuber zuschauen, wie er plündert, dem Mörder, wie er mich oder dich zu erwürgen versucht? Soll ich um sein Erbarmen betteln? Ah, nein! Ich schlachte ihn ab! Tausendmal bringe ich ihn um, wenn er tausend Leben haben sollte!«

Er seufzte tief, und sein Atem rasselte. Kopfschüttelnd betrachtete er seinen Sohn.

»Wie kann man nur so starrköpfig sein?«, sagte er mit rauer Stimme. »Du fragst nach dem Grund für all diese Ereignisse, und dabei hast du ihn täglich vor dir. Jeder Bauer, der mich jetzt hasst, und der erbärmlichste Tagelöhner, der mir meine Häuser und Ländereien wegnehmen möchte, würde sich genauso verhalten wie ich und diese Dinge mit Klauen und Zähnen verteidigen, wenn sie eines Tages ihm gehören sollten.«

Er lachte, aber es war eher ein langer, höhnischer Aufschrei. Die Handflächen nach außen, die Finger gespreizt, so hob er die Hände.

»Du weißt das alles so gut wie ich. Aber nein, der Herr hat Gewissensbisse, Zweifel, Ängste, Ekel. Du fürchtest deinen Reichtum. Du wohnst in einem Palast, aber er ödet dich an. Du hast Dienstboten, Geld und alles, was du brauchst. Aber zugleich jammerst du über die elenden Hütten, die verdreckten Straßen und dieses mickrige Nest, das von Eseln und Kaffern bevölkert wird, die Morde, die hier begangen werden, die Krankheiten. Man kann nicht beides gleichzeitig haben, den Luxus der Gefühle und den Luxus des Lebens. Geh hin und versuche zu leben wie einer dieser Kaffer!«

Matteo streckte den Arm aus und versuchte, den Vater zu unterbrechen, aber der redete ohne Pause.

»Ja: Ich morde, aber ich lebe wenigstens. Ich nehme das Leben, wie es ist, und ich habe klare Vorstellungen vom Leben …«

Er schlug sich zweimal heftig gegen die Stirn: »Du hingegen lebst nur noch zum Schein und bist in Wirklichkeit schon gestorben. Alle diese Worte – Erbarmen, Mitleid und Gerechtigkeit – sind wie Grabsteine. Was hast du für ein Erbarmen mit der Welt, wenn du sie längst aufgegeben hast? Und deine Philosophie, deine Vorstellungen von Recht und Unrecht, was haben sie für praktische Folgen? Du willst die Welt verändern? Gut! Du willst den Weg der Menschheit umkehren? Bitte schön! Aber um eine Revolution durchzuführen, braucht man nicht nur klare Gedanken. Man muss auch bereit sein zu töten. Nur zu! Sprich: Wie willst du deine Vorstellungen von Gerechtigkeit in die Tat umsetzen? Nun sag schon: Woran glaubst du?«

Seine Wut auf den missratenen Sohn sammelte sich in einem höhnischen Stöhnen, das wie eine Herausforderung klang. Er war bleich geworden. Matteo betrachtete ihn aus trägen Augen, und einen Moment lang erwartete er, dass der Vater aufspringen und ihn ins Gesicht schlagen würde. Mechanisch nahm er die Brille ab und rührte sich nicht von der Stelle, um den Alten nicht noch mehr zu provozieren.

»Wenn ich nicht so feige wäre«, dachte er, »würde ich ihm einen Stuhl auf dem Kopf zertrümmern. Ich würde ihn von einer Wand dieses Zimmers zur anderen prügeln. Dieses Stück Scheiße! Die Hälfte des Hauses gehört mir, weil ich sie von meiner Mutter geerbt habe, der halbe Feudo gehört mir, also was brauche ich ihn überhaupt, diesen alten Mann. Ich brauche nichts weiter als den Mut, ihn zu prügeln wie einen Hund, aber früher oder später werde ich diesen Mut aufbringen!«

Nach diesem Abend sahen Matteo und sein Vater sich nur noch selten, denn der Wahlkampf war in die letzte Phase getreten.

Advokat Ieli redete auf Versammlungen in den großen Städten Ragusa, Caltagirone und Caltanisetta. Matteo dagegen fuhr weiter über die Dörfer und Güter und besuchte sogar die Bergwerke im Landesinneren. Er fühlte sich vom Willen des Vaters wie erdrückt.

Zu den kleinen entlegenen Bauerngehöften, wo es sich nicht lohnte, mit großem Gefolge aufzutreten, fuhr er mit der Kalesche oder nahm das Pferd. Die Reden lernte er auswendig, und auch die Probleme der Pächter und Landarbeiter kannte er schon vorher. Er sprach mit jedem, hörte sich seine Beschwerden an, versprach hier einen günstigeren Pachtvertrag, dort eine Empfehlung. Ein junger Mann hatte seinen Einberufungsbescheid bekommen, wollte aber zurückgestellt werden, da er seine Familie unterstützen musste. Ein Familienvater hatte die Aufnahme ins Armenregister der Gemeinde beantragt und bat um Unterstützung.

Alle brachten ihm großen Respekt entgegen, denn er war geduldig und aufmerksam. Vor allem aber waren viele davon überzeugt, dass sein Vater gewählt werden würde, und diejenigen, die nicht davon überzeugt waren, fürchteten es.

Manchmal ersuchte ein Bauer ihn um Rat wegen eines kranken Saumtieres oder erbat seine Hilfe, wenn eine Stute fohlen musste. Matteo zeigte sich hilfsbereit, untersuchte das Tier oder half dem Bauern, es zu waschen. Aber es war nicht wie einst, als er stets neugierig auf diese primitive Welt gewesen war. Der Geruch des feuchten, mit Stroh verklebten Fells und der Mist im Stall erweckten in ihm eine schwer erträgliche Abneigung.

Gerne jedoch schaute er zu, wenn der Hengst in den Pferch gelassen wurde und eine Stute gegen die Umzäunung trieb. Die Stallknechte ergriffen das Tier, hielten es fest und halfen dem Hengst, es zu besteigen. Plötzlich stand die Stute still und bebte in den Flanken. Wenn dann der Deckhengst in sie eindrang, spürte Matteo zwischen den Schenkeln ein süßes Zucken.

Eines Tages begegnete Matteo dem Feldhüter, der von den Banditen am Bein verletzt worden war. Filippo Tranchina lächelte, als er merkte, dass Matteo ihn wiedererkannte.

»Ihr erinnert Euch an mich, Euer Ehren?«, fragte er respektvoll. »Die Verletzung ist gut geheilt. Aber ich habe noch ein Schrotkorn im Bein, das mir wehtut.«

»Lass uns zu dir gehen«, antwortete Matteo.

In seiner Hütte ließ Tranchina die Hosen herunter und legte sich auf die Matratze. Die vielen kleinen Wunden auf seinem Schenkel waren verheilt, aber noch heftig gerötet. Filippo Tranchina hob den Kopf, um ebenfalls nach der Verwundung zu sehen, und zuckte ein wenig, als Matteo die Narben berührte.

»Tut das weh?«, fragte Matteo.

»Nein, Euer Ehren!«, antwortete der junge Mann. Matteos großer Kopf mit den kurzsichtigen Augen schwebte direkt über seinem Unterleib, der vom Bauchnabel bis zu den Waden unbekleidet war. Es schien ihm peinlich zu sein. Seine Beine waren plump, muskulös und behaart, aber die Haut war seltsam weiß und zart und verströmte einen feinen Schweißgeruch.

Als Matteo sein Glied berührte, lachte Tranchina verschämt und versuchte, sich aufzurichten.

»Euer Ehren, was tut Ihr?«, sagte er leise.

»Warte, warte«, hauchte Matteo und legte sich auf ihn. In seiner Stimme lag eine Zärtlichkeit, die den Feldhüter entsetzte. Filippino empfand Abscheu und Scham und versuchte, den großen, schweren Kopf von seinem Bauch zu schieben. Er schlug mit Fäusten in Matteos Nacken, doch der war wie von Sinnen, umklammerte seine Hüften und wimmerte. Nachher gab er Filippo Tranchina fünftausend Lire. In der gleichen Woche ging Matteo noch dreimal zu ihm, und jedes Mal schenkte er ihm fünftausend Lire. Dann reiste er mit fünfzig Mann Begleitschutz in die Provinz Ragusa, wo die Asphaltminen lagen und die Kommunisten über einen starken Anhang verfügten.

Der Wahlkampf wurde immer heftiger, und immer häufiger kam es zu gewalttätigen Auseinandersetzungen. Viele Kandidaten konnten keine Versammlungen mehr abhalten, und bei der kleinsten Gelegenheit schlugen die Carabinieri mit dem Gewehrkolben zu. Die Arbeiter, Bauern und Arbeitslosen verschickten Briefe, in denen sie für ihre Wählerstimme Geld, eine Empfehlung oder einen Arbeitsplatz forderten, und wenn ihre Bitte erfolglos blieb, warfen sie mit Steinen oder kippten die Autos der Wahlhelfer um. Sobald eine Lastwagenkolonne der Kommunisten durchs Dorf fuhr, stand Dr. Scibilia auf, nahm Haltung an und hob den Arm zum faschistischen Gruß. Von den Lastwagen herab wurde er angespuckt und beschimpft.

»Hurenhunde, Lumpenpack!«, schrie Dr. Scibilia.

»Elender Scheißkerl!«, schrien sie von den Lastwagen zurück.

In jenen Tagen war auch wieder von jenem geheimnisvollen Mann namens Rossano die Rede, der von einer Provinz in die nächste wanderte. Er kleidete sich in Bauerntracht, hatte lange Haare und einen wehenden Bart, und wo er auftrat, versammelten sich die Menschen in Massen, obwohl niemand wusste, in wessen Auftrag er sprach. Doch sein Ruf verbreitete sich immer weiter, und manche meinten sogar, er könne hypnotisieren, weil die Menschen ihm wie gebannt zuhörten.

Manchmal kamen an die zehntausend Menschen zu seinen Versammlungen. Im Volk ging das Gerücht, er sei ein Heiliger aus den Bergen, der Wunder wirkende Kräuter zubereite, während seine Gegner behaupteten, er sei ein Mörder, der dreißig Jahre im Zuchthaus gesessen habe und verrückt geworden sei. Manche verbreiteten auch, er sei ein ehemaliger Priester, der sich an die Kommunisten verkauft habe.

Er predigte den Unglücklichen und Armen, den Kindern, den Halunken, den Tagelöhnern; und er wusste alles über ihre Lage. Wie ihre adligen Herren hießen, wie reich sie waren, wo die fruchtbarsten und wo die steinigsten Äcker lagen, wie viele Handlanger keine Arbeit hatten, wie hoch der Lohn eines Bergmannes war, wie viele Leute in den Bergwerken von Enna schon gestorben waren und wie viele Menschen Tuberkulose hatten.

Er wusste, was für Kirchen in jedem einzelnen Dorf standen, wie viele Schulkinder es gab, was die verschiedenen Barone für Reichtümer besaßen, wie viele Menschen man ermordet hatte, was der arme Mann für den Sack Getreide bezahlen musste und was der reiche Mann daran verdiente.

Diese Dinge erzählte er dem Volk, ohne es zur Revolte aufzuhetzen. Zuweilen setzte er eine Brille auf und zitierte aus einem kleinen Notizheft, wo alle Namen und Orte und alle Dinge, die er gesehen und erfahren hatte, aufgeschrieben waren.

In Niscemi wurde auf ihn geschossen, während er zu den Menschen sprach. Die Leute gerieten in Panik, rannten durcheinander, und er wurde mitgerissen. Einige Männer schlugen ihn zu Boden und misshandelten ihn mit Fußtritten. Er lag bäuchlings auf dem Pflaster, jammerte, und Blut tropfte aus seiner Nase. Die Carabinieri verhafteten ihn, denn es war angeblich verboten, ohne behördliche Genehmigung Versammlungen durchzuführen, und brachten ihn mit dem Jeep nach Catania ins Gefängnis. Dort wurde er bis zum Tag nach der Wahl festgehalten, damit er keine Zwischenfälle mehr verursachen konnte.

Nur wenige Wähler waren noch unentschieden, aber auch um sie wurde heftig gerungen. Aus der Hauptstadt kam ein kleiner, kahlköpfiger Kandidat angereist, der eine Nickelbrille trug. Wie es hieß, war er in Russland zum Politiker ausgebildet worden. Er wirkte sehr gelehrt und kämpferisch. Während des Redens schüttelte er die kleinen Fäuste und hüpfte gelegentlich in die Höhe. Sogleich applaudierten seine Anhänger begeistert, er reckte die Arme und schrie seine letzten Worte heraus, sodass die Stimme sich überschlug. Dann schwieg er, musterte die Menge mit blitzenden Augen und weidete sich an seinem Erfolg.

Michele Passanisi und andere Wahlhelfer des Advokaten hatten die Aufgabe, seine Rede zu stören. Michele schrie und pfiff, wurde geschubst und gestoßen und hatte das Gefühl, durch die Menge zu schwimmen. Die Männer mit den roten Halstüchern, die zum Anhang des Redners gehörten, griffen ein und schlugen zu, sobald sie einen der Störer erwischten. Die Carabinieri, die dazwischentraten, wurden ebenfalls verprügelt. Einer, der mit seinem Gewehrkolben zugeschlagen hatte, lag später halb ohnmächtig auf dem Boden. Seine Hose war zerrissen, an der Jacke fehlten die Knöpfe, und sein Karabiner war verschwunden.

»Michele Passanisi!«, rief eine Stimme. »Ich muss mit dir reden!«

Michele sah sich um und stand direkt vor Alfio Scirpu, Stellinas Bruder. Ihm stockte das Herz.

»Verschwinde! Hau ab!«, sagte Michele, stieß seinen Widersacher in die Menge und wandte sich hastig zum Gehen. Doch sofort fühlte er Alfios Hand auf seinem Arm. Wut packte ihn. Er drehte sich um und schaute ihn an.

»Komm mit!«, sagte Alfio. Er wirkte ruhig, nur sein Gesicht war bleich vor Erregung. Er hatte sich einen langen Backenbart wachsen lassen, trug eine alte Lederjacke und eine Bauernmütze.

Im selben Augenblick drängten sich einige Bergarbeiter und Tagelöhner mit roten Halstüchern, die Michele identifiziert hatten, durch die Versammlung. Peppi Naso, ihr Anführer, war dafür bekannt, dass er mit einem einzigen Hieb eine Kinnlade zertrümmern konnte, und hatte deswegen ein Jahr im Gefängnis gesessen.

»Du elender Scheißkerl!«, schrie Peppi und schlug Michele vor die Brust. »Wieso störst du unsere Veranstaltung?«

Michele war bleich geworden und starrte ihn an. Hinter Peppi hatten sich andere mit roten Tüchern aufgebaut, und die Menge bildete einen geschlossenen Kreis um die Streitenden.

»Deine Schwester ist eine Hure!«, sagte Michele.

Alfio sprang in den Kreis, warf sich zwischen die beiden und stieß Peppi Naso zurück.

»Lass ihn in Ruhe!«, sagte er.

»Und wer bist du?«, antwortete Peppi und gab ihm eine Backpfeife. »Seine Mutter?«

Alfio schlug so heftig zurück, dass Peppi taumelte. Michele gab ihm noch einen Tritt zwischen die Beine. Peppi fiel um, doch nun machten sich auch die anderen über Michele und Alfio her. Der trat um sich wie ein wild gewordenes Maultier, konnte sich gegen die Übermacht aber nicht durchsetzen, und auch Michele ging schließlich zu Boden. Keuchend rollte er sich hin und her, strampelte mit den Beinen und versuchte, seinen Nacken mit den Händen zu schützen.

Eine Stimme schrie: »Sie haben Messer, sie haben Messer!«

Sofort rannten die Zuschauer nach allen Seiten davon, und ein Alter wurde fast totgetreten. Hilfreiche Arme hoben ihn hoch und trugen ihn fort. Aus seinem Mund triefte Speichel, und seine Augen waren leer.

»Platz da«, riefen die Träger, »hier stirbt einer!«

Einige Wahlhelfer Ielis näherten sich endlich der Stelle, wo Michele am Boden lag, führten ihn hinter das Rathaus, halfen ihm, seine Jacke zu reinigen, und gaben ihm auch ein Taschentuch, um sich das Blut aus dem Gesicht zu wischen.

Michele fluchte laut vor sich hin: »Peppi Naso, ich schneide dir alles ab, was du zwischen den Beinen hängen hast, und stopfe es dir ins Maul!«

Auch Saro »Frankenstein« war da. Groß und steif stand er in der Gasse, rollte die Froschaugen und sah sich nach allen Seiten um, ob die Feinde ihnen auf den Fersen waren.

»Dieses Verbrecherpack«, sagte er schließlich. »Zu Mussolinis Zeiten hätte jeder von ihnen einen Liter Rizinusöl bekommen. Dann wäre ihnen das rote Halstuch hinten rausgekommen.«

Einer nach dem anderen kehrten Ielis Wahlhelfer zu der Versammlung zurück. Nur Michele blieb noch sitzen. Mit einem Mal war Alfio wieder da. Er stand, keine zwei Meter entfernt, an eine Säule des Rathauses gelehnt.

»Ich muss mit dir reden!«, sagte er.

Michele seufzte und kramte nach einer Zigarette. Bedächtig zündete er sie an, zog sich die Hosen hoch, schnallte den Gürtel fest und rückte die Mütze zurecht.

Alfio sah ihm zu.

»Stellina ist sehr krank«, sagte er traurig. »Kann sein, sie stirbt.«

»Was weißt du schon?«, sagte Michele mit hängenden Schultern.

Alfio deutete wortlos in die Richtung des Dorfes, wo seine Schwester jetzt lebte.

»Ich habe mit Stellina geredet«, sagte er. »Vor drei Tagen habe ich sie besucht. Sie hatte vierzig Fieber. Du warst mit den Lastwagen in Vizzini. Stellina lag im Bett, und ich konnte eben noch sehen, wie sie ein blutiges Taschentuch unterm Kopfkissen verschwinden ließ. Sie wollte nicht, dass ich sie sehe, und hat sich die Hände vors Gesicht gehalten.«

Er sprach leise und weinte fast.

»Ich war auch bei dem Doktor, der sie untersucht hat. Er meint, dass Stellina vielleicht schon tot ist, wenn das Kind kommt. Sie muss sofort ins Sanatorium nach Catania.«

Michele starrte ihn mit großen Augen an.

»Verschwinde!«, sagte er und versetzte ihm einen Stoß. Er spürte erst jetzt, da Alfio vom Tod sprach, wie sehr er diese Frau liebte. Zugleich dachte er voll Stolz und Mitleid an seinen noch ungeborenen Sohn, der in Stellinas Leib gefangen war und langsam ausblutete, genau wie sie. Eine blinde Liebe ergriff von seinem ganzen Körper Besitz, vermischte sich mit dem Schmerz über die frischen Verletzungen und wurde mit einem Mal unerträglich.

Er packte Alfio am Kragen, schüttelte ihn und schrie: »Geh endlich! Ich kümmere mich schon um Stellina! Warum gehst du nicht endlich!«

Alfio schlug Micheles Hände herunter und versetzte ihm einen unerwarteten Schlag, der ihn gegen die Wand warf.

»Ich lasse nicht zu, dass du meine Schwester umbringst!«, brüllte er.

Er stand breitbeinig vor Michele, der sich auf ihn stürzte und verzweifelt mit den Fäusten auf ihn einschlug. Alfio hängte sich an ihn, sodass beide zu Boden gingen und sich gegenseitig über das Pflaster schleiften.

Michele gelang es, sich aufzurichten. Er schlug Alfio die Faust mit aller Gewalt in den Nacken, stürzte abermals, da Alfio sein Bein gepackt hatte, kam wieder hoch und lief fort. Alfio verfolgte ihn mit blutigem Gesicht und warf ihm einen Stein in den Rücken.

Der Schmerz zwang Michele, stehen zu bleiben, doch auch Alfio war am Ende. Er versuchte noch einmal, Michele festzuhalten, schlug mit rudernden Armen ins Leere, dann traf ihn ein Tritt in den Leib, der ihn nach vorne kippen ließ. Er presste sich die Arme gegen den Bauch, als müsste er sich übergeben.

Michele atmete tief durch, um seine letzten Reserven zu sammeln. Ein entsetzlicher Tritt warf Alfio gegen die Hauswand. Micheles Faust traf ihn genau zwischen den Augen, und er rutschte an der Mauer hinab auf die Knie.

»Ich bringe dich um«, keuchte Michele, »ich bringe dich um! Was willst du von mir?«

Er spuckte aus. Speichel und Blut blieben an seinen Lippen hängen. Langsam wischte er sich mit dem Handrücken über den Mund.

»Ich bringe dich um!«, sagte er noch einmal dumpf. Auch er schwankte und musste sich an der Wand festhalten. Dann floh er die lange Treppe zum unteren Platz hinunter, bis ihn die Kräfte verließen und er auf eine Stufe sank.

Er empfand Mitleid mit Alfio und mit sich selber. Er begann zu weinen.

Zum ersten Mal hatte er eine klare Vorstellung davon, was passieren würde: Stellina war zum Tod verurteilt, und nur das Kind konnte gerettet werden.

Als das Weinen aufhörte, beschlich ihn eine merkwürdige Ruhe. Er schaute auf die Hütten und Häuser des Unterdorfes und auf die weißen Kirchen, die aus der Dämmerung wuchsen. Der Nebel lag als schimmernde Aura über den Dächern.

»Dort unten«, dachte er, »hinter der kleinen Kirche ist das Zimmer, in dem Stellina schläft. Ein winziges Wesen in diesem Jammertal, wie ein Staubkorn, das auf der Erde liegt. Wenn ich morgen in jedes einzelne Haus ginge und ein Almosen erbitten würde, um Stellina gesund zu machen und zu retten, wer würde mir etwas geben? Der Advokat Ieli gäbe mir tausend Lire, der Signorino Bellia und der Baron Bufardeci gäben mir vielleicht fünftausend Lire, Doktor Scibilia gäbe mir wenigstens zweitausend. Auf die Weise brächte ich wohl zehntausend oder fünfzehntausend Lire zusammen, aber nicht eine Lira mehr. Ich könnte davon höchstens zwei Schachteln Medizin für die Spritzen kaufen, und Stellina würde trotzdem sterben, bevor das Kind zur Welt kommt. Es ist mein Kind. Es hat Arme und Beine, Finger und Haare, eine Zunge, um mich zu rufen, und ein Glied, um mit einer Frau zu schlafen, wenn es eines Tages erwachsen ist. Mein Sohn! Alles würde ich tun, damit er lebend zur Welt kommt!«

Am nächsten Morgen fuhren Michele und Stellina abermals mit dem Postbus nach Catania. Im Provinzkrankenhaus musste sie sich auf dem Eisenbett niederlegen und die Beine spreizen, da die Ärzte vor allen Dingen untersuchen wollten, ob das Kind noch am Leben war.

Stellina zitterte vor Kälte. Sie hatte Angst, Michele könnte sie alleine lassen, drückte heftig seine Hand und warf den Kopf mit suchendem Blick zur Seite. Ihr Bauch war außergewöhnlich weiß und noch stärker angeschwollen als bei der letzten Visite.

Während der Untersuchung wandte Michele sich ab. Er konnte nicht mit ansehen, wie der Arzt zwischen den gespreizten Schenkeln seiner nackten Frau hantierte. Der bloße Gedanke daran war ihm zuwider.

Der Arzt war an die fünfzig Jahre alt und hatte spärliches, graues Haar. Nachdem er auch die Herztöne abgehört hatte, streckte er die Arme aus und ließ sich von einem Krankenpfleger die Gummihandschuhe von den Händen ziehen.

»Das Kind lebt«, sagte er, »aber es bekommt nicht genug zu essen. Deshalb ist es sehr schwach!«

Er bat Michele in sein Büro. In einem langen, weißen Korridor saß eine Reihe schwangerer Frauen auf einer Bank und wartete. Der Arzt seufzte und schaute auf die Uhr. Das Büro war winzig. Der Arzt schrieb ein langes Rezept aus und holte einige Schachteln und Ampullen aus dem Schrank.

»Mehr als diese Medikamente kann ich dir nicht schenken«, sagte er. »Der Rest steht hier auf dem Rezept. Aber sie muss ins Sanatorium. Ihre Lungenflügel sind zerfressen. Stell dir einen alten, zerfledderten Schwamm vor. Damit muss sie atmen und außerdem noch das Kind ernähren. Im Sanatorium ist sie vielleicht noch zu retten. Aber das Kind in ihrem Bauch ist hungrig wie ein Wolf! Sie muss essen, immer essen: Fleisch, Milch, Eier, Nudeln!«

Michele nickte. Er wollte nicht unmännlich erscheinen. Deshalb tat er so, als könne er das Rezept entziffern, und tippte mit dem Finger darauf.

»Was kostet mich die Medizin?«, fragte er.

»Mindestens zwanzigtausend Lire im Monat«, antwortete der Doktor.

Er beobachtete Michele mit trauriger Neugier, aber der ließ sich nichts anmerken.

»Gib acht«, fügte er hinzu, »sie ist sehr krank. Wenn sie diese Medizin nicht bekommt, schafft sie es vielleicht nicht einmal bis zur Geburt.«

Als sie wieder zu Hause waren, legte Stellina sich stumm ins Bett und weinte lautlos. Ihr Körper zuckte, und sie ballte die Fäuste. Schließlich konnte sie den Weinkrampf nicht länger unterdrücken und bäumte sich auf.

Michele ging zu ihr, um sie zu beruhigen. Sie klammerte sich an ihn. Er redete ihr gut zu, sich wieder hinzulegen, und versuchte, sich loszumachen. Sie hing, schwer wie eine Tote, an seiner Jacke.

»Michele, hilf mir! Hilf mir!«, schrie sie.

Er flüsterte ihren Namen, und auch seine Stimme war brüchig vor Schmerz, doch die Angst vervielfachte ihre Kräfte, sodass er sie nicht abschütteln konnte. Sie war wie ein kleines Tier, das sich in Todesangst in seinen Gegner verbeißt und nicht eher loslässt, bis man es totschlägt.

Ganz plötzlich entkrampften sich ihre Hände, sie wich zurück und sah ihn aus großen Augen an.

»Ich will nicht ins Sanatorium«, sagte sie. »Ich will nicht im Sanatorium sterben!«

Abermals versuchte Michele, sie hinzulegen, doch sie blieb auf den Knien sitzen und zog nur die Bettdecke über sich.

»Bitte, Stellina«, sagte Michele, »leg dich hin!«

»Nein, lass nur«, sagte sie leise, »es geht mir schon besser!«

Sie lächelte und sah ihn aus dunklen, tiefen Augenhöhlen zärtlich an.

»Ich habe gehört, wie es im Sanatorium ist«, sagte sie. »Die Kranken liegen in riesigen Sälen nebeneinander. Manche spucken die ganze Nacht lang Blut, und andere sind so geschwächt, dass sie nicht mehr aufstehen können und ins Bett machen. Jeden Morgen kommen die Ärzte und stechen den Patienten eiserne Nadeln zwischen die Schulterblätter, um das kranke Blut aus den Lungen zu saugen. Wenn du mich ins Sanatorium bringst, lebe ich höchstens eine Woche oder einen Monat länger als sonst.«

Sie zitterte ein wenig, zog die Decke enger um die Schultern und rieb ihre Wange an der weichen Wolle.

»Wenn du mich ins Sanatorium bringst, begehe ich Selbstmord«, sagte sie. »Ich erwürge mich mit einer Schnur, oder ich schneide mir die Pulsadern auf. Hab Erbarmen, Michele. Ich habe keine Angst zu sterben, aber meine Zeit ist so kurz, deshalb lass mich hierbleiben, bei dir, bis zum letzten Augenblick. Dann will ich auch nie wieder weinen.«

Sie streckte sich aus, deckte sich zu und seufzte lange.

»Du musst keine Angst um das Kind haben, Michele«, sagte sie nach einer Pause. »Ich spüre schon, wie es sich umdreht. Sogar den Kopf und die Ärmchen kann ich fühlen. Bestimmt lebe ich noch so lange, bis es zur Welt kommt.«

Michele nickte, und in seinen Augen standen die Tränen. Sie erhob sich keuchend und nahm das hölzerne Kruzifix von der Wand.

»Schwöre beim Kreuz, dass du mich nicht ins Sanatorium schaffen lässt!«

Er küsste das Kreuz und murmelte: »Ich schwöre es!«

Dann stieß er einen Schrei aus, presste die Fäuste vor die Augen und jaulte verzweifelt wie ein Hund. Sie streckte sich endlich aus, streichelte liebevoll sein Haar und zog seinen Kopf zu sich herab. »Spür nur, spür nur«, sagte sie leise. »Spürst du, wie es sich bewegt?«

Er küsste verschämt ihren gewölbten Leib. Ihre Fingerspitzen suchten sein Gesicht und berührten es sanft, um seine Lippen zu jener Stelle ihres Körpers zu lenken. Seine geöffneten Lippen glitten rasch die Wölbung hinab, bis er den säuerlichen Geruch ihres Geschlechts einatmete. Sie begann zu wimmern, warf den Kopf von einer Seite auf die andere und bog sich ihm entgegen.

»Hier wohnt mein Sohn«, dachte Michele. »Mein Samen und meine Lust sind lebendig geworden. Eines Tages werden wir beide tot sein, Stellina und ich, aber etwas von uns wird bleiben.«

Stellina machte sich steif, und die Begierde sammelte sich in ihrem Schoß. Micheles Atem schien zu glühen. Mit angehaltener Luft wartete sie darauf, dass seine Lippen sich endlich auf ihre Scham legten. Als seine Zunge in sie eindrang, öffnete sich ihr Schoß, und ihrer Brust entrang sich ein befreiendes Stöhnen.

Am nächsten Tag holte sich Michele bei Don Santino Amenta zwanzigtausend Lire Vorschuss.

Jeden Abend trafen sich die Wahlhelfer im alten Salon des Palastes der Ieli und erstatteten Bericht: wie viele Plakate man geklebt hatte und wo; wie viele Wahlversammlungen die anderen Kandidaten abgehalten und was sie geredet hatten; worüber sich die Bauern beschwerten und was sie wollten.

Manchmal fuhren sie anschließend noch über Land, drängten sich auf den Ladeflächen der Lastwagen, sangen und schwenkten Fahnen wie auf einer Landpartie. Ängstlich standen die vom Feld heimkehrenden Bauern am Rand der schmalen Straßen, wenn die Scheinwerfer aus der Dunkelheit auftauchten.

Michele wartete, bis alle gegangen waren. Don Santino Amenta musterte nachdenklich die Kratzer und Blutergüsse auf seinem blassen Gesicht.

»Gestern Abend hast du Prügel gekriegt«, sagte er. »Lass Peppi Naso ruhig den starken Mann markieren. Nach der Wahl kriegt er so viel Prügel, dass er einen Monat braucht, bis er wieder sitzen kann.«

Er schob seine Zigarre von einem Mundwinkel in den anderen.

»Du musst mir einen Wechsel über zwanzigtausend Lire unterschreiben«, sagte er, während er langsam die Tausender zählte. Dann faltete er den Wechsel sorgfältig und steckte ihn in die Brieftasche.

»Gib acht, Michele Passanisi«, brummte er. »Zwanzigtausend Lire sind eine Stange Geld. Davon kann eine Familie einen Monat lang leben.«

Im Morgengrauen fuhr Michele nach Ragusa. Den ganzen Vormittag wartete er, bis Rosario Gangemi aus dem Hotel kam. Der Ami war offensichtlich gut gelaunt, trug einen teuren weißen Anzug, einen weißen Hut und ein weißes Oberhemd. Die Krawatte war grell und breit wie ein Schal, im Knopfloch trug er eine Kokarde aus gelber und roter Seide, und überall blitzte es. Die Brille, der Füllfederhalter, die Manschettenknöpfe, ja sogar die Beschläge seiner Hosenträger glänzten golden.

Wohlwollend betrachtete er Michele, schüttelte seine Hand und begrüßte ihn wie einen guten alten Bekannten.

»Seid gegrüßt, Euer Ehren«, sagte Michele. »Ich habe gehört, dass Ihr die separatistische Partei leitet, und möchte Euch eine vertrauliche Mitteilung machen.«

Der Amerikaner runzelte die Augenbraue, hob das Kinn, bedeutete ihm mitzukommen und schritt wortlos die breite Allee hinunter.

Ragusa liegt an den beiden Hängen eines Tales und zieht sich bis zu den Hügeln hinauf. Die aus weißen Steinen erbaute Brücke, die hoch über dem Tal schwebt, war leer, denn es ging ein starker

Wind. Der Amerikaner hatte die Hände auf dem Rücken gefaltet und ging bis zur Mitte der Brücke.

»Leg los!«, sagte er.

»Es heißt, Ihr sucht hundert Wählerstimmen auf dem Feudo von Santo Lio«, sagte Michele.

Der Amerikaner nahm den Hut ab und drückte ihn mit der Handkante zurecht. Sein langes, schütteres Haar flatterte im Wind.

»Ich suche hunderttausend Stimmen in diesem Wahlkreis«, sagte er und lächelte nachsichtig. Er setzte den Hut wieder auf und vollführte eine weite Armbewegung.

»Ich wende mich an alle Bürger, die es leid sind, der italienischen Regierung Steuern zu zahlen und für sie in den Krieg zu ziehen. Ich spreche für alle, die sich nicht mehr von der Armee das Getreide beschlagnahmen lassen wollen, die das Land nicht mehr mit ihrem Schweiß düngen möchten und es leid sind, mit dem Vieh in einem Raum zu schlafen.«

»Ich kann Euch hundert Stimmen des Feudo von Santo Lio besorgen«, wiederholte Michele. »Die und sonst keine.« Er hielt die flache Hand ausgestreckt und drehte sie um.

»So wie meine Hand kenne ich sämtliche Bauern dort oben, und so drehe ich sie um.«

Rosario Gangemi betrachtete ihn neugierig.

»Warum bist du so sicher?«

»Der Feudo von Santo Lio gehört Advokat Ieli, und ich arbeite für ihn als Wahlhelfer«, antwortete Michele und klopfte mit dem Finger zweimal auf die steinerne Brüstung.

»Am Tag vor der Wahl verteile ich an die Bauern die Kopien der Stimmzettel und zeige ihnen, wo sie ihr Kreuz machen müssen, da sie nicht lesen und schreiben können. Außerdem begleite ich die Alten und Kranken, die Blinden und die Gehbehinderten in die Wahlkabine. Es ist üblich, dass der Wahlhelfer für sie den Stimmzettel ankreuzt.«

Der Amerikaner lachte verblüfft. Die Geschichte schien ihn nicht zu überzeugen. Er nahm die Brille ab und säuberte sie sorgfältig mit einem seidenen Tuch, sodass Michele erstmals seine Augen bemerkte. Sie waren stark vorgewölbt, und im Weiß des Augapfels ruhte eine sehr kleine, blaue Pupille.

»Sie werden dich umbringen!«, sagte er.

Michele reagierte nicht auf den Einwand und sagte nur trotzig: »Ich will hunderttausend Lire. Jetzt gleich!«

Rosario Gangemi schüttelte mehrfach den Kopf.

»Nein, so nicht«, brummte er. »Wenn sie dich umbringen, sind meine hunderttausend Lire weg. Das gefällt mir nicht!«

Langsam setzte er sich in Bewegung und schlug dabei mit der Hand auf die Brüstung. Der Wind drückte die Hutkrempe gegen die Stirn. Er wandte sich um und wies mit dem Zeigefinger auf Michele, der ihm gefolgt war.

»Morgen bekommst du fünfzigtausend Lire«, sagte er. »Morgen Abend um neun genau an dieser Stelle der Brücke. Das übrige Geld kriegst du am Tag nach der Wahl, wenn auf Santo Lio hundert Stimmen für die separatistische Partei abgegeben werden. Aber bete zu deinem Gott, dass er dich nie auf die Idee bringt, mich zu betrügen. Du kennst mich nicht. Sobald du aus dem Haus kommst, lasse ich dir ein Loch zwischen die Augen brennen!«

Der Amerikaner schob sich die Fäuste in die Taschen der Jacke und nickte.

»Ich kaufe diese hundert Stimmen, um den Leuten zu helfen, aber nicht, weil ich sie liebe«, sagte er. »Die Italiener sind ein niederträchtiges Volk. Ich scheiße auf sie. Ich bin schon vor dreißig Jahren weggegangen.«

Michele starrte dem Mann nach, der sich über die menschenleere Brücke entfernte. Seine weiten Hosen und die große weiße Jacke flatterten.

»Du bist selber ein Stück Scheiße!«, dachte er. »Ich könnte dir die Faust ins Kreuz schlagen, dich über das Brückengeländer werfen und deinen dummen Hut hinterher.«

Er ging eilig in entgegengesetzter Richtung davon und hatte den Wind im Rücken.

»Vor einem Monat war ich schon einmal in Ragusa«, dachte er. »Ich wollte nichts als Arbeit, doch sie haben mich mit Steinen beworfen, als ich über diese Brücke ging. Der Amerikaner zahlt mir wenigstens hunderttausend Lire.«

Am nächsten Tag holte er sich das Geld von Rosario Gangemi und kaufte die Spritzen, die der Doktor Stellina verschrieben hatte. Er bekam sechzehn daumengroße Ampullen, die eine honiggelbe Flüssigkeit enthielten.

»Wozu braucht man die?«, fragte er den Apotheker.

»Du musst dir vorstellen«, sagte der Apotheker, »es wäre Pferdeblut. Du machst eine Injektion, und das Blut löst sich langsam in dir auf. Damit kannst du einen Opa von achtzig Jahren vor den Pflug spannen!«

Michele kaufte auch ein großes wattiertes Kissen, damit Stellina im Bett sitzen und sich anlehnen konnte, und eine Wärmflasche aus Gummi. Als er wieder daheim war, machte er Wasser heiß, wickelte die Wärmflasche in ein altes Wolltuch und brachte sie Stellina.

»Du musst die Wärmflasche fest an den Bauch drücken«, sagte er. »Sie ist warm wie ein Täubchen. Das wird euch beiden guttun.«

Dann kuschelte er sich an sie und wärmte sie mit seinem Atem.

»Hab keine Angst«, sagte er, »bald bist du wieder gesund. Die Wissenschaft hat eine Medizin entdeckt, die kann Tote lebendig machen. In jeder Spritze ist das Blut von einem Pferd enthalten. Jetzt wächst auch das Kind.«

Jeden Morgen fuhr er mit dem Fahrrad über Land, hängte Plakate auf und verteilte Handzettel mit einem Foto des Advokaten

Ieli. An manchen Tagen legte er vierzig oder fünfzig Kilometer zurück, und hin und wieder musste er das Rad huckepack nehmen, weil der Feldweg zu steil war.

Einmal traf er sich mit Rosario Gangemi, der ihm fünfhundert Handzettel der separatistischen Partei aushändigte. Das Emblem der Partei bestand aus einem Wappen mit einem Kreuz und einem weiblichen Kopf. Es sah aus wie eine dreibeinige Frau.

»Die Hurensöhne sagen, unser Abzeichen sähe aus wie die Reklame für ein Bordell«, schimpfte der Amerikaner. »Oder man nennt es die Frau mit den drei Löchern im Arsch. Meinetwegen, meinetwegen. Die Italiener sind ein Scheißvolk. Ihr werdet schon noch merken, wer die Sizilianer aufs Kreuz legt!«

Er gab Michele das Paket und musterte ihn ironisch.

»Und du?«, fragte er. »Wem gibst du deine Stimme?«

»Warum fragt Ihr?«, antwortete Michele. »Wen sollte ich wählen?«

Der Amerikaner brummelte höhnisch.

»Niemanden! Niemanden!«, sagte er. »Ich verlange nur, dass du mir hundert Stimmen beschaffst. Am ersten Wahltag findest du mich um Mitternacht im Spielsalon von Cirino Trigila. Du kommst nur, wenn du mir etwas Wichtiges mitzuteilen hast. Aber sag keinem, weshalb du kommst, wenn ich noch nicht dort bin, und denk daran: Ich warte nicht länger als zehn Minuten.«

So kam die Wahl. Sie begann am Sonntag und endete am Montag. Am Abend zuvor fanden im Dorf die letzten Kundgebungen statt, und es herrschte ein gewaltiges Durcheinander. Die Stadtmusik, der Anhänger aller Parteien, auch der Kommunisten, angehörten, spielte Hymnen und Marschlieder, Fahnen wehten, Fackeln flackerten, und auf der Freitreppe gaben sich die Parteiredner das Mikrofon in die Hand. Alle versprachen dem Volk Arbeit, Freiheit und ein großes Vaterland, Straßen, Brücken und Gerechtigkeit,

Brüderlichkeit, ein Armenhospital und eine Wasserleitung, und jeder behauptete, dass sein Vorredner ebenso feige und unehrenhaft sei wie sein Nachredner.

Die eindrucksvollste Kundgebung veranstaltete Advokat Ieli, der als Letzter redete. Auch aus den umliegenden Dörfern und von den Latifundien und Bauernhöfen waren seine Anhänger gekommen – sogar die Schäfer aus den Bergen.

Die Menschen drängten sich auf den Treppen vor der Kirche, hingen aus den Fenstern der Häuser und standen sogar auf den Dächern der Lastwagen. Als Ortsansässiger konnte Ieli damit rechnen, auch von Anhängern anderer Parteien gewählt zu werden.

Der Advokat wirkte älter und magerer als sonst. Seine Wangen waren feucht von Schweiß und die Augen hohl. Matteo stand während der ganzen Rede stocksteif neben ihm – auch er bleich vor Erregung.

»Ich ziehe den Hut«, rief Advokat Ieli, »vor den ehrwürdigen Kirchen dieses Dorfes, vor diesem Land und vor euch, vor den Dingen und den Menschen, die ich mehr verehre als alles andere in meinem Leben!«

Dann wiederholte er seine Wahlversprechungen. Ein Staudamm solle errichtet werden, eine ordentliche Straße zur nächsten Bahnstation und eine Wasserleitung. Für die Schwefelminen wolle er sich einsetzen, und Getreide sollte auch nicht mehr beschlagnahmt werden. Die Gesetze würden endlich Beachtung finden und die öffentliche Sicherheit wieder einkehren.

»Ich persönlich werde jeden einzelnen Bürger gegen Machtmissbrauch verteidigen, von wem er auch ausgehen mag – ob von der Regierung oder kriminellen Elementen. Ich will, dass der Bürger eine Kirche hat, wo er beten kann, eine Schule, wo seine Kinder etwas lernen, und eine Arbeit, wo er sich sein Brot auf ehrliche Weise verdient. Bei meiner Ehre werde ich versuchen, all das für meinen Wahlkreis zu erreichen!«

Dann sprach er über seinen Sohn, der für das Vaterland gefallen war.

»Er war ein Junge von zwanzig Jahren«, sagte er. »Groß wie ein Baum, aber er hatte noch nichts von der Welt gesehen außer den paar Dingen, die er aus Büchern kannte, und er besaß nichts als Hoffnungen und die Gebete, die seine Mutter ihm beigebracht hatte. Als er zum Militär musste, machte er mir Mut. Er, der gerade zwanzig Jahre alt war, ermutigte mich, der ich alt war. Meine Hand drückte er und sagte: ›Du brauchst keine Angst zu haben, Papa!‹ Zwei Jahre lang diente er auf einem Unterseeboot. Dann versank er in der Tiefe des Meeres. Wer von euch einen Sohn hat, wer ihn gelehrt hat, zu reden und sich zu bekreuzigen, wer am Abend, wenn der Sohn schlief, ihn zugedeckt, ihn morgens an der Hand zur Schule geleitet hat, wer ihm Tag für Tag geholfen hat zu wachsen, wer jetzt einen Sohn hat, der zwanzig ist, wird verstehen, was ich empfunden habe, als der Feldwebel der Carabinieri kam und mir sagte, dass mein Sohn Carmelo, Sohn des Giuseppe Ieli und der Rosaria Russo, für das Vaterland gefallen sei. Seither sind meine Augen ohne Glanz, aber ich bin stolz auf meinen Sohn, denn er fiel auf ehrenvolle Weise!«

Die riesige Menschenmenge auf der Piazza war still, und die Frauen weinten. Diejenigen, die am Krieg teilgenommen hatten, standen stramm, nahmen die Mütze vom Kopf und empfanden Hass auf einen unbekannten Feind. Die alten Bauern, die noch den Stellungskrieg im Karst miterlebt hatten, hatten nur eine unklare Vorstellung davon, was das Vaterland war, doch in diesem Augenblick empfanden sie eine Andacht wie vor der Jungfrau Maria.

»Ich schwöre euch«, rief Advokat Ieli, »dass ich all jenen ein erbitterter Feind sein werde, die es wagen, auf die Gräber unserer Gefallenen zu spucken!«

Ein Schrei aus tausend Kehlen gellte über die Piazza, und viele Männer ließen das rote Halstuch in der Tasche verschwinden. Im

Triumph wurden die mehr als zweihundert Fahnen den Corso hinabgetragen, die Fenster öffneten sich, und in die Eisenringe unter den Simsen steckte man lodernde Fackeln. Durch alle Straßen des Dorfes bewegte sich der Zug mit Gesang und Blasmusik. Es war wie zu Zeiten des Abessinienkrieges, als die Armee Macallè und Addis Abeba erobert hatte.

Um Mitternacht wurde die Straßenbeleuchtung ausgeschaltet, wie es für den Abend vor der Wahl vom Gesetz vorgeschrieben war. Die Bars ließen die Gitter herab, die Menschen verliefen sich, die Leute von außerhalb kauerten sich erschöpft zum Schlafen auf die Ladepritschen, die Fahnen waren zerfetzt und staubig, und die Lastwagen fuhren wieder in ihre Dörfer.

Nur drei Carabinieri hielten noch Wache auf der Piazza. Überall tauchten jetzt die Wahlhelfer auf. In kleinen Gruppen liefen sie lautlos und eilig umher, hatten Leitern und Eimer dabei und beklebten die Wände des Ortes mit zigtausend Plakaten.

Die Angst

Advokat Ieli verbrachte die Nacht schlaflos in der Bibliothek. Seine müden Augen lagen in tiefen Höhlen. Langsam ging er auf und ab, die Hände auf dem Rücken. Von Zeit zu Zeit verweilte er an einem der Fenster und betrachtete die leere Straße.

Er sah, wie sein Sohn Matteo über die Piazza kam, hörte, wie die Haustür mit einem Schlag geschlossen wurde, vernahm Schritte auf dem Korridor und spürte, wie die Zimmertür sich öffnete.

Er blickte sich nicht einmal um, denn er wusste, dass Matteo mit einem tiefen Seufzer in den Sessel sinken würde, dass er den Kopf anlehnen und in dieser Stellung abwarten würde, bis sein Vater zu sprechen begann. Seit Jahren kannte er jede Bewegung und jeden Gedanken des Sohnes.

»Es ist nicht mehr so kalt«, sagte Advokat Ieli. »Sogar der Wind hat sich gelegt.«

»Es ist eine milde Nacht«, antwortete Matteo. Seine Stimme war weich, und er schien zufrieden zu sein. »Trotzdem ist kein Mensch auf der Straße. Sehr seltsam!«

Der Alte durchquerte das Zimmer, blieb wieder am Fenster stehen, hob den Kopf und schaute auf die Straße.

Matteo hatte sich im Sessel ausgestreckt und folgte ihm mit den Augen.

»Was denkst du?«, fragte er. »Denkst du noch immer an den heutigen Abend?«

Der Vater nickte, ohne sich umzuwenden, und schaute weiter zum Fenster hinaus.

»Ich habe von meinem Sohn erzählt«, sagte er, »warum sollte ich darüber nicht nachdenken? Er ist tot, und ich weiß nicht einmal, wo seine Leiche liegt und wer ihn umgebracht hat.«

»Wozu willst du das wissen?«

»Um meinen Sohn zu rächen. Ich könnte dem Mann, der den Befehl gegeben hat, ihn zu ermorden, die Augen ausstechen!«

Er reckte den Kopf und stampfte mit dem Absatz auf den Fußboden.

»Meinst du wirklich, dass er diese Strafe verdient hat?«, fragte Matteo.

»Tausend Mal!«, antwortete der Alte leise. »Um den Schmerz zu tilgen, den er mir zugefügt hat, müsste man seine Finger zerquetschen, ihn mit bloßen Händen kastrieren und ihm das Herz aus der Brust reißen! Alles das habe ich erlitten, als der Feldwebel der Carabinieri vor mir strammstand und ich das Mitleid in seinen Augen sah!«

Er zeichnete mit dem Finger eine merkwürdige Linie auf das beschlagene Fenster und wischte sie mit dem Handballen fort.

»Ich habe euch beide geliebt, denn ihr wart meine Söhne«, fuhr er fort. »Er war körperlich schwächer als du, aber er war schöner, mutiger und liebte das Leben. Ich hoffe nur, dass er nicht zu leiden brauchte. Manchmal bilde ich mir ein, dass er mich um Hilfe gerufen hat, als sein Schiff versank. Dann habe ich das Gefühl, verrückt zu werden. Demjenigen, der meinen Sohn getötet hat, könnte ich den Dolch tausendmal ins Herz bohren!«

Matteo begann, einen Groll zu verspüren, der sich wie ein Schleier auf ihn herabsenkte, doch von der Müdigkeit sofort verweht wurde. Er versuchte, sich an seinen Bruder zu erinnern, doch es gelang ihm nicht recht, sich das Aussehen des Bruders ins Gedächtnis zu rufen. Er schaute den Vater an.

»Die anderen Dinge, die du gesagt hast – war das ernst gemeint?«

»Ich glaube alles, was ich sage«, antwortete er, »und ich tue nur, was ich für richtig halte.«

Matteo stöhnte. Er rutschte hin und her, um eine bequemere Stellung zu finden.

»Du glaubst wirklich, du hättest das Recht, einen Menschen zu töten, der gegen dich ist?«

»Was heißt gegen mich?«, antwortete der Alte und versuchte, gelassen zu bleiben. Er fühlte sich in die Enge getrieben, wie immer, wenn diese Frage kam.

»Was heißt gegen mich?«, wiederholte er wehmütig. »Wenn jemand mein Vieh stiehlt, meine Bauern überfällt, mein Haus anzündet oder meinen Sohn tötet? Natürlich: Dann bringe ich ihn um! Hundertmal brächte ich ihn um, wenn ich könnte!«

Er verschluckte sich.

»Er redet sich wieder in Wut!«, dachte Matteo.

Er schob die Hände unter die Jacke und fuhr sich sanft über die Brust und den Bauch.

»Gegen die Viehdiebe gibt es ein Gesetz«, sagte er. »Gegen die Viehdiebe, die Mörder und die Banditen!«

Der Alte seufzte. Er wusste schon, was Matteo zu sagen hatte.

»Gesetze hat es immer gegeben«, antwortete er. »Es gab eine Zeit, da wurde einer an den Pfahl gebunden und lebendig verbrannt, wenn er das Vaterunser nicht aufsagen konnte. Sogar sein Haus wurde angezündet, und auch seine Kinder kamen an den Pfahl und wurden lebendig verbrannt. Das war Gesetz zur Zeit der heiligen Inquisition. Dass es ein Gesetz gibt, bedeutet nicht, dass es auch gerecht ist. Eines Tages wird es ein Gesetz geben, wonach die Kaffer die Herren meiner Ländereien sein werden. Bauern, die nicht lesen können, werden in meine Bibliothek kommen, und jedem von ihnen steht ein Buch zu. In lateinischer Sprache!«

Wieder seufzte der Advokat tief. Seine Lungen brauchten eine Menge Sauerstoff, um die Wut zu unterdrücken. Er wandte sich um und schaute dem Sohn ins Gesicht. »Sag mir: Kennst du die Richter?«, fragte er. »Ich meine: Bist du sicher, dass die Rechtsprechung deinen Vorstellungen von Gerechtigkeit entspricht? Mancher Richter ist alt, andere sind strohdumm, wieder andere ehrlos, feige oder desinteressiert.«

»Ja, und?«, antwortete Matteo.

»Ich glaube nicht, dass es einen Richter gibt, der das, was ich für Recht halte, besser anzuwenden wüsste als ich selber!«

Der Alte strich an den Bücherregalen entlang, berührte sie, rückte ein paar Bücher zurecht, blieb einen Moment lang stehen und las aufmerksam die Titel. Schließlich ging er wieder zum Fenster. Er wirkte ruhiger.

»Es gibt eine Möglichkeit, nicht morden zu müssen«, sagte er. »Wenn man ein unumschränkter Herrscher ist, und zwar über alles, was es gibt, auch über diejenigen, die die Gesetze machen und anwenden, also auch über die Politiker, die Polizisten und die Richter. Es gibt kein Land der Welt, wo die Menschen nicht in Herren und Knechte eingeteilt sind. Einige wenige machen die Gesetze, und die anderen müssen sie respektieren. Und nirgends haben die Gesetzgeber jemals ein Gesetz gegen sich selber verkündet.« Er schaute dem Sohn in die Augen.

»Eines Tages werde ich tot sein«, sagte er, »und alles wird dir gehören. Ich will, dass du die Kraft hast, es zu verteidigen, und den Mut dazu aufbringst.«

Matteo versuchte, sich den Tag nach dem Tod seines Vaters vorzustellen, aber er fühlte nichts als eine graue Schläfrigkeit, und seine Augenlider flatterten vor Erschöpfung.

»Deine Wahl zum Abgeordneten ist jedenfalls sicher!«, sagte er.

Der Alte sah ihn freundlich an. Es passierte selten, dass ein Streitgespräch mit dem Sohn einen versöhnlichen Ausklang fand.

»Ja, das ist sicher«, sagte er. »Hier im Wahlkreis bekomme ich mindestens fünfzigtausend Erststimmen!«

Sein Blick glitt durch den Raum, und er lächelte wie bei einem angenehmen Gedanken. Er nahm seinen Rundgang wieder auf.

»Ich bin alt geworden«, murmelte er, »aber die heutige Nacht ist etwas Besonderes. Seit Langem habe ich darauf gewartet!«

Matteo erhob sich aus seinem Sessel.

»Ich kann nicht mehr«, sagte er, bevor er ging. »Wir sind seit heute früh auf den Beinen.«

In seinem Zimmer zog er sich hastig aus, warf sich aufs Bett und rief sich den Jüngling in Erinnerung, mit dem er den Abend verbracht hatte. Der Junge war so knochig gewesen, dass sogar die Schulterblätter herausstanden. Seine Haut war bleich, die Brust schmal und flach, die Haut rau und borstig, und die Schenkel waren dürr wie die einer Ziege.

Er hatte verschämt gelacht, aber als die Lust ihn packte, schloss er die Augen und stieß mit der Gleichmäßigkeit eines Triebwerks zu, bis er sich schließlich aufbäumte, versteifte und in ein langes Wimmern ausbrach. Seine Stöße wurden schwächer, und seine Muskeln entspannten sich. Zum Schluss öffnete er die Augen und lächelte wieder verschämt. Er hieß Paolo Corsino, und Matteo gab ihm dreitausend Lire.

Der Abend mit Paolo kam Matteo jetzt wieder in allen Details in Erinnerung. Er drehte sich mit einem schweren Seufzer auf den Bauch, und ihm war, als spürte er Paolos Glied noch immer. Sein Blick strich über die Wände des Zimmers, das große Bücherregal, die dickleibigen medizinischen Lehrbücher, den Kleiderschrank mit der Spiegeltür, das Sofa in der Ecke, die zwei Gemälde in vergoldeten Stuckrahmen, ein zweites, kleineres Bücherregal, das Gewehr und die Pistole, die ebenfalls an einer der Wände hingen, und die zwei altertümlichen Säbel, die an einer Armatur aus Leder befestigt waren.

Er dachte an den Vater, so, wie er ihn noch vor wenigen Minuten erlebt hatte, und wie so oft empfand er Angst bei dem Gedanken, dass der Alte eines nicht mehr fernen Tages tot sein würde.

»Ich müsste wie mein Vater sein«, überlegte er, »oder das Gegenteil von ihm. Aber zunächst einmal müsste ich wissen, warum ich lebe. Dann wäre ich vielleicht nicht so müde. Alles an mir ist müde. Mein Körper, meine Arme und Beine, meine Augen und Ohren. Vermutlich ist sogar meine Seele müde, ich weiß nur nicht, wo sie steckt. Vielleicht ist sie dieses nebelhafte Etwas, das die Leichen ausschwitzen, wenn sie kalt werden. Ich habe es manchmal bemerkt, wenn eine noch frische Leiche auf dem Seziertisch lag. Es ist wie ein Nebel, der sich verflüchtigt.«

Der Gedanke plagte ihn, und er suchte hastig nach einem Argument für die Unsterblichkeit der Seele. Sein Leib kam ihm wie eine leere Hülle vor, die langsam durch das Nichts trudelte.

»Ich weiß nicht, ob Gott existiert«, fantasierte er wie im Fieber, »aber wenn es ihn gibt, muss er allgegenwärtig sein. Wenn es nur einen Augenblick und nur ein Staubkorn gäbe, wo er nicht ist, wäre er nicht mehr Gott.«

Er klammerte sich an diesen Punkt, der ihm schon wieder zu entfallen drohte.

»Ich muss nachdenken, was das bedeutet«, sagte er sich. »Es bedeutet, dass Gott auch in mir wäre; in den Haaren, den Fingernägeln und natürlich auch in meinen Ausscheidungen.«

Er schüttelte sich, hüstelte, zog die Bettdecke nach oben, begann, sein Glied zu streicheln, und versuchte dabei, sich den knochigen jungen Mann vorzustellen. Er sah die feuchten, fast geschlossenen Lider des Jünglings, die bebenden Mundwinkel, in denen Speichel stand, und die Schenkel, die sich spannten, lockerten und abermals spannten.

Sorgsam versuchte Matteo, sich jeden Augenblick ins Gedächtnis zu rufen. Wie der Mann mit unsicherer Hand in sein Haar gefasst, wie er sich aufgebäumt und wie sein Körper schließlich heftig gezuckt hatte.

»Nur eines ist wirklich«, überlegte er, »und das ist die Wollust.

Man müsste hundert Jahre leben, um sie ganz auszukosten. Das ist wahrscheinlich das Geheimnis des Lebens.«

Die Ersten, die am nächsten Morgen zur Wahl gingen, waren die Landarbeiter und Bauern, die aufs Feld mussten, denn stets braucht die Erde jemanden, der sich um sie kümmert, auch sonntags und an den großen Feiertagen. Die kleinen Ladenbesitzer und Arbeiter waren ebenfalls Frühaufsteher, und erst danach erschienen die Handwerker, Zimmerleute, Stellmacher und Barbiere in den Wahllokalen – alle mit Hut und Krawatte.

Die Frauen kamen zur Stunde der Messe. In Gruppen standen sie, schwätzend und in ihre schwarzen Tücher gehüllt, vor den Wahllokalen, bis sie an der Reihe waren. Die Soldaten vom Festland, die vor den Lokalen Wache hielten, waren blond und hatten gerötete Gesichter. Sie versuchten, einen Blick in die Tücher zu werfen, und neckten die Frauen: »Ach, schenkt uns doch ein Lächeln für das Regiment!«

Gegen Mittag verrichteten die Krüppel ihre Bürgerpflicht, die Gelähmten, die Blinden und die Kranken. Sie wurden mit dem Wagen gefahren, denn die Parteien stritten sich um sie wie um eine kostbare Ware und holten sie an der Haustür ab. Sogar die Bettler wurden von den Stufen der Kirchen aufgelesen und zum Wahllokal gebracht.

Am Nachmittag begannen die Bürger zu wählen, die Gemeindebeamten, Finanzbeamten, Volksschullehrer, Ärzte, Advokaten, Grundbesitzer, Kaufleute und Rentiers.

Die Einzigen, die an jenem ersten Wahltag nicht zur Urne gingen, waren die Insassen des Armenhauses, das sich in einem alten Kloster am Rande des Friedhofs befand.

Die Alten, die keine Familie hatten, von der sie durchgefüttert wurden, die Bettler, die von der Polizei auf den Bürgersteigen aufgelesen wurden, die Kranken, die von den Hospitälern entlassen wurden und kein Zuhause besaßen – sie alle kamen hier aus der ganzen Provinz zusammen.

Sie wurden von vier Mönchen betreut, vier Franziskanern, die noch größere Hungerleider waren und sich mit Almosen durchschlugen. Täglich zogen die Mönche von Haus zu Haus, sammelten altes Brot, Gemüse und harten Käse und verstauten alles in einem Quersack. Sogar über Land gingen sie, klapperten die einsamen Bauernhöfe ab und bettelten.

An die fünfzig Alte wurden im Armenspital beherbergt. Die vier Franziskaner kochten Suppe für sie, besorgten ihnen Decken für den Winter, lasen ihnen die Messe und kommunizierten mit ihnen, schnitten ihre Bärte, und manchmal spielten sie sogar mit ihnen.

Die Alten gehorchten ihnen wie die Kinder im Kindergarten. Sobald die Morgenglocke ertönte, stellten sie sich in eine Reihe, zappelten mit den Beinen, weil ihnen kalt war, und gingen zur Messe.

Um die Mittagszeit klatschten die Mönche in die Hände, und wieder stellten die Alten sich auf, hielten Besteck und Blechnapf in den Händen und aßen, was man ihnen gab. Am Abend saßen alle im Kreis um ein großes Kohlebecken und beteten den heiligen Rosenkranz. Jetzt sollten sie zur Wahl gehen, aber sie wussten nicht, was im Staat oder im Städtchen vorging, und sie hätten auch Satan gewählt, wenn ihre Betreuer es ihnen gesagt hätten.

Die Mönche hatten fünfhunderttausend Lire für diese fünfzig Stimmen verlangt, zehntausend pro Kopf, nicht eine Lira weniger, denn die Leute im Altersheim starben vor Hunger, da die Almosen zumeist nur aus altbackenem Brot und ein paar Büscheln Bohnen bestanden. Es war eine gute Gelegenheit, das Dach des Klosters auszubessern und Fleisch und Öl für ein Jahr zu bezahlen. Die Kommunisten kamen und boten vierzigtausend Lire, aber der Prior ließ sie nicht einmal herein. Einer hob die geballte Faust und drohte dem großen, weißbärtigen Alten: »In ein paar Monaten schneiden wir euch allen die Kehle durch!«

»Der Herr segne euch Arschlöcher!«, erwiderte der Mönch und schloss die Tür.

Gegen sieben Uhr abends kam Don Rosario Gangemi, der Amerikaner, und besichtigte das Kloster. Er fragte, wie viele Alte untergebracht seien und was sie abends zu essen bekämen.

»In Amerika«, sagte er, »gibt es Altersheime mit spiegelblanken Marmorfußböden. Die Alten haben Zentralheizung in den Schlafsälen und Kamelhaarmäntel, damit sie nicht frieren. Sie essen Beefsteak und trinken Milch!«

Der Prior ging neben ihm her und nickte beifällig. Lächelnd murmelte er: »Der Herr meint es sehr gut mit dem amerikanischen Volk und schenkt ihm seinen Segen!«

Und er fügte hinzu: »Ich bete stets auch einen Rosenkranz für die amerikanische Nation!«

Als Gangemi den Speisesaal betrat, gab einer der Mönche ein Zeichen, und die Alten, die um das Kohlebecken saßen, klatschten Beifall. Der Amerikaner zählte sie mit den Augen und überlegte einen Moment lang.

»Ich zahle euch vierhundert Dollar«, sagte er zu den Mönchen. »Gebt mir bis Mitternacht Bescheid, ob ihr die Alten morgen zur Wahl bringen werdet!«

Im Palast von Advokat Ieli war an diesem Tag ein ständiges Kommen und Gehen. Wahlhelfer überbrachten Nachrichten und verschwanden sofort wieder. Von den Gütern waren die Pachtbauern und Feldhüter gekommen, um zu wählen; sie standen auf dem Hof, redeten laut durcheinander, und die Ställe waren voll von ihren Pferden. Sogar Baron Altavilla war von Scicli herübergekommen. Er war ein Schwager Ielis und besaß in Caltanisetta drei Minen. Baron Bufardeci aus Catania und Don Vincenzo Messina, der mächtigste Großgrundbesitzer der Gegend, waren ebenfalls da. Messina, der unter Gicht litt, hielt den Stock zwischen den Beinen und hatte sich den großen Wollschal wie eine Decke über die Schultern gelegt. Man sah nur den großen, kantigen Kopf und die kleine rötliche Hand auf dem Knauf.

»Die Mönche wollen eine halbe Million für ihre Stimmen«, sagte er. »Man sollte ihnen das Kloster anzünden.«

»Ich würde ihnen den Arsch anzünden!«, erwiderte Don Santino Amenta. »Diesen Hornochsen!«

Der Alte lachte matt und hüstelte.

»Den Arsch?«, fragte er. »Warum nur den Arsch?«

Baron Altavilla war hochgewachsen, hatte weißes Haar und trug eine Brille.

»Die fünfhundert Bergleute von Mazzarino haben das gewählt, was ich ihnen gesagt habe«, berichtete er. »Ich habe sie in der Hand. Sie kommen zu mir und fragen, wo sie ihr Kreuzchen machen sollen. ›Da!‹, antworte ich. ›Zu Befehl, Euer Ehren!‹, sagen sie.«

»Die Separatisten haben vierhundert Dollar geboten«, sagte Don Santino Amenta, der in der Mitte des Zimmers stand. »Wir müssen uns vor Mitternacht entschieden haben, sonst verkaufen die Mönche an den Amerikaner!«

Matteo saß abseits in einem Sessel des großen Arbeitszimmers und beobachtete die Herren mit unbeteiligter Ironie. Er wirkte wie ein großes, lethargisches Vieh. Nur die Augen wanderten umher. Er rieb sich die Hände und sagte: »Sie sind alt und arm, aber sie sind immer noch Menschen. Was soll das? Für eine halbe Million kaufen wir fünfzig Leuten das Gewissen ab. Das scheint mir ein ehrlicher Preis zu sein!«

Der alte Messina sah ihn erstaunt an und schaukelte ein wenig mit dem Oberkörper.

»Kalt!«, rief er. »Die Kälte nagt an den Füßen! Ich mache es nicht mehr lange!«

Auch die anderen schienen Matteos Einwand nicht ernst zu nehmen. Er schloss die Augen und lauschte dem Gerede und Gerenne der Leute, die in den Sälen herumliefen, die Treppe heraufkeuchten, zum Hof hinunterrannten und atemlos weiter durch die Straßen des Ortes. Sie schienen ihn zu umkreisen wie einen Fixstern, fügten sich zu einer planetarischen Ordnung – sein Vater, Don Vincenzo Messina, die fünfzig Alten ineinander verklumpt, Baron Bufardeci –, umkreisten ihn wie ein Karussell und riefen sich unverständliche Worte zu.

Er bildete jetzt nicht mehr den Mittelpunkt des Spektakels, sondern stand außerhalb, und an seiner Stelle schwebten die reglosen Leiber von Leichen, die sich um ihre eigene Achse drehten. Er versuchte, Ordnung in das Bild zu bringen, aber die Symmetrie zerfiel, die Körper stürzten übereinander und vergingen.

Plötzlich verstummten auch die Stimmen, und Matteo begriff, dass sein Vater und die anderen beschlossen hatten, zu zahlen, da es keinen anderen Weg gab, die Mönche zur Vernunft zu bringen.

Michele Passanisi wurde gerufen und erhielt Anweisung, nebenan zu warten. Don Santino ging zu ihm und schloss die Tür hinter sich.

»Das sind hunderttausend Lire«, sagte er. Er zählte das Geld, Banknote für Banknote, auf den Tisch und gab es ihm. »Du gehst zum Kloster der Franziskaner und sagst, du wolltest den Prior sprechen. Sag ihm, Advokat Ieli schickt dich. Diese hunderttausend Lire sind die Anzahlung für die fünfzig Stimmen. Morgen früh bekommt er die restlichen vierhunderttausend Lire.«

Don Santino hatte ein hochrotes Gesicht, das vor Schweiß glänzte, und seine Augen waren gerötet und fiebrig. Die Augenlider zuckten unentwegt.

»Aber sag ihm, sie müssen fünfzig Stimmen bringen. Wenn eine fehlt, schneide ich sie ihm aus dem Fleisch!« Michele faltete die Scheine zusammen und schob sie in die Jackentasche.

»Was soll ich danach machen?«

»Nichts!«, antwortete Don Santino. »Nur das, sonst nichts. Wenn du willst, kannst du nach Hause gehen.«

Es war nur noch eine Stunde bis Mitternacht, doch Michele hatte den vagen Gedanken, dass er in dieser Nacht noch Geld verdienen konnte, und nahm die Treppe zum Unterdorf. Sie war leer, und nur von ferne hörte man Stimmen.

»Diese Schweinebande«, dachte er. »Verplempern ihr Geld für die Stimmen von fünfzig kindischen Alten, und im Dorf sterben die Leute vor Hunger. Ich kenne mindestens hundert Männer, die ohne Arbeit sind und keine tausend Lire in der Tasche haben.«

Er holte das Geld heraus und betrachtete es im Schein einer Straßenlaterne.

»Ich könnte damit durchbrennen, aber was nutzt mir das? Das Geld zerrinnt einem zwischen den Fingern. Ich werde zu dem Amerikaner gehen. Er wollte Mitternacht bei Cirino sein. Ich sage zu ihm: ›Wenn Ihr wissen wollt, wer die fünfzig Stimmen aus dem Armenhaus gekauft hat, müsst Ihr mir mindestens fünfzigtausend Lire zahlen!‹«

Er steckte das Geld zurück in die Tasche und behielt es fest in der Hand.

»Wenn Don Santino rauskriegt, was ich tue, lässt er mich erschießen«, dachte er. »Aber es bleibt mir nichts anderes übrig, und bevor ich selber krepiere, steche ich einen von ihnen mit dem Messer ab. Sie sind alle Schweine und Verbrecher – Advokat Ieli, die Barone, die Mönche, die Kommunisten und der Amerikaner sowieso. Warum soll der arme Mann ehrlicher sein als die Reichen?«

Er kam zu Cirinos Spielkasino und fand die Tür verschlossen, aber er wusste, dass um diese Zeit immer ein paar Schwarzhändler und Spekulanten im Hinterzimmer saßen. Sie waren kleine Ganoven, aber in der Provinz beherrschten sie den Handel mit Wein und Öl, und selbst die Barone waren auf sie angewiesen, wenn sie Geschäfte machen wollten.

Mit dem Lastwagen fuhren sie über die Dörfer, und manchmal reisten sie bis nach Palermo und Tràpani, um Ware zu laden. Wie ein Fluss strömte das Geld in ihre Taschen und wieder hinaus, doch ihre Anzüge und Krawatten waren fleckig und ihre Backenbärte zottelig.

Sie sahen aus wie arme Schlucker. Einige von ihnen konnten kaum lesen und schreiben, doch alle besaßen sie eine erstaunliche Begabung im Einfädeln von Geschäften, bei denen sie all ihren Besitz riskierten und mit großer Verschlagenheit verteidigten. Nacht für Nacht spielten sie Zecchinetta, holten Hände voller Banknoten aus den Taschen, stritten sich und brüllten sich an, doch sobald der Bankhalter die Karten aufdeckte, wurden sie kleinlaut und still wie die Kinder.

Michele fürchtete, jemand könnte vorbeikommen und ihn sehen. Wütend schlug er mit der Faust gegen die Tür. Von drinnen waren hastige Schritte zu hören, und eine Stimme fragte, wer da sei. Es war Cirino.

»Ich bin Michele Passanisi«, sagte er. »Der Amerikaner hat mich herbestellt.«

Die Tür wurde einen Spaltbreit geöffnet, und Michele schlüpfte hinein. In der Luft lag ein Geruch von Leder, Schweiß, Qualm und Spucke, vermischt mit Kaffee und Wein. Cirino schaute hinaus auf die Straße, schloss die Tür und verriegelte sie. Langsam ging er zwischen den Marmortischen durch den dunklen Raum bis zu einem Treppchen hinter dem Schanktisch.

»Setz dich da oben still ins Eckchen und halt die Luft an«, befahl er. »Wenn der Amerikaner bis Mitternacht nicht auftaucht, kommt er nicht mehr. Dann musst du verschwinden.«

Im Zwischenstock war der Zigarettenrauch so dicht, dass Michele kaum etwas erkannte. An dem einzigen Tisch saßen mehrere Männer. Darüber hing eine Deckenlampe. Ein schwarz gekleideter Glatzkopf drehte sich um und spähte in den Dunst. Michele nickte ihm zu.

»Habt ihr heute Abend den Amerikaner gesehen?«, fragte er leise. Der Glatzkopf stierte ihn an, als hätte er nichts gehört, und blickte dann wieder auf den Spieltisch, wo nur noch eine Karte lag. Es war das Pokal-Pferd.

»Fünftausend Lire auf dieses Pferd«, sagte er und legte einen Geldschein zu den übrigen Banknoten.

»Nichts geht mehr!«, bellte der Mann, der die Bank hielt. Er hieß Giovanni Cassaro und war gelähmt. Mit seiner kleinen, verkrampften Hand schob er die Banknote beiseite.

»Es sind bereits siebzigtausend Lire gesetzt«, erklärte er, »und die Bank zahlt nicht mehr!«

Der Mann im schwarzen Anzug legte sein Geld wieder auf die Karte und hielt es fest. Seine Hand war groß und schwer wie ein Ziegelstein, und seine Stimme zitterte bedenklich.

»Heute Abend habe ich sechzigtausend Lire verloren. Wenn ihr meinen Einsatz nicht akzeptiert, zertrümmere ich einen Stuhl auf euren Köpfen!«

Die anderen hielten den Atem an. Schließlich nahm der Gelähmte die Karten auf, leckte zweimal über den Daumen und zog zwei Karten, die bereits gespielt waren. Als dritte kam das Schwert-Pferd. Er hatte gewonnen. Der Kahlköpfige ächzte und sackte in sich zusammen, als hätte er bis jetzt auf den Zehenspitzen gestanden. Dann nahm er mit einer Handbewegung die Karten und das Geld und warf es dem Gelähmten, der soeben den Arm ausgestreckt hatte, um den Gewinn einzusammeln, ins Gesicht. Der Gelähmte hob nicht einmal den Kopf, um den anderen anzublicken. Geduldig nahm er das Geld auf, das über den Tisch verteilt lag, betrachtete die Banknoten aufmerksam und legte sie vor sich auf einen Haufen. Nur seine Ohren waren glutrot angelaufen.

»Ich gebe!«, sagte der Mann neben ihm. Sein Name war Faustino Moncada, aber sie nannten ihn nur Panniere, weil er mit Stoff handelte. Er sah in die Runde, als müsste er über den Vorfall lachen. Dann nahm er die Karten vom Tisch, mischte, murmelte Beschwörungen und geheime Formeln, wobei er nur die Lippen bewegte. Schließlich warf er zwei Karten auf den Tisch.

»Ass und Dame!«, schrie er. »Das sind eure Karten. Wenn ich aus dem Haufen zwei gleiche Karten ziehe, ist euer Geld …«

Er ließ den Satz unbeendet, schnippte mit den Fingern und pfiff durch die Zähne, um anzudeuten, dass das Geld weg wäre. Er lachte: »Ich reiße euch den Arsch auf!«

Er zog eine weitere Karte aus dem Packen und warf sie auf den Tisch. Es war die Münz-Sieben.

»Und das ist die Karte der Bank«, schrie er wiederum. »Das würde euch passen, wenn aus dem Blatt gleich noch eine Sieben käme. Da, bitte!«

Er klopfte dreimal auf die Karte, ließ die Zigarette zwischen den Lippen wandern und sah in die Runde.

»Ihr pisst in die Hosen, ihr Hurensöhne!«, sagte er.

Michele betrachtete die Karten auf dem Tisch und überlegte, dass das Ass eine Glückskarte sein musste, weil der Gelähmte alle vier Asse aufgedeckt hatte. Er wusste, dass nie die gleiche Karte zweimal hintereinander verlor.

Der Qualm, der unter der Decke hing, war zum Ersticken. Michele spürte, wie seine Augen brannten. Er kannte nur einige der Männer im Zimmer, da nicht alle aus dem Dorf stammten. Einer nahm die Dame in die Hand und sagte: »Die Münz-Dame hat Arschbacken so groß wie die von Doktor Ieli.«

Alle lachten laut, und der Gelähmte bekam einen Hustenanfall. Er erstickte fast, aber er lachte weiter. Der Mann betrachtete ihn stumm, um die Wirkung seiner Worte zu genießen. Dann lachte er ebenfalls. Es war Luciano Siringo, ein Viehhändler, ein kleiner und schwerer Mann, der sich ständig mit der Zunge über die Lippen fuhr, um sie anzufeuchten.

»Doktor Ieli liebt die Bauern, wenn sie behaart sind«, bestätigte schließlich der Gelähmte und machte mit dem Arm eine obszöne Geste. »Je mehr Haare sie haben, desto mehr zahlt er ihnen.«

Sie lachten mit Tränen in den Augen, und der Panniere legte die Karten ab, streckte die Zunge heraus und leckte an einem imaginären Gegenstand.

»Armes Schwein!«, sagte Antonino Torrisi. Auch er war Viehhändler, wurde seiner Eleganz wegen jedoch Baron genannt. Er trug einen steifen Hut und eine silbergraue Krawatte.

»Mit dem Geld, das er hat«, fuhr der Baron fort, »könnte er sämtlichen Jungfrauen von Catania den Arsch aufreißen. Aber nein, er will nur Kerle!«

Er klopfte dem Gelähmten, der neben ihm saß, auf den Hintern und fistelte: »Hast du auch Spaß an Kerlen? Oder bist du ein richtiger Mann?«

Der Gelähmte drohte ihm mit dem Krückstock, aber seine Augen waren voll Tränen.

»Gib mir deine Schwester zum Ausprobieren, dann zeige ichs dir!«

Der Panniere schlug mit der Faust auf den Tisch.

»Spielen wir weiter, spielen wir weiter. Ass und Dame für euch, und die Gegenkarte heißt sieben. Fangt an, ihr Hurensöhne!« Alle begannen zu setzen, und sofort wurde es still. Don Faustino zog eine neue Karte aus dem Stapel.

»Fünf«, sagte er. »Neue Karte. Wer setzt auf die Fünf?«

Michele fuhr sich mit der Hand über die Augen. Sie war feucht und roch süßlich wie Achselschweiß. Bis jetzt hatte er sie in der Tasche gehabt und das Geld umklammert. Er musste die hunderttausend Lire ins Kloster bringen. Wo blieb nur der Amerikaner …

»Wenn ich jetzt weggehe«, dachte er, »treffe ich den Ami nicht mehr. Für fünfzigtausend Lire verkaufe ich mich wie eine Hure, und diese Männer verspielen sie auf einen einzigen Schlag! Ich könnte sie alle umbringen. Die Würmer sollen sie fressen. Aber sie sind immer noch meine Herren. Jeder, der Geld hat, ist mein Herr!«

Seine Gedanken verwirrten sich, und die Angst wurde größer. Er schaute auf den Tisch und sah, dass das Ass die einzige Karte war, die der Bank getrotzt hatte. Alle anderen hatten verloren, und der Panniere hatte vor sich bereits einen Haufen Banknoten liegen.

»Wenn ich meine hunderttausend Lire auf das Ass gesetzt hätte, wäre die Bank pleite«, überlegte Michele. »Ich wusste sofort, das Ass gewinnt. Was wäre, wenn ich jetzt darauf setzen würde?«

Auf dem Tisch lagen nur noch Münz-Sieben, die Karte der Bank und Schwert-Ass, auf das fünfhundert Lire gesetzt waren.

»Will keiner was wagen?«, fragte Faustino. »Habt ihr Schiss? Ich reiße euch den Arsch auf.«

Mit lässiger Handbewegung zog er eine Karte.

»Sieben«, sagte er. »Die Bank verliert und zahlt nur fünfhundert Lire!«

Er lachte glucksend, verdrehte die rot geäderten Äugelchen und begann, die Karten einzusammeln, die kreuz und quer auf dem Tisch lagen.

Michele betrachtete seine bleichen, langen Hände und die roten Flecken auf seinen Knöcheln. Er steckte die Hand in die Tasche, hielt das Geld fest, sodass ihm die Fingernägel ins Fleisch drangen, und dachte daran, dass er soeben hunderttausend Lire gewonnen hätte, wenn er nicht so feige gewesen wäre. Bei dem Gedanken wurde seine Angst so stark, dass er meinte, er müsste sich übergeben.

Die Männer hatten bereits ein neues Spiel begonnen. Siringo, der die Bank hielt, sagte heiser: »Nichts geht mehr! Zwanzigtausend auf das Pferd, das ist Limit. Da, Schwert-Pferd, und die zwanzigtausend habt ihr gesehen!«

Er hatte mit sieben Karten über hunderttausend Lire gewonnen, und es waren nur noch zwei Karten im Spiel: Die Bank hielt Pokal-Dame, und die Spieler hatten Schwert-Sechs. Die Sechs lag unter einem Haufen Banknoten, da jeder hoffte, sich mit dem letzten Einsatz alles zurückzuholen. Luciano Siringo hing wie tot auf seinem Stuhl, doch die Augen wanderten blitzschnell über die Hände der Spieler.

»Tausend Lire auf die Sechs!«, sagte Michele. Alle drehten sich um und sahen ihn an. Michele spürte, wie ein warmer Strom durch seinen Körper pulsierte und seine Augen trübe wurden. Luciano zog langsam eine neue Karte, hielt mehrmals inne und seufzte. Seine Zunge strich schnell über die Lippen und feuchtete sie an. Es war die Königin. Eilig streckten die Spieler die Hände aus, um ihren Gewinn zu kassieren.

»Ich gebe!«, sagte der Baron und begann zu mischen. Auf seiner Stirn standen Schweißtropfen. Er hatte Hut, Mantel und Seidenschal nicht abgelegt, und an seiner Hand glitzerte ein großer Stein. Mit exakten Daumenschlägen schubste er ein paar verkantete Karten ins Blatt.

»Zwei und die Sieben für euch«, sagte er und legte die Karten auf den Tisch. »Die Karte der Bank ist das Pferd.«

Michele legte zweitausend Lire auf die Sieben. Der Panniere wedelte mit der Hand, um anzudeuten, dass er nicht mitging. Sofort kamen eine Sieben und eine Zwei, sodass die Bank gewann.

»Ich wusste es«, knurrte der Panniere. »Sieben und zwei macht neun, und die Bank hatte das Pferd.«

Da der Baron mit den ersten zwei Karten gewonnen hatte, durfte er abermals geben. Er mischte geschickt und ließ das Blatt ein paar Mal durch die Finger laufen.

›Scheiß auf die tausend Lire‹, dachte Michele. ›Nachher muss mir der Ami mindestens dreißigtausend geben, wenn nicht fünfzig. Ich habe auch mein Geld. Gleich springe ich auf den Tisch und pisse euch allen ins Gesicht!‹

»Fünftausend auf die Drei!«, sagte er.

Auch die anderen setzten auf die Drei, und die Karte verschwand unter einem Haufen Banknoten. Die Bank war an Luciano Siringo gegangen, der prompt die Drei aufdeckte. Freundlich ging sein Blick zu all dem Geld, das nun ihm gehörte, dann streckte er die Hände aus und spreizte die Finger.

Die letzte Karte lag auf dem Tisch.

»Zwanzigtausend auf dieses Pferd«, sagte Faustino Moncada. Er spuckte auf den Geldschein, bevor er ihn auf die Karte legte.

»Ich gehe mit!«, sagte der Baron.

Luciano Siringo nickte und betrachtete wohlgefällig das Geld.

Michele bückte sich, als suche er etwas auf dem Fußboden, und bekreuzigte sich hastig.

»Ich setze zehntausend«, sagte er.

Luciano Siringo zog vorsichtig eine Karte und stieß kleine Lustschreie und Seufzer aus. Dann schrie er und knallte die Karte mit der Faust auf den Tisch. Es war ein Pferd. »Voll rein in die Scheiße!«, schrie er. »Alles meins!«

Er lachte breitmäulig und schlug rhythmisch auf den Tisch. Der Panniere zog aus der Innentasche seiner Jacke einen Packen Geldscheine und legte sie vor sich auf den Tisch. Er war bleich und begann, die Karten zu mischen.

»Ich halte die Bank«, sagte er. »Bei mir könnt ihr alles verlieren: euer Haus, eure Uhr, eure Hosen und eure Frauen. Sogar ihr Arschloch könnt ihr aufs Spiel setzen!«

›Du Arsch!‹, dachte Michele. ›Wenn du an eine Frau wie Stellina gerätst, nimmt sie dich auseinander wie ein Suppenhuhn. Sie muss nur erst wieder gesund werden.‹

Er sah Stellina und Faustino Moncada nackt im Bett liegen, und der Gedanke daran machte ihn so böse, dass er alle Vorsicht vergaß.

Es war lange nach Mitternacht, und er hatte inzwischen an die zwanzigtausend Lire verloren. Rosario Gangemi war nicht gekommen, und ins Altersheim brauchte er auch nicht mehr zu gehen. Er konnte nirgends mehr hingehen, wenn er sich nicht sofort das Geld zurückholte. Er beschloss, alles auf eine Karte zu setzen.

»Auf gehts!«, schrie Faustino. »Ihr habt Dame und Ass! Scheißt euch voll, ihr Kanaillen! Ich zieh euch die Hosen runter und mache euch fertig!«

Michele drängte sich hinter den Panniere, der sich umwandte und instinktiv die Hand auf sein Geld legte. Einen Moment lang sah Michele aus nächster Nähe die rot geäderten Augen, die weißen Bartstoppeln und den angetrockneten Speichel in beiden Mundwinkeln.

»Tausend Lire auf das Ass«, sagte Michele und lehnte sich mit dem Gewicht seines Körpers gegen den Tuchhändler, sodass dieser beiseiterücken musste und die Hand vom Geld nahm.

Michele tat so, als müsste er sich auf dem Tisch abstützen, ließ so viel wie möglich in seiner linken Faust verschwinden, richtete sich auf und schob die Hand in die Jackentasche.

Faustino Moncada warf einen raschen Blick in die Runde. »Er hat mir Geld gestohlen«, sagte er.

Der Gelähmte nahm seinen Einsatz von der Karte und bedeckte ihn mit seinen kleinen Händen.

»Seid ihr verrückt?«, antwortete Michele. »Was für Geld?« Seine Zunge schien plötzlich angeschwollen zu sein und verstopfte ihm fast den Mund. Der Panniere sprang auf und schlug Michele die Mütze vom Kopf.

»Du hast mein Geld gestohlen!«, schrie er. »Du Verbrecher!«

»Was wollt Ihr von mir?«, sagte Michele und tat gleichgültig. Er bückte sich, hob die Mütze auf und klopfte den Staub ab, indem er sie vorsichtig gegen den Jackenärmel schlug.

Plötzlich warf der Panniere sich auf ihn, sodass beide hinfielen. Sie wälzten sich auf dem Boden, bis es Michele gelang, sich frei zu machen. Bevor er hochkam, schlug Luciano Siringo ihm einen Stuhl in den Rücken. Der Panniere spuckte ihm ins Gesicht und versuchte, an Micheles Jackentasche zu kommen. Michele wand sich und stieß ihn mit dem Kopf zurück. Sie hingen jetzt alle an ihm, zerrten ihn zur Wand und hielten ihn fest, während der Baron ihm einige Fausthiebe auf die Augen und den Mund versetzte. Jetzt erst gelang es Moncada, Micheles Jacke zu zerfetzen und ihm das Geld abzunehmen – auch die achtzigtausend Lire aus der anderen Tasche.

»Das ist mein Geld!«, schrie Michele. »Das ist meins, meins!«

Er bäumte sich auf, sodass ihm fast die Arme ausgerenkt wurden, und warf sich mit einem Kopfsprung in den Raum. Seine Kraft war so irrsinnig, dass er die vier Männer, die sich an seinen Armen und Beinen festhielten, hinter sich herzog.

»Das Geld gehört mir!«, heulte er. »Ich bringe euch um!«

Er merkte, dass er seine Widersacher abgeschüttelt hatte, warf sich immer noch heulend auf den Tuchhändler, schleuderte ihn zu Boden, packte seine Haare mit der einen Hand und holte sich mit der anderen das Geld zurück.

Keuchend stand er mit dem Rücken zur Wand in einer Ecke des Zimmers. Sein Haar hing wirr herab, das Gesicht war geschwollen und die Jacke verdreckt. Ohne nachzudenken, knöpfte er sich hastig das Hemd auf, schob sich das Geld auf dem Rücken in den Hosenbund und knöpfte das Hemd wieder zu.

Die Glücksspieler standen im Halbkreis um ihn herum und lauerten. Er machte eine Bewegung zur Tür hin, doch sofort sprangen sie ihm in den Weg und stießen mit Stühlen und Stöcken nach ihm. Dann belauerten sie ihn wieder.

Er zog das Messer und klappte es auf. »Das ist mein Geld!«, jammerte er. »Lasst mich endlich raus!«

Schließlich stürzte er mit gesenktem Kopf los, fuchtelte nach allen Seiten mit dem Messer, sodass die Männer ängstlich zurückwichen, und erreichte die Treppe.

Einzig der Tuchhändler sprang ihm nach, umklammerte ihn von hinten und kullerte mit ihm die Stiege hinab. Vergeblich versuchte Michele, sich freizuringen. In Panik stach er ihm das Messer in den Arm, aber der Gegner hielt ihn noch immer fest. Michele stach abermals zu, traf ihn am Rücken und versetzte ihm schließlich mit aller Kraft einen Stich in den Nacken. Jetzt erst wurde der Körper schlaff und ließ sich zur Seite schieben. Der Panniere war tot.

In der Bar war es dunkel wie zuvor. Von oben hörte er das Geschrei der anderen. Er entriegelte die Tür und lief hinaus auf die Straße. Das Messer in der Hand, den linken Unterarm vor den Bauch gepresst, damit das Geld nicht aus dem Hemd rutschte, so rannte er los.

Instinktiv lief er in Richtung seiner Wohnung, doch schon nach wenigen Hundert Metern begriff er, dass die Carabinieri schon bald die Ortsausgänge blockieren würden. Dann saß er in der Falle. So wandte er sich den Treppen zu, die aus dem Dorf führten. Er war so von Sinnen, dass er jeden abgestochen hätte, der ihm in den Weg gekommen wäre.

»Ihr Halsabschneider! Ihr Tiere!«, wimmerte er. »Ihr seid alle gegen mich! Ihr wollt alle, dass ich tot bin!«

Hinter dem letzten Haus fiel er entkräftet zu Boden, und sofort meinte er, Schritte und Rufe zu hören. Hastig sprang er wieder auf die Beine, doch die Erschöpfung und die Angst, schon eingekreist zu sein, waren so groß, dass er taumelte und nur mühsam Tritt fasste. Er klappte das Messer zu, stopfte sich das Geld in die Hosentaschen und lief keuchend bergab zum Fluss hin.

Als die Carabinieri Stellina nach einer halben Stunde weckten, war Michele schon fünf Kilometer vom Dorf entfernt. Der Gefreite, der die Streife befehligte, ein bulliger Typ, hatte sich in einen graugrünen Umhang gehüllt und trug wollene Handschuhe.

Er kam ohne Vorrede zur Sache.

»Michele Passanisi hat einen Mann ermordet«, sagte er. »Wir suchen ihn.«

Stellina saß auf dem Bettrand, hatte die Bettdecke umgelegt und bibberte vor Verzweiflung. Sie hielt die Arme schützend vor den Bauch. Auch das Kind war unruhig, und jedes Mal, wenn es zappelte, wimmerte Stellina. Die Carabinieri durchsuchten alles. Zum Schluss zog sich der Gefreite die Mütze in die Stirn, hängte die Maschinenpistole über die Schulter und sagte: »Du darfst das Haus nicht verlassen. Und sag Passanisi, dass er sich stellen muss. Sonst knallen wir ihn ab wie einen Hasen!«

Noch in der Nacht suchten die Patrouillen das Tal ab, aber Michele war schon über den Fluss und marschierte zu der Stelle, wo er Lorenzo Giliberto begegnet war.

Es begann, hell zu werden, als er sich das erste Mal traute, eine Verschnaufpause einzulegen. Er befand sich bereits auf halber Höhe des Berges, zog sich an einem Felsen hoch und streckte sich aus. Die Bodenkälte zog in die Hosenbeine und unters Hemd, und ein eisiger Wind strich über ihn hinweg. Er hätte in einer Felsspalte Schutz suchen können, wollte aber, dass Giliberto ihn schon von Weitem erkennen konnte, und blieb deshalb auf dem kleinen Plateau liegen. Vor Erschöpfung schlief er ein.

Als er wieder wach war, kroch er an den Rand des Abhangs und schaute nach unten. Der Berg war terrassenförmig. In der Ferne glitzerte der Fluss. Im Tal schien niemand nach ihm zu suchen. Beruhigt legte er sich wieder auf den Felsboden und blickte starr nach oben. Er hatte Hunger und Durst, und die Kälte schüttelte ihn.

»Wahrscheinlich habe ich Fieber. Was soll ich machen, wenn

niemand kommt?« Nach einer Ewigkeit bemerkte er über sich einen Mann, der sofort verschwand. Wieder verging eine Zeit, bis er rechts auf einer Felsspitze einen Mann stehen sah. Michele kletterte hastig bergauf und rief nach ihm, aber der Mann war abermals verschwunden.

Plötzlich sah er ihn in unmittelbarer Nähe auf einem Stein sitzen, das Gewehr im Schoß. Es war Lorenzo Giliberto. Zugleich tauchte ein zweiter Mann auf, dessen Gesicht Michele nicht erkennen konnte, da die Entfernung zu groß war. Er war offenbar jünger, saß ebenfalls, das Gewehr quer auf dem Schoß, und gab Giliberto Rückendeckung. Der Alte trug noch immer die roten Stiefel und hatte das große schwarze Wolltuch über die Schultern geworfen. Michele blieb zehn Schritte vor Lorenzo Giliberto stehen und lächelte. Auch der Alte lächelte, hielt das Gewehr jedoch auf Michele gerichtet. Der zog die Mütze.

»Erkennt Ihr mich wieder?«, fragte er. »Ich heiße Michele Passanisi. Ich habe heute Nacht einen Mann getötet.«

Der Alte sah ihn freundlich an. Michele ging näher heran, und der Gewehrlauf deutete immer in seine Richtung. Michele schaute zu dem anderen Mann hoch, der reglos auf dem Gipfel saß. Dann wandte er sich wieder dem Alten zu und lächelte.

»Meine Frau ist schwanger«, sagte er. »Wenn ich ihr kein Geld gebe, muss sie sterben. Sie ist lungenkrank.«

Sein Blick ging zu den blauen Hängen jenseits des Tales. Das Dorf, in dem er gelebt hatte, war nichts als ein heller Fleck in einer Bergwüste. Er hob die blau gefrorene Hand und kratzte sich etwas Blut aus den Mundwinkeln. Auch seine Haare und die Hände waren blutig.

Der Alte betrachtete ihn nachsichtig und ließ den Gewehrlauf sinken. Sein Gesicht war eingefallen, da er keine Zähne mehr hatte. An seinen Nasenlöchern war die Haut aufgesprungen, und das Innere seiner Nase war blutig bis zur Wurzel.

Er hob drei Finger und sagte stolz: »Ich habe drei Söhne. Zwei davon leben in Venezuela.«

Michele ließ sich neben ihm auf den Felsboden gleiten, zog die Beine eng an den Bauch und senkte den Kopf. Seine Glieder waren stocksteif, und er war durstig.

»Der Mann hat mich öffentlich beleidigt«, sagte er. »Er hat mich einen Dieb geschimpft und bespuckt.«

Er leckte über seine blutverschmierte Hand und rieb sie auf dem Stein ab.

»Das ist sein Blut«, sagte er. »Kennst du Faustino Moncada?«

Der Alte zwinkerte mit einem seiner rot geränderten Augen und nickte.

»Der Tuchhändler«, sagte er. »Sie nannten ihn Panniere. Er verlieh Geld gegen Wucherzinsen. Ein Blutsauger. Geschieht ihm recht!«

Sein Gesicht verzog sich krampfhaft, als plagte ihn eine Erinnerung.

»Ich weiß, wie das ist«, sagte er. »Ich habe auch einen Mann ermordet. Nicola Ferro, den Vormann der Feldhüter von Santo Lio. Er ließ mich an einen Baum fesseln und mit einem Stück Stacheldraht auspeitschen. Aber ich habe mich revanchiert. Sogar das Gewehr und die Stiefel habe ich ihm abgenommen!«

Wieder nickte er, um zu bekräftigen, dass er jenen Mann tatsächlich getötet hatte.

»Bluten sollst du, Ehrloser!«, rief er. Er lächelte und zog sich das Tuch enger um die Schultern. Michele fiel ein, dass der Alte die Geschichte auch bei ihrer ersten Begegnung erzählt hatte. Er leckte sich die Lippen und wischte sie mit dem Handrücken trocken.

»Könnt Ihr mir etwas Wasser geben?«, fragte er.

Lorenzo Giliberto stand auf und deutete mit dem Gewehr zum Gipfel.

»Da oben gibts Wasser«, sagte er. »Es sind zwei Kilometer.«

Er ließ Michele den Vortritt. Auch der andere Mann begann, bergauf zu klettern, blieb jedoch immer in Sichtweite über ihnen, um sofort zu schießen, falls Michele Dummheiten machen sollte.

Michele zitterte und fror. Er ging vornübergebeugt, und wenn er die Hände nicht zum Klettern brauchte, kreuzte er die Arme vor der Brust, um die Kälte und den Wind nicht so zu spüren.

»Ich bin mindestens schon zwanzig Kilometer gelaufen«, dachte er. »Wenn ich nicht durchhalte und zusammenbreche, bevor wir oben sind, erschießen sie mich wie einen alten Esel, um mich nicht tragen zu müssen.«

Sie kamen auf ein Plateau, von dem aus das ganze Tal zu sehen war. Es beschrieb einen riesigen Bogen. Der Fluss schlängelte sich wie ein glänzendes Band von einer Talseite zur anderen. Der Winter war fast zu Ende, und die Felder, auf denen vorhin noch dichter Nebel gelegen hatte, leuchteten in frischen Farben. Wolken wanderten drüber hin, sodass sie bald heller, bald dunkler erschienen. Das Meer war ein blauer Strich am Horizont in endloser Ferne.

»Irgendwo in diesem Tal lebt Stellina«, dachte Michele. »Irgendwo steht der Palast, in dem Advokat Ieli wohnt, dem die eine Seite des Tales gehört und der Abgeordneter werden will. Auch mein Sohn lebt in diesem Tal, aber er ist im Bauch seiner Mutter eingesperrt, und wenn sie vor seiner Geburt stirbt, muss auch er sterben! Alles, was ich hatte, ist in diesem Tal, auch Faustino Moncada, den ich erstochen habe. Jetzt haben seine Verwandten ihn schon gewaschen, aufs Bett gelegt, ihm seinen besten Anzug angezogen und einen Rosenkranz in die Finger gedrückt. Mein Tal ist riesig. Zwanzigtausend Menschen leben dort, die weniger wert sind als ein Stück Scheiße, und doch hat es nur für hundert Reiche Platz.«

Der alte Lorenzo hinter ihm lachte, als hätte er Micheles Gedanken erraten. Aus seinem großen Wolltuch schauten nur die Nase, die Augen und das Gewehr hervor. Auch er hielt sich krumm, lief aber behände zwischen den Gesteinsbrocken hindurch.

»Noch einen Kilometer!«, schrie er. »Dann sind wir bei der Hütte. Hörst du den Wind pfeifen? Das ist der Grund, warum keine Frauen hierherkommen. Der Wind würde ihnen zwischen die Beine fahren und ihnen die Röcke aufblasen, als wären sie schwanger.«

Er lachte.

»Noch einen Kilometer«, dachte Michele, »dann bekomme ich etwas zu trinken, eine Wolldecke, ein Stück Brot und Käse. Ich wickle mich in die Decke, hocke mich hin und esse und trinke, bis ich satt bin. Und danach will ich nur schlafen.«

Er stieß mit dem Stiefel an eine große schwarze Schlange, die reglos im Geröll lag, und schob sie beiseite. Es ekelte ihn, sie totzutreten. Giliberto zertrat ihren Kopf mit dem Absatz und kickte sie fort. Dann lachte er abermals.

»Schlangen umbringen ist einfach«, sagte er.

Nach einer Woche kehrte Michele ins Dorf zurück. Die Männer hatten ihm einen Militärmantel, ein Paar Gamaschen und eine Pistole gegeben, und er ging am Nachmittag los, um vor Sonnenuntergang die Furt zu passieren.

Es war zwei Uhr nachts, als er ankam. Er versuchte, die Haustür aufzuschließen, aber sie war von innen verriegelt, deshalb klopfte er leise, bis Stellina ihn hörte und seine Stimme erkannte. Sie öffnete nur einen Spaltbreit, er schlüpfte hastig hinein und verriegelte sofort wieder die Tür.

Einen Moment lang waren sie wie blind. Stellina hängte sich an ihn, er atmete schwer und schluchzte. Dann legte er die Hände auf ihre Wangen, öffnete mit den Daumen vorsichtig ihren Mund und küsste sie lange und innig. Langsam tasteten sie sich zum Bett.

Stellina zündete die Kerze an. Jetzt erst sah sie ihn. Sein Mantel war triefend nass und sein Haar vom Regen zerzaust.

»Niemand hat mich gesehen«, sagte Michele mit gequältem Lächeln. »Draußen geht die Welt unter!« Er streifte rasch den Mantel ab, breitete ihn auf dem Fußboden aus, entledigte sich auch der Jacke und der Schuhe und ließ sich aufs Bett fallen.

»Warte! Warte!«, flüsterte Stellina. »Ich zünde das Herdfeuer an!«

Er sah die blanke Angst in ihren Augen.

Sie schob hastig das Reisig in den Ofen, legte etwas Zeitungspapier dazwischen, zündete es an und bewegte den Feuerwedel. Die Arbeit schien sie zu beruhigen, und sie lächelte ihn an.

»Ich bin gekommen, um dir Geld zu bringen«, sagte Michele. Aus der Tasche holte er die in Zeitungspapier gewickelten Banknoten, setzte sich auf den Bettrand und wickelte das Geld vorsichtig aus, um es ihr zu zeigen.

»Es sind achtzigtausend Lire«, sagte er. »Du musst die Spritzen für zwei Monate kaufen. Gib dem Fleischer zehntausend Lire, auf die Weise kannst du jeden Tag Fleisch essen. Wenn das Kind zur Welt kommt, kannst du auch die Hebamme und den Arzt bezahlen.«

Stellina zog sich die Decke über die Schultern und schwieg. Nur einmal nickte sie. Sie hockte vor der Ofentür und wärmte ihre ausgestreckten Hände am Feuer.

»Zieh dich aus«, sagte sie, »ich mache dir eine warme Decke und trockne dich ab.«

Michele wickelte das Geld wieder in die Zeitung, faltete das Papier sorgsam, löste die Fußbodenziegel unter dem Bett und versteckte das Paket. Dann zog er Hosen, Pullover und Hemd aus und streckte sich auf der vorgewärmten Wolldecke aus. Langsam massierte Stellina erst seine Brust, dann den Bauch und die Beine.

»Du musst tun, was ich dir gesagt habe«, flüsterte er, ohne die Augen zu öffnen. »Du darfst nicht an mich denken. Ich lebe mit drei Männern in den Bergen, wo nicht einmal Gott uns finden würde. Du musst dir die Spritzen geben lassen und jeden Tag Pferdefleisch essen. Danach musst du dich um das Kind kümmern. Irgendwann werde ich einen Pass bekommen. Dann fahren wir nach Venezuela oder Australien.«

Stellina bedeckte ihn mit ihrem Leib, blieb auf ihm liegen und streichelte sein Haar.

»Ich werde alles tun, was du mir gesagt hast«, antwortete sie. Liebevoll zog sie die Decke von ihm, nahm eine andere, die schon zum Aufwärmen über dem Ofen hing, und deckte ihn zu. Dann massierte sie wieder seine Brust und Schenkel, doch sobald ihre Hand seinen Schoß berührte, zuckte Michele und öffnete lächelnd die Augen. Sehr sanft fuhr ihre Hand über seinen Bauch und streichelte abermals seinen Schoß.

Er stöhnte. Sie schmiegte sich an ihn, nahm die Decke von seinem Körper und küsste ihn langsam und innig von der Brust bis zu den Schenkeln. Er duftete nach Regen, Gras und warmem Schweiß. Sie sah, wie sein Glied pulsierte und sich zuckend aufrichtete. Lächelnd hockte sie sich auf die Fersen und zog das Nachthemd über den Kopf, sodass der schwere Leib zum Vorschein kam.

»Ich kann nicht«, flüsterte sie und strich sich sanft über den Bauch. »Manchmal bewegt er sich, dann spüre ich, wie sein Kopf nach unten kippt, als wollte er einen Purzelbaum schlagen.«

Wieder seufzte sie, senkte den Kopf über Micheles nackten Körper und küsste ihn. Er fühlte ihre warmen, feuchten Lippen, die sich um sein Glied legten, bäumte sich auf und ließ sich wieder sinken, seufzte tief und reckte sich abermals ihren Lippen entgegen. Alle seine Ängste und Sorgen, sein ganzes Fühlen und Hoffen hatten sich in Liebe und Sehnsucht verwandelt, und er wäre nicht einmal zu sich gekommen, wenn die Carabinieri jetzt die Tür eingeschlagen hätten. Schließlich stöhnte er, schrie, als würde er in Stücke gerissen, und sein Körper zuckte. Danach lagen sie reglos auf dem Bett, umklammerten sich schweigend und träumten davon, nie mehr getrennt zu sein. Das Flackern des Herdfeuers warf unruhige Schatten auf die gelben Wände, und in der kleinen Kammer hatte sich eine wohlige Wärme ausgebreitet.

Michele hob die Zudecke auf und legte sie über Stellinas Leib.

»In einer Stunde muss ich weg«, sagte er. »Der Regen ist mein Glück. Es wird niemand auf den Straßen sein.«

Er schloss die Augen und dachte an den Rückweg: die Trampelpfade ins Tal, die Furt durch den Fluss, der inzwischen vielleicht schon Hochwasser führte, und den Dauerregen, der sich über die Hügel und Berge legte.

Er versuchte, seinen Arm unter Stellina hervorzuziehen, und bemerkte, dass sie eingeschlafen war. Vorsichtig stand er auf, stellte sich vor den Ofen und fuhr sich über die Schenkel, den Unterleib und die Waden, um noch einmal die Wärme in sich aufzunehmen. Dann begann er rasch, sich anzukleiden.

Hemd und Jacke waren noch feucht, aber warm. Als er sich angekleidet hatte, fühlte er, dass er sich von allem trennen musste: von Stellinas Leben, von seinem ungeborenen Kind, von dem Zimmer, das einmal seinen Eltern und ihm gehört hatte, von dem gelblich flackernden Feuer, dem Bett, auf das er seinen Samen vergossen hatte wie Schweiß.

Er zog den Mantel über, wickelte sich den Schal um den Hals und merkte, wie ihm schon wieder kalt wurde. Frierend ging er zum Bett und beugte sich über Stellina. Ihre Lider waren dünn wie Seidenpapier und ihre Lippen etwas geöffnet, sodass die Zähne zu sehen waren.

»Sie schläft«, dachte er, »und vielleicht träumt sie gerade. In vier oder fünf Monaten ist sie vielleicht schon tot und kann nicht einmal mehr träumen. Vielleicht träumen wir nur, wir leben, aber das wäre immer noch besser, als tot zu sein und nicht einmal mehr zu träumen. Der Tod wäre leichter zu ertragen, wenn er auch nur ein Traum wäre.«

Er setzte die Mütze auf und zog sie über die Ohren, schlug den Mantelkragen hoch und hatte doch immer noch nicht den Mut aufzubrechen.

»Auch du, mein Sohn, wirst eines Tages träumen«, dachte er. »Du wirst Dinge erleben, die nur du sehen und hören kannst. Vielleicht gibt es die Träume schon vor dem Leben. Sie schweben wie Wolken in der Luft, auf den Straßen, in den Häusern, auf den Feldern und in den Bergen. Manchmal betritt der Mensch einen Traum. Dann beginnt er zu leben.«

Er kniete nieder und küsste Stellinas Hand auf der Bettdecke. Dann bekreuzigte er sich rasch und löschte das Licht. Während er schon durch den Regen lief, dachte er noch: »In einer Stunde wird es hell. Dann gehen die Leute zur Kirche.«

An diesem Sonntagmorgen starb Doktor Matteo Ieli. Er lag in einer großen Blutlache in seinem Zimmer.

Einige Tage zuvor hatte es im Dorf eine große Kundgebung gegeben, um die Wahl seines Vaters zu feiern. Am Samstag dann hatten die Linken eine Gegenkundgebung veranstaltet, um zu verkünden, dass sie in den Küstenregionen und Bergwerksstädten als stärkste Partei aus den Wahlen hervorgegangen waren.

Es war wie stets: Gedränge, rote Fahnen, Applaus und Lastwagen, auf denen jubelnde, singende, Fahnen schwenkende Menschen standen. Der kleine nervöse Abgeordnete mit der Nickelbrille war ebenfalls wieder da, reckte die Fäuste und beschwor die Massen, nicht das Rathaus zu stürmen.

»Ruhe! Ruhe! Wir sind Demokraten. Habt Vertrauen, habt Vertrauen!«

Zum Schluss wurde ein Fackelzug veranstaltet. Zwei Männer nahmen den Abgeordneten auf die Schultern und trugen ihn durchs Dorf. Er reckte die Arme, rief Parteislogans, und die Menge antwortete ihm mit einem Aufschrei und erhobenen Fäusten.

Nach zwei Stunden fuhren die Lastwagen weiter, um in anderen Ortschaften der Provinz Kundgebungen abzuhalten. Nur einige Männer mit roten Halstüchern standen noch eine Weile auf der Piazza herum, diskutierten, kommentierten das Ereignis oder gingen spazieren. Andere hockten auf den Stufen der Kirchentreppe, wie Soldaten, die eine Festung erobert haben und den Sieg auskosten wollen.

Matteo Ieli begegnete einer dieser Gruppen in einer menschenleeren Straße. Es waren Bergleute und ehemalige Steinhauer. Einer der Männer machte eine Bemerkung, die Matteo nicht verstand, und die Übrigen lachten.

Einer ging vor ihm her, legte die Hände auf die Hüften und wackelte mit dem Hintern, um den Gang einer Frau nachzuahmen. Wieder lachten sie hinter ihm. Matteo wandte sich nicht um, doch er spürte, wie die Männer ihm folgten.

»Euer Ehren, bedient Euch!«, rief einer. »Wir sind Männer! Ihr braucht Euch nicht zu genieren!«

Er knöpfte sich die Hose auf, überholte Matteo und zog seinen Penis heraus.

»Bitte, bedient Euch, Euer Ehren!«, rief er. »Fühlt nur, wie gut er in der Hand liegt!«

Sie verfolgten ihn etwa fünfzig Meter weit, bis er endlich stehen blieb. Er hielt den Kopf gesenkt, ließ die Arme hängen und schwieg. Der eine kam stöckelnd näher und wiegte sich in den Hüften wie eine alte Hure.

»Ihr habt nicht zufällig einen Feldhüter für mich, Euer Ehren?«, sagte er mit hoher Stimme. »Ihr habt so schöne Feldhüter!«

Wieder gab es ein vulgäres Gelache, und die Männer, die sich auf den Bürgersteig gesetzt hatten, klatschten in die Hände. Matteo versuchte, den Mann, der ihm den Weg versperrte, beiseitezuschieben, aber der konterte mit angedeuteten Boxhieben und schrie: »Ab heute ist Schluss mit dem Kommandieren!«

Mit unerwartet flinker Handbewegung griff er Matteo an den Hosenschlitz und machte Anstalten, ihm die Hose herunterzuziehen. Matteo schlug seine Hand weg, schrie laut vor Wut und Entsetzen und floh. Die Arbeiter liefen mit, umkreisten ihn und johlten.

»Juhu! Wir ziehen dem Sohn des ehrenwerten Herrn Abgeordneten die Hosen runter!«

Sobald Matteo stehen blieb, um sie mit verzweifelten Rundumschlägen zu vertreiben, drängten sie sich heran, betasteten seinen Hintern und griffen ihm zwischen die Beine.

Sie verfolgten ihn bis auf die Piazza und ließen erst von ihm ab, als ihr Geschrei die Anwohner neugierig machte und die Fensterläden geöffnet wurden. Taumelnd, erschöpft und von vielen Augen verfolgt, erreichte Matteo den Palast der Ieli.

Die halbe Nacht lang wartete Matteo auf die Rückkehr seines Vaters, der am Abend nach Catania gefahren war. Er wusste, dass man seinen Vater von dem Vorfall unterrichten würde, noch bevor er das Haus betreten hatte, aber Matteo hatte keine Angst vor der Begegnung. Alles, was er wollte, war ein rasches Ende.

Er saß apathisch in der geräumigen Bibliothek. Die gelblichen Wände sahen aus wie blinde Spiegel. Auf dem Tisch waren Bücher gestapelt. Die Kerzen in den Kandelabern waren heruntergebrannt. Das bevorstehende Gespräch mit dem Vater war nicht mehr nötig, aber unvermeidlich.

Advokat Ieli kam herein, durchquerte den Saal und schaute auf die Straße hinaus. Es dämmerte bereits, und sein Kopf stand wie ein Scherenschnitt vor dem schwach erhellten Fenster. Zuweilen massierte er sich das Kinn mit der kleinen weißen Hand.

»Es ist wahr!«, sagte Matteo halblaut. »Es ist alles wahr, was sie dir gesagt haben. Du brauchst nicht zu überlegen, was du sagen oder tun willst. Egal, was du tust, es ist unnötig.«

Er krächzte, und seine Stimme klang unfreundlich und arrogant.

»Wie ekelhaft, wie ekelhaft!«, flüsterte Advokat Ieli und drückte sich die Knöchel in die Augenhöhlen. Ein Zucken ging durch seinen schmächtigen Körper, und er schien zu weinen.

Matteo sagte mitleidslos: »Alles, was ich mir vorwerfen muss, ist meine Feigheit. Ich bin immer feige gewesen. Deshalb habe ich in meinem Leben so viel falsch gemacht. Aber du, der du niemals Angst hattest: Was hast du in deinem Leben erreicht? Du bist reich und mächtig, aber du hast keinen einzigen Freund, und die Menschen schonen dich nur, weil sie Angst vor dir haben. Nicht einmal ich bin dein Freund! Schau mir ins Gesicht. Ich bin dein Sohn, aber du ekelst dich vor mir. Du bist stark, weil du die Macht hast, Menschen töten zu lassen. Nun sag schon: Was nutzt dir das jetzt? Willst du mich auch umbringen lassen? Was machst du ohne Erben?«

Er stand keuchend auf und ging langsam zum Fenster. Groß, schwer und massig stand er vor dem Vater, der in seiner Nähe noch zierlicher zu werden schien.

»Ich habe kein Mitleid und keinen Respekt vor dir!«, fuhr Matteo fort. »Ich wollte die Welt kennenlernen, den Menschen helfen und mit mir glücklich werden, so, wie ich bin, aber ich habe nichts gesehen als dieses alte, protzige Gemäuer!«

Er schlug mit seiner Faust gegen die Wand neben dem Fenster.

»Meine Mutter ist in diesen Mauern vom Krebs zerfressen worden, und du hast sie sterben lassen, wie du noch Generationen nach dir in diesem schrecklichen Palast einsperren würdest, wenn du könntest. Aber nichts wird bleiben von dir und mir.«

Advokat Ieli rührte sich nicht und drückte die Stirn noch immer ans Fenster. Matteo ging langsam umher und berührte hier und da einen Gegenstand, eine Wand oder ein Bücherregal, wie auf der Suche nach einer Geheimtür. Er sprach mit sich selbst.

»In diesem Palast haben immer nur Gefangene gehaust – Gefangene der Angst und des Elends, der Dummheit und des Hochmuts. Ich habe lange gesucht, bis ich mich selber gefunden habe.

Warum machst du dich nicht auch einmal auf die Suche nach dir? Geh in dich! Jetzt, wo du alles erreicht hast, kannst du es dir leisten. Vielleicht sind wir uns ähnlicher, als du wahrhaben möchtest. Sieh mich an! Los, sieh mich an!«

Er blieb vor dem Vater stehen, packte ihn bei den Schultern und schüttelte ihn. Sofort erschrak er jedoch und wich zurück. Die Entdeckung, dass er seinen Vater noch nie bei den Schultern gepackt hatte, war so frappierend, dass er lachen musste und sich auf die Knie sinken ließ.

Jetzt erst schaute Advokat Ieli ihm ins Gesicht, hob den dünnen Spazierstock und schlug mit aller Kraft zu. Matteo legte die Hände in den Nacken, um sich zu schützen. Wieder und wieder traf der Stock mit pfeifendem Geräusch seinen Rücken, den Hinterkopf und die Hände, bis sie zu bluten begannen.

»Hör auf!«, wimmerte Matteo. »Ich bin krank! Ich bin krank!«

Dann fiel er auf den Boden und bedeckte das Gesicht mit den Händen. Der alte Ieli ließ den Stock fallen und schaute auf ihn herab.

»Worte, Worte …«, sagte er leise, spuckte auf seinen Sohn und ging hinaus.

Matteo erhob sich ächzend und schlich sich zum Sessel. Er hatte die Tür nicht gehört, aber er wusste, dass er endlich alleine war. Der Speichel in seinem Mund schmeckte nach Blut. Er legte den Kopf gegen die Rückenlehne und schloss die Augen. Die Stellen, die der Stock seines Vaters getroffen hatte, schmerzten nicht einmal sonderlich, aber eine seltsame Müdigkeit begann, sich in allen seinen Gliedern auszubreiten.

»Alle Menschen sind krank«, dachte er. »Keiner wird sich retten, solange diese Krankheit anhält. Man müsste alle Schranken einreißen – die gesellschaftlichen Schranken und die zwischen den Menschen. Aber wer will das schaffen?«

Er grübelte, ohne zu einem Ergebnis zu kommen, und schließlich wusste er nicht einmal mehr, wie lange er so gesessen und nachgedacht hatte. Es war Zeit, dem Unsinn ein Ende zu machen.

Er stand langsam auf, entnahm einer Schublade einen alten Dolch und stieß ihn sich mit aller Kraft in die Kehle. Das Blut erstickte ihn, während er langsam auf den Boden sackte. Er spürte nicht einmal mehr, wie er aufschlug.

Ein letzter Gedanke durchzuckte ihn: »Jetzt werde ich erfahren, was der Tod ist.«

Die schwarze Sonne

Nach jenem Sonntag kehrte Michele nicht wieder ins Dorf zurück, da die Carabinieri fortgesetzt Patrouillen ausschickten. In ihre grünen Mäntel gehüllt, den Schal bis zu den Augen hochgezogen, die Maschinenpistole am Sattel, so ritten sie die Feldwege und Weidetrassen entlang und durchsuchten jede Hütte, jede Scheune und jedes Gehöft. Die Flussufer suchten sie ab und kletterten am Hang zwischen den Felsen herum.

Lorenzo Giliberto beobachtete sie durch sein Fernglas.

»Wie die Ameisen«, sagte er. Sein Kopf hatte Ähnlichkeit mit einem Totenschädel, an dem schon die Hunde genagt haben. Die Kälte hatte seine Haut rot und blau gefleckt, und seine Lippen waren aufgesprungen, denn auf dem Berg war es noch winterlich. In den Mulden, wo die Mittagssonne nicht hinkam, lag der letzte Schnee, und morgens waren die Felsen vereist.

»Sie sind mit zwanzig Mann unterwegs«, sagte er. »Sie können einem leidtun. Egal ob es regnet oder schneit, sie müssen immer reiten.«

Antonio, der neben ihm hockte, gab ihm einen Tritt und spuckte den Berg hinunter.

»Diese Dreckskerle können meinetwegen verrecken. Ehrlose Hurensöhne!«

Der Alte lachte und rieb sich mit dem Handrücken über die Bartstoppeln.

»Hast du Angst vor den Carabinieri?«, fragte er.

»Du dummes Stück Scheiße!«, sagte Antonio Malacarne. »Du bist genauso ein Stück Scheiße wie die da unten!«

Wieder lachte der Alte und zwinkerte verschlagen.

»Wenn sie dich kriegen, brechen sie dir sämtliche Knochen«, stichelte er.

Antonio versetzte ihm einen Hieb, und der Alte verkroch sich mit gespielter Ängstlichkeit unter der Wolldecke. Nur die Äugelchen schauten hervor. Er hüstelte und grinste listig.

»Einmal haben sie mich verhaftet, diese Schweinehunde«, sagte Antonio. »Erst ließen sie mich vierundzwanzig Stunden lang in einer Einzelzelle fast verhungern und verdursten. Dann holten sie mich, zogen mich splitternackt aus und banden mich auf einem Stuhl fest. Mit gespreizten Beinen musste ich sitzen, die Hände hinter der Stuhllehne gefesselt. Einer von ihnen sagte: ›Schaut euch an, was dieses Vieh für einen Knüppel zwischen den Beinen hat!‹ Ich habe mich hochgestemmt, damit er ihn besser sehen konnte, und gesagt: ›Deine Schwester hätte ihren Spaß daran!‹ Der Hurensohn gab mir einen solchen Tritt in die Eier, dass ich mit dem Stuhl umfiel. Dann richteten sie mich wieder auf, und der Brigadiere meinte: ›So, jetzt erzähl uns mal, wer Vincenzo Gallo ermordet hat, wer deine Komplizen sind und was du sonst noch weißt. Dann kriegst du von mir ein Stück Pferdefleisch zu essen. Ich gebe dir einen Liter Wasser zu trinken und noch eine Schachtel Zigaretten dazu.‹ Ich war auf demselben Feudo beschäftigt wie Gallo, aber ich wusste nicht mehr als andere. Also haben sie mit Fäusten auf mich eingeschlagen. Der eine hielt mich bei den Haaren, der andere drosch auf mich ein, und der Brigadiere schaute zu und schrie: ›Willst du Wasser? Willst du Pferdefleisch? Nachher eine Zudecke und drei Tage lang schlafen? Aber zuerst musst du auspacken!‹«

Lorenzo Giliberto hörte aufmerksam zu, obwohl er die Geschichte schon ein Dutzend Mal gehört hatte, und seine Augen blickten traurig.

»Diese Dreckskerle!«, flüsterte er.

Antonio nickte beifällig.

»Zum Schluss schlugen sie mich mit einem nassen Strick«, fuhr er fort. »Ich versuchte, die Beine zusammenzudrücken, aber sie schlugen von unten nach oben und zerfetzten mir alles.«

Er schüttelte sich, und in seinen Augen stand hemmungsloser Hass. Lorenzo schaute ihn zärtlich an, wie einen Leidensgenossen. Sie aßen etwas Brot und Käse und rauchten eine Zigarette. Schließlich begann Lorenzo wieder, das Tal mit dem Fernglas abzusuchen.

»Jetzt tränken zwei Carabinieri ihre Pferde im Fluss«, sagte er. »Ein Pferd ist ein Fuchs und das andere ein Schimmel. Jetzt reiten sie den Weideweg hoch. Vielleicht haben sie Angst, dass wir ihnen auflauern könnten, weil sie nicht wissen, wo wir stecken.«

»Sobald wir Pässe haben«, sagte Antonio, »gehe ich runter, verstecke mich im Schilf und warte so lange, bis zwei Carabinieri vorbeikommen. Ich knalle sie ab, ziehe sie nackt aus und begrabe sie so tief, dass nicht einmal die Hunde sie finden. Und vorher schreibe ich auf ein Stück Papier: ›Signor Brigadiere, das war ich, wenn Ihr es wissen wollt. Antonio Malacarne.‹ Den Zettel stopfe ich ihm ins Maul, bevor ich ihn zuschaufle.«

Lorenzo Giliberto sah Antonio wortlos an, pulte sich mit steifen Fingern ein paar Brotkrumen aus dem Bart und leckte sich die Lippen.

»Kannst du schreiben?«, fragte er.

»Ich kann lesen und schreiben!«, antwortete Antonio Malacarne. »Du bist ein Bauer, der nichts weiter kann als Steine lesen. Du bist schlechter dran als ein Tier. Deshalb bin ich dein Herr! Außerdem bist du alt und impotent, aber ich mache sogar noch einer Stute ein Fohlen!«

Als Michele aus dem Dorf zurückkam, schenkte Antonio ihm eine alte Kutscherjacke aus Leder, eine wollene Mütze, ein Paar Carabinieri-Stiefel und ein weißes, schafwollenes Unterhemd. Er zeigte ihm, wie man mit der MP umging. Zuerst starrte er Michele an, dann stieß er ihm den Zeigefinger in die Brust. Der Finger war hart wie Leder.

»Wenn sie dich kriegen, verurteilen sie dich zu dreißig Jahren!«

»Die kriegen mich nicht!«, antwortete Michele.

Antonio packte die MP und klopfte mit dem Knöchel aufs Schloss.

»Hast du deinen Vater respektiert?«, fragte er.

Michele nickte.

»Gut. Aber das hier verschafft dir mehr Respekt als dein Vater! Dein Vater konnte dich gegen Fausthiebe und Messerstiche verteidigen. Das hier hält dir mindestens zehn Carabinieri vom Leib. Du sollst deine Maschinenpistole ehren wie dich selbst. Es reicht nicht, wenn du sie jeden Tag fettest. Abschlecken musst du sie. Und wenn du schlafen gehst, legst du sie hübsch ins Warme. Zwischen deine Oberschenkel.«

Er schlug Michele mit dem Handrücken vor die Brust.

»Wenn du Feuer gibst, musst du sie mit aller Kraft festhalten, sonst renkt sie dir die Schulter aus«, sagte er. »Du schießt immer auf den Kopf oder die Brust. Sonst stirbt der Gegner nicht sofort und kann das Feuer erwidern! Bei Gott! Denk immer daran, dass du auf der Welt keine Menschenseele mehr hast – weder Verwandte noch Freunde. Du hast nur noch die Maschinenpistole und vier Patronenkammern. Du musst sie immer bei dir haben. Sogar wenn du scheißen gehst!«

Sie zogen sich die Jacken aus und begannen auf dem felsigen Boden zu raufen. Der alte Lorenzo rutschte mit dem Hintern beiseite, lachte und wehrte sich mit den Füßen, wenn sie ihm zu nahe kamen. Sie kämpften, keuchten, atmeten schwer, bis Micheles beide Schulterblätter den Steinboden berührten, Antonio Malacarne ihm das Knie auf die Brust setzte und seine ausgestreckten Arme festhielt.

»Du Hurensohn«, stammelte er. »Um ein Haar hättest du mich gepackt. Wenn ich wollte, könnte ich dir jetzt die Kehle durchschneiden!«

Er richtete sich auf, reichte Michele die Hand und zog ihn ebenfalls auf die Beine.

»Los, erzähl uns noch einmal, wie du den Tuchhändler abgestochen hast«, sagte er keuchend, hockte sich hin und wartete mit leuchtenden Augen wie ein Kind, dass Michele endlich genug Luft hatte, um anzufangen. Er mochte die Art, wie Michele die Geschichte vortrug, und ermunterte ihn deshalb immer wieder, sie zu erzählen.

»Du musst wissen«, sagte Michele, der die Geschichte immer in entschuldigendem Tonfall mit einer kurzen Zusammenfassung begann, »dass er mir mein Geld stehlen wollte. Mit Fäusten und Fußtritten habe ich mich gewehrt, aber er hat sich an meine Beine gehängt. Ich musste zustechen. Ein Stich in die Kehle, ein Stich in den Nacken!«

Antonio ahmte die Bewegungen des Messerstechens nach, gab dazu ein seltsames Summen von sich und wimmerte bei jedem Zustoßen.

»Der Panniere war impotent«, verkündete er. »Im Dorf gibt es mindestens hundert Männer wie ihn. Fressen jeden Tag Fleisch, haben ein Haus mit Wohnzimmer und sind allesamt impotent!«

Dann legte er sich in die Sonne, deckte sich zu, stopfte sich einen alten Sack unter den Kopf und rauchte. Erst wenn er wieder zu reden begann, merkten die anderen, dass er nachgedacht hatte. »Im Dorf kenne ich keinen mehr«, sagte er etwa. »Sogar die Frau, mit der ich gelebt habe, ist nicht mehr da. Sie hieß Concetta Di Prima und war eine richtige Dame. Wenn sie frech wurde, hat sie es von mir mit dem Ochsenziemer gekriegt. Das hättet ihr sehen müssen. Gewehrt hat sie sich mit Zähnen und Klauen. Aber dann ist sie sanft geworden, ist auf allen vieren durchs Zimmer gekrochen und hat gewinselt und gejammert, dass ich es ihr von hinten besorgen solle.

Als die Carabinieri mich verhaften wollten, hat sie den Rock gehoben und sich mit der flachen Hand zwischen die Beine geklopft. ›Hier drin müsst ihr ihn suchen!‹, hat sie gekreischt. ›Heute Nacht war er noch hier drin!‹ Bestimmt ist sie wieder zurück nach Syrakus in den Puff, aber ich weiß nicht, wo sie jetzt steckt.«

Antonio war Landarbeiter gewesen, aber auch Steineleser, Waldarbeiter und Bergmann in den Schwefelminen. Sein Haar war schlohweiß, obwohl er noch keine vierzig war. Seit der Nacht der Revolte, als die Dorfbewohner den Getreidetransport überfallen hatten, lebte er in den Bergen, denn er hatte den Wachtmeister der Carabinieri erschlagen. Erst hatte er ihm die Axt auf den Schädel gehauen und dann, als der Mann schon bewusstlos auf der Straße lag, mit einem zweiten Hieb die Brust zertrümmert.

Vor allem aber kannte er Brasi Mugnu, der davon lebte, dass er die Banditen in den Bergen mit Nahrungsmitteln versorgte. Brasi kam einmal die Woche an den Fluss und schaffte auf einem Maulesel Weißbrot, Zigaretten und Dosenfleisch herbei. Deshalb war Antonio der Chef und gab die Befehle. Nur so konnten sie überleben.

Der vierte Bandit war Paolo Chillemi, der immer nur Frauen im Kopf hatte.

»In Venezuela gibt es Negerinnen«, sagte er, »aber ich ekele mich nicht vor ihnen. Sie haben kaum Haare unterm Bauch, und ihre Brüste sind hart wie Leder. Wenn wir die Pässe haben, fahre ich rüber, nehme mir zwei Negersklavinnen, und nach Feierabend lasse ich mirs von ihnen besorgen. Splitterfasernackt. Aber wer weiß, ob ich das jemals erlebe.«

Lorenzo, der Älteste von ihnen, erzählte zum zigsten Mal, wie die Feldhüter ihn mit Stacheldraht ausgepeitscht hatten und wie grausam ihr Vormann, Nicola Ferro, gewesen war.

»Einen hat er sogar umgebracht, nur weil er etwas stehlen wollte«, rief Lorenzo erregt, »und alle im Dorf wussten es! Einen Monat hat er im Gefängnis gesessen, aber dann mussten die Richter ihn laufen lassen, weil es nicht einen einzigen Zeugen gegen ihn gab. Er saß auf dem Pferd, und sogar der Mann, der mich auspeitschen musste, hielt inne. Doch er hob drei Finger und sagte nur: ›Dreißig Schläge müssen es sein! Damit er es lernt!‹

Auch meine Söhne wollten ihn umbringen, aber sie waren noch zu jung, und so kam ich ihnen zuvor. Ich postierte mich hinter der Meierei, weil ich wusste, dass er den Weidezaun jeden Abend mit dem Pferd abritt. Mein Gewehr hatte ich mit Eisensplittern und Schusterpinnen geladen, dazu je drei Schrotladungen, weil ich wollte, dass es ihn inwendig zerfetzt, genau wie er es mit mir gemacht hatte. Ich schoss beide Läufe gleichzeitig ab und zerschmetterte ihm den Rücken. Dann nahm ich seine Brieftasche mit siebentausend Lire an mich, den Kamm, den er in der Tasche hatte, das Gewehr und die Stiefel.«

Der Alte streckte die Beine aus und klopfte mit den Fersen auf den Steinboden, um die anderen auf seine roten Stiefel aufmerksam zu machen. Dazu lachte er triumphierend, und seine Äugelchen wurden noch kleiner.

»Jetzt sind meine Söhne in Venezuela! Ich habe ihnen das Geld für die Schiffspassage gegeben, und sie leben wie die Paschas!«

»Auf dich werden sie gerade warten«, sagte Paolo Chillemi. »Diese armen Schweine. Bestimmt haben sie dir ein hübsches Grabmal bauen lassen: aus weißem Stein, mit Säulen und farbigen Fenstern und einem Marmorengel auf dem Dach, wie die Kapelle der Barone Bufardeci!«

»Du Lästermaul«, sagte der Alte und fasste sich mit der Hand an den Hosenlatz.

»Hör auf!«, spottete Antonio Malacarne. »Bei dir nutzt das nichts. Du hast keine Eier!«

»Und woher weißt du das?«, fragte der Alte spitz.

»Du hast Nicola Ferro von hinten erschossen. Ob jemand ein Mann ist, sieht man daran, dass er dem Feind offen gegenübertritt und beide einen Dolch in der Hand halten.« Er ließ sein Messer aufschnappen, wog es in der Hand, federte in den Beinen und markierte einen Angriff.

»Bepisst euch, ihr räudigen Hurensöhne! So sieht ein richtiger Mann aus! Steh auf!«

»Lass mich, ich bin alt!«, jammerte Lorenzo.

»Feigling!«, knurrte Malacarne.

Paolo Chillemi saß etwas abseits, gegen die Hütte gelehnt, die Beine gespreizt, und drehte sich eine Zigarette. Sie hatten pro Tag zwanzig Zigaretten, die ihm jedoch nicht ausreichten. Deshalb sammelte er Kippen. Sobald seine Ration aufgeraucht war, zerbröselte er sie sorgsam in der Handfläche und drehte sich noch einmal vier oder fünf Zigaretten, die gut durchspeichelt und voll Teer waren.

Manchmal sang er zur Mandoline neapolitanische Lieder, hielt die Augen halb geschlossen, klapperte mit den Lidern, kräuselte die Stirn und imitierte auch das schmalzige Tremolo der Volkssänger. Er besaß eine schöne, alte Mandoline mit Intarsien aus Perlmutt, da er zeitweilig als Barbier gearbeitet hatte.

Er war neunundzwanzig Jahre alt, groß und mager und hatte sanfte, gefühlvolle Augen. Schnauzbart und Fingerspitzen waren vom Nikotin und Teer seiner selbst gedrehten Zigaretten gelb gefärbt. Im Ort hatte er den Spitznamen Beddu, da er Seidenschals trug und sein Nackenhaar bis auf den Kragen fiel. Den Krieg hatte er in Jugoslawien verbracht, aber außer Frauengeschichten war ihm nichts im Gedächtnis geblieben.

»Die Frauen dort sind anders als bei uns«, sagte er zum Beispiel. »Sehr groß sind sie, haben Hände wie Schwerarbeiter, grobe Haut und blondes Haar, auch unter den Armen und zwischen den Beinen. Sobald wir Ausgang hatten, gingen wir in die Dörfer und boten ihnen Brot und Büchsenfleisch an. ›Dobroiudo‹, sagten sie. Das heißt: guten Tag!

Einmal haben zwei Frauen uns ins Haus gelassen. Die eine gackerte leise und fasste das Brot mit zwei Fingern an, als ekelte sie sich. Aber die andere drückte es an ihre Titten, wie eine Wärmflasche, und sah uns traurig an. ›Du Liebe?‹, fragte sie. ›Da, da!‹, antworteten wir. Das heißt: ›Ja, ja!‹ Ich hätte sofort über sie herfallen können.

Sie sagte nichts, verriegelte die Tür, legte sich aufs Bett und spreizte die Beine. Sie hatte nicht einmal Unterhosen an. Wir bestiegen sie wie die Stiere, aber sie gab keinen Ton von sich, lag steif wie ein Brett und rührte sich nicht. Nur als sie merkte, dass es mir kam, flüsterte sie: ›Bitte, niente bambini. Bitte!‹

Aber es gab welche, die hatten sogar Spaß daran. Das hättet ihr sehen müssen! Sie strampelten mit den Beinen, quietschten wie die Mäuse, und die Muskeln an ihrem Hals zuckten, wie man es bei Eidechsen sieht, wenn sie in der Sonne liegen. An eine entsinne ich mich besonders. Ihr Schweiß duftete nach Öl. Sie schlug mich, und ich biss sie. Wenn es ihr kam, krallte sie ihre Fingernägel in meinen Hintern, und ich musste ihren Bauch vollspritzen. Dabei schrie sie: ›Italiena, amacai nanibetu!‹

Ich verstand kein Wort und dachte, sie wollte sagen, ich wäre ein großer Liebhaber, aber es heißt nur: ›Du italienischer Hurensohn!‹«

Um die Mittagszeit ließ der Wind nach, und die Sonne wärmte schon fast wie im Sommer. Paolo Chillemi ließ die Hosen runter und kicherte: »Mein armer Stängel soll auch ein bisschen Wärme abkriegen. Er wird sonst so schimmlig wie der von Lorenzo.«

Lorenzo bewarf ihn mit Steinchen und versuchte, die Stelle zu treffen, die Paolo so zärtlich betastete. Aber der schämte sich nicht einmal. Er streichelte sich andächtig, seufzte inbrünstig und schloss die Augen, um sich vorzustellen, seine Hand wäre die einer Frau.

»Dieser Gauner Brasi hat versprochen, er würde uns aus Catania eine Frau mitbringen«, sagte er. »Ich gebe ihm zehntausend Lire für die Hure. Aber wann bringt er sie endlich? Niemals?«

Er hielt sein Glied in der Faust, bewegte sie bald schneller, bald langsamer, wimmerte und wälzte sich ungeniert auf dem harten Boden. Auch die anderen bewarfen ihn jetzt mit Steinen und lachten. Er fluchte leise, wandte sich um, hatte die Lippen voll Speichel und hämmerte mit den Stiefelabsätzen auf den Stein. Später hockte er schlapp an der Hütte und lächelte verlegen.

»Du Tier!«, schrie Antonio. »Bist du endlich zufrieden?«

Und dann beschaffte Brasi Mugnu ihnen tatsächlich eine Frau. Er begleitete sie mit dem Überlandbus bis zur Straße nach Vizzini. Paolo Chillemi holte sie ab und brachte sie zu dem alten Bahnwärterhäuschen, wo die drei anderen schon warteten.

»Wie ist sie?«, fragte der alte Lorenzo Giliberto, der als Letzter an der Reihe war und draußen wartete.

»Sie hat überall Haare«, antwortete Paolo Chillemi, »sogar an den Brustwarzen.«

»Haare auf der Brust erhöhen die Lust!«, sagte Lorenzo versonnen. Alte Erinnerungen schienen in ihm wach zu werden.

Bei Sonnenaufgang brachten Michele und Paolo die Frau zurück an die Bushaltestelle, wo Ciuzza sich auf ein Mäuerchen setzte, um zu warten. Sie hatte sich die Lippen geschminkt und ein Taschentuch um den Kopf gebunden, da es noch kalt war.

»Dann machs gut«, sagte Paolo Chillemi, »die anderen warten. Sag keinem, dass du uns getroffen hast!«

Er tätschelte ihre Brust und wandte sich zum Gehen. Ciuzza lächelte nachsichtig. Ihre Augen lagen in tiefen Höhlen, und ihre Lider zuckten.

»Mach dus auch gut!«, sagte sie müde. »Es war nett, euch kennengelernt zu haben!«

Als Michele sich von ihr verabschiedete, grinste sie. »Lass mir eine Zigarette da«, sagte sie. Er nahm das Päckchen aus der Brusttasche, zündete zwei Zigaretten an und gab ihr eine. Paolo winkte ihm, er solle kommen, aber Michele stand immer noch unschlüssig an der Haltestelle, zog sich den Kragen hoch und kuschelte sich hinein.

Wieder grinste Ciuzza. Mit einer raschen, unbeholfenen Handbewegung schenkte er ihr die restlichen Zigaretten. Dann deutete er auf die Berge, die sich am Ende des Tales erhoben. »Kennst du das Dorf da oben? Warst du schon mal dort?«

Ciuzza stopfte die Zigaretten in die Handtasche und nickte. »Ich war schon überall«, sagte sie.

Michele schien immer noch nicht zu wissen, was er sagen wollte, faltete die Hände auf dem Hinterkopf und schüttelte sich. »Du könntest mir …«, stotterte er und deutete wieder in die Richtung seines Dorfes. »Wenn du mal zufällig …«

Seine Gedanken verwirrten sich, und er begann wieder, mit dem Zeigefinger auf den fernen Ort zu deuten. »Es gibt drei Kirchen dort oben«, sagte er. »Die eine, die fast am Abhang steht, ist die Annunziata. Das ist die unterste von allen. Gleich dahinter liegt ein Sträßchen mit vielen weißen Häusern, aber nur ein Haus hat eine Steintreppe vor dem Eingang. Man kann es nicht verfehlen.«

Ciuzza nickte wieder. Sie hatte Mühe, Micheles Rede zu folgen. »Also, was soll ich machen?«, fragte sie knapp.

Michele winkte ab und schüttelte den Kopf.

»Nichts, nichts!«, sagte er. »Nur wenn du zufällig dort vorbeikommen solltest. Du könntest nachsehen, ob das Haus noch bewohnt ist. Es könnte sein, dass du eine junge Frau dort siehst.«

Ciuzza sagte: »Und woran erkenne ich sie, falls sie noch dort wohnen sollte?«

»Sie ist schwanger, fast im achten Monat. Ich wüsste gerne, wie es ihr geht.«

Er lächelte und zuckte mit den Schultern, um seine Hilflosigkeit anzudeuten.

»Ich verstehe«, sagte Ciuzza nüchtern. »Du hast sie geschwängert, und dann bist du abgehauen.«

»Nein, nein«, sagte Michele, »ich musste.«

Sie sah ihn zärtlich an.

»Armes Ding. Und wenn ich sie sehe, wie kann ich dir Nachricht geben?«

»Gib Brasi Mugnu Bescheid, wenn du ihn triffst«, sagte Michele.

Endlich wandte er sich zum Gehen. Sie waren schon an die dreißig Meter entfernt, als Michele sich noch einmal umdrehte. Ciuzza saß noch immer auf dem Mäuerchen und hatte sich die Hände zum Aufwärmen unter die Achseln gesteckt.

»Aber nicht vergessen!«, rief Michele. Sie nickte und schrie: »Ich werde es Brasi ausrichten!«

Paolo Chillemi hatte sich jetzt ebenfalls umgedreht und winkte ihr zu. »Gib uns Bescheid, wenn du auch einen dicken Bauch kriegst!«, rief er. »Der ist von uns allen!«

Sie schlug sich die Hand vor den Bauch.

»Na, und ob!«, rief sie. »Zur Taufe werdet ihr alle eingeladen!«

Am nächsten Tag kam Brasi zum Fluss, um Brot, Büchsenfleisch und Zigaretten zu bringen, und fragte, wie es mit Ciuzza gewesen sei. Wie sie ihnen gefallen habe, wollte er wissen, wer als Erster dran gewesen sei und wie oft jeder Einzelne gekonnt habe. Dabei zwinkerte er und schob die Unterlippe vor.

»Arschbacken wie eine Königin hat sie. Habe ich recht oder nicht?«

Er wusste nicht einmal, wo sich die vier Männer verborgen hielten und auf welchen Kletterwegen man dort hingelangte.

Brasi Mugnu war klein, grauhaarig, trug eine Brille mit dicken

Gläsern, und stets schauten zwei Füllfederhalter aus seiner Brusttasche. Seine rechte Hand steckte in einem schwarzen Wollstrumpf, da der Arm verkrüppelt war. Deshalb nannte man ihn »Mugnu«.

Die Männer gaben ihm zehntausend Lire die Woche für Brot, Käse, Fleisch und Zigaretten, und stets erwartete er sie an der Furt. Er kam aus Catania und betätigte sich auch als Grundstücksmakler und Viehvermittler für die Metzgereien. Deshalb reiste er mit dem Überlandbus von einem Ort der Provinz zum anderen, von einer Provinz zur nächsten und war immer über alles unterrichtet.

Er wusste, dass der Sohn des Abgeordneten Ieli sich die Kehle durchgeschnitten hatte, dass in der Kaserne von Vizzini eine Reiterstaffel der Carabinieri eingetroffen war und dass sie Nacht für Nacht das gesamte Tal kontrollierten.

Wie jede Woche fing er auch diesmal an, von den Reisepässen zu reden, die er ihnen beschaffen wollte.

»Ich habe mit meinen Leuten gesprochen«, sagte er. »Ihr braucht vier Millionen Lire, dann kriegt ihr Pässe, wohin ihr wollt. Sie sind vom Minister persönlich unterschrieben. Sie sorgen auch dafür, dass ihr mit dem Lastwagen nach Palermo gebracht werdet. Dort nehmen sie euch an die Hand, damit ihr euch nicht verlauft, und führen euch direkt zu der Mole, wo das Schiff nach Venezuela ankert. Sie besorgen euch auch die Schiffskarten. Und ihr geht kein Risiko ein, betrogen zu werden, weil ihr erst zu zahlen braucht, wenn ihr auf dem Dampfer seid! Aber sie wollen vier Millionen. Da hilft kein Gebet!«

Brasi nahm die Brille ab und kniff die Augen zusammen. »Ich kenne alle wichtigen Leute in der Stadt«, sagte er. »Die Büttel und die Richter, die Advokaten, auch die Luxusnutten, die Kuppler und die Leute, die das Falschgeld drucken. Aber die Autoritäten, von denen die Pässe stammen, sind noch viel mächtiger. Vor denen stehen sogar die Präfekten stramm!«

Die Männer machten große Augen, und Lorenzo flüsterte: »Eine Million! So viel zahlt man nicht für eine Bauernstelle!«

Michele schwieg lange. Dann sagte er bedrückt: »Ich muss jemanden mitnehmen. Meint Ihr, das lässt sich machen?«

Antonio fuhr auf und stieß ihm die Faust vor die Brust. »Du bist ein Idiot!«, schrie er. »Wen willst du mitnehmen? Eine Frau, die ein Baby hat? Willst du sie vielleicht in den Sack stecken und auf der Schulter an Bord tragen? Sieh lieber zu, dass du deine Haut rettest. Wenn du in Venezuela bist, schickst du ihr Geld für die Überfahrt, und sie kommt nach!«

Später saß Michele am Flussufer und grübelte. Wenn Stellina starb, kam das Kind ins Waisenhaus, und wenn er eines Tages zurückkam, würde es ihn nicht erkennen.

Einmal, am Strand von Syrakus, hatte er eine Gruppe Waisenkinder gesehen. Sie liefen in Zweierreihen Hand in Hand, ihre Köpfe waren geschoren, und aus den Nasen hing der Rotz. Die Lehrerin ging vorneweg, und sobald sie in die Hände klatschte, fingen die Kinder an zu singen.

Michele versuchte, sich vorzustellen, wie sein Kind aussehen würde, aber er sah nur einen kahl geschorenen Kopf mit einem winzigen, blassen Gesicht, das Ähnlichkeit mit Stellina hatte.

Drei Tage nach dem Besuch Ciuzzas machten sie sich auf nach Falabia, wo sich die Staatsstraßen nach Ragusa und Enna kreuzten. Zwei Kilometer davor befand sich auf freiem Feld ein Straßenwärterhaus und gleich daneben ein Tabakladen.

Sie alle kannten den Ort, aber Paolo Chillemi hatte die Lage vorsichtshalber noch einmal ausgekundschaftet.

»Es gibt zehn Straßenarbeiter«, sagte er, »und sie haben zehn Kilometer zu beaufsichtigen. Fünf Kilometer in die eine Richtung und fünf Kilometer in die andere. Sie fangen um sieben Uhr morgens an und kommen eine Stunde vor Sonnenuntergang zurück.

Dann packen sie ihre Geräte, Schubkarren und Pfosten in das Straßenwärterhaus und fahren mit dem letzten Bus nach Ragusa.

Wenn der letzte Bus vorbei ist, warten die Leute vom Tabakladen noch eine halbe Stunde, bevor sie zumachen. Sie sitzen hinter dem Tresen, er liest Zeitung, und die Alte sitzt neben ihm. Den ganzen Tag rührt sie sich nicht von der Stelle. Sie sind beide sehr alt. Die Frau ist außerdem krank. Sie sitzt immer nur hinterm Tresen, hat einen Wollschal umliegen und eine Wärmflasche zwischen den Beinen. Außer ihnen ist niemand im Haus. Ihre Kinder leben in Ragusa.«

»Ich kenne sie«, sagte Lorenzo Giliberto. »Er heißt Nunzio Barbagallo und seine Frau Santa. Vor dem Krieg habe ich zwei Jahre in den Viehställen von Falabia gearbeitet, und jeden Abend habe ich mir Tabak gekauft. Einmal hatte ich kein Geld mehr und wollte ein Päckchen Krüllschnitt für zwei Soldi, aber die Alte wollte es nicht anschreiben. ›Ach je, ach je‹, jammerte sie, ›ich kenne Euch doch gar nicht!‹«

Antonio kauerte sich hin, schlug die Knie aneinander und ahmte die Haltung der Alten nach. Dann verzog er das Gesicht, hob zwei Finger und streckte sie Lorenzo Giliberto entgegen. »Zwei Lire! Zwei Lire!«, quengelte er durch die Nase. »Den Krüll müsst Ihr bar bezahlen!«

»Zwei Lire, zwei Lire!«, wiederholte Lorenzo mit dem gleichen Stimmchen. »Da, nimm!«

Er machte die Beine breit und deutete mit abgespreiztem Finger zwischen seine Schenkel. »Die Alte sitzt immer so da, weil sie die Piepen unterm Arsch aufbewahrt. Sie hat sie den ganzen Tag dort versteckt!«

Antonio prustete durch Mund und Nase. Dazu wedelte er mit den Händen, um den üblen Geruch zu vertreiben.

»Pfft!«, machte er. »Und wer nimmt ihr das Geld weg?«

»Hör dir den an!«, sagte Paolo Chillemi. »Für Geld würdest du doch mit Händen in der Scheiße wühlen!«

Antonio starrte ihn an und brummte unlustig. Dann wackelte er mit dem Kopf und biss sich auf die Lippen.

»Jawohl, mein Herr!«, sagte er. »Ich würde das Geld auch aus der Scheiße holen! Wenn das Geld im Bauch eines Kindes wäre, würde ich es abschlachten wie ein Schäfchen und ausnehmen. Warum auch nicht? Als ich elf war, schickten sie mich zu den Schafen von Santo Lio und gaben mir eine halbe Lira Hütegeld am Tag. Bis sechzehn war ich Hirte. Dann ist es mir gelungen, in den Schwefelminen zu arbeiten. Jeden Tag zehn Stunden unter der Erde, und sie gaben mir acht Lire am Tag.

Als Soldat in Abessinien kriegte ich dreißig Lire am Tag und dachte, ich wäre ein Herr. Jeden Tag aß ich Fleisch, und Zigaretten hatte ich, so viele ich wollte. Abends gingen wir in die Dörfer, und die Negerfrauen warfen sich vor uns auf den Boden, krochen auf allen vieren, schauten hoch und wackelten mit den Arschbacken. ›Fünf Lire! Fünf Lire!‹, schrien sie, und wir nahmen sie von hinten, um sie nicht anschauen zu müssen.

Als der Krieg in Abessinien vorbei war, kam der Krieg in Spanien. ›Ihr Hurensöhne! Wer meldet sich freiwillig? Ihr kriegt zweitausendzweihundert Lire im Monat!‹ Antonio Malacarne zur Stelle! Jahrgang 1912: lauter Idioten.

Zehn Jahre lang haben wir Krieg geführt gegen die halbe Welt! Die spanischen Kommunisten haben keine Gefangenen gemacht. ›Italianos, mierda del mundo!‹ Die Scheiße der Welt sind wir gewesen, aber wir haben sie abgemurkst wie die Fliegen. Zehn Lastwagen voller Kommunisten haben wir auf einer Wiese abgeladen, weil ihr Gestank sonst die Straßen verpestet hätte. Es gibt wunderschöne Wiesen in Spanien, voller Mohnblumen. Mit dem Maschinengewehr haben wir direkt draufgehalten. Die Verletzten konnten nicht flüchten, da sie an Armen und Beinen gefesselt waren. ›Gnade!‹, schrien sie. ›Italiener! Brüder!‹ Als ich aus Spanien zurückkam, hatte ich zwanzigtausend Lire gespart und wurde zum Unteroffizier befördert.« Er zog die Mütze in die Stirn, drückte die Brust raus, marschierte am Fluss entlang und kommandierte: »Eins-zwei, eins-zwei!«

Die Sonne stand noch hoch, deshalb suchten sie Schutz neben einem Gemäuer und warteten. Antonio gab dem Alten einen Tritt und spuckte ihm auf die Schuhe.

»Blödmann«, sagte er, »was weißt du vom Krieg. Du bist schlimmer als mein Vater. Von den zwanzigtausend Lire, die ich in Spanien gespart hatte, wollte ich meinem Vater eine Wohnung kaufen, aber er war ein armer Schäfer, der immer im Stall geschlafen hatte.

›Was für eine Wohnung? Was für eine Wohnung?‹, fragte er nur. ›Leg das Geld auf die Bank, da bringt es dir mindestens hundert Lire im Monat!‹

Also brachte ich das Geld auf die Bank, arbeitete wieder im Bergwerk, es vergehen zwei Jahre, mein Vater stirbt, und ein neuer Krieg fängt an. Der war noch viel beschissener als die vorigen. Zum Schluss musste ich mit der Division ›Vicenza‹ nach Russland. Das waren echte Kerle, aber ich habe welche gesehen, die sich vor Angst vollgeschissen haben …«

Er betrachtete Lorenzo verächtlich. »Du Schwächling! Da hätte ich dich sehen mögen! Die Russen fielen über uns her wie Wölfe und schrien: ›Italiener, ergebt euch!‹ Aber sobald einer aus dem Schützengraben kam, stachen sie ihm mit dem Bajonett die Augen aus. Es gab kein Entrinnen. Gegen die Panzer kamst du mit dem Gewehr nicht an, und in den Gefechtspausen konntest du auch nicht abhauen, weil du nicht wusstest, in welcher Richtung der Feind lag. Nicht einmal kacken konnten wir, denn sobald du die Hose runtergelassen hast, sind dir die Eier abgefroren!«

Wieder spuckte er Lorenzo auf die Stiefel. Der sah sich Hilfe suchend um. Dann schaute er Antonio unterwürfig an, um ihn nicht noch mehr zu verärgern.

»Du bist ein alter, blöder Hirte«, sagte Antonio. »In Russland sind Doktoren und Generäle gestorben. Da wärst du weniger wert gewesen als ein Stück Scheiße!«

Er seufzte erregt und fuhr sich mit der Zunge über die Lippen, als wollte er noch etwas sagen. Offensichtlich befriedigte ihn seine Rede nicht, da sie außer etwas Angst bei Lorenzo nichts ausgelöst hatte. Schließlich beruhigte er sich wieder und schaute zu, wie Paolo Chillemi aus Kieselsteinen ein Häuschen baute. Vorsichtig richtete Paolo drei Mäuerchen auf, legte Schilfhalme darüber und bedeckte auch diese mit Kieseln.

Antonio pulte sich mit einem Streichholz zwischen den Zähnen herum. Nachdenklich sagte er: »Wisst ihr, was ich gerne geworden wäre? Bergmann oder Bauer oder auch Schäfer. Aber auf einer Stelle, die mir keiner wegnehmen kann. Wie die Lehrer in der Schule oder die Carabinieri sie haben, mit einem festen Einkommen für das Essen, die Zigaretten und um ins Kino zu gehen. Ich war dreimal im Krieg, und jedes Mal dachte ich, ich würde dafür kämpfen, um diese Dinge zu bekommen. Als ich vorhin vom Krieg sprach, wollte ich genau das ausdrücken, aber es ist mir nicht gelungen.«

Er zwinkerte und nickte, um seinen Gedanken zu bekräftigen. Dann schlug er sich mit der flachen Hand auf die Brust. »Jetzt führe ich Krieg auf meine Weise«, sagte er. »Und so viel Geld, wie ich will, gibt es nicht. Ich würde auch meinen Vater abstechen!«

Wieder antwortete ihm keiner. Er streckte sich neben dem Mauerwerk aus, legte die Hände auf die Innenseiten der Schenkel und stöhnte: »Jetzt könnte ich mir von einer Frau einen blasen lassen. Da drüben im Schilf zum Beispiel.«

Paolo Chillemi betrachtete versonnen sein Kieselsteinhaus, lächelte und brachte es mit einem Tritt zum Einsturz. »Amen!«, sagte er bissig.

Die Sonne näherte sich der Bergkette. Das Schilf verlor sein gelbes Leuchten und färbte sich grau. Wind kam auf, und die Dämmerung zog vom Talboden die Hänge hinauf, aber es war immer noch zu früh, denn nach Falabia mussten sie über freies Feld gehen. Sie aßen Brot, Käse und Schokolade.

Michele saß in sich gekehrt da. Plötzlich wandte er sich an Lorenzo, der neben ihm kauerte.

»Ich weiß noch, wie du als Puppenspieler aufgetreten bist«, sagte er. »Wir Kinder zahlten zwei Soldi. Mir kommt es wie gestern vor. Den Kampf zwischen Roland und dem Sarazenen Ferraù habt ihr gespielt. Der Sarazene hatte Ähnlichkeit mit Paolo. Er sah aus wie ein Barbier. Krauses Haar hatte er, einen schwarzen Schnurrbart und Koteletten. Hinterher war alles voller Leichen. Ein Schlachtfest!«

Lorenzos Laune besserte sich zusehends. Er schaute Antonio erwartungsvoll an, in der Hoffnung, er habe Micheles Lob gehört.

»Ich spielte alle Stimmen«, sagte er. »Den Rinaldo Rinaldini, Karl den Großen und sogar die schöne Angelika.«

Er spitzte die Lippen und bemühte sich um weibliche Anmut, indem er mit den Augenlidern klapperte. Dazu deklamierte er mit süßem Stimmchen: »Meinen weißen Busen, hoch begehrt, schenk ich dem, der sich im Kampf bewährt!« Er wiegte den Oberkörper. Plötzlich hielt er inne und streckte den mageren Hals langsam aus dem Mantel. Der Kopf wuchs immer höher, der Mund öffnete sich zu einem wilden Schrei, ein Auge schloss sich fast ganz, und das andere sprang weit auf. »Angelika, dies Herze mein, so wehe, dir weihe ich dies bittre Herz voll Schmerz, bis dass der Tod uns scheide!«, deklamierte er mit rauer Stimme.

Endlich lachte auch Antonio, und Lorenzo fühlte sich wieder aufgenommen in den Kreis der Banditen. Eine Weile gluckerten die Lacher durch seine Kehle. Dann sagte er: »Dieser Roland war auch nur ein Baron. Ein hintertriebener, ehrloser Baron!«

Es war Zeit aufzubrechen. Paolo Chillemi schloss den Gürtel der Lederjacke und ließ das Gewehrschloss zweimal schnappen. Er schüttelte sich in den Schultern, weil ihm kalt war, und öffnete sogar den Druckknopf auf dem Mützenschirm, um sich die Kopfbedeckung bis über die Ohren zu ziehen.

Antonio Malacarne rauchte noch ein paar hastige Züge. Er wirkte unruhig. Zum Schluss zertrat er die Kippe andächtig mit dem Absatz und rieb sich mit dem Finger über die Zähne.

Michele beobachtete, wie der Nebel über den Berggipfeln aufriss und vom Wind wie Rauch verweht wurde. »Jetzt machen wir diesen Überfall«, dachte er, »und dann sehen wir weiter. Paolo meint, die Alten hätten mindestens achtzigtausend Lire versteckt.«

Er prüfte, ob er die Schnur in der Tasche hatte, um die zwei Alten zu fesseln, und ob in der anderen wirklich das Taschentuch steckte, mit dem er den Mann knebeln sollte. Ihn überkam das Gefühl, in einem Brunnenloch zu hocken und die Dinge der Welt über sich wie durch eine Röhre zu sehen: die hell erleuchteten Städte voller Menschen, die Dörfer mit ihren steinernen Kirchen, die Felder mit den Bauernhäusern, die Viehherden und die Feldhüter, die über die Weidetrassen galoppierten. Er saß in seiner kleinen dunklen Höhle, hatte die Welt gegen sich und besaß nur eine Maschinenpistole.

»Es ist sieben«, sagte Paolo, »wir haben nur eine Stunde Zeit.«

Sie stiegen den kahlen Abhang ins Tal hinunter und auf der anderen Seite wieder hinauf. Paolo Chillemi, der die Trampelpfade kannte, lief vorweg, danach kam Michele, dann Lorenzo und schließlich Antonio Malacarne. Als sie die Straße erreicht hatten, drückten sie sich an die Böschung und schickten Paolo als Kundschafter vor. Nach einigen Minuten kehrte er zurück und rutschte auf dem Bauch den Abhang hinab.

»Auf der Straße ist niemand«, sagte er. »Von hier aus sieht man das Licht im Tabakladen.«

Antonio wurde auf einmal sehr aufgeregt. Er packte Lorenzo und schüttelte ihn, damit er ihm ins Gesicht schaute. »Hör zu«, sagte er, »du gehst als Letzter und bleibst hier auf dieser Seite, wenn wir reingehen. Da bleibst du und hältst Wache, bis alles vorbei ist. Du bewegst dich nicht von der Stelle und lässt dich nicht blicken. Wenn du rauchst, trete ich dir den Schädel ein. Sobald jemand kommt, wirfst du einen Stein an die Tür, um uns zu warnen, und legst dich sofort wieder hin!«

Er beugte sich zu Michele und Paolo Chillemi, um sie in der Dunkelheit besser zu erkennen.

»Ihr wisst Bescheid. Ich gehe vor und überquere die Straße. Wenn Leute im Laden sind, mache ich sofort kehrt. Wenn ihr mich reingehen seht, wisst ihr, dass die zwei Alten alleine sind. Dann kommt ihr im Laufschritt hinterher, die Waffen schussbereit. Ich verriegle die Tür. Sie dürfen keine Zeit haben zu schreien. Ihr werft sie auf die Erde und knebelt sie. Wenn sie Schwierigkeiten machen, schlagt ihr sie tot!«

Sie schlichen den Damm entlang, bis sie nur noch zehn Meter vom Laden entfernt waren. Es war ein niedriges Haus mit einer kleinen Tür und zwei Fenstern. Die Farbe der Fassade war in der Dunkelheit nicht genau zu erkennen, aber es schien das gleiche Rot zu sein wie auf dem Straßenwärterhäuschen. Der Raum war beleuchtet, und durch die offene Tür sah man den Verkaufstresen, die Regale für den Tabak und hinter dem Tresen eine Person, die zu sitzen schien und den Kopf bewegte.

»Das ist die Alte«, flüsterte Paolo Chillemi, »sie betet den Rosenkranz.«

Dann hörte man eine Männerstimme, die etwas sagte, und sah eine Person, die den Raum durchquerte und in der anderen Ecke verschwand. Kurz darauf kehrte der Mann zum Tresen zurück und sagte wieder etwas, aber man verstand seine Worte nicht. Schließlich setzte er sich, und man sah nur noch zwei Köpfe. Der Mann saß etwas aufrechter und war größer, doch seine Gesichtszüge waren nicht zu erkennen.

Eine Minute verging. Plötzlich kniete Antonio sich hin und schaute über die Böschung zur geöffneten Tür des Ladens.

»Jetzt!«, flüsterte er.

Er griff in die Steine, zog sich am Straßenrand hoch und stand auf. Dann lief er rasch über die Straße, verlangsamte vor der Tür den Schritt, um hineinzuschauen, schlug plötzlich einen Haken und ging durch die Tür. Man sah, wie die zwei Alten den Kopf hoben und ihn anschauten. Michele hatte das Gefühl, vor Angst zu ersticken.

»Jetzt, jetzt!«, sagte Paolo und war mit einem Sprung auf der Straße. Michele versuchte, sich an ihm festzuhalten, um schneller oben zu sein, und stolperte. Mit gesenktem Kopf hastete er über die Straße und spürte, wie die Maschinenpistole gegen seine Brust schlug.

Antonio Malacarne stand schon wieder draußen, ließ sie vorbei und folgte ihnen. Es war im Grunde eine einfache Sache, so, wie Michele sie sich im Laufe des Tages zwanzigmal vorgestellt hatte. Antonio lehnte sich gegen die Tür, die Waffe im Anschlag, während Michele und Paolo sich auf die zwei Alten warfen. Die Frau gab erst Ruhe, als Paolo ihr sein Knie in den Nacken drückte, und zuckte noch mit den Beinen, während er die Schnur verknotete.

Der Mann dagegen wehrte sich nicht einmal. Er ging sofort zu Boden, das Gesicht nach unten, und aus seinem Mund rann Speichel. Michele zog ihm das Tuch durch den Mund, band es am Hinterkopf fest und fesselte auch seine Hände und Füße. Dann begannen sie, das Geld einzusacken: Paolo holte die Kasse unter dem Ladentisch hervor und schüttete die Münzen in den Beutel, den Michele sich auf den Rücken gebunden hatte.

»Diese Hurensöhne, diese Hurensöhne!«, flüsterte er atemlos. »Alles nur fünfzig und hundert Lire!«

In den anderen Sack stopften sie Zigaretten und Tabak, während Antonio Malacarne im Nebenzimmer alles durchwühlte – sogar den Kleiderschrank. Er schleppte die Sitztruhe in die Mitte des Zimmers, warf die Weißwäsche auf den Boden, suchte unter den Betten, in den Nachtschränken, wo die Nachttöpfe standen, unter den Möbeln, zog die Decken und Laken vom Bett und warf die Matratzen auf den Boden. In der Rosshaarfüllung einer Matratze fand er einen Packen Geldscheine zu tausend Lire, die mit einem Bindfaden umschnürt waren. Eine Weile fingerte er noch in den Matratzen und unter den Pritschen herum. Dann kam er zurück in den vorderen Raum, wo die anderen soeben ihre Arbeit beendet hatten.

»Nur das habe ich gefunden«, sagte er.

Er war unschlüssig, fuhr sich mit der Zunge rasch über die Lippen und betrachtete die zwei Alten, die mit dem Gesicht auf dem Boden lagen. Mit dem Fuß drehte er sie um und deutete mit dem Finger auf Paolo.

»Hört zu, ihr zwei«, sagte er mit lauter Stimme, »dieser Mann heißt Paolo Chillemi. Er war Barbier in Vizzini. Sein Spitzname ist Paolo Beddu!«

Er setzte sich breitbeinig auf eine Kiste. Paolo holte zweimal tief Luft. In seinen Augen stand das Entsetzen. Auch er sah die beiden an, als wollte er sich vergewissern, ob sie überhaupt zugehört hatten. Dann schnellte er herum zu Antonio Malacarne.

»Ein einfacher Name«, sagte Antonio, ohne Paolo auch nur anzublicken. »Paolo Chillemi! Paolo Beddu! Er kommt aus Vizzini!«

Endlich wandte er sich auch Paolo zu und nickte. Zugleich wies er mit dem Lauf der Pistole auf die beiden Alten. »Jetzt musst du sie umbringen«, sagte er. »Du hast noch keinen umgebracht. Sobald die Carabinieri dich erwischen, würdest du uns verraten.«

Paolo stand bleich und geduckt mitten im Raum und umklammerte sein Gewehr. Eine Weile starrte er Antonio an, der abermals nickte.

»Natürlich musst du sie umbringen«, wiederholte er. »Es ist deine einzige Chance. Sie wissen jetzt, wie du heißt. Beim nächsten Mal kriegst du dreißig Jahre!«

Abrupt stand er auf und versetzte Paolo einen heftigen Schlag zwischen die Schultern. »Mach schon, du Tier! Stoß ihnen das Bajonett in die Kehle!«

Abermals schlug er Paolo Chillemi in den Nacken. Der duckte sich tiefer und zog den Kopf ein. Dann befestigte er das Bajonett am Gewehrlauf. Aber noch immer zögerte er und jammerte mit leiser Stimme. Es klang wie ein Winseln. »Du Hurensohn!«, flüsterte er. »Du dreckiger Hurensohn!«

Dann hob er das Gewehr und näherte sich dem Mann.

Michele beobachtete ihn erstaunt. Nie zuvor hatte er einen Menschen im Augenblick des Todes gesehen. Der Alte hatte schütteres Haar. Er trug einen schwarzen Anzug und fleckige Schuhe. Sein Bart war von weißen Strähnen durchzogen. Speichel klebte an seinen Mundwinkeln und auf dem Kinn.

Die Augen des Mannes folgten dem Blitzen der Klinge. Plötzlich senkte Chillemi die Waffe und stach dem Alten das Bajonett mit aller Kraft in die Kehle. Der Mund füllte sich mit Blut, das sofort herausschwappte und sich in dünnen Linien über das Gesicht verteilte.

Ein entsetzlicher Laut entrang sich dem Mund der Frau, die neben ihrem Mann lag und alles mit anschauen musste. Paolo Chillemi zog die Schneide aus der Kehle ihres Mannes und richtete sie auf ihren Hals. Die Frau zitterte so stark, dass Schultern und Kopf gegen den Fußboden schlugen. Das Messer traf ihr Gesicht zwischen Mund und Nase und schnitt ihr die Wange auf, als Paolo die Waffe herauszog, um abermals zuzustechen. Auch er war jetzt fast blind vor Entsetzen. Die Frau bäumte sich auf und streckte ihm das blutige Gesicht entgegen. Die Wunde klaffte bis hinauf zur Schläfe.

»Sie kotzt mich an! Sie kotzt mich an!«, schrie Paolo Chillemi.

Antonio stürzte sich auf ihn und schlug ihm die Faust in die Zähne, damit er aufhörte zu schreien. Paolo flog gegen die Wand. Sofort war Antonio bei ihm und presste ihm die Pranke auf Lippen und Nase, bis ihm die Adern in den Augen zu zerspringen begannen. Dann riss er ihm die Waffe aus der Hand und rammte der Frau mit einem lauten Stöhnen das Bajonett in den Leib, als wäre es eine Mistgabel.

»So! So!«, schrie er.

Die Frau krümmte sich wie ein aufgespießter Wurm. Antonio zog das Bajonett heraus und stach abermals zu, diesmal in die Brust. Ihr Leib zuckte, doch sie war bereits tot.

Einen Moment lang war es still, und nur Antonios Keuchen war zu hören. Michele lauschte mit geschlossenen Augen, aber auch draußen auf dem Land war alles still. Paolo Chillemi stand noch immer mit dem Rücken zur Wand. Sein Kopf war auf die Brust gesunken. Mit weit geöffnetem Mund, die Fäuste in den Magen gedrückt, sah er zu, wie Antonio neben der Toten niederkniete und das Bajonett an ihrem Kleid abwischte. Ihm war kotzübel.

Malacarne herrschte ihn an.

»Los, nimm den Sack!«, sagte er schroff. Auf seinem Gesicht stand Schweiß. Gehorsam lud sich Chillemi den Sack auf die Schulter. Antonio steckte das Bajonett in die Scheide und hängte es sich um.

»Du, Michele, gehst zur Tür!«, sagte er. »Sobald ich die Lichtleitung herausreiße, machst du vorsichtig auf.«

Er riss das Kabel aus dem Lichtschalter. Einen Augenblick standen sie mit angehaltenem Atem hinter der halb geöffneten Tür.

Als Erster überquerte Michele die Straße und rutschte die Böschung hinunter, Lorenzo fast in die Arme. »Das habt ihr gut gemacht«, flüsterte Lorenzo und schlug Michele die Faust vor die Brust. »Ich wette, das war ein Reibach!«

Seine Stimme zitterte vor Aufregung. Als Nächster kam Paolo die Böschung herab. Sie hörten, wie Antonio die Haustür abschloss, dann rutschte auch er in den Graben und trieb sie zum Rückweg an. Nur einmal machten sie im Schilf kurz Rast. Dann liefen sie weiter, bis sie die Bergterrasse erreichten, wo sie auf dem Hinweg den Einbruch der Dämmerung abgewartet hatten.

Lorenzo Giliberto, der nicht wusste, was vorgefallen war, hatte blendende Laune. Immer wieder befühlte er den Sack mit den Zigaretten, schnüffelte daran und brummte zufrieden.

»Jetzt haben wir für ein Jahr zu rauchen!«, sagte er lachend, kroch auf allen vieren herum und versuchte, in der Dunkelheit die Gesichter der anderen zu erkennen. Nach dem Geld mochte er nicht fragen. Schließlich hielt er es nicht mehr aus und fragte mit schmeichlerischer Stimme: »Und das Geld? Hatten sie viel Geld, die alten Gauner?«

Michele hatte die Arme um die Unterschenkel geschlungen und die Stirn auf die Knie gesenkt.

»Ich weiß nicht«, sagte er. »Wir haben es nicht gezählt. Der Sack mit dem Kleingeld hängt noch bei mir auf dem Rücken!«

Der Alte nickte beifällig. Er seufzte tief und versuchte mehrmals, sich langzulegen, um etwas auszuruhen, aber die Kälte plagte ihn, und so setzte er sich auf und spuckte.

Antonio lag auf dem Rücken, die Beine breit, das Gewehr auf dem Bauch und die Hand am Abzug. Lorenzo Giliberto hätte gerne mehr erfahren.

»Habt ihr die beiden auch gut gefesselt und geknebelt?«, fragte er.

»Sie sind tot«, sagte Antonio träge, ohne sich von der Stelle zu rühren. »Wir haben sie umgebracht.«

Lorenzo ließ den Kopf hängen wie ein müder Hund, kauerte sich hin, zog sich den Mantel über die Beine, verbarg den Kopf im hochgeschlagenen Kragen und gab endlich Ruhe.

Als sie auf dem Berggipfel ankamen, war es eine Stunde nach Sonnenaufgang. Sie zählten das Geld: zwanzigtausend in Scheinen zu tausend Lire und neuntausendvierhundert in Nickelmünzen. Sie wickelten es in ein Stück Wachstuch und vergruben es in einem Loch hinter der Hütte.

Vier Tage später stiegen Antonio und Michele hinunter zum Fluss und trafen sich mit Brasi Mugnu, der ihnen Brot und Büchsenfleisch brachte. Sie gaben ihm zehntausend Lire in Münzen. Brasi Mugnu hockte sich hin, breitete ein Taschentuch aus und begann zu zählen. Es dauerte lange, da er nur eine Hand hatte. Zum Schluss legte er die vier Ecken des Tuches übereinander und verknotete sie umständlich, wobei er die Zähne zu Hilfe nahm. Dann setzte er die Brille ab und steckte sie vorsichtig in die Brusttasche. Er lächelte, seufzte und tätschelte das Bündel.

»Das wiegt ein Kilo und ist nichts wert«, sagte er. »Ihr erbeutet nur Kleinkram!«

»Was für Kleinkram?«, fragte Malacarne.

»Schon gut«, antwortete Brasi und winkte ab. »Bevor der Sommer kommt, wird eine Kompanie berittene Carabinieri in die Provinz verlegt, um die Berge bis zum Gipfel zu durchkämmen. Außerdem schicken sie zweihundert Mann Infanterie mit Maschinengewehren.«

Antonio brummte und sah Brasi ironisch an. Der hielt den Kopf schief, spitzte die Lippen und gab sich nachdenklich.

»Es wird schwierig«, murmelte er schließlich, »die vier Millionen für die Pässe aufzutreiben. Aber vielleicht kann ich euch helfen. Ich weiß es nicht. Bisher weiß ich gar nichts. Aber vielleicht könnte ich euch behilflich sein!«

Er sah erst zu Antonio, dann zu Michele, der etwas weiter oben auf einer Felsnase saß, von der aus er das Tal überblicken konnte. Brasi lachte und sagte mit einer Kopfbewegung zu Michele: »Du hast längere Haare als ein Schafbock! Nächste Woche bringe ich dir eine Schere mit. Du musst dich auch rasieren. In Catania habe ich eine Nutte kennengelernt. Eine Zuckerpuppe, sage ich euch.«

Er küsste sich die Fingerspitzen.

»Sie verlangt vierzigtausend Lire, aber ihr habt eine ganze Nacht euer Vergnügen. Ihr Schamhaar ist so weich wie Samt!«

Er ließ die kleine Zunge zwischen den Zähnen zappeln.

»Sie ist aus dem Norden und scharf wie ein Okuliermesser!«

Wieder sah er hinauf zu Michele, der dem Blick standhielt. Die Sonne wärmte ihn, und er fühlte sich gut, nur Mugnu war ihm zuwider. Man wusste nie, was er wirklich dachte.

Brasi begann zu berichten, dass in den Bergwerken von Enna und Caltanisetta ein großer Streik ausgebrochen sei. Die Arbeiter verlangten eine Lohnerhöhung von zweihundert Lire am Tag. Achthundert Bergleute hätten sich in den Minen verbarrikadiert und bereits zwei Angriffe der Armee abgewehrt. Zuerst hätten sie die Loren mit dem Schwefel umgeworfen, dann die Werkstore aufgebrochen und die Zugänge zu den Schächten mit Dynamit in die Luft gesprengt. In allen Zechen hätten heftige Kämpfe mit Steinen und Knüppeln stattgefunden, bis jemand eine Handgranate geworfen habe. Zwei Soldaten und ein Bergmann seien dabei getötet worden. Zum Schluss hätten sich nahezu alle Bergleute ergeben, da sie nicht einmal mehr zu essen und zu trinken hatten, aber fünfzig Arbeiter leisteten im Inneren der Mine noch Widerstand. Sie hätten zehn Kilo Brot, ein paar Krüge Wasser und zwei Kisten mit Sprengstoff. Die Soldaten wagten nicht, in diese Schächte hinabzusteigen, da sie fürchteten, die Arbeiter würden in ihrer Verzweiflung alles zum Einsturz bringen.

»Am Abend fand eine große Versammlung statt«, erzählte Brasi. »Rossano sollte zu der Menge reden, die sich auf der Hochebene der Minen versammelt hatte. Es waren mindestens zehntausend Zuhörer da, Bergleute, Landarbeiter, auch Viehtreiber und Schäfer, die aus den Dörfern oder von den Bergen gekommen waren, und die Soldaten konnten auf diese Menschenmenge nicht einmal schießen, weil auch Frauen und Kinder dabei waren.

Rossano fuhr auf einem Lastwagen mitten in die Versammlung. Er war nass geschwitzt, mit Staub bedeckt und hob fortgesetzt die Arme, um den Menschen zuzuwinken. Wie ein Wahnsinniger …«

Er kniff die Augen zu, sodass sie einen Schlitz bildeten, spitzte die Lippen, spreizte die Finger und reckte die Hand in die Luft.

»Ein Wahnsinniger, sage ich euch! Groß wie ein Baum, Bart und Haare voll Staub und feurige Augen wie einer, der vierzig Grad Fieber hat. Er zitterte, und sein Kopf zuckte hin und her, um die vielen Menschen zu überblicken. Er wusste alles: über jedes Bergwerk, wie viele Tonnen Schwefel produziert werden, wer die Bergherren sind. Wie viel sie pro Tonne verdienen und ob sie Villen und Häuser in Catania besitzen. Er wusste sogar, dass die Arbeiter nackt arbeiten müssen, weil die Ventilatoren nicht funktionieren, dass der Schwefelstaub sie binnen zwanzig Jahren blind macht und dass sie den Abraum auf den Schultern tragen müssen, weil es nicht genug Loren gibt. Auch dass in den letzten zehn Jahren dreiundneunzig Bergleute vom Steinschlag getötet worden sind, wusste er.

Die Menschen lauschten ihm wie die Deppen. Zunächst dachten sie vielleicht, er wäre wirklich verrückt, denn als er anfing zu sprechen, schrie er: ›Sie ist gefallen, sie ist gefallen, Babylon, die große!‹, und keiner begriff, was er meinte. Der Schweiß rann ihm in den Mund, und er rief: ›Ein großer, schwarzer Vogel wird erscheinen und zu allen Vögeln, die unter dem Himmel fliegen, sagen: Kommt und versammelt euch, dass ihr esset das Fleisch der Könige und der Hauptleute …‹« Während Brasi sprach, ahmte er die Mienen der Zuhörer nach, schloss andächtig die Augen, sperrte den Mund auf wie ein Trottel oder glotzte wie jemand, der ein Wunder erlebt. Plötzlich krümmte er sich, sprang auf und zerteilte die Luft mit den Händen.

»Aber dann«, fuhr Brasi fort, »begann er, über die Bergwerke zu reden und über die Menschen im Berg, die sich für ganze siebenhundert Lire am Tag, nackt wie die Würmer, vom Schwefel die Augen zerfressen lassen. Die Menschenmenge schien sich in ein Meer aus Petroleum zu verwandeln, in das Rossano eine brennende Fackel geworfen hatte.

Als er nach seiner Rede auf dem Lastwagen wieder durch die Menge fuhr, versuchten die Leute, ihm die Hände zu küssen, und die Mütter hoben ihre Kinder über das Gedränge, damit er sah, wie krank und ausgemergelt sie waren. Wenn nur einer einen Stein geworfen hätte, hätten die Leute sich totgetreten. Trotzdem mussten nach zwei Tagen auch die Arbeiter aufgeben, die sich in den untersten Schächten verbarrikadiert hatten, da sie ohne Brot und Wasser waren. Oben an den Schächten standen ihre Familien, weinten und riefen ihre Namen.«

Antonio hob die Augenbrauen und nickte, aber er sagte nichts.

»Jetzt zieht Rossano von einem Dorf der Provinz ins nächste«, sagte Brasi. »Der Erzbischof hat ihn exkommuniziert, und die Priester haben es von den Kanzeln herab verkündet, aber man weiß immer noch nicht, wer er wirklich ist. Es wird behauptet, er sei ein Professor, der den Sohn verloren habe und verrückt geworden sei. Es heißt auch, er wäre krank und würde Blut spucken.«

Antonio brummte etwas, um sein Erstaunen auszudrücken, aber man merkte, dass ihm die ganze Sache ziemlich gleichgültig war. »Und diese Hure?«, fragte er. »Wie viel verlangt sie, wenn sie herkommt?«

Brasi antwortete nicht gleich, sondern säuberte sich mit der Zunge langsam die Mundwinkel, weil er so viel geredet hatte. Er zündete sich eine Zigarette an, indem er mit der kleinen verkrüppelten Hand die Streichholzschachtel gegen die Brust drückte. Dann hob er vier Finger seiner gesunden Hand. »Ich habs dir gesagt: vierzigtausend Lire! Sie ist ganze sechzehn Jahre alt. Voriges Jahr war sie noch Jungfrau. Sie hat kaum Haare unter den Armen!«

Antonio machte ein verächtliches Gesicht, wölbte die Lippen vor und schnaubte heftig.

»Uhh! Vierzigtausend Lire sind zu viel«, meckerte er. »Wenn die erst sechzehn ist, dann mache ich sie tot!«

Brasi kicherte und freute sich.

»Jaja!«, sagte er. »Das möchte ich sehen, wer wen tot macht!«

Er sah wieder zu Michele, und der lächelte von der Höhe seines Felsens herab. Er hatte keine Sehnsucht nach der Frau. Ihm genügte es, sich auf dem Steinboden auszustrecken und die Augen zu schließen. Die Sonne stand unbewegt über dem Berg, und er fühlte sich rundum wohl und stellte sich vor, sie wäre eine große, gelbe Zudecke.

Das Tal war menschenleer, und man hörte keine Stimme und keinen Laut. Brasi erhob sich, denn bis zur Provinzstraße waren es vier Stunden zu Fuß. Er legte das Taschentuch mit dem Geld auf den Boden, kniete nieder, schnürte es auf und begann, die Nickelmünzen in die Taschen seiner Jacke und der Hose zu stecken. Er wirkte nachdenklich und ließ von Zeit zu Zeit ein Geldstück auf dem Handballen tanzen. Schließlich hob er den Kopf, sah Antonio an und kniff die Augen zusammen, als hätte er einen Gedanken.

»Ihr braucht eine Menge Geld für die Pässe«, sagte er. »Vier Millionen müssen es sein, da helfen keine Heiligen!«

Er nahm das letzte Geldstück und rieb es zwischen Daumen und Zeigefinger.

»Seid ihr bereit, einen Mann umzubringen, um die Pässe zu bekommen?«

Antonio bewegte sich nicht, kratzte sich nur den Backenbart, roch an der Hand und legte sie wieder auf sein Gewehr.

»Was für einen Mann?«, fragte er leichthin.

Brasi schaute ihm eine Weile in die Augen, dann machte er mit den Lippen ein unverständliches Zeichen.

»Einen Mann«, antwortete er und wandte den Blick nicht ab.

Antonio schloss die Augen, um anzudeuten, dass er verstanden habe, und nickte bedächtig. Dann nahm er die Mütze ab und fuhr sich durchs Haar.

Er hatte einen breiten, mächtigen Stierkopf, und man sah, dass er sogar an den Schläfen, um den Mund herum und um die kleinen, tief liegenden Augen Muskeln hatte. Brasi betrachtete ihn mit trauriger Neugier und lächelte.

»Ich weiß es noch nicht«, sagte er, »aber vielleicht kann ich euch helfen!«

Er wickelte sich den Schal um den Hals, zog ihn sich über die Ohren und schlug auch den Kragen hoch. Dann lachte er. »Ciuzza hat mir aufgetragen, euch zu grüßen«, sagte er. »Die Hure hat euch ins Herz geschlossen!«

An der Furt wandte er sich noch einmal um und rief: »In einer Woche komme ich wieder!«

Antonio und Michele begannen, den Berghang hinaufzuklettern. In der Ferne sahen sie Brasi, der den Weidepfad am anderen Flussufer hinaufstieg und hinter einem Olivenhain verschwand. Es dunkelte bereits, und ein paar sehr ferne Lichter zeigten ihnen, wo die Bergdörfer lagen.

»Mach zu, Michele Passanisi!«, rief Malacarne und gab Michele einen Schlag in den Rücken. »Jetzt essen wir Fleisch und Schokolade mit Weißbrot. Lauf schneller!«

Bevor sie den Gipfel erreicht hatten, zündete er sich eine Zigarette an, setzte sich auf einen Stein und warf einen Blick ins dunkle Tal.

»Da, schau«, sagte er. »Man sieht die Lichter der Dörfer. Das da ist Vizzini. Man sieht sogar Palagonia und Ragusa. Um die Zeit spazieren die Leute auf dem Corso, sitzen vor der Bar und trinken etwas. Die Frauen gehen untergehakt, und alle zieren sie sich. Reden über die Männer und lassen sich nicht einmal anfassen!«

Er schnitt eine Fratze. »Mit einem Biss könnte ich ihnen die halbe Arschbacke abbeißen. Diese Huren!«

Zwei Tage später ging Michele alleine in das Gebiet von Palagonia, etwa zwanzig Kilometer entfernt, zu einer kleinen Eisenbahnstation, wo auch die Busse endeten, die im Morgengrauen zur Küste hinabfuhren und abends in die Bergdörfer zurückkehrten. Es gab dort einen kleinen Kiosk, der an die Fahrgäste Kaffee und Brot verkaufte. Um Mitternacht hielt hier der letzte Bus, der von Catania heraufkam.

»Wir schnappen sie uns alle im Schlaf«, hatte Antonio Malacarne gesagt. »Der Bus ist voller Händler, die von den Viehmärkten zurückkehren, oder es sind Kranke, die sich in Catania in der Klinik untersuchen lassen. Die haben eine Menge Geld in der Tasche. Sobald der Bus anhält, springe ich durch die Vordertür, und Paolo Chillemi nimmt die hintere, beide mit erhobener Waffe. Michele und Lorenzo Giliberto warten draußen und zielen auf die Scheinwerfer. Wir lassen sie aussteigen, immer zwei, und legen sie allesamt mit dem Gesicht auf den Boden. Dann nehmen wir ihnen die Jacken, die Brieftaschen und die Uhren ab. Wir schneiden ihnen sogar die Haare vom Hintern. Allein der Fahrkartenverkäufer muss im Laufe des Tages an die fünfzigtausend Lire eingenommen haben!«

Antonio rechnete mit einer Einnahme von mindestens siebzig- oder auch achtzigtausend Lire. Die Uhren sollte Brasi übernehmen und an die Hehler in Catania und Palermo verkaufen.

»Aber im Bus könnte ein Carabiniere sein«, hatte Giliberto erwidert. »In den Überlandbussen fährt nachts häufig ein Carabiniere als Eskorte mit.«

Antonio machte sich deswegen keine Sorgen. Er plante den Überfall seit Langem und hatte alles bedacht.

»Carabinieri sind keine in den Bussen«, sagte Antonio, »und

wenn einer drin sitzt, erschieße ich ihn sofort, damit die anderen kapieren, dass wir sie abschlachten, wenn sie nicht freiwillig zahlen. Danach stecken wir das Geld und die Uhren in einen Sack, schließen die Fahrgäste im Bus ein und reißen die Zündkabel aus dem Motor. Selbst wenn einer aus dem Fenster entkommt, muss er mindestens zehn Kilometer laufen, bis er die nächste Kaserne der Carabinieri findet. Zu dem Zeitpunkt sind wir längst über den Fluss, und keiner weiß, wer wir sind und wo wir stecken. Wir müssen nur wissen, wann der Bus ankommt, und ausrechnen, ob die Zeit reicht, wenn wir nach Sonnenuntergang losmarschieren.«

So musste Michele kurz nach Sonnenuntergang aufbrechen, die Weidetrassen am anderen Ufer hinaufsteigen, die Provinzstraße fünf Kilometer bis zur Bahnlinie gehen und dann immer die Gleise entlang bis zum Bahnhof. Dort sollte er auskundschaften, wann der Bus eintraf, ob ein Carabiniere als Eskorte mitfuhr, wie viele Personen im Bus saßen und wie lange der Bus an der Station Aufenthalt hatte. Danach sollte er sofort kehrtmachen und eine Stunde vor Sonnenaufgang wieder am Fluss sein.

Paolo Chillemi begleitete ihn bis zur Furt. Er hatte die Aufgabe, auf einer Anhöhe Wache zu halten, um festzustellen, ob Michele bei seiner Rückkehr verfolgt wurde. Zu dem Zweck hatte er die Maschinenpistole und das Fernglas dabei, außerdem eine Wolldecke, um sich auf dem Steinboden hinzulegen und gegen den Wind zu schützen. In der Tasche steckten ein halber Laib Brot und eine Büchse Fleisch.

Michele hatte die Pistole und sein Taschenmesser eingesteckt. Auch er hatte ein halbes Brot in der Tasche, eine Tafel Schokolade und dreihundert Lire.

Antonio Malacarne hatte nur gesagt: »Du gehst zum Bahnhof und sonst nirgendwohin. Wenn du Mist machst, erschieße ich dich!«

Während sie ins Tal hinabkletterten, begann Paolo Chillemi zu reden.

»Diesmal bringen sie uns um. Das schaffen wir nie, bis zur Station und vor Sonnenaufgang wieder den Berg hinauf. Lorenzo Giliberto ist alt. Den müssen wir mitschleifen. Mit ihren Pferden brauchen die Carabinieri von der Kaserne bis zum Fluss höchstens zwei Stunden und schneiden uns den Weg ab.«

Michele sagte nichts. Er rutschte von einer Felsplatte zur nächsten und blickte Paolo nur hin und wieder an, um zu zeigen, dass er zuhörte. Seine Augen waren gerötet vom Wind. Zugleich dachte er: »Es gibt nichts, was ich nicht täte, um an das Geld für den Pass zu kommen. Ich habe keine Angst mehr. Ich bin schon schlimmer als Antonio Malacarne!«

Paolo Chillemi stöhnte, weil das Gewehr ihn beim Klettern über die Felsen behinderte.

»Du kannst mir glauben«, sagte er. »Wenn wir von dem Überfall zurückkommen, sind wir erschöpft, weil wir so weit gelaufen sind, und müssen außerdem noch die Säcke und Gewehre schleppen. Lorenzo macht schlapp, und um zu vermeiden, dass er den Carabinieri lebend in die Hände fällt, wird Antonio ihn erschießen. Er ist ein Vieh, der kennt kein Erbarmen.«

Er seufzte unruhig und spähte ins Tal, als fürchtete er die Carabinieri schon jetzt. Der Schweiß kam unter seiner Mütze hervor, und der graue Stoppelbart ließ ihn älter erscheinen, denn auch er hatte sich seit einer Woche nicht rasiert. Schließlich erreichten sie die Talsohle und setzten sich an die hundert Meter oberhalb des Flussufers auf ihre Felsterrasse, wo sie vor dem Wind geschützt waren. Sie begannen zu rauchen und warteten, dass die Sonne hinter den Bergen verschwand und es dunkel wurde.

Paolo Chillemi schüttelte sorgenvoll den Kopf und sagte: »Bevor ich Antonio traf, hatte ich nur sieben Jahre Gefängnis, aber jetzt muss ich weg. In diesem Land gibt es nur Dummköpfe und Hungerleider. Hier kann ich nicht bleiben. Früher war ich Barbier und bekam sieben Lire am Tag. Einmal im Monat fuhr ich mit meinen

Freunden nach Syrakus ins Bordell. Es kostete 20 Lire pro Kopf, aber mein Trieb war so stark, dass mir sofort einer abging, wenn ich mich auszog und auf die Nutte legte. Die zwanzig Lire waren rausgeschmissenes Geld.

Für eine Krawatte oder ein Paar Schuhe blieb mir nie genug übrig. Danach haben sie mich drei Jahre lang in den Krieg geschickt. Die Städte, die ich zu sehen bekam, waren alle verdunkelt, und wenn wir irgendwo vier Tage lang lagen, vergeudete ich mein bisschen Geld, indem ich ständig Straßenbahn fuhr. Das war neu für mich. Außerdem konnte man da neben den Frauen sitzen. So wuchs ich auf wie ein Tier, bis ich zweiundzwanzig Jahre alt war.

Danach war ich wieder Barbier und bekam vierhundert Lire am Tag, aber ich hatte einen Bruder, der arbeitslos war, und mein Vater war auch schon halb kindisch. Als er nicht mehr richtig atmen konnte, wurde er am Hals operiert. Er hatte solche Schmerzen, dass er Tag und Nacht schrie. Deshalb haben sie ihn ein zweites Mal operiert, haben im Gehirn alle Nerven entfernt, damit er kein Gefühl mehr hatte, auch keinen Schmerz mehr, und sofort wurde er kindisch, verdrehte die Augen, seiberte und pinkelte sich ständig voll. Jetzt weiß ich nicht einmal, ob er noch lebt.«

Er sah ins Tal, als versuche er, sich das Gesicht seines Vaters ins Gedächtnis zu rufen, senkte den Blick wieder und schüttelte traurig den Kopf. Mit einem angedeuteten Lächeln schaute er zu Michele.

»So kam ich auf die Idee, einen Raubüberfall zu machen, weil ich keine Lira in der Tasche hatte und mir wenigstens eine neue Krawatte, einen Anzug und ein Paar Schuhe kaufen wollte. Aber ich war ein Feigling und schaffte nicht einmal das. Stattdessen überfiel ich mit Tano Inserra und Giovanni Pittella, die auch zwei arme Deppen waren, eines Abends einen Radfahrer. Wir nahmen ihm siebenhundert Lire ab, und die zwei anderen ließen sich einen halben Tag später von den Carabinieri verhaften. Aber jetzt hat sich alles geändert, und ich bin nicht mehr derselbe wie damals.«

Er schlug die Fäuste gegeneinander, um sich Mut zu machen, und fletschte die Zähne.

»Du kannst mir glauben«, sagte er. »Ein Kind abschlachten, das kann ich auch. Wenn es drauf ankommt, zeige ich euch, dass ich mehr Mumm habe als ihr. Antonio hält mich für feige, aber ich will nur am Leben bleiben. Ich will mich nicht umbringen lassen für nichts und wieder nichts! Verstehst du, was ich sagen will? Dieser Überfall auf den Bus ist eine riesige Dummheit. Sie werden uns abknallen!«

Er breitete die Wolldecke aus und legte sie sich um die Schultern. Dann zog er sich die Mütze über die Ohren, lehnte sich an einen Felsen und rauchte gierig.

»Manchmal hatte ich nur fünf Zigaretten am Tag«, sagte er leise. »Jetzt kann ich wenigstens rauchen, soviel ich will.«

Die Sonne war untergegangen, und die Dunkelheit brach rasch herein.

»Es ist sieben«, sagte Paolo. Er zog die Uhr vom Arm und gab sie Michele. Der stand auf und blickte zu den Weidepfaden, die er hinaufsteigen musste.

»Dann los!«, sagte er. »Hoffentlich bin ich vor Sonnenaufgang zurück.«

Paolo steckte sich die Zigarette zwischen die Lippen und zog die Decke über den Kopf. Die Zigarettenasche fiel auf seinen Kinnbart, aber er rührte sich nicht und wartete, bis der Wind sie fortwehte.

»Machs gut!«, antwortete er. »Punkt Mitternacht kehrst du um, egal wo du bist!«

Michele ließ sich nach unten gleiten, überquerte den Fluss, ging durch das Schilf am anderen Ufer, winkte zurück und begann, die Weidetrasse hinaufzulaufen.

Zwei Stunden lang traf er keinen Menschen und hörte keinen Laut. Als er die Provinzstraße erreicht hatte, machte er hinter einem Busch fünf Minuten Pause.

Drei Lastwagen voller Leute fuhren vorbei. Er hielt sie für Landarbeiter, die in ihre Dörfer an der Küste zurückkehrten. Als die Autos außer Sicht waren, kletterte er die Böschung wieder hinauf. Nach etwa zwei Kilometern hörte er vor sich ein unbestimmbares Getrappel auf dem Asphalt. Staub lag in der Luft.

Es war eine kleine Schafherde, die aus etwa fünfzig Tieren bestand. Hunde kamen herbei und schnüffelten an ihm, sprangen die Böschung hinunter, um verirrte Schafe zurückzutreiben, näherten sich wieder und knurrten.

Der Schäfer rief sie zu sich. Er lief von einer Straßenseite zur anderen und trieb die Tiere mit seinem Stock an, wenn sie stehen blieben, um zu grasen. Er war alt, soweit Michele das in der Dunkelheit erkennen konnte, denn seine Bewegungen waren schwerfällig, und auch seine Stimme klang ältlich.

»Guten Abend!«, sagte Michele. Der Schäfer blieb stehen und versuchte, Micheles Gesicht zu erkennen.

»Wo seid Ihr her?«, fragte er.

»Aus Ragusa«, antwortete Michele. »Ich muss zum Bus nach Caltanisetta!«

Der Schäfer ließ wieder seinen langen Stock durch die Luft sausen, lief hinter einigen Tieren her und schlug nach rechts und nach links auf die Rücken. Sofort drängelten sie sich wieder in die Herde, und der Schäfer hielt sie beisammen, indem er kurze, böse Schreie ausstieß und mit dem Stock auf den Asphalt klopfte.

Er schien wirklich schon recht alt und müde zu sein, denn er ging steifbeinig, und jedes Mal, wenn er ein Tier zurückgetrieben hatte, blieb er schwer atmend stehen. Plötzlich schob er sich an Micheles Seite. Er roch nach nassem Gras, Schafskötteln und Sauermilch, und Michele spürte seinen Atem.

»Mein Sohn arbeitet in den Bergwerken von Caltanisetta«, sagte er. »Er heißt Concetto Rapisarda.«

»Ich arbeite auf dem Land«, sagte Michele. »Zehn Kilometer weit weg von den Minen.«

Der Alte nickte und musterte wieder Micheles Gesicht. Eine Weile gingen sie nebeneinanderher, aber von Zeit zu Zeit stieß der Alte seine kurzen, hohen Schreie aus, beschleunigte den Schritt, ohne sich aufzurichten, und ließ den Stock herumwirbeln. Sofort trippelten die Schafe hastiger, und auch die Hunde liefen pflichtbewusst von einer Straßenseite zur anderen.

»Jetzt ist Streik in allen Bergwerken von Caltanisetta«, sagte der Alte. »Die Soldaten sind mit aufgepflanztem Bajonett vorgegangen, aber die Arbeiter haben drei Tage lang im Stollen gesessen und die Stellung gehalten. Dann haben sie sich ergeben, weil sie sonst blind geworden wären. Habt Ihr gewusst, dass der Schwefel die Augen verbrennt, wenn jemand eine Woche lang in der Grube bleibt? Die Esel, die unter Tage die Loren ziehen, sind alle blind. Es gibt Esel, die fünfzehn Jahre lang im Stollen leben. Erst wenn sie tot sind, werden sie nach oben gezogen.«

Wieder hatte sich ein Schaf von der Herde gelöst. Der Alte versetzte ihm einen heftigen Schlag mit dem Stock, sodass es in die Knie ging, doch gleich sprang es wieder in die Herde zurück.

»Sie zahlen den Bergarbeitern siebenhundert Lire am Tag«, sagte der Alte. »Die Bergherren sind alles Gauner und Büttel. Aber jetzt brennen die Arbeiter ihre Paläste nieder und besetzen die Bergwerke.«

Motorengeräusch wurde laut, und hinter ihnen tauchten Scheinwerfer auf. Der Alte trieb die Herde mit Stockschlägen an den Straßenrand. Jetzt, im Scheinwerferlicht, konnte Michele ihn genauer erkennen. Er mochte an die sechzig Jahre alt sein, hatte auffällig lange Beine, die in verdreckten Stiefeln steckten, und einen Brotbeutel vor der Brust hängen.

Die Männer auf den Lastwagen lachten, als er aufgeregt herumsprang und versuchte, die Tiere von der Fahrbahn zu halten.

»Ihr Hurensöhne!«, schrie der Alte und machte Anstalten, ein paar Steine aufzuheben, um sie zu bewerfen. Aber da kamen die Lastwagen schon wieder in Fahrt.

»Das sind Arbeiter«, erklärte der Schäfer, »die zu der Versammlung von Rossano fahren. Den ganzen Abend kommen schon diese Lastwagen. Aus allen Ortschaften der Provinz strömen sie herbei.«

Der Alte war noch ein wenig außer Atem, weil er so gerannt war, und lachte.

»Rossano habe ich auch einmal gesehen und reden gehört. Er sagt den Leuten, sie wären Hungerleider und Analphabeten. Alles Dinge, wofür sie dir sonst den Schädel einschlagen. Und stattdessen fühlen sich die Leute getröstet, und die Frauen weinen wie die Schoßhunde!«

Die Straße machte jetzt einen Bogen. Als sie aus der Kurve kamen, sahen sie wieder die zwei Lastwagen, die zuvor an ihnen vorbeigefahren waren. Sie standen mit eingeschalteten Rücklichtern vor einer geschlossenen Eisenbahnschranke. Auch auf der anderen Seite der Schranke warteten Fahrzeuge.

»Soldaten!«, sagte der Schäfer.

Die Männer trugen schwarze Baskenmützen, eine grüne Montur und hatten die MPs umgehängt.

»Sie stehen überall Posten«, sagte der Schäfer. »Die Regierung fürchtet, die Leute überfallen heute Nacht die Züge!«

Die Männer auf den Lastwagen schrien und lachten wieder, als sie die Schafe näher kommen sahen, aber diesmal hielt der Schäfer seine Herde auf Abstand und wurde wütend, weil die Tiere ausbrachen.

»Ihr Gauner, Hurensöhne!«, rief er.

In dem Augenblick wurde die Schranke geöffnet. Michele lief zu dem zweiten Lastwagen und rief: »Kann ich mitfahren?«

Die Männer hielten ihn an der Jacke fest. Er hing in der Luft, strampelte und wurde hochgezogen. Während der Laster die Schienen überquerte, sah Michele am Straßenrand einen Militärlastwagen mit aufgeblendeten Scheinwerfern stehen und gleich dahinter ein kleines gepanzertes Fahrzeug mit zwei Maschinengewehren auf dem Turm. An sich wollte er ab hier an den Gleisen entlanggehen, aber das war jetzt nicht ratsam.

»Bist du Schäfer?«, fragte einer der Männer auf dem Lastwagen. Sie machten ihm Platz, und er zwängte sich dazwischen. Einige saßen an den Seitenwänden, andere standen in der Mitte und hielten sich fest. Sie hatten die Mäntel über die Köpfe gezogen, um sich gegen Staub und Wind zu schützen.

»Ich komme vom Land«, sagte Michele, »aber ich habe auch in den Bergen als Steinbrecher gearbeitet.«

Neben der Fahrbahn sah Michele gelegentlich die Gleise auftauchen, die parallel zur Straße verliefen. Er bemerkte, wie sie nach rechts abbogen und in der Dunkelheit verschwanden. Die Straße ging jetzt bergab.

»Jetzt müsste ich abspringen«, überlegte Michele. »Aber dann muss ich übers freie Feld und werde von den Soldaten abgeknallt.«

Einige Männer in seiner Nähe unterhielten sich ebenfalls über den Bergarbeiterstreik.

»Die Bergherren schließen die Bergwerke jetzt endgültig«, sagte einer, der direkt vor ihm stand und sich an den Eisenverstrebungen festhielt. »Denen ist es egal. Die hocken in ihren Palästen in Palermo oder Caltanisetta und lachen sich ins Fäustchen. Wir machen diesen ganzen Rummel, damit wir zweihundert Lire mehr Lohn kriegen, und am Ende haben wir nichts.«

»Wir zünden die Bergwerke an«, sagte ein anderer. »Wir legen Dynamit in die Schächte und sprengen sie in die Luft.«

»Da pfeifen sie drauf!«, antwortete der Mann, der sich an den Eisenstangen festhielt. »Der ganze Berg gehört ihnen. Der Schwefel liegt so tief unten, den kann niemand kaputt machen.«

»Dann zünden wir ihre Häuser an«, antwortete der andere, »und ihre Autos auch. Wir nehmen ihnen die Frauen weg, egal ob sie alt sind oder erst dreizehn Jahre, und hängen sie an den Beinen am Straßenrand auf. Sie sollen Blut spucken. Dann werden wir sehen, ob sie drauf pfeifen!«

Der Laster bremste, und eine große Staubwolke wirbelte hoch. Auf der anderen Straßenseite kamen ihnen fünf gepanzerte Fahrzeuge entgegen. Sie waren bis zu den Türmen mit Staub und rötlichem Schlamm bedeckt. Auf jedem Schützenpanzer saßen fünf oder sechs Soldaten, die sich am Turm festhielten. Auch sie trugen Monturen und waren voller Staub.

Die ersten Häuser des Ortes waren nur noch etwa zweihundert Meter entfernt, und die Menschenmenge auf der Straße wurde immer größer, sodass die Lastwagen nur noch Schritt fahren konnten. In der Luft lag ein Geruch von Staub und Pferdemist. Die Männer auf den Lastwagen begannen zu singen und verständigten sich durch Zurufe.

Die Ersten sprangen schon von den Lastwagen und schlossen sich den Fußgängern an. Dann hielten die Fahrzeuge, und es gab Gedränge. Fahnen wurden entrollt und mit großem Jubel begrüßt.

Michele ließ sich von der Menge treiben. Das Gefühl, wieder unter Menschen zu sein, war so überwältigend, dass ihm fast übel wurde. Er kam sich wie eingeschlossen vor, boxte und trat, um nicht erdrückt zu werden, doch die Menge riss ihn mit, und er begann ebenfalls zu rennen. Je näher sie dem Zentrum kamen, desto drückender wurde es. Der Wind ließ nach, und die Fahnen hingen schlaff von den Stangen. Alle Fensterläden und Türen waren geschlossen, die Rollläden vor den Geschäften heruntergelassen, die Straßenbeleuchtung war ausgeschaltet, und auch in den Häusern brannte kein Licht.

Plötzlich erblickte er vor sich eine riesige Piazza. Sie zog sich wie eine Lichtung den Berghang hoch. Es gab eine Reihe kleiner Häuser, dann einen großen, weißen Palast und ganz hinten über einer Freitreppe eine gewaltige Kathedrale mit drei Portalen und drei Reihen Säulen. Der Ort erstreckte sich dahinter bis zum Gipfel, aber man sah nur die Lichter und zwei kleinere, weiter oben liegende Kirchen. Auch von dort strömten die Menschen herab und ergossen sich wie eine Kaskade über die Stufen der Kathedrale. Links von der Piazza stand eine Reihe grüner Armeelastwagen.

Michele versuchte, sich durch die Menge zu drängen, wurde jedoch gegen eine Hauswand gedrückt. Neben ihm wehrten sich einige Frauen mit Fußtritten dagegen, überrannt zu werden. An einem Zivillastwagen hing eine Menschentraube. Etliche hockten auf dem Fahrerhaus, andere auf den Kotflügeln. Ein Alter mit dunklem Gesicht und einem schwarzen Tuch auf den Schultern stand auf der Radnabe und hielt sich an der seitlichen Wagenklappe fest.

»Rossano kommt heute Abend nicht mehr!«, schrie er. »Das Militär hat alle Straßen gesperrt, um ihn zu verhaften, sobald er kommt!«

Er hatte dichtes, weißes Haar, das aussah wie ungekämmte Schafwolle. Neben ihm zog sich eine junge Frau an der Plane hoch. Schwankend stand sie auf dem Radkasten.

»Wenn Rossano nicht kommt, dann wissen wir, dass er auch nur ein Verräter und Feigling ist!«, schrie sie.

Der Weißhaarige schüttelte den Kopf, dann rutschten seine Füße seitlich weg. Mit einer hastigen Bewegung versuchte er, sich an der jungen Frau festzuhalten, und riss sie mit zu Boden. Doch gleich kam sein Kopf wieder zum Vorschein.

»Rossano ist kein Verräter!«, rief er.

In dem Augenblick ertönte an einer Seite der Piazza ein Schrei, der sich durch die Masse fortsetzte und immer stärker anschwoll.

Dann sah man einen Lastwagen, der langsam durch die Menge fuhr. Nur ein Mann stand auf der Ladefläche.

»Rossano! Rossano!«, schrien die Menschen, und wieder geriet die Menge in Bewegung. Einige klammerten sich an den Lastwagen, ließen sich mitziehen, und fünf oder sechs Männern gelang es, die Kotflügel zu erklimmen, wo sie ihre Fahnen schwenkten.

Nun warf sich auch Michele ins Getümmel und kämpfte mit Ellenbogen und Fußtritten, um nicht zurückgeworfen zu werden, bis er Rossano ins Gesicht blicken konnte.

Der Prediger schien sehr bleich zu sein, hatte langes graues Haar, einen dünnen, ebenfalls grauen Bart und hielt die Schultern nach vorne gebeugt. Er war sehr mager und trug keinen Mantel, wodurch er noch zerbrechlicher und schlanker wirkte. Hände wurden emporgereckt. Er bückte sich, ergriff sie, doch kein Lächeln und kein Schimmer der Zuneigung veränderten sein todernstes Gesicht.

»Vielleicht ist er wirklich nur ein Scharlatan oder ein Verrückter, wie Lorenzo sagt«, dachte Michele. »Dem Gesicht und der Figur nach zu urteilen, hat er nie gearbeitet, obwohl er mindestens fünfzig Jahre alt ist.«

Der Laster bewegte sich langsam über die Piazza, bis er das obere Ende erreicht hatte. Auch auf dem Fahrerhaus wehten jetzt Fahnen, und auf der Ladefläche wurde für Rossano ein Mikrofon aufgebaut. Aus der Reihe der Militärfahrzeuge richtete man einen starken Scheinwerfer auf den von der Menge eingeschlossenen Lastwagen.

Rossano bedeckte die Augen mit der Hand. Eine Stimme schrie: »Sie wollen ihn erschießen! Auch auf den Dächern stehen Maschinengewehre!«

Sofort brach Tumult aus. Ein unbeschreiblicher Lärm erfüllte die Piazza, während Rossano aufrecht und reglos auf dem Lastwagen stand und wartete. Der Staub, den die vielen Tausend Füße aufwirbelten, reflektierte das Scheinwerferlicht und schwebte wie eine Aura über den Menschen. Nach einigen Minuten hörte das Geschrei auf. In die Stille hinein fiel eine raue Stimme: »Rossano, ich bekomme nur vierhundert Lire am Tag und habe fünf Kinder. Lass sie uns abschlachten, die Herren!«

Eine zweite Stimme ertönte: »Zwei Kriege habe ich mitgemacht, Rossano! Jetzt bin ich krank und bekomme keine Lira!«

Rossano drehte den Kopf hin und her.

»Ich weiß nicht, wer du bist!«, rief er. Dann schaute er in die andere Richtung und wiederholte: »Ich weiß nicht, wer du bist!«

Er stand einen Moment lang da, als wäre er ratlos. Plötzlich stieß er die Fäuste nach vorn und schrie: »Aber ich weiß über dich Dinge, die du nicht gesagt hast, weil du dich schämst! Du kannst weder lesen noch schreiben, du hast gestohlen und im Gefängnis gesessen, und wenn du mit deinem Herrn sprichst, nennst du ihn Euer Ehren.

Du bist Analphabet, ehrlos und unterwürfig, hast nur ein Paar Schuhe und nur einen Anzug. Auch dein Körper ist schmutzig. Solltest du Bergmann sein, so bist du inzwischen fast blind, deine Lunge ist gelb und zerfressen, und in zehn Jahren hast du nicht einmal mehr die Kraft, dir einen Stein auf die Schultern zu laden. Dann bist du auf die milden Gaben deiner Söhne angewiesen. Du weißt alles das selber und nimmst es trotzdem hin, weil du feige und ohne Hoffnung bist. Mittags bekommst du einen Teller Bohnensuppe, abends Brot, Tomaten und Salz.

Du hast nicht einmal eine richtige Wohnung, nicht einmal eine Grabstelle, um deinen Namen zu ehren, und deine Gebeine werden in einem Armengrab beigesetzt. Sogar davor hast du Angst, weil der Tod dich endgültig von allem abschneidet. Die Gebeine aller Menschen, die sich hier auf dem Platz befinden, wird man auf die deinigen häufen, weil keiner von ihnen eine richtige Wohnung oder eine Grabstelle hat. Alle, die ihr euch auf diesem Platz drängt, seid

Kranke, Elende, Analphabeten, und ihr ähnelt einer dem anderen, wie sich Hunde oder Schafe der gleichen Herde ähnlich sehen!«

Auf der Piazza herrschte Grabesstille. Nur das Brummen des Scheinwerfers war zu hören. Rossano streckte langsam einen Arm aus und spreizte die Finger, um noch einmal jenen unbekannten Mann anzusprechen.

»Ich weiß deinen Namen nicht«, schrie er, »und habe nie dein Gesicht gesehen. Aber jetzt sage ich dir: Schüttle den Staub und die Schande von dir ab! Wach auf! Kleide dich endlich wieder in deine Menschenwürde, und knie niemals mehr vor anderen nieder!«

Er sprach schneller, und seine Stimme wurde schrill. Mit ausgebreiteten Armen wandte er sich der Front der Adelspaläste zu.

»Auch zu euch spreche ich, die ihr in Palästen wohnt! Ich beschwöre euch: Hört mir zu! Auch die Geduld der Lämmer ist nicht unendlich. Eine Tages wird ihr Zorn hervorbrechen, und keiner wird ihm standhalten. Die Sonne wird schwarz werden wie ein alter Kartoffelsack, und Hagelkörner aus Blut werden herabfallen. Die Könige dieser Erde, die Herren der Feudalgüter, die Mafiosi, sie alle werden sich in den Höhlen verkriechen und zu den Bergen beten: ›Fallt auf uns herab, verbergt uns, denn der Tag des Zornes ist gekommen.‹

Aber es wird keinen Ausweg geben. Die Reichen und Egoisten werden getötet werden, genau wie ihre Kinder, die Säuglinge in der Wiege und die Ungeborenen im Bauch ihrer Mütter …«

Aus der Versammlung erhob sich ein wilder Schrei, denn endlich hatte Rossano von Rache gesprochen. Wieder riss er die Arme hoch, als wollte er sich seinen Zuhörern entgegenwerfen, und gleich wurde es totenstill.

»Ich will euch etwas über dieses Dorf erzählen!«, rief er. Seine Stimme war heiser vom Schreien. Mit beiden Fäusten schlug er auf das Blech des Lkw.

»Ich will, dass ihr alles über dieses Dorf erfahrt. Wie die Menschen hier leben, die Giuseppe, Antonio, Sebastiano, Paolo und Giovanni heißen … Damit ihr begreift und euch entscheiden könnt …«

Er deutete auf die Häuser, Paläste und Kirchen.

»In diesem Dorf gibt es ein Amtsgericht, eine Kaserne, ein Gefängnis, ein Kloster, fünfzehn Klassenzimmer für die Volksschule, drei Apotheken, zwölf Kirchen und einhundert Herrenhäuser.

Aber es gibt kein Krankenhaus und nicht einmal eine Fabrik, keine Wasserleitung und keine Kanalisation. Es gibt drei Straßenkehrer, zweiundzwanzig Volksschullehrer, sieben Ärzte, achtzig Carabinieri, vierzig städtische Beamte, fünfundzwanzig Priester, vierzig Nonnen und fünf Rechtsanwälte.

Aber in diesem Ort leben zwanzigtausend Menschen, davon siebentausend Männer über achtzehn. Hundert Personen verfügen über zehntausend Hektar Land. Das sind fast alle Olivenhaine auf den Hängen, die Zitrusplantagen im Tal, der Wald, die Weiden, die Schwefelminen und die hundert Paläste.

Nun hört, wer die siebentausend sind und wie sie leben.

Viertausend sind Analphabeten, tausendfünfhundert sind vorbestraft, das heißt Gauner, Räuber, Viehdiebe und Mörder, achthundert sind krank und leiden unter Schwindsucht oder Knochentuberkulose. Dreitausend sind Tagelöhner, die nur sechs Monate im Jahr Arbeit haben und am Tag sechshundert Lire verdienen. Siebenhundert sind Steinbrecher, die genauso wenig verdienen, und neunzig sind Bergleute, die am Tag achthundert Lire bekommen. Diese neunzig haben allesamt die Körnerkrankheit und Blut im Urin. Schließlich gibt es tausendfünfhundert Arbeitslose. Viele von ihnen sind alt geworden, haben eine Krankheit oder sind arbeitsunfähig. Manchmal werden sie im Sommer einen oder zwei Monate lang für die Landarbeit angemustert und bekommen zweihundert Lire am Tag und einen Teller Nudeln.

Eure einzige Hoffnung ist, nach Australien auszuwandern, nach Amerika oder Kanada, und einige schaffen es sogar. Aber wer seid ihr auf der anderen Seite der Erde? Ihr könnt nicht lesen und schreiben, könnt kein Auto fahren, und so seid ihr auch dort gezwungen, euch als Handlanger, Packer, Hirten oder Dienstboten zu verdingen. Euren Kindern wird es vielleicht gelingen, gesund aufzuwachsen, Milch zu trinken und Fleisch und Weißbrot zu essen, Lesen und Schreiben zu lernen. Aber ihr werdet das nicht mehr erleben, weil ihr dann bereits tot seid …«

Rossano schwieg. Eine bedrohliche Stille breitete sich aus. Alle starrten zu dem hageren Mann, der aufrecht auf dem Lastwagen stand. Er sagte: »Ich will euch von einer noch viel entsetzlicheren Sache erzählen …«

Er wischte sich rasch mit dem Handballen den Schweiß aus dem Gesicht.

»In diesem Dorf leben einige Tausend Kinder. Von hundert Kindern haben dreißig bereits zerstörte Augen durch die Körnerkrankheit. Es sind eure Kinder! Nur fünfzig von diesen hundert gehen zur Schule, weil es nicht genug Schulen gibt und weil die Kinder auf dem Feld arbeiten und keine Zeit für andere Dinge haben. Sie müssen das Vieh zur Tränke treiben, im Steinbruch Steine laden und die Herde bewachen.

Auf diese Weise verdienen sie hundert Lire am Tag, aber sie bleiben Analphabeten, können selbst die Straßenschilder nicht lesen und leben deshalb schlimmer als die Tiere. Viele bringen es nicht einmal so weit, denn zehn von hundert Kindern in dieser Provinz sterben, bevor sie heranwachsen. Sie sterben an Schwindsucht, an Typhus, an Lungenentzündung und Malaria, weil sie neben dem Vieh schlafen, den Stallmist mit bloßen Händen tragen und nur Brot, Oliven und Nudeln zu essen bekommen.

Auch das sind eure Kinder!

In diesem Dorf sterben jedes Jahr hundert Kinder an Malaria,

Tuberkulose, Typhus und Kinderlähmung. In hundert Jahren sind hier zehntausend Kinder gestorben. Sie hätten leben und erwachsene Menschen werden können. Stellt euch vor, sie wären hier, mit ihren zerfressenen Lungen und ihren schleimweißen Augen. Ihre kleinen Leichen würden diese Piazza füllen bis hinauf zu den Balkonen der Herrenhäuser. Sie heißen Giuffrida, Mendola, Campisi, Santoro, Bellia und sind eure Kinder. Sie starben, weil sie zehn Stunden am Tag ohne ausreichende Ernährung arbeiten und in Höhlen leben mussten, denn es gibt Menschen, die sie nicht für Menschen halten.«

Wieder stieg aus der Menschenmenge ein hasserfüllter Schrei auf, doch Rossano hämmerte mit den Fäusten auf das Blech des Lastwagens, sodass es wieder still wurde auf der Piazza. Ängstlich duckte sich die Menge. Rossano wirkte verwandelt. Sein ganzer Körper war jetzt in heftiger Bewegung. Er schrie: »Wem spendet ihr Beifall? Sind diese Dinge nicht etwa eine Schande für euch? Spendet ihr euren toten Kindern Beifall? Euren Hütten aus Tuff, eurer Dummheit, den Krankheiten, die ihr habt, dem miserablen Lohn, den ihr bekommt, dem Staub, den ihr schluckt?

In anderen Städten errichten die Menschen Fabriken, Werkstätten, helle Schulen und Krankenhäuser, die größer sind als Kirchen. Ihr kratzt den Schwefel mit den Fingernägeln aus der Erde und schleppt ihn auf dem Rücken über Tage. Den Acker bearbeitet ihr mit einem Holzpflug und macht einen Diener vor eurem Herrn und nennt ihn gnädig, weil er blass, wohlgenährt und fett ist und euch die Gnade gewährt, für fünfhundert Lire am Tag auf seinem Feudo zu schuften. Fünfhundert Lire, das sind drei Kilo Saubohnen. Seit tausend Jahren verdient ihr ganze drei Kilo Bohnen am Tag, und seit tausend Jahren sind eure Kinder Analphabeten, krank, dumm und haben die Augen voll Schleim.

In derselben Zeit gab es in diesem Dorf immer hundert Männer, die alles besaßen – die Oliven und die Orangen, die Bergwerke und die hundert Paläste. Sie haben euch niemals mehr gegeben als drei Kilo Bohnen, und sie haben niemals einen Staudamm errichtet, um das Brachland zu bewässern, und nie eine Fabrik, um den Schwefel weiterzuverarbeiten.

Ihnen gehörte alles, und das reichte ihnen. Ihr wart Analphabeten, und sie waren froh darüber. Eure Kinder starben an Typhus, aber sie sahen es nicht und brachten auch kein Mitleid auf. Je tragischer eure Lage war, desto hilfloser und unterwürfiger wart ihr.«

Er warf einen Arm hoch und spreizte die Hand.

»So geht das seit tausend Jahren! Seit tausend Jahren geht das so! Drei Mächte beherrschen dieses Dorf wie drei Dämonen.

Vor allen Dingen die Angst. Ihr habt Angst, ohne Arbeit zu sein, und deshalb schleppt ihr Steine und werdet im Bergwerk blind. Ihr habt Angst vor Krankheit und Not, und deshalb begnügt ihr euch mit drei Kilo Bohnen als Preis für euer Leben. Die Angst, schutzlos zu sein, verführt den Zeugen, vor dem Richter zu lügen. Die Angst vor dem Hunger zwingt den Armen, zum Straftäter zu werden; zum Dieb und zum Mörder.

Zum Zweiten die Unwissenheit! Sie ist euer schrecklichstes Elend, denn ihr könnt weder lesen noch schreiben. Ihr wisst weder, wie ein besseres Leben aussehen könnte, noch, wozu ein Staudamm gut ist oder wie man ihn baut, noch, was eine Revolution ist oder warum ein Krieg ausbricht, und ihr wisst nicht einmal, wie man diese Dinge lernt.

Du bist Bergarbeiter, du heißt Giuseppe, bist Analphabet und tust niemandem etwas zuleide, und doch werden andere Männer eines Tages kommen und dich töten und dein Haus zerstören. Du weißt nur, das ist ein Krieg wie der Typhus oder die Kinderlähmung, doch sonst weißt du nichts.

Und schließlich das Geld. Ihr habt nichts, und die anderen haben alles. Das Geld dient dazu, euren Lohn zu bezahlen, die Zeugen zu bestechen, Medizin zu kaufen, Mehl, Zigaretten, Brennholz,

Milch für die Kinder, Schuhe. Das Geld dient auch dazu, die Messe lesen zu lassen und den Ablass für die Verstorbenen zu kaufen.

Sogar euer Leben und eure gerechte Wut haben ihren elendiglichen Preis. Wenn man euch nur hundert Lire mehr Lohn gibt, wird dieser Platz wieder leer werden, und ihr kehrt zufrieden in eure Bergwerksschächte zurück …«

Rossano schüttelte die Fäuste, und sein Kopf zuckte, als hätten Wut und Schmerz ihn überwältigt.

»Das geht so lange«, stieß er hervor, »bis der Tag des Zornes kommen wird, und der Himmel wird zerrissen werden wie Papier und die Sonne untergehen im Blut. Nichts wird dem Sturm widerstehen, weder die Paläste noch die Tempel, Kirchen und Burgen, und es wird ein schreckliches Frohlocken sein: Sie ist gefallen, sie ist gefallen, Babylon, die große Behausung der Teufel, das Behältnis der unreinen Geister. Die Toten wird man mitten auf der Piazza mit Kalk verbrennen müssen. Eines Tages … eines Tages …«

Seine Stimme versagte. Er drehte sich mit ausgestreckten Armen einmal um die eigene Achse und schien jetzt zu den Palästen zu sprechen.

»Ihr«, schrie er keuchend, »die ihr die Herren der Bergwerke und Viehweiden, der Kirchen und Wälder seid, sorgt dafür, dass niemand mehr sterben muss, denn auch sie sind Menschen. Helft ihnen, ihre Würde zu finden, denn auch sie haben eine Seele. Helft ihnen zu leben, bevor sie euch töten, denn wenn sie sterben müssen, wird euer Tod noch entsetzlicher sein. Je mehr ihr euch selbst erhebt und prasst, desto schlimmer werden Qualen und Pein euch bedrücken, und ihr werdet ausrufen: ›Ah, unsere Häuser und Paläste, unsere glücklichen Kinder, unsere Kirchen, die in Byssus und Purpur gekleidet waren, die in Gold und Edelsteinen prangten, alle diese Pracht ist in einem Augenblick vernichtet worden …‹«

Diesmal übertönte der Schrei der Menge seine Stimme. Von allen Seiten erhob sich ein wahnsinniger Ruf nach Aufruhr. Fast niemand hatte Rossanos wirre Rede begriffen, doch alle waren aufgewühlt und konnten sich nicht beruhigen.

Von den Bürgersteigen her warfen sich die Menschen in die Menge und drängten zum Lastwagen. Eine Frau mit einem Kind im Arm raufte sich das Haar und schrie wie eine Verrückte. Dann wurde sie umgerissen und tauchte mit blutendem Gesicht wieder auf.

»Das Kind!«, schrie die Menge. »Das Kind! Sie bringen es um!«

Einige verschafften sich mit Fußtritten Durchlass, wurden sofort mitgerissen und hielten sich an anderen fest, um nicht umgeworfen zu werden. Michele befand sich nahe beim Lastwagen und schaffte es, sich an den Kotflügeln festzuhalten und schließlich auf die Ladefläche zu klettern.

Er sah über die Köpfe hinweg und bemerkte, dass die Menschen an den Rändern der Piazza zu fliehen begannen. Schon rannten Hunderte in die seitlichen Gassen und Straßen. Auch vom Lastwagen sprangen nun einige Männer hinunter und verschwanden in der Menge.

Plötzlich wurde auf einem der Dächer ein starker Scheinwerfer eingeschaltet und strich über die Köpfe.

Inmitten dieses Aufruhrs hörte Michele die Stimme Rossanos: »Ihr bestellt den Acker, zieht die Furchen und düngt sie mit Schweiß und Blut. Ihr lest die Steine und mäht das Gras. Ihr grabt die Schächte der Bergwerke, holt den Schwefel aus der Tiefe der Berge, werdet blind dabei und schleppt den Schwefel auf euren Schultern. Doch das Land und die Bergwerke gehören euch nicht …«

Seine Worte verloren sich im wüsten Lärm der Versammlung, und von den Militärlastwagen her war der helle Ton einer Trompete zu hören. Nacheinander wurden an sämtlichen Lastwagen die Scheinwerfer aufgeblendet und auf die Piazza gerichtet.

»Sie greifen an … jetzt schießen sie!«, schrien die Leute, und die Panik steigerte sich. Die meisten versuchten, die Seitenstraßen zu erreichen, liefen wie verrückt durcheinander, rollten ihre Fahnen ein, und im Nu lichtete sich die Piazza. Dann hörte man nur noch das Rattern der Kettenfahrzeuge.

Auch Michele wurde von Panik erfasst. Er überlegte sich, dass die Soldaten bald alle Ortsausgänge absperren würden, und flüchtete ebenfalls.

»Zu den Minen!«, schrie es von allen Seiten. »Wir besetzen die Minen, bevor die Soldaten dort sind!«

Unten am Hang vor dem Dorf begannen einige bereits, auf ihre Lastwagen zu steigen. Ein Jeep kam vorbei. Neben dem Fahrer stand ein Offizier der Carabinieri und hielt sich an der Windschutzscheibe fest. Sein blau-roter Umhang flatterte.

»Räumen! Besteigt eure Fahrzeuge und entfernt euch!«, schrie der Offizier. »Schneller! Schneller!«

Die ersten Lkw setzten sich in Bewegung, fuhren jedoch langsam, damit die Leute aufsteigen konnten. Michele gelang es, sich an einem Lkw festzuhalten und hinaufzuklettern. Hinter ihm hangelten sich noch an die zwanzig Personen auf die offene Ladefläche. Sie schwenkten eine große rote Fahne, als sie an den Panzerfahrzeugen vorbeikamen, und riefen: »Heute Nacht besetzen wir die Minen!«

Von einem Lastwagen verbreitete sich der Ruf zum nächsten: »Versammelt euch bei den Bergwerken!«

»Wir besetzen die Minen, bevor die Soldaten kommen!«

»Heute Nacht! Sofort!«

Alle waren von einer wüsten Erregung gepackt. Die Lastwagen beschleunigten ihre Fahrt, und Michele sah die weißen Mauern und die Olivenbäume auf den Feldern am Straßenrand vorbeifliegen. Nach einer Weile erkannte Michele die Eisenbahngleise, die neben der Straße verliefen, und rechnete sich aus, dass sie vom Bahnübergang nur noch etwa zwei oder drei Kilometer entfernt waren.

»Wenn ich Pech habe, lassen die Soldaten uns absteigen, um die

Papiere zu kontrollieren«, überlegte er und umklammerte die Pistole in seiner Tasche. Mit dem Daumen legte er den Sicherungshebel um. »Sobald die Soldaten sich nähern, erschieße ich den Erstbesten und verschwinde. Bis sie das Feuer erwidern können, bin ich längst in der Dunkelheit untergetaucht. Das ist die einzige Chance, die ich habe.«

Der Bahnübergang war erreicht, und der Laster fuhr jetzt Schritt. Michele sah drei gepanzerte Wagen am Straßengraben stehen und eine Reihe Soldaten mit schwarzen Baskenmützen und Kampfanzügen. Die Männer auf dem Laster schwenkten wieder die rote Fahne.

»Hurra! Hurra!«, schrien alle gleichzeitig und reckten die Fäuste. Doch die Soldaten standen nur breitbeinig am Straßengraben oder hockten neben ihren MG, hatten die Zigarette im Mund und lachten.

Michele spürte, wie die Räder gegen die Gleise schlugen, sah die nachfolgenden Lkw über den Bahnkörper rumpeln, und wieder flogen Felder und Olivenhaine am Straßenrand vorbei. Er zog sich die Mütze tief über die Ohren und wartete einige Minuten. Dann hob er ein Bein über die Seitenplanke, hielt sich am Aufbau gut fest, beugte sich zur Fahrerkabine vor und klopfte gegen das Fenster. »Fahrt langsam! Lasst mich runter!«

Der Lkw bremste, und das nachfolgende Fahrzeug näherte sich mit aufgeblendeten Scheinwerfern bis auf zwei Meter. Michele sprang auf den Seitenstreifen. Der zweite Lastwagen fuhr in einer Staubwolke an ihm vorbei, und die Männer beschimpften ihn. Einige spuckten sogar hinter ihm her.

Er lief die Böschung hinunter und hielt erst inne, als er mindestens einen Kilometer von der Straße entfernt war.

Auf dem Berg jenseits des Tales sah er die Lichter seines Dorfes. Er hielt die brennende Zigarette ans Zifferblatt. Es war zwanzig Minuten nach Mitternacht.

»In zwei Stunden könnte ich bei Stellina sein«, überlegte er. »Ich könnte mindestens eine Stunde bei ihr bleiben und wäre immer noch vor Sonnenaufgang am Fluss.«

Er dachte daran, wie er Stellina das letzte Mal gesehen hatte. Die warme Kammer mit dem Ofen, in dem einige Baumstrünke glühten, und Stellina, die sich auf ihn legte und ihn abküsste.

»Um diese Uhrzeit ist niemand im Tal«, dachte er, »ich kann es wagen.«

Er richtete sich auf, ging den Weideweg hinunter, erst langsam, begann dann zu rennen und blieb nur gelegentlich stehen, um Luft zu schnappen. Einmal stolperte er und riss sich an einem Stein die Hand und den Unterarm auf. Jammernd lag er am Boden, wischte sich das Blut mit dem Taschentuch ab und wickelte es um die Wunde. Unten am Fluss warf er sich erschöpft ins Gras. Seine Glieder waren steif vor Müdigkeit.

»Ich laufe seit zwölf Stunden«, dachte er. Angst überkam ihn, es könnte etwas Schlimmes passiert sein. »Vielleicht hat sie eine Fehlgeburt gehabt, und das Kind ist längst tot.« Dann wieder meinte er, Stellinas Stimme neben sich zu hören: »Ich werde dir bestimmt einen Sohn schenken, Michele! Aber du musst um mich trauern!«

Er zitterte und legte die Hand auf die Brust. Sie war nass geschwitzt, aber sein Schweiß war eiskalt. Auf allen vieren kroch er ans Wasser und trank so lange, bis er heftig rülpsen musste und das Wasser mit einem Schwall wieder herauskam. Dann überquerte er den Fluss und lief auf der anderen Seite den Hügel hinauf, ohne die Lichter des Dorfes aus dem Auge zu lassen.

Doch schon nach einem Kilometer verließen ihn die Kräfte. Das Wasser in seinem Bauch schien sich in Stein verwandelt zu haben, und die Hand schmerzte.

Er streckte sich aus, spreizte die Beine und presste die verletzte Hand gegen die Brust.

»Ich hätte nicht so viel Wasser trinken sollen«, dachte er. Wieder beschlich ihn ein Gefühl tiefer Sorge. »Vielleicht hat Stellina kein Geld mehr, um sich Medizin zu kaufen, und man hat sie ins Sanatorium geschafft. Sie ist in der Lage, sich umzubringen!« Er raffte sich auf, ging nach einigen Hundert Metern wieder in die Knie und fing zu weinen an. Er hatte das Gefühl, keine Luft zu bekommen, atmete mit aufgerissenem Mund und begriff, dass seine Kräfte nicht mehr ausreichten, um bis ins Dorf zu laufen und bei Sonnenaufgang wieder die Furt zu erreichen. Es war zwei Uhr morgens.

So legte er sich lang, schloss die Augen, schob die verletzte Hand unter die Achsel und merkte, wie sein Körper sich entspannte. Alle Angst und auch der Schmerz in der Hand wichen dem sehnlichen Wunsch, einzuschlafen. Einmal hörte er Hundegekläff und stellte sich vor, wie die Bauern nun schon zu den Rinderpferchen hinausgingen, um das Vieh zu versorgen.

Er ruhte nur einige Minuten lang, dann kehrte er zum Fluss zurück, wusch die Wunde und wickelte sich das Taschentuch fest um die Hand. Nachdem er die Furt passiert hatte, kletterte er langsam die Felsen hinauf bis zu der Stelle, wo er sich am Nachmittag von Paolo Chillemi verabschiedet hatte, legte sich im Schutz eines Felsens nieder und sah zu den Lichtern hinüber, denen er schon so nahe gewesen war.

»Ein schönes Dorf«, dachte er, »auch wenn es so arm ist und kein Krankenhaus und keine Wasserleitung hat. Die Menschen, die es verlassen haben, trauern ihm für immer nach.«

Er rückte näher an die Felswand und suchte eine Stelle zum Schlafen, doch die Kälte war unerbittlich. Ihm war heiß und kalt zugleich, und seine Gedanken verwirrten sich.

»Stellina schläft jetzt«, sagte eine innere Stimme. »Ihre Matratze hat eine Kuhle. Da kuschelt sie sich hinein und hat es schön warm. Viele arme Männer oben im Dorf liegen jetzt auf einer warmen Matratze und haben eine Frau in den Armen. Ich aber habe auch das verloren. Paolo hätte mir wenigstens seine Wolldecke dalassen können. Er ist ein noch größerer Drecksack als die anderen. Der hilft keinem.«

Er zog die Joppe über den Kopf und wärmte sich mit seinem Atem, bis er in einen unruhigen Halbschlaf fiel. Als er aufwachte, hatte das Tal sich gelb und grau gefärbt. Es war kurz vor Sonnenaufgang. Die Niederungen und der Fluss lagen unter einer wolkigen Nebeldecke, aus der sich gelegentlich kleine Schwaden lösten.

Langsam und kraftlos setzte Michele den Aufstieg fort. Nach einer Weile sah er Lorenzo Giliberto, der in die Decke gehüllt auf einem Stein hockte. Nur der Kopf und der Gewehrlauf schauten heraus. Reglos schaute er zu, wie Michele näher kam. Dann reckte er das Kinn zur Begrüßung und lachte: »Bravo, Michele!«, sagte er. »Du bist pünktlich!«

Vor ihm lagen eine Büchse Fleisch, etwas Brot und zwei gesalzene Sardinen auf einem Stück Packpapier. Michele setzte sich und begann zu essen.

»Ich glaube, ich habe Fieber«, sagte er. »Ich bin die ganze Nacht gelaufen. Die Eisenbahn wird mit Panzern bewacht, weil die Bergleute streiken. An die Bahnstation war kein Rankommen!«

Er wickelte das durchblutete Taschentuch von der Hand und zeigte die Verletzung.

»Auf dem Rückweg bin ich gestürzt«, sagte er. »Ich kann keinen Finger bewegen!«

Lorenzo hörte auf zu kauen, wischte sich die Krümel von den Lippen und hob vorsichtig Micheles Hand, um die Wunde zu betrachten.

»Da ist Dreck reingekommen«, sagte er. »Das gibt eine Entzündung. Du musst die Wunde mit warmem Wasser waschen und noch einmal zum Bluten bringen!«

Michele lag drei Tage mit hohem Fieber und aß keinen Bissen. Er litt unter der Kälte und jammerte. Abends war er blau angelaufen und fantasierte.

»Hat die Erde eine Rückseite?«, fragte er und sah mit großen Augen in die Runde. Sofort nickte er bestätigend, wischte sich mit Daumen und Zeigefinger den Speichel aus den Mundwinkeln und beantwortete sich die Frage selber: »Aber sicher! Wir reisen auf die andere Seite der Erde, und unsere Kinder essen Fleisch, Weißbrot und trinken Milch!«

Lorenzo Giliberto fuhr ihm übers Haar, um ihn zu besänftigen, doch Michele bemerkte ihn nicht einmal. Plötzlich begann er zu stöhnen, riss die Augen auf und reckte den Arm zum Schilfdach. »Die schwarze Sonne!«, schrie er. »Wie ein alter Kartoffelsack!«

Die Lider zuckten, die Zunge flatterte, der Kopf fiel von einer Seite auf die andere, und die Augen blickten irre. Er versuchte, sich aufzusetzen.

»Die Berge!«, schrie er. »Seht ihr die Berge? Sie stürzen auf uns herab!« Er schlug um sich, röchelte schrecklich und barg das Gesicht in den Händen. Antonio Malacarne musste ihn an Armen und Beinen fesseln, weil er nicht mehr zu bändigen war. Michele schwitzte und zitterte zugleich vor Kälte. Alle Decken und sogar ein Strohsack wurden auf ihn gehäuft.

»Der ist zäh wie ein Schafbock!«, sagte Antonio Malacarne. »Das Fieber geht vorbei.«

Während Michele bewusstlos war, öffnete Lorenzo Giliberto die Wunde mit einem Messer und reinigte sie. Aus dem Fluss holte er Blutegel und setzte sie Michele hinter die Ohren, um das verdorbene Blut auszusaugen. Schweigend sah er ihn an und tupfte ihm mit einem Taschentuch den Speichel von den Lippen.

»Er hat eine Blutvergiftung«, sagte er. »Seine Augen sind krötengelb! Aber mehr Blut können wir ihm nicht absaugen, sonst stirbt er!«

Er kochte ihm einen Sud aus Zucker und Lorbeerblättern, um seinen Durst zu stillen. Nachts streckte er sich neben ihm aus, denn er war alt und hatte den leichten Schlaf einer Ziege. Sobald er ihn jammern hörte, gab er ihm zu trinken, trocknete den Schweiß auf seinem Gesicht und wusch behutsam seine Wangen und Lippen mit einem Fetzen Stoff, den er mit Wasser und Wein tränkte.

Nach drei Tagen erwachte Michele und hatte Hunger, und sie gaben ihm Milchsuppe mit eingeweichtem Brot. Gegen Mittag trugen sie ihn vors Haus in die Sonne, weil er kein Fieber mehr hatte. Dort kauerte er auf der Treppe, in seine Decke gehüllt wie ein Gelähmter. Seine Haut war wie Papier und sein Gesicht von einem schwarzen Bart bedeckt. Er konnte kaum sprechen.

»Rauch, rauch!«, sagte Antonio Malacarne und gab ihm eine angezündete Zigarette. »Das stärkt die Lungen.«

Michele rauchte und hustete, doch auch er lachte mit Tränen in den Augen.

»Ich hatte mal Typhus«, erzählte Lorenzo Giliberto. »Am ganzen Leib hatte ich blutunterlaufene Stellen, und meine Knochen waren dünn wie Strohhalme. Die Matratze unter mir dampfte, weil ich so hohes Fieber hatte. Der Arzt sagte: ›Gib acht, deine Därme sind hauchdünn wie ein Zwiebelhäutchen. Wenn du dich bewegst oder auch nur eingeweichtes Brot isst, bist du tot!‹

Auch der Priester kam und bestrich meine Fußsohlen mit geweihtem Öl.

›Bereust du deine Sünden?‹, fragte er mich.

›Jawohl, Hochwürden!‹

›Bravo!‹

Und damit ging er und raffte seine Soutane, weil er Angst hatte, sich anzustecken. Kurz und gut: Nach zwei Tagen war das Fieber vorbei, und ich aß einen Teller warmen Ricotta mit Brot. Der Mensch muss essen. Eine Woche hält er es aus, dann stirbt er!«

Am gleichen Abend ging Antonio Malacarne zur Hochebene,

um an der Bahnstation den Landbus von Catania zu beobachten. Er schob die Pistole in den Hosenbund, steckte ein Stück Brot, etwas Salzfleisch und ein Fläschchen Wein in die Tasche und witzelte: »Heute Nacht prasse ich wie ein Baron!«

Er zog die Stiefel an und nahm auch den schwarzen Schal und die Baskenmütze mit. Als die Dämmerung kam, marschierte er los. Am anderen Morgen war er wieder da, die Augen vom Wind gerötet und staubig bis hoch zum Gürtel.

»Jetzt schlafe ich erst mal zwölf Stunden!«, sagte er zufrieden. Er machte sich eine Schüssel warme Milch mit Brot, setzte sich vors Haus und begann zu essen. Ein paar Mal lüpfte er die Mütze und kratzte sich mit der Hand am Kopf. Erst lachte er mit vollem Mund, dann schluckte er hastig.

»Wenn wir die Sache richtig organisieren«, sagte er, »verdienen wir mindestens drei Millionen. Entlang der Eisenbahn steht nicht ein einziger Soldat.«

Er zeichnete mit dem Finger zwei Kreise in den Boden und zog dazwischen einen senkrechten Strich.

»Das hier ist der Bahnhof, und das ist der Kiosk, wo der Bus anhält. Das hier sind die Gleise. Es gibt nur zwei Männer: den Bahnwärter, der den Zugverkehr überwacht und die Signale für die Züge gibt, und den Mann, der die Zigaretten, das Brot und den Kaffee verkauft. In der ganzen Gegend gibt es weder ein Haus noch einen Rinderpferch. Aber es gibt ein Telefon im Bahnhof! Wir müssen auf das Telefon achtgeben.«

Er aß weiter, kaute zufrieden und schluckte. Dann holte er tief Luft durch die Nase, um anzudeuten, dass es an seinen Worten keinen Zweifel gebe. Mit dem Löffel kratzte er die Schüssel leer, schluckte hastig und fuhr fort: »Der Bus kommt genau um Mitternacht. Wir müssen spätestens um halb zwölf dort sein. Wir knebeln und fesseln den Bahnwärter und den Mann vom Ausschank im Bahnhof. Dann schneiden wir die Telefonkabel durch und warten auf den Bus. Es muss alles blitzschnell gehen. Sie dürfen nicht einmal dazu kommen, ›Christus, hilf mir!‹ zu sagen.

Ich und Paolo reißen die Türen auf, Michele und Lorenzo stehen auf beiden Seiten des Busses und halten das Gewehr im Anschlag. Sie müssen sich auf den Boden legen, dann nehmen wir ihnen allen Goldschmuck ab, die Uhren, Ringe, das Geld, die Ohrringe und die Armbänder.« Erst als er alles erklärt hatte, war Antonio endlich zufrieden. Er saß breitbeinig da, strich sich über den Bauch und zündete sich eine Zigarette an. Sein Gesicht sah müde aus.

»Vom Bahnhof bis zur Furt brauchen wir vier Stunden«, begann er wieder. »Die Carabinieri verfolgen uns nicht vor Sonnenaufgang. Dann sind wir längst in den Bergen.«

»Michele ist noch schwach!«, sagte Paolo Chillemi.

Antonio Malacarne brummte zustimmend und betrachtete das bleiche Gesicht Micheles, der zum Zuhören herausgekommen war.

»Wir warten noch eine Woche«, sagte Antonio. »Der Bus kommt jeden Abend. Jetzt wissen wir, dass er uns nicht entgehen kann!«

Am anderen Morgen kam Brasi Mugnu, um Proviant zu bringen, und Antonio und Paolo trafen sich mit ihm unten beim Fluss. Er hatte zehn Brote, Büchsenfleisch, Käse, Schokolade, Seife und Dosenmilch dabei. Sie sahen ihn, wie er mit seinem Rucksack langsam durch die Furt watete. Er wartete am Ufer, bis sie ihm von der Anhöhe aus zupfiffen, und begann, zwischen den Felsen hochzuklettern. Bei ihnen angekommen, befreite er sich vom Rucksack und ließ sich auf einen Stein fallen.

»Ich bin erledigt«, sagte er. »Diese Sonne bringt einen um!« Er nahm die Mütze ab und massierte sorgsam sein Haar. Eine Weile hockte er reglos da, pustete und schnaubte, trocknete sich mit dem Taschentuch den Schweiß vom Gesicht und band es sich um den Hals. Sie gaben ihm wieder zehntausend Lire in Kleingeld, das er sorgfältig in seine Mütze zählte. Als er fertig war, holte er einen Brief aus der Tasche und gab ihn Antonio.

»Das hat Ciuzza mir gegeben. Es ist ein Brief für Michele«, sagte er. »Von der Frau, mit der er zusammengelebt hat. Ciuzza sagt, bevor er abgehauen ist, hat er ihr einen kleinen Michele gemacht!«

Antonio nahm den Brief mit spitzen Fingern, zog ihn an seiner Nase vorbei und schnüffelte heftig. Dabei schloss er die Lider und seufzte sehnsüchtig. Paolo bekam kleine Augen und lachte: »Herrlich, der Duft einer Frau! Du berührst sie zärtlich mit den Lippen, erst unter den Armen, dann ihre Brustwarzen, dann den Bauchnabel, und gehst immer weiter nach unten. Dein Speichel wird zu Honig.«

Er seufzte schwermütig. Antonio gab ihm einen Tritt. Paolo wich aus und sagte mit schmachtendem Blick: »Die italienischen Frauen riechen wundervoll. Ich liebe ihren Geruch.«

Er zwinkerte Brasi zu.

»Ciuzza! Diese große Hurentochter sollten wir noch mal kommen lassen!«

Brasi lächelte sanft und schaute Antonio Malacarne an, um zu sehen, was der dazu meinte. Dann sammelte er wieder Kleingeld aus der Mütze in die Tasche und nickte bei jeder Handbewegung.

»Ciuzza lässt euch grüßen!«, sagte er und blickte zu Boden. »Sie ist weg nach Kalabrien. Für den Puff in Catania war sie zu alt.«

Er wurde plötzlich ernst. Antonio Malacarne hatte ein Streichholz zwischen den Zähnen und sah ihn teilnahmslos an. Brasi Mugnu war endlich mit dem Einsammeln der Münzen fertig und seufzte nachdenklich.

»Du erinnerst dich daran, was ich beim vorigen Mal gesagt habe?«, fragte er.

Antonio schloss langsam die Augen, um anzudeuten, dass er sich erinnerte. Brasi nickte.

»In drei Tagen bringe ich einen Mann mit, der euch sagt, wer die Person ist, die ihr umbringen sollt. Fragt mich nicht, er wird euch alles erklären.«

Aufmerksam betrachtete er die beiden Männer. Er besah sich ihre Schuhe, die Hände, die Waffen, die sie bei sich hatten, und zum Schluss schaute er in ihre Augen.

»Gib acht, Antonio Malacarne«, sagte er bedächtig. »Wenn ihr es schafft, diese Person zu töten, bekommt ihr vier Pässe.«

Antonio holte noch eine Zigarette aus der Tasche, rollte sie mit der flachen Hand auf einem Stein, um den Tabak zu lockern, zupfte mit den Zähnen die heraushängenden Tabakfädchen ab und spuckte sie auf den Boden.

Brasi sagte: »Ich komme in drei Tagen am Nachmittag um vier.«

Antonio Malacarne lud sich den Rucksack auf die Schultern und sagte: »Ihr bleibt in der Mitte der Furt stehen und wartet auf unser Zeichen, und wenn ich dich rufe, kommst du alleine.«

Er zog die Rucksackgurte vor der Brust nach unten, hängte sich die MP um und fügte drohend hinzu: »Und noch eins, Brasi. Hier will ich die vier Pässe sehen!« Dabei schlug er mit dem Zeigefinger auf eine Felsplatte.

Brasi Mugnu schlug seinerseits mehrmals mit dem Zeigefinger auf den Stein.

»Gewiss doch! Hier bekommt ihr von ihm die vier Pässe hingelegt, mit euren Namen und Vornamen, damit ihr seht, dass er ein wirklich einflussreicher Mann ist. Nur die Fotos und der Stempel werden in Palermo nachgeliefert, wenn ihr euch einschifft. Zwei Stunden vorher. Das ist so üblich!«

Antonio nickte und schwieg eine Weile. Dann streckte er Brasi den Zeigefinger entgegen und sagte: »Richte dem Mann aus, dass wir nichts zu verlieren haben. Du kannst ihm auch sagen, wenn er uns reinlegt, werde ich ihn so lange suchen, bis ich ihn erwische.

Dann sag ihm noch, wenn er ohne Pässe kommt oder auch nur einen Schritt ans Ufer macht, erschieße ich ihn!«

Brasi nickte abermals, bevor er sich umdrehte und ging. Antonio und Paolo blieben noch eine Weile und sahen ihm nach, wie er zum Fluss hinunterging und auf dem Feldweg zwischen den Hügeln verschwand. Dann kletterten sie wieder auf ihren Berg.

Sie hatten schon die Hälfte des Berges geschafft, bevor sie eine Pause machten. Antonio ließ den Rucksack zu Boden gleiten und begann zu lachen.

»Pässe!«, schrie er, so laut er konnte, schlug mit den Fäusten auf den Felsboden, breitete Arme und Beine aus und blickte fröhlich zum Himmel hinauf. Dann schaute er ins Tal hinunter und schwenkte die Arme.

»Ihr Hurensöhne!«

Mit einem Ruck wandte er den Kopf zur Seite.

»Pässe! Pässe!«, rief er und raste von einem Rand des Felsens zum anderen.

»Ihr Scheißer, habt ihr gehört?! Ihr Arschlöcher, ich pisse auf euch! Ich pisse auf euch!«

Er stellte sich am Abgrund auf, zuckte mit dem Unterleib und pisste ins Tal.

Paolo Chillemi lachte. Sein Barthaar hing über die Oberlippe herab, da er sich in letzter Zeit nicht einmal mehr den Schnäuzer geschnitten hatte. Sein Gesicht blieb traurig und schmal, auch wenn er lachte.

»Nächstes Jahr sind wir in einem anderen Erdteil«, sagte er. Das Lachen schwang noch in seiner Stimme, doch Antonio spürte, dass Paolo Angst hatte, und sah ihn aus tiefen Augen an. Paolo hatte vor allem und jedem Angst. Einen Moment lang blickten sie sich an, dann lächelten beide. Antonio lud sich den Rucksack auf, und sie setzten den Aufstieg fort.

Michele und Lorenzo berichteten sie, dass Brasi Mugnu in drei Tagen einen Mann mitbringen werde, der vier Pässe für Venezuela habe, und dass ein Mann getötet werden müsse, um die Pässe zu bekommen. Lorenzo hatte mit dem Fangeisen zwei Hasen gefangen, die sie über der Glut rösteten, dazu Weißbrot aßen und den Wein tranken, den Brasi mitgebracht hatte.

Antonios Stimme kollerte vor Freude, und er schaute Michele an. Auch Paolo Chillemi lachte vor sich hin, während er mit der Zunge nach Krümeln zwischen seinen Zähnen suchte.

»Übrigens, Ciuzza, diese große Nutte …«, sagte er, unterbrach sich aber und blickte zu Antonio, der den Brief für Michele hatte.

»Diese große Nutte«, sagte Antonio, »hat die Frau besucht, mit der du im Dorf zusammengelebt hast. Sie hat ihr einen Brief für dich gegeben.«

Michele wurde blass und schaute rasch von einem zum anderen.

Antonio holte den Brief aus der Tasche, schnüffelte daran und sagte: »Ciuzza sagt, deine Frau hätte einen Bauch wie ein Ballon. Die Nutte soll auch gesagt haben, vor deiner Abreise hättest du der Frau einen kleinen Michele in den Bauch geschmuggelt – ein winziges Kerlchen, aber schon mit Bart, Haaren und einer Ganovenkappe.«

Michele lachte nur kurz, mit offenem Mund, dann verschlug ihm die Sorge den Atem. Er nahm den Brief und stand auf.

»Ciuzza?«, fragte er, als erinnerte er sich kaum an sie. Er schüttelte sanft den Kopf und sagte, als wäre es kaum zu glauben: »Sie ist tatsächlich bis ins Dorf gelaufen, um Stellina zu besuchen.«

Paolo und Lorenzo bemerkten, dass er dem Weinen nahe war, und schwiegen. Nur Antonio fragte verwundert: »Wie alt ist sie? Ich meine … dein Mädchen?«

»Siebzehn«, antwortete Michele.

Das erste Mal, seit sie sich kannten, zeigte Antonios Gesicht so etwas wie Mitgefühl.

»Siebzehn Jahre alt erst?«, fragte er leise und überrascht. Auch die zwei anderen sahen Michele mitfühlend an.

»Ich setze mich ein bisschen dort rüber«, sagte er schließlich.

»Aber bitte, Euer Ehren«, sagte der alte Lorenzo, zog die Mütze und hielt sie zum Zeichen der Ehrerbietung eine Weile über dem Kopf.

Michele setzte sich an die Hauswand, riss den Briefumschlag auf und musste erneut die Tränen zurückhalten. Nie, so fiel ihm jetzt ein, hatte er Stellina schreiben gesehen, sodass er nicht einmal gewusst hätte, ob sie lesen und schreiben konnte. Verwundert betrachtete er die Handschrift. Dann begann er zu lesen, hielt inne, las manche Zeilen zweimal und begann noch einmal von vorne, um sich die Wörter zu merken.

»Michele, Liebster, ich bete vor allem, dass du gesund und wohlbehalten bist. Mit mir kannst du zufrieden sein, denn ich bin gesund und wohlbehalten, und das Kind in mir lebt noch. Es bewegt sich oft, in der Nacht kriege ich Fieber, und der Junge stößt plötzlich und schlägt und tut mir weh, aber ich bin es zufrieden, denn das zeigt, dass er wirklich gesund ist.

An manchen Tagen muss ich immer weinen, wenn ich an dich denke, ich bin wie verrückt und möchte von dir geküsst und getröstet werden, aber du bist nicht hier. Doch verzage nicht, denn der Tag wird kommen, wo alles endet und wir von Neuem vereint sein werden, zusammen schlafen mit unserem Sohn und vom gleichen Teller essen.

Ich kümmere mich um nichts mehr, nur noch um das Kind, das zur Welt kommen muss. Ich spüre es in mir, und manchmal denke ich, du bist es, und ich behüte und beschütze dich in mir drin und halte dich warm, und niemand kann dir etwas antun. Ich bin sehr dick und kann kaum laufen, deshalb hat man mir gesagt, es wird bestimmt ein Junge.

Mein Michele, sei sicher und zufrieden wegen dem Kind, denn es wird schön wie die Sonne geboren werden, und ich will mit all meiner Kraft so lange durchhalten, bis es zur Welt kommt, denn danach wird meine Mutter mir bestimmt helfen. Du kannst beruhigt sein und sollst sie nicht mehr hassen.

Vorige Woche waren meine Mutter und mein Vater hier, um mich zu besuchen, und wie ich die Tür aufmachte, war ich wie gelähmt, weil ich sie zwei Jahre nicht gesehen hatte. Meinen Vater hatte ich groß wie einen Berg in Erinnerung, aber nun ist er alt geworden, und sein Haar ist völlig weiß. Viele Zähne sind ihm schon ausgefallen, und auf dem Rücken ist ihm ein kleiner Buckel gewachsen. Er hat die ganze Zeit über beim Feuer gesessen und zu Boden geschaut, weil er sich schämt.

Auch meine Mutter ist schmächtig geworden und lacht andauernd, wenn man mit ihr redet. Auch als ich ihr von unserer Armut und meinem Fieber erzählt habe, hat sie große Augen gemacht und immer nur gelacht. Sie hat meine Hände gestreichelt und gesagt: ›Du Arme, du Arme. Das macht nichts, das macht nichts. Es wird alles gut!‹

Nach zwei Tagen sind sie wiedergekommen und haben mir etwas Weißbrot gebracht, Honig und eine schöne Wolldecke, aber sie haben nicht gefragt, ob ich wieder bei ihnen im Haus wohnen möchte, weil sie nicht den Mut dazu haben und wissen, dass hier mein Zuhause ist.

Ich habe ihnen nichts von dir erzählt, auch nicht, dass wir auf die Pässe warten, um nach Venezuela zu fahren, und so kommt der Tag, da wir in Sicherheit sind und wegfahren, ohne jemandem etwas zu sagen. Nicht einmal von dem Geld, das du mir dagelassen hast, habe ich etwas erzählt, und von den Spritzen auch nicht.

Jeden Morgen kommt die Hebamme und macht mir zwei Injektionen, aber danach muss ich zwei Stunden lang liegen, weil sofort das Fieber steigt und mir entsetzlich heiß wird. Danach, wenn das

Fieber sich beruhigt, mache ich mir eine warme Mahlzeit. Ich habe mir zehn Kilo Mehl, eine Schachtel Zucker, hundert Kilo Holz für den Herd, ein neues Laken, Brennspiritus und ein großes Paket Watte für die Niederkunft gekauft.

Manchmal sitze ich den ganzen Tag am Feuer und stricke Kindersachen oder denke an Venezuela und versuche, mir vorzustellen, wie dort die Straßen und Häuser sein mögen und ob die Bäume wirklich so groß sind wie die Kirchen, wie du mir einmal erzählt hast, und blaue Papageien, die überall umherfliegen, und sogar im Winter eine wunderbare Sonne.

Wer weiß, ob wir jemals in dieses ferne Land kommen. Abends lege ich mich mit dem Rosenkranz nieder und bete, bis ich einschlafe. Den Rosenkranz lege ich mir immer auf den Bauch, weil meine Mutter meint, dass unser Kind auf diese Weise gebenedeit wird und schön wie die Sonne.

Heute Morgen bin ich glücklich, weil eine Frau namens Ciuzza hier war und gesagt hat, sie hätte dich auf einem Feudo getroffen. Sie hat gesagt: ›Sei froh und zufrieden, denn Michele ist in Sicherheit, und du wirst bald eine Nachricht von ihm empfangen.‹

Sie hat etwas Brot mit Honig gegessen, weil sie den ganzen Tag mit dem Zug gefahren ist, und hat mich gefragt, wann das Kind zur Welt kommt und wie es heißen soll. Ich habe gesagt, ich werde es Pietro taufen, weil dein Vater so hieß. ›Das ist ein schöner Name‹, hat sie gesagt. ›Ich muss verreisen, um als Kellnerin in Kalabrien zu arbeiten, aber wenn ich zufällig hier bin, würde ich es gerne als Patin bei der Taufe halten.‹

Sie sagt, sie will morgen wiederkommen, um diesen Brief abzuholen und einem Freund zu geben, der dich kennt und ihn dir bringt. So will ich dir Mut machen mit diesem Brief, wenn auch aus der Ferne, und dir sagen, dass es mir und dem Kind gut geht, dessen sollst du sicher und zufrieden sein, bis zum Tag der Errettung.

Die Liebe, die ich für dich empfinde, ist größer als alles andere, aber ich kann es dir nicht gut erklären. Außer dir habe ich keine andere Hoffnung.

Weißt du, was ich gemacht habe? Ich habe auf einem alten Kalender ausgerechnet, wie oft wir miteinander geschlafen haben. Du lachst vielleicht, aber ich entsinne mich an jedes einzelne Mal, als wäre es eben. Es war genau hundertmal. Wer weiß, ob hundert Tage der Liebe zu viel oder zu wenig für ein Menschenleben sind?

Ich weiß nur eines: Ich liebe dich so sehr, dass ich sterben könnte, wenn du mir sagst, ich solle sterben, und weiterleben, wenn du sagst, ich solle leben. Mein Michele, ich küsse dich, und auch unser Sohn küsst dich.«

Michele ließ den Brief sinken, lehnte sich an die Hauswand und begann zu weinen. Die anderen taten, als merkten sie nichts. Nur Lorenzo wandte sich mit traurigem Blick um, aber auch er wusste, dass niemand Michele helfen konnte.

Antonio dagegen schaute nicht hin, und auch Paolo nicht. Nachdem sie gegessen hatten, schwiegen sie, rauchten und wechselten nur gelegentlich ein paar Worte.

Wieder las Michele den Brief und sah alles vor sich, was Stellina beschrieb: das Brennholz, das sie neben dem Herd aufgestapelt hatte, das Paket Watte und das neue Laken, auf dem sie entbinden wollte, ihren dicken, weißen Bauch unter den Wolldecken und den Rosenkranz auf ihrem Bauchnabel. Er sah Turi Scirpu, wie er ins Haus trat und sich schweigend ans Feuer setzte, und auch Ciuzza, die mit kleinen, neugierigen Augen das Zimmer musterte, das Brot mit Honig aß und fragte, wie das Kind heißen solle.

»Aha, Pietro?«, sagte sie und lachte, sodass man ihre zwei Goldzähne im Mund tanzen sah.

Er versuchte, sich Stellinas Blick und Stimme vorzustellen, wenn sie ihm all dies erzählt hätte, anstatt es aufzuschreiben, und dachte an die leise Verwunderung, die er aus ihren Worten heraushörte:

Das Kind bewegt sich jetzt ständig in meinem Bauch und tut mir sehr weh, aber ich bin es zufrieden, denn es bedeutet, dass es wirklich lebt … Sind die Bäume in Venezuela wirklich höher als die Kirchen, und überall fliegen blaue Papageien herum? … Einmal wird alles vorbei sein, und wir sind wieder zusammen, schlafen zusammen und essen mit unserem Kind vom selben Teller …

Es wurde bereits dunkel. Die anderen standen auf, holten Decken aus dem Haus, um sich gegen die Nachtkühle zu schützen, und Michele setzte sich zu ihnen. Sie saßen noch eine Weile in die Decken gehüllt, rauchten und erzählten sich alte Geschichten.

Lorenzo Giliberto erzählte von seiner Hochzeitsnacht. Sie lag fünfzig Jahre zurück, und seine Frau war längst gestorben, doch er entsann sich an alles, was passiert war.

»Nun ja«, sagte Lorenzo, »ich kam mir vor wie ein Pascha, so schön war das Brautbett, das die Verwandten uns hergerichtet hatten. Sogar die Matratze hatten sie angewärmt. Am Anfang schämte sich meine Frau, und sobald ich ihr das Nachthemd hochschob, zog sie es wieder nach unten, schloss die Beine und murmelte: ›Lasst uns schlafen, Herr.‹ Aber ich hatte nur Augen und Hände für sie. Zum Schluss gelang es mir, ihr das Hemd hochzuschieben und mich auf sie zu legen. Sie schlug mit dem Kopf hin und her.

›Ich schäme mich so. Ich schäme mich so!‹

Ich schob ihr die Zunge zwischen die Zähne und konnte es kaum abwarten, bis ich merkte, dass sie meinen Kuss erwiderte und nachgiebig wurde.

›Ich ersticke, ich ersticke‹, stöhnte sie und machte die Beine breit. Ich bestieg sie wie ein Ritter und führte sie zum Triumph, bis sie schrie: ›Bauer Lorenzo, Hilfe! Bauer Lorenzo, Hilfe!‹«

Lorenzo vollführte eine Handbewegung, um das Unerhörte der Begebenheit anzudeuten. Dann blickte er versonnen in die Runde und sagte wehmütig: »Was soll ich euch sagen? Sie war eine feine Frau! Weiß und weich wie eine Dame! Ihre Schenkel waren wie Zwiebelhäutchen so zart!«

Er seufzte und schüttelte jammernd den Kopf. Mit geheimnisvoller Stimme fragte er: »Wisst ihr, wie sie ihre Kinder bekam? Sie hielt sich oben am Bett fest und gab nicht einen Laut von sich …«

Lorenzo klammerte sich mit den Fäusten an eine nicht vorhandene Querstrebe über seinem Kopf, spreizte die Beine, presste die Zähne zusammen und lächelte. Mit sanfter Stimme sagte er: »Eisenhart konnte sie sein, aber was war sie gefühlvoll in der Liebe! Sobald die Lust anfing, schloss sie die Augen und rief weinend meinen Namen: ›Hilfe, o Wonne! Ich bin im Paradies!‹ Zum Schluss lag sie unter mir wie tot!«

Die anderen hörten schweigend zu. Lorenzo zupfte die Decke auf seinen Schultern und den Beinen zurecht und fuhr fort: »Das ist kein Witz. Vierzig Jahre waren wir zusammen und hatten sieben Kinder! In den letzten Jahren war sie kränklich, aber im Winter, sobald ich mich zu ihr legte, schmiegte sie sich an mich und nahm mich zwischen die Beine, damit ich das kalte Laken nicht spürte. Mit ihrem Atem wärmte sie mir die Hände!«

Antonio lachte. Es klang wie ein kurzer Schrei. Dabei schüttelte er sich.

»Oha!«, rief er. »Vierzig Jahre mit der gleichen Frau im Bett. Und als sie alt war und dich zwischen die Beine nahm, was hast du da gemacht? Hast du sie immer noch bestiegen?«

Lorenzo antwortete nicht. Er zog die Decke höher und schwieg.

Paolo beugte sich über seine Mandoline, begann zu spielen und sang dazu mit leiser Stimme. Michele sagte: »Du spielst sehr gut.«

Paolo konnte sogar mit Falsettstimme singen und ließ dazu die Unterlippe vibrieren, um den Klang noch süßer zu machen. Als er aufhörte, bedeckte er die Mandoline mit einer Wolldecke, damit sie gegen die Nachtluft geschützt war.

»Das Holz reißt, wenn es kalt wird«, sagte er. »Es ist ein sehr empfindliches Holz. Ich habe das Mandolinenspiel gelernt, als ich Barbier war. Im Sommer kam mittags nie jemand in den Salon, weil die Sonne so brannte. Ich setzte mich in einen Sessel und sah mir die Postkarten und die Fotos an, die am Spiegel klebten.

Eins war ein Foto einer amerikanischen Schauspielerin namens Caroline Montalban. Sie war als Sklavin verkleidet und hatte nackte Schenkel. Sie schien dich immer anzusehen, egal, wo du auch warst.

Ich setzte mich ihr gegenüber in den Sessel, spielte Mandoline und träumte von ihr. Ihr Bauchnabel war schwarz und rund wie ein Loch. Dann knöpfte ich mir die Hose auf, streichelte mich unterm Hemd und bewunderte ihren Bauchnabel. Wenn es mir kam, streichelte ich den Bauch meiner Mandoline und stellte mir vor, es wäre ihr Hintern! Diese Hure! Was hat die mich an Saft gekostet!«

Er holte die Mandoline unter der Decke hervor und hob sie nahe an sein Gesicht, um sie zu betrachten.

»Die hat mich vierhundert Lire gekostet«, sagte er liebevoll. »Sie ist aus weißem Ahorn, eine Rarität!«

Er fuhr mit der Wange sanft über die Wölbung des Instruments. Dann spielte er noch zwei Lieder und sang dazu mit leiser Stimme.

Lorenzo seufzte: »Die Mandoline ist ein wunderbares Instrument.«

Gegen Mitternacht brach ein heftiger Regen los, der erst am nächsten Nachmittag nachließ. Eine kalte Sonne stand über dem Tal, doch die Gipfel blieben im Nebel, und aus allen Schluchten träufelte das Wasser.

Die vier Männer verbrachten den ganzen Tag in der Hütte, lagen auf dem Stroh und wickelten sich in ihre Decken. Am anderen Tag kletterten sie hinunter, weil Brasi mit dem Mann, der die Pässe hatte, um vier Uhr am Fluss sein wollte. Ein heftiger Wind wehte, die Berghöhen schimmerten bläulich, und die Schluchten waren mit rotem Schlamm bedeckt, den der Regen angeschwemmt hatte. Weiter unten lösten die Nebel sich auf, und sie sahen die gelbe Nachmittagssonne über dem Tal und die vom Regen satten Felder. Die Felsen leuchteten, als wäre Öl statt Wasser vom Himmel gefallen. Die Weiden hatten eine kräftige grüne Farbe angenommen, und dazwischen strömte gelb und prall der Fluss.

Etwa hundert Meter über dem Fluss machten die Männer halt. Paolo Chillemi postierte sich mit dem Fernglas auf einem Felsen, um die Felder, den Fluss und die Weidewege bis zu den Hügeln hinauf zu überwachen. Lorenzo kratzte sich den Dreck von den Stiefeln, reinigte das Messer mit einem Grasbüschel und verkroch sich wieder in seinen Mantel. Er saß da, als hätte er keine Beine.

Auch Michele und Antonio drückten sich an die Felswand und suchten Schutz vor dem Wind. So warteten sie. Nur Antonio kroch gelegentlich bis an den Abgrund und beobachtete das Tal. Manchmal schnalzte er laut mit der Zunge, dann wieder stöhnte er heftig.

Schließlich hörten sie einen schwachen Pfiff, mit dem Paolo ankündigte, dass jemand sich näherte. Wieder kroch Antonio zur Felskante, diesmal mit der Maschinenpistole. Dann sahen sie die zwei Männer, die langsam durch das Schilf zum Fluss ritten.

»Der Kleine mit der grauen Jacke ist Brasi«, sagte Lorenzo. »Sonst kommt er nie mit dem Pferd bis an den Fluss.«

Die zwei Männer erreichten das Ufer und ritten weiter über den Flusssand und den Schotter. Antonio zwinkerte seinen Kameraden zu und sagte grinsend: »Wenn der Mensch die Furt betritt, schieße ich sofort. Einen Feigling könnt ihr mich schimpfen, wenn ich ihm keine verpasse!«

Doch der Mann blieb am anderen Ufer stehen, und Brasi ritt alleine weiter. Ein paar Mal strauchelte sein Pferd in der eisigen Flut, aber Brasi saß wie auf den Sattel genagelt und lenkte es sicher zum gegenüberliegenden Ufer.

Dort blieb er stehen, schaute hinauf und schwenkte die Arme. Von oben ertönte Paolos Pfiff, und so kletterte Brasi vom Sattel und zog das Tier hinter sich her. Schließlich legte er einen großen Stein auf den herabhängenden Zügel und kletterte alleine weiter.

Als er Antonio bemerkte, lächelte er und setzte sich stöhnend auf den Boden.

»Ein schönes Leben«, sagte er.

Seine Hose war nass, und auch die Jacke war schmutzig. Bart und Nackenhaar klebten an ihm, als hätte er lange im Regen gestanden. Er schaute Antonio herausfordernd an und fragte keuchend: »Hast du gesehen? Hast du gesehen, Malacarne? Ich habe gesagt, dass ich dir Pässe beschaffe, und jetzt bringe ich sie dir!«

Er wies zum anderen Flussufer und schlug dann auf den Stein, wie man eine Spielkarte auf den Tisch legt.

»Hier!«, sagte er. »Hier legt er sie hin, so wahr mir Gott helfe!«

Antonio stand auf und sah ihn schweigend an. Er schaute lange zu jenem Mann am Fluss hinunter, dann zum Pferd, das Brasi am Abhang zurückgelassen hatte, und wandte den Blick schließlich zu den Feldern. Er war blass geworden. Mit heiserer Stimme fragte er: »Er hat die Pässe?«

Brasi bejahte.

»Ihr dürft ihn nicht nach seinem Namen fragen«, sagte er. Dabei klapperte er mit den Augendeckeln, schob bedeutungsvoll die Unterlippe vor und beobachtete die vier Banditen, um den Eindruck seiner Worte zu überprüfen.

»Dieser Mann da hat die Macht, euch nach Amerika zu schaffen oder auf jeden anderen Erdteil, aber er verlangt unbedingten Gehorsam.«

Der Mann unten am Wasser saß unbewegt und sehr aufrecht im Sattel wie einer, der das Reiten gewohnt ist. Er wirkte massig, trug die übliche schwarze Mütze, einen schwarzen Umhang und hohe Schaftstiefel. Manchmal schnaubte sein Pferd und stampfte auf der

Stelle. Dann ging durch den Körper des Mannes ein Beben, aber er ließ sich nichts anmerken. Die Hände auf dem Sattelknopf, so schaute er herauf.

»Wieso seid ihr mit den Pferden bis zum Fluss gekommen?«, fragte Antonio Malacarne plötzlich.

Brasis Lächeln wurde eiskalt.

»Der Mann ist lahm. Er kann nicht so weit laufen!«

»Und die Pferde?«, fragte Antonio Malacarne. »Wem gehören die Pferde?«

Diesmal antwortete Brasi nicht. Er sah Antonio schweigend an, dann machte er schmale Lippen, schüttelte den Kopf und besah seine Stiefelspitzen.

»Was willst du noch alles wissen?«, seufzte er schließlich.

Antonio nahm die Mütze ab und wischte sich den Schweiß von der Stirn. Wie bei einem Hundekopf zeichneten sich die Schädelknochen vom Nacken bis zur Kinnlade ab. Mit der Hand, an der verkrustete Erde klebte, strich er sich über das schweißnasse Haar und setzte die Mütze wieder auf.

»Lass ihn raufkommen«, sagte er mürisch. »Aber wenn er uns reinzulegen versucht, bringe ich ihn um, wo immer er sich versteckt hält.« Brasi erhob sich stöhnend, trat an den Rand und winkte mit großer Geste. Sofort lenkte der Fremde sein Pferd in die Furt, passierte sie vorsichtig und kam den Abhang herauf. Auch er band den Zügel an einen großen Stein und begann, den Berg hochzuklettern. Er ging langsam, und bei jedem Schritt schien sein massiger Körper über dem rechten Bein etwas einzusinken.

Als er auf der Felsterrasse ankam, atmete auch er tief durch und lächelte knapp, wobei er sich an den Mützenschirm tippte. Er hatte die sonnengegerbte Gesichtshaut eines Bauern von etwa fünfzig, trug jedoch einen Mantel aus schwerer, weicher Wolle, und seine Stiefelschäfte wirkten solide und neu. Nur der Bart war schon drei oder vier Tage alt und sein Haar fast weiß.

»Seid gegrüßt!«, sagte er und sah den Männern der Reihe nach ins Gesicht. Lorenzo Giliberto, den er als Letzten begrüßte, hatte die Augen niedergeschlagen, als fürchtete er den Blick des Fremden, und hauchte: »Küss die Hand.«

Der Mann wandte sich sofort wieder Antonio Malacarne zu. Er war mindestens eine halbe Handbreit größer als der Bandit, und alles an ihm strahlte Kraft aus – seine Figur, die kohlschwarzen Augen, die tief in den Höhlen lagen, und auch die Form der Lippen, die fast verschwanden, wenn sie die Zähne berührten. Er nickte bedeutsam, zog die vier grünen Pässe mit dem goldenen Wappen aus der Manteltasche und schlug die erste Seite auf.

»Ich habe eure Pässe mitgebracht«, sagte er zu Antonio. »Hier stehen eure Namen und Vornamen, und hier ist der Stempel des Ministers. Hier wird euer Foto eingeklebt. Der Mann, der euch zum Hafen von Palermo begleitet, muss es noch abstempeln. Er bringt euch eine Stunde vor Abfahrt aufs Schiff.«

Antonio Malacarne stand breitbeinig vor dem Fremden und betrachtete argwöhnisch die Pässe. Der kalte Schweiß lief ihm in die Augen, aber er mochte sich nicht die Blöße geben, ihn wegzuwischen.

»Da, bitte!«, sagte der Mann, legte die vier Pässe auf die Felskante und rückte sie mit dem Finger einzeln zurecht. Er schien nachzudenken. Dann wandte er sich wieder an Antonio Malacarne.

»Als Gegenleistung müsst ihr einen Mann umbringen«, fuhr er fort. »Das ist mein Angebot. Übermorgen auf einem Hof bei Cinisi in der Nähe von Palermo. Es wird keine Probleme geben, ihn zu töten. Wir haben alles vorbereitet. Er ist nicht bewaffnet, und außerdem werdet ihr ihn umbringen, während er auf dem Feld in einem unbewohnten Haus schläft. Er ist schmächtig und feige …«

Der Fremde bückte sich. Sofort setzte Antonio ihm das Gewehr auf die Brust, und der Mann richtete sich wieder auf. In seinem Blick mischten sich Wut und Verachtung.

Antonio bemerkte seinen Fehler und sagte nur: »Und Ihr seid nicht in der Lage, ihn selber umzubringen?«

Statt einer Antwort bückte sich der Fremde erneut, zog den Mantel über das Bein, damit er nicht schmutzig würde, und kniete nieder. Dann holte er aus seiner Manteltasche ein großes Messer und klappte es auf. Mit der Messerspitze zeichnete er in den Steinboden eine feine Linie und daneben eine zweite, kürzere. Es schien, als müsste er nachdenken.

Schließlich sagte er: »Er muss von einer Person getötet werden, die ihm nie begegnet ist und anschließend für immer verschwindet!«

Er deutete mit der Messerspitze erst auf die lange und dann auf die kurze Linie.

»Das ist die Eisenbahnlinie, und das ist der Fluss, der in der Nähe der Station parallel zu den Gleisen fließt. Dazwischen liegen Zitrusplantagen und ein großer Viehbetrieb. Neben den Melkschuppen steht ein einzelnes Haus, das man nicht verfehlen kann.«

Er zeichnete mit aller Kraft ein kleines Kreuz in den Stein.

»Hier schläft er«, sagte er. »Erst kommt eine große Küche und dahinter ein kleines Zimmer. Das Bett steht am Fenster. Er ist krank und trägt nie eine Waffe bei sich. Auf der Meierei wird sich übermorgen Abend kein einziger Mensch aufhalten. Die Haustür ist offen.

Am Bahnhof von Cinisi erwartet euch ein Mann. Er steht auf dem Bahnsteig und rührt sich nicht. Ihr sagt nichts weiter als ›Küss die Hand‹. Dann zeigt er euch, wie man zu dem Haus kommt!«

Zum ersten Mal schaute er auch den anderen Männern ins Gesicht und schien zu überlegen, wer von ihnen den Mord ausführen würde: Michele, der an der Felswand kauerte, oder der alte Lorenzo. Er wandte sich wieder Antonio Malacarne zu und hob das Messer in Kopfhöhe. Er hielt die Klinge einen Augenblick lang, damit sich ihnen die Geste einprägte. Dann berührte er seine Kehle mit der Messerspitze.

»Hier müsst ihr ihm das Messer reinstechen!«, sagte er. »Dreimal, auch zehnmal, bis er sich nicht mehr rührt. Immer hier, damit er keinen Ton von sich gibt!«

Er klappte das Messer zu und richtete sich langsam auf. Die Faust deutete auf die zwei Linien im Stein.

»Der Zug nach Palermo geht eine halbe Stunde vor Sonnenaufgang in Bicocca ab und ist am späten Abend in Cinisi. Am nächsten Tag um die Mittagszeit ist euer Mann wieder in Bicocca.

Jetzt passt gut auf: Nächste Woche Freitag, also acht Tage nach dem Tod jenes Mannes, fährt ein Auto auf der Straße zwischen Ragusa und Vizzini. Es wartet um acht Uhr abends eine Viertelstunde lang an der Eisenbahnstation, um euch nach Palermo zu bringen. Ein schwarzer ›Millequattro‹ mit einem Nummernschild aus Catania. Das Auto fährt drei Tage lang auf jener Straße und wartet immer um acht Uhr vor der Station. Danach kommt es nicht wieder, weil euer Schiff inzwischen abgefahren ist.«

Der Mann band sich den Schal um den Hals und schlug den Mantelkragen hoch. Er nahm die Mütze ab und drückte an ihr herum. Ohne Kopfbedeckung wirkte er älter, da seine Haare völlig grau waren und die rötliche Kopfhaut durchschimmerte. In seinen Mundwinkeln hing etwas angetrockneter Speichel, den er mit dem Taschentuch sorgsam abwischte.

Er setzte die Mütze wieder auf. Nun erhob sich auch Brasi und tippte auf die Pässe.

»Die sind ihre vier Millionen wert«, sagte er. Er wirkte zufrieden.

»Antonio Malacarne?«, sagte er, wie man einen Schüler aufruft, und Antonio sah ihn schweigend an. Seine Augen waren glänzend und rund wie bei einem Kranken.

»Nun mach schon«, fügte Brasi hinzu und nickte zur Bekräftigung. Der Unbekannte streckte die Hand aus, und Antonio drückte sie.

»Das Auto fährt drei Tage lang an der Eisenbahnstation vorbei«, sagte er. »Danach können wir euch nicht mehr helfen. Denkt daran!«

Er stieg langsam den Felsen hinab, dann drehte er sich um und legte zwei Finger an den Mützenschirm. Michele und Antonio schwiegen.

»Küss die Hand!«, sagte Lorenzo.

»Lebt wohl!«, antwortete der Mann und kletterte mit seinem lahmen Bein vorsichtig zu Tal. Er band sein Pferd los, führte es zum Flussschotter, stieg mühelos auf und wirkte sofort riesig. Das Pferd rührte sich nicht, bis der Fremde mit den Absätzen seine Flanken berührte und es zum Wasser lenkte. Brasi folgte ihm durch die Furt. Sie ritten, einer hinter dem anderen, am anderen Ufer hügelwärts und drehten sich nicht um.

Paolo Chillemi beobachtete durchs Fernglas, wie sie zwischen den Olivenbäumen verschwanden. Dann stiegen auch die vier Männer wieder auf ihren Berg und rasteten nur einmal hinter einem Felsen, wo der Wind nicht so heftig war. Sie aßen etwas Büchsenfleisch und Brot.

Antonio Malacarne war wie im Fieber, redete ununterbrochen und schaute seine Kameraden böse an. »Nehmen wir an, er hat uns belogen«, sagte er. »Dann kriege ich ihn, wo immer er sein mag, und steche ihn ab. Seine Frau steche ich ab und seine Kinder, eines nach dem anderen, wie Ziegenlämmer. Aber ich glaube nicht, dass er uns verrät. Warum sollte er das tun? Hier sind die Pässe! Zum Hurenteufel! Die sind mindestens vier Millionen wert! Aber ja doch! Sie wollen diesen Mann einfach nicht selber umbringen … Sie zahlen, und damit hat es sich! Die sind gut, diese großen Hurensöhne!«

Plötzlich verfiel er in nachdenkliches Schweigen. Er hörte sogar auf zu kauen und starrte zu Boden. Dann sagte er mit vollem Mund: »Danach haben wir noch acht Tage Zeit, bis das Schiff in See sticht!«

Er hob die Hände, zog zwei Finger ein und streckte die restlichen den anderen entgegen, damit sie merkten, was er sagen wollte: »Vier Tage, bevor sie uns nach Palermo bringen, marschieren wir bei Sonnenuntergang los und überfallen den Autobus bei der Bahnstation. Blitzschnell. Wir nehmen nur das Geld, das sie dabeihaben, die Ringe und die Ohrringe. Während die Carabinieri die Gegend durchkämmen, sind wir schon längst auf der anderen Seite!« Er klapperte mit den Lidern, kniff die Augen zusammen, um sich den Überfall vorzustellen, und ließ sich dann gegen die Wand fallen. Doch er fand keine Ruhe und rutschte hin und her.

Eine Stunde nach Sonnenuntergang begann es wieder zu regnen. Die Schauer peitschten die Kuppen, und die vier Männer blieben im Haus, verkrochen sich aufs Stroh und wickelten sich in ihre Decken. An der Wand brannte eine kleine Wagenlaterne.

Paolo Chillemi nahm sein abgegriffenes Kartenspiel und legte aufmerksam die Karten. Gelegentlich lehnte er Rücken und Kopf an die Wand, schloss die Augen und schien zu schlafen. Dann mischte er die Karten und begann wieder zu spielen.

Lorenzo holte Kippen aus der Tasche und breitete sie auf der Handfläche aus. Nie warf er eine Kippe fort. Sorgfältig löschte er seine Zigaretten und steckte die Stummel in die Tasche. Sogar die Kippen der anderen hob er auf.

Bedächtig krümelte er den Tabak aus dem angesengten Zigarettenpapier, lockerte ihn in der gewölbten Hand und sagte, ohne aufzuschauen: »Den Mann kenne ich!«

Die anderen sahen ihn erstaunt an.

»Er heißt Nicola Messina«, fuhr Lorenzo fort. »Sein Vater ist Don Angelo Messina. Er besitzt mindestens hundert Salmen Zitrusplantagen. Sogar in der Ebene von Catania hat er Weiden und Äcker. Der Vater war Schäfer, aber dann kriegte er zehn Söhne, die wie die Tiere schafften. So wurde er reich und mächtig wie ein Baron.

Der Alte ist mindestens neunzig und fast gelähmt. Ich habe zwei Jahre für ihn gearbeitet, deshalb kenne ich seinen Sohn. Er ist der älteste Messina und praktisch schon das Oberhaupt der Familie. Vor zehn Jahren hat man eines Nachts auf ihn geschossen. Seitdem humpelt er. Man hat nie erfahren, wer der Schütze gewesen ist.«

Antonio hob den schweren Körper vom Stroh und sagte: »Lieber wüsste ich, wer der Mann ist, den sie umbringen lassen wollen!«

Lorenzo wiegte zweifelnd den Kopf.

»Ich kannte Männer«, sagte er, »die ein Messer mitten in der Brust hatten und noch die Kraft besaßen, einige Schritte zu laufen.«

Er zwinkerte, hob das Kinn und setzte sich den Fingernagel auf den Kehlkopf.

»Um einen Mann im Schlaf zu töten, muss man seine Haare packen und ihn kräftig ins Messer reinziehn. Dann erstickt er sofort an seinem Blut.«

Er sah erst Antonio und Michele an, die mit geschlossenen Augen auf ihren Matratzen lagen, dann Paolo Chillemi, der weiter seine Karten mischte und ihm zunickte. Der Alte seufzte zufrieden und legte sich wieder aufs Stroh. »Hört nur, dieses Wasser vom Himmel!«, meckerte er. »Das ist eine Hurennacht!«

Wind und Regen wüteten die ganze Nacht lang, und erst bei Sonnenaufgang flaute der Wind langsam ab und legte sich schließlich.

Die vier Männer erwachten spät. Paolo Chillemi lag auf dem Stroh, lamentierte, entblößte seine großen weißen Zähne und zog sich die Decke fast über den Kopf.

»Ich glaube, ich habe Fieber!«, sagte er. »Ich friere wie ein Schneider.«

Antonio sah ihn unbarmherzig an. Paolo erhob sich, ohne die Wolldecke von den Schultern zu nehmen, und stolperte zur Kochstelle, kochte sich ein Milchsüppchen, stellte die Schüssel zwischen die Beine, schloss die Augen und jammerte leise.

Um die Mittagszeit nahm Antonio den Stapel mit den abgegriffenen sizilianischen Karten, mischte sie gründlich hinter seinem Rücken, kniete sich hin und legte sie auf den Fußboden.

Er sagte: »Jetzt losen wir, wer nach Palermo fährt. Lorenzo scheidet aus. Der ist zu alt. Bis zum Bahnhof von Bicocca sind es zwanzig Kilometer, und der Zug fährt in aller Herrgottsfrühe.«

Lorenzo wiegte den Kopf und seufzte, als wäre ihm seine Altersschwäche peinlich.

»Wer die höchste Karte zieht, muss den Mann umbringen«, sagte Antonio. »Er muss ihm das Messer mit aller Kraft in die Kehle stoßen und dann noch drei oder vier Messerstiche in die Brust und den Bauch geben. Er darf nichts anfassen, nicht einmal das Laken oder den Türgriff, um keine Fingerabdrücke zu hinterlassen. Der Zug ist um die Mittagszeit wieder in Bicocca.«

Er seufzte und fuhr sich mit der Zunge über die Lippen. »Das ist der gefährlichste Augenblick, denn um die Zeit durchkämmen die Carabinieri die Gegend. Man muss unten durchs Tal laufen und darf niemals stehen bleiben. Nicht mal zum Pinkeln! Niemals!«

Antonio war sehr bleich und sah müde aus. Wohl hundertmal war er im Laufe der Nacht diese Dinge durchgegangen und hatte kein Auge geschlossen. Er deutete auf Lorenzo.

»Misch die Karten gut, Alter, zieh drei Karten und leg sie nebeneinander auf den Boden!«

Der Alte mischte lange, bildete drei Häufchen, hob behutsam die obersten drei Karten ab und legte sie auf den Boden.

»Los!«, sagte Antonio und nahm eine Karte, drehte sie um und warf sie hin. Es war die Schwert-Fünf.

Paolo Chillemi nahm die nächste Karte auf und drehte sie vorsichtig um.

»Die Vier!«, sagte er. »Es ist die Münz-Vier!«

Er verkroch sich wieder unter seine Decken und zupfte heftig an seinem Schnurrbart.

»Das war knapp!«, murmelte er. »Um einen Punkt!«

Jetzt nahm Michele seine Karte auf und drehte sie um: Es war Schwert-Pferd. Er nickte dem Pferd traurig zu und lächelte.

Den Rest des Tages ruhten sie und redeten kaum noch. Michele versuchte, noch ein paar Stunden zu schlafen, legte sich aufs Stroh, wickelte sich in seine Decke und zog sie sich über den Kopf. Die anderen gingen hinaus und schlossen die Tür, um Michele nicht zu stören.

Gegen Abend nahm Michele das Klappmesser an sich, das Lorenzo auf dem Bimsstein wie ein Rasiermesser geschliffen hatte, dazu etwas Brot, Käse und achthundert Lire. Er betrachtete die Pistole, zog die Kammer heraus und überprüfte sie langsam, dann schob er sie zurück und ließ die Sicherung zweimal schnappen. Schließlich steckte er die Waffe in den Hosenbund.

Er arbeitete bedächtig. Lorenzo, der alle seine Gesten verfolgte, schaute ihn besorgt an.

»Hast du Angst?«, fragte er schließlich.

Michele hielt den Kopf gesenkt und antwortete nicht gleich. Er zog die Riemchen der Gamaschen fest und begann, die Zigaretten in der Packung zu zählen. Dann sah er den alten Lorenzo an, schloss die Augen und schüttelte den Kopf.

»Ich habe vor nichts Angst.«

Paolo feuerte ihn an. »Hau rein, Michele! Gib diesem Hurensohn einen Messerstich in den Hals, dass ihm die Augen aus dem Gesicht springen!«

Er lachte. Michele nickte traurig und wandte sich zum Gehen. Antonio Malacarne begleitete ihn hinunter zur Furt. »Vergiss nicht«, sagte er zum Abschied, »der Bahnhof, wo du aussteigen musst, heißt Cinisi. Wenn der Zug weiterfährt und alle Leute den Bahnhof verlassen haben, schau dich um: Auf dem leeren Bahnsteig wird ein Mann stehen. Du gehst hin und sagst nichts weiter als ›Küss die Hand‹. Er zeigt dir die Straße, die zu dem Haus auf dem Land führt!«

Michele lächelte. Er hatte den Satz so oft gehört, dass er ihn auswendig kannte. Er trat ins Wasser, durchquerte den Fluss und begann, tüchtig auszuschreiten. Er kannte inzwischen sämtliche Saumwege bis hin zur Ebene von Catania. Nach etwa vier Stunden, genau wie Antonio gesagt hatte, tauchten die Gleise auf, und in etwa zwei Kilometern Entfernung sah er die Lampen der Bahnstation von Bicocca. Der Ätna stand schwarz gegen den Morgenhimmel, und wie Sterne schimmerten die Laternen der Dörfer, die sich an die Hänge des Vulkans schmiegten.

Es begann, Tag zu werden. Über den Feldern lag Nebel, aus dem vereinzelt Gehöfte und Rinderpferche ragten. Auf dem Bahnsteig saßen drei Bauern und warteten. Der eine schlief mit dem Kopf an die Wand gelehnt. Die zwei anderen hatten die Rucksäcke zwischen den Beinen und rauchten. Michele setzte sich zu ihnen auf die Bank, zündete sich eine an und wartete.

»Der Zug!«, sagte einer der Bauern.

Man hörte einen Pfiff, der sich wiederholte, aber es dauerte noch eine Viertelstunde. Der Zug schien im Kreis zu fahren und immer wieder in der Ebene zu versinken, bis schließlich die Lokomotive, schwarz und gigantisch, auftauchte.

Es war ein sehr langer Zug, der aus mindestens zwanzig Waggons voll Schwefel bestand, dazu die Personenwagen. Der Bahnsteig bebte. Viele Bauern und Landarbeiter stiegen aus, sodass Michele einen Fensterplatz fand. Das Abteil roch nach Erde, Schweiß, Kuhmist, Kleidungsstücken, die seit Jahren nicht gewechselt worden sind, und all den unbestimmbaren Ausdünstungen des menschlichen Körpers.

Die Fahrgäste, die einen Platz gefunden hatten, schliefen mit offenen Mündern. Ihre Köpfe schwankten hin und her. Michele legte den Kopf an die Rückenlehne und versuchte ebenfalls zu schlafen, doch er war so überreizt, dass er keinen Schlaf fand. Die Sonne stand noch tief, und die Olivenbäume und Feigenkakteen warfen lange Schatten. Kleine dunkle Hügel huschten vorbei, und der Vulkan überragte alles mit seinen Gipfeln, auf denen Schnee lag. Die Entfernung von ihm schien nicht größer zu werden. Dann wurde das Land karger, lag voller weißlicher Steine, und die Berge wurden öder und felsiger.

Der Zug hielt an jeder Station, Bauern stiegen ein und aus. Sie traten fast immer in Gruppen auf, hatten Erde an den Schuhen, waren dick vermummt und brachten ihr Arbeitsgerät mit. Auch Frauen und Kinder waren dabei.

Eine schwangere Bäuerin setzte sich seufzend und jammernd neben Michele, spreizte die Beine, verschränkte die Hände unterm Bauch und war nach wenigen Minuten eingeschlafen. Sie war noch jung, trug ein gelbes Tuch um den Kopf und hatte dicke, dunkle Lippen. Schweiß stand auf ihrem Gesicht, und das Ruckeln des Zuges übertrug sich auf alle ihre Glieder.

Michele zog die Mütze über die Augen und schlief ein. Der Zug fuhr durch eine gelbliche Landschaft, als er wieder zu sich kam. Er sah eine riesige, leere Ebene, Olivenhaine, die bis zu den Gipfeln hinaufreichten, und kleine Flüsse, die eher Rinnsale waren. Das Wasser war sehr grün und versickerte in irgendwelchen Höhlen.

Die Bauern aßen Brot und Oliven oder Käse, schnitten das Brot mit großen Messern ab und saßen auf dem Boden des Waggons oder auf alten Koffern. Zum Schluss legten sie das restliche Brot und die Tüten mit den Oliven in ihre Koffer und drehten sich Zigaretten aus schwarzem Tabak.

Michele wurde wieder müde, aber er hatte keine Angst mehr. Auch der Gestank im Wagen störte ihn nicht länger. Er aß die Hälfte von dem Brot und dem Käse aus seiner Tasche und dachte an Venezuela. Es schien nicht mehr so fremd wie bisher zu sein. Das Land war ihm zwar immer noch unbekannt, aber jetzt glaubte er wenigstens, dass es existierte und dass man es erreichen konnte, indem man über das Meer fuhr.

»Ich werde ein Jahr lang wie ein Tier arbeiten«, überlegte er. »Viele sind dorthin ausgewandert und haben am Anfang nur Brot und Zwiebeln gegessen und jede Lira beiseitegelegt. Bevor ich Stellina nachkommen lasse, will ich ein kleines Haus bauen. Tagsüber gehe ich arbeiten, und in der Nacht baue ich das Haus. Erst grabe ich einen Meter tiefe Fundamente, dann errichte ich die Mauern aus Steinen und Mörtel. Ich baue eine Tür und ein großes Fenster Richtung Süden, und in der Ecke baue ich einen kleinen Backofen. Dann kaufe ich Holz für den Dachstuhl und Ziegel, um ihn zu decken.«

Seine Gedanken begannen abzuirren, weil er sich nicht vorstellen konnte, wie er in einem Jahr das Geld für alle diese Dinge verdienen sollte – für die Schiffsfahrkarte, für den Dachstuhl und für die Ziegel.

Er legte den Nacken an die Rückenlehne, schloss die Augen und versuchte, sich die Zeit danach vorzustellen, so als hätte er das Haus für Stellina schon gebaut.

»In Venezuela gibt es Neger«, überlegte er. »Es sind Wilde, und sie haben schlimmere Zähne als die Hunde. Ich habe gehört, sie wären so stark wie Tiger, und das Glied zwischen ihren Beinen wäre so groß und knorrig wie ein Knüppel. In der Nacht legen sich immer drei oder vier von ihnen auf die Lauer, um weiße Frauen zu entjungfern. Sie packen sie, stopfen ihnen ein Taschentuch zwischen die Zähne, werfen sie auf die Erde und reißen ihnen die Beine auseinander. Dann legt sich einer von ihnen auf die Frau, aber dieser Hurensohn tut ihr nicht etwa weh. Er entjungfert sie ganz vorsichtig und sanft, sehr sanft, sodass die Frau eine große Lust empfindet.

Eine solche Frau findet an weißen Männern keinen Gefallen mehr, da sie ihr weich wie Wachs vorkommen. Es soll viele solcher Frauen in Venezuela geben. Sie bekommen Kinder mit schwarzen Köpfen, die so behaart sind wie ein Hammel. Wenn ein Neger Stellina auch nur berührt, dann gnade ihm der Gott der Huren und

Zuhälter! Den bringe ich um! Und wehe, ein Neger wagt es, meinen Sohn anzutasten!«

Der Nachmittag ging zu Ende, und der Waggon hatte sich geleert. Eine Weile zeichneten sich die Hügel noch unscharf und bläulich schimmernd gegen den helleren Himmel ab, dann lagen die Weiden und Felder schon im Dunklen. In den Kurven sah man das Feuer der Lokomotive, und die Funken verglühten in der Böschung.

Der Zug schien jetzt schneller zu fahren. Michele ging auf die Plattform hinaus und beugte sich über das Scherengitter, aber es war nicht zu erkennen, wo sich der Zug befand. Man sah nur die Funken, die am Zug entlanghuschten, und zuweilen eine Lampe, die sofort verschwand.

Plötzlich bemerkte er einen großen, schwarzen Berg und Lichterketten, die sich kilometerweit durch die Ebene zogen: Das musste Palermo sein. Dann war Cinisi ganz in der Nähe. Ein Vibrieren ging durch die Wagen, dann hielt der Zug an einer kleinen Station.

Michele stieg aus. Fast gleichzeitig setzten die Waggons sich wieder in Bewegung und ratterten einer nach dem anderen an ihm vorbei. Er holte tief Luft und erkannte den Geruch des Meeres.

Zwanzig Schritte vor ihm stand ein Mann, der sein Gesicht mit dem Tuch bedeckt hielt, als müsste er sich gegen den Fahrtwind der Eisenbahn schützen, sodass Michele ihn nicht erkennen konnte. Außer ihm befand sich niemand auf dem Bahnsteig. Michele trat zu ihm und sagte: »Küss die Hand!«

Der Mann, der schon alt zu sein schien, wies statt einer Antwort mit ausgestrecktem Arm auf die Böschung hinter dem Bahnhof.

»Siehst du den Hügel? In diese Richtung gehst du, bis du an eine weiße Mauer kommst. Dort hältst du dich links Richtung Fluss. Du überquerst den Fluss und gehst an den Viehgattern vorbei. Hundert Meter weiter steht das Haus.«

Er rückte das Schultertuch zurecht und legte die Hände darunter.

»In drei Stunden kommt der Zug nach Catania«, fügte er hinzu. »Um Viertel vor zwölf.«

Er nickte kurz, ging rasch die Gleise entlang, stieg über den Zaun am Fuß der Böschung und verschwand in der Dunkelheit.

Nun überquerte auch Michele die Gleise und lief auf den Hügel zu. Es ging bergauf, sodass er nach einer Weile wieder die Lichter von Palermo sah. Sie schimmerten gelb und matt, und einige leuchteten sehr hell. Dann verschwanden die Lichter hinter einer Erhebung, und Michele befürchtete, zu weit gegangen zu sein oder die Richtung verpasst zu haben. Die Fremdartigkeit der Gegend schüchterte ihn ein, sodass er Angst hatte, etwas falsch zu machen oder alles zu verderben. Er rannte ein Stück. Auf einmal tauchte vor ihm eine große, weiße Mauer auf. Erleichtert lehnte er sich dagegen.

Er wandte sich nach links und erkannte in der Dunkelheit den Fluss. Wieder blieb er stehen und spürte die Feuchtigkeit unter seinen Schuhsohlen. Die Nacht war fast undurchdringlich, und kein Laut störte die Stille.

Michele kniete nieder, streckte sich langsam aus und tauchte sein Gesicht ins flache Wasser. Es duftete nach Heu und Kuhfladen. Er trank in langen Zügen, stand auf und setzte seinen Weg fort. Alle seine Muskeln waren verspannt. Sogar die Hand in der Tasche, die das Messer umklammerte, fühlte sich taub an, doch er war nun sicher, dass er den Mann töten würde, und hatte nur noch den einen Gedanken: »Jetzt töte ich diesen Mann! Warum sollte ich es nicht tun? Wer immer er sein mag, ich werde ihn töten!«

Es roch stark nach Kuhmist, also konnten die Melkställe nicht mehr fern sein. Auf Zehenspitzen näherte er sich der Einfriedung, stieg über den Zaun und erschrak einen Moment über das riesige Dach. Ein Tier erhob sich, muhte leise, kam herbei und rieb sich neben ihm an der Umzäunung. Michele blieb reglos stehen, um es nicht zu erschrecken. Es war ein Kälbchen.

Wieder sprach er sich Mut zu: »Jetzt töte ich diesen Mann!«

Er wiederholte den Gedanken einige Male und betonte jedes Wort ganz langsam: »Ich werde ihn töten!«

Er ging weiter und sah, wenige Meter neben dem Pferch, das Haus. Es war das einzige Gebäude weit und breit. Er streifte an der Wand entlang und drückte gegen die Tür, die leicht nachgab. Dann öffnete er das Messer, indem er die Hand gegen die Schneide drückte, damit man das Aufschnappen nicht hörte, und zog die Schuhe aus.

Behutsam durchquerte er die Küche, streckte die linke Hand aus, um eventuelle Hindernisse zu ertasten, und erreichte die nächste Tür. Der Raum wurde von einem Lämpchen schwach erhellt. Am Fenster stand ein Bett. Jemand atmete im Schlaf.

»Schnell! Schnell!«, dachte er aufgeregt. Auf dem Bett waren die Umrisse einer Person zu erkennen. Man sah nicht einmal, ob sie auf der Seite oder auf dem Rücken lag.

Michele schnellte vor, bückte sich, packte die Haare des Mannes und stach mit aller Gewalt zu. Der Mann gab einen Klagelaut von sich und versuchte, sich aufzurichten. Erst jetzt sah Michele, dass er ihn nicht in den Hals, sondern in die Wange gestochen hatte. Mit ganzer Kraft drückte er den Kopf ins Kissen und stieß abermals zu.

Diesmal versank das Messer in der Gurgel. Noch zweimal stach er zu und grub das Messer mit aller Kraft in die Wunde. Blut trat aus, netzte die Hand, die das Messer führte, und fühlte sich warm an. Michele brauchte einen Moment, bis er wieder bei Verstand war, hatte aber auch jetzt nur den einen Gedanken: »Ich habe ihn umgebracht! Jetzt ist alles vorbei!«

Wilde Freude stieg in ihm hoch, weil nun alles vollbracht war. Er lief zur Tür, zog hastig die Schuhe an, wartete einen Moment und spähte ins Dunkel. Kein Geräusch war zu hören. Eng am Zaun entlang durchquerte er den Pferch. Erst am Fluss blieb er stehen, wusch sich das Blut von den Händen und säuberte auch die Schneide des Messers. Von Zeit zu Zeit hielt er inne, stierte ins Dunkel und lauschte angestrengt, doch nur das Murmeln des Wassers auf den Kieseln war zu hören. Er rannte weiter bis zu der Mauer, wo der Hügel sich senkte, sah unten die blauen Lampen der Station liegen und erblickte in weiter Ferne die matten Lichter von Palermo und die grellen Scheinwerfer des Hafens.

Am Fuß der Böschung, wenige Schritte vor den Gleisen, ruhte er sich aus und wartete. Er gierte nach einer Zigarette, traute sich jedoch nicht zu rauchen, aus Angst, die Glut könnte ihn verraten. Reglos lag er da und lauschte dem Surren der Telegrafenleitung.

Er wollte ein leeres Abteil suchen, doch als der Zug einfuhr, waren alle Lichter ausgeschaltet. So stieg er in den nächstbesten Wagen, kauerte sich in eine Ecke und zog sich die Mütze über die Augen. Einige Reisende schienen auf den Bänken zu liegen, denn man hörte Stöhnen und unterdrücktes Reden. Im hinteren Teil zündete sich jemand eine Zigarette an.

Michele spürte eine schreckliche Leere in sämtlichen Gliedern, so als ob sein Blut sich verdünnt hätte. Zwischen den Hügeln der Küstenlandschaft leuchteten zuweilen die Lichter von Palermo auf, bis sie endgültig hinter einer Bergkette verschwanden.

Michele zündete sich eine Zigarette an und legte sich auf die Bank. Er behielt den Rauch lange im Mund, um den Geschmack des Tabaks ganz auszukosten. Dann atmete er bedächtig mit weit geöffneten Lippen aus. Gelegentlich stützte er die Ellenbogen auf und sah aus dem Fenster, aber gegen den Nachthimmel war nur die Silhouette der schwarzen Berge zu erkennen. Auf den Bahnsteigen der kleinen Stationen standen Streckenwärter und schwenkten rote Lampen.

Michele hatte kein Zeitgefühl in diesen ersten Stunden der Rückreise. Manchmal, wenn irgendwo ein Licht auftauchte, dachte er, sie wären noch immer am Stadtrand von Palermo. Dann wieder hatte er den Eindruck, seit vielen Stunden zu fahren, und wunderte sich, dass es noch nicht hell wurde.

Als am Horizont ein grauer Schimmer auftauchte, füllte sich der Zug mit Bergleuten, die ins Landesinnere fuhren. Sie hatten rote, übermüdete Augen, rauchten, grüßten sich, redeten, und im Nu war der Waggon voller Qualm und der Holzfußboden bedeckt mit Auswurf und zertretenen Kippen.

Der Tag begann, und der Zug raste durch gewaltige Steinschluchten. Hier und dort erhob sich ein Berg aus Tuffgestein mit glatten Wänden und gelben Gipfeln. Andere Berge hatten schneeweiße Hänge, als wären sie mit Salz bedeckt. An den Hängen führten die Gleise einer Schmalspurbahn zu großen, fensterlosen Häusern mit riesigen Schloten. Sie gehörten zu den Bergwerken, die er auf der Hinfahrt nicht gesehen hatte, weil es bereits dunkel gewesen war.

Ein hochgewachsener Mann in einer abgetragenen Lederjoppe sagte: »Der 1. Mai fällt dieses Jahr auf einen Samstag.«

Er hielt die Zigarette zwischen Daumen und Zeigefinger und legte den Kopf in den Nacken, damit ihm der Rauch nicht in die Augen stieg.

»In Palermo soll eine große Kundgebung stattfinden«, fuhr er fort. »Rossano spricht auf der Piazza Politeama. Es sollen mindestens hunderttausend Arbeiter aus der ganzen Provinz kommen.«

Ein kleiner, magerer Mann mischte sich ein. Er sprach schneller als die anderen, betonte zischend die Silben und stammte offensichtlich aus Norditalien. In der Brusttasche steckten eine Brille und ein Füllfederhalter. Er nahm sich eine Zigarette und klopfte sie auf dem Handrücken fest. Dann presste er die Lippen zusammen, schnalzte ein wenig und sagte: »Ihr macht dicke Versammlungen, aber die Herren treten euch in den Arsch! Hunderttausend Dummköpfe, die in die Hände klatschen, was ist schon dabei. Es ist zum Lachen! Am nächsten Morgen geht ihr wieder in die Fabrik, die Heckenscheißer kehren auf die Felder zurück, und der Herr steht schon am Tor. Der hat keine Angst, der kennt seine Pappenheimer. Der klopft euch auf den Hintern, und alle ziehen im Gänsemarsch an ihm vorbei und grüßen: ›Küss die Hand! Küss die Hand!‹ Der Herr zahlt euch keine Lira mehr, und ihr könnt ihm den Buckel runterrutschen. Ich bin Traktorfahrer, und wenn ich keine zweitausend Lire am Tag bekomme, dann arbeite ich nicht. Mit dem Herrn nur ›Guten Tag!‹, ›Auf Wiedersehn!‹, zweitausend Flöhe auf die Hand und sonst nichts!«

Er schnaubte böse und schaute in die Runde. Plötzlich schien ihm etwas einzufallen. Er hob die Hand, damit keiner ihm zuvorkam, und lachte geringschätzig.

»Neulich habe ich Rossano reden gehört. Was für ein Schwachsinn! Ich meine: Leben wir im 18. Jahrhundert oder in Afrika? Wer ist das überhaupt? Spricht zu den Arbeitern und bringt sie zum Weinen. Ist das ein Gewerkschafter? Mit dem Bart und den Flöhen, die er hat? Guter Gott! Das ist ein Scharlatan! Ein Geisteskranker, der die Bibel auswendig kennt!

Ihr wisst nicht einmal, wie ein richtiger Gewerkschafter aussieht. Die sind beinhart, Scheiße! Die bringen den Betriebsrat mit und setzen sich mit dem Unternehmer an den Tisch, ohne lange zu fackeln! Die knallen ihm den Tarifvertrag vor den Latz und lassen ihm die Hosen runter, wie man so sagt: gesetzliche Arbeitszeit, Familienzulage, hundert Prozent Überstundengelder, Kündigungsschutz, Teuerungszulage, Krankenkasse.

O ja, mein Freund. Ein Gewerkschafter im Norden, der hat keine Flöhe, rasiert sich elektrisch und schert sich einen Dreck um die Bibel …«

Er schnaubte wieder verächtlich durch die Nase.

Ein Mann mit Bürstenhaarschnitt und Brille versuchte, ihm zu widersprechen. Sein Gesicht war von der Sonne gegerbt. Einige gelbliche Flecken verliehen ihm ein ungesundes Aussehen. Er trug eine fadenscheinige Jacke mit kurzen Ärmeln und einen dicken Wollschal um den Hals. Einen Augenblick lang suchte er nach Worten. »Sie wollen jetzt ein neues Gesetz machen …«, begann er.

»So!«, sagte der Norditaliener. »Ein Gesetz wollen sie machen! Ihr Anfänger, die ihr seid! Ein Gesetz für Anfänger werden sie machen!«

Der andere wurde böse. »Jawohl, mein Herr! Sie machen jetzt ein Reformgesetz. Danach bekommt jeder Bauer einen Salmen Land, ein Haus mit Stall und zwei Maultiere, um den Pflug zu ziehen. Und in den Bergwerken werden Maschinen eingesetzt, um den Schwefel abzubauen und nach oben zu schaffen.«

Der Mann nickte, um seine Worte zu bekräftigen, dann schlug er zweimal mit dem Zeigefinger auf den Ballen der anderen Hand. »Außerdem verdient jeder Bergmann tausendfünfhundert Lire pro Tag. Wenn er durch den Schwefel blind wird oder Tuberkulose hat, bekommt er fünfhundert Lire Rente am Tag.«

Der Norditaliener hob fragend den Zeigefinger und fuchtelte ihm vor der Nase herum. »Aber wer denn, was denn?«, rief er. »Wann denn? Das Problem ist ein anderes. Solange es Herren gibt, werden sie euch auf die Köpfe scheißen, und ihr sagt immer nur: ›Habe die Ehre, Euer Ehren, küss die Hand, Euer Ehren, vielen Dank, dass Ihr uns auf die Köpfe scheißt.‹ Wisst ihr eigentlich, dass der Arbeiter in Deutschland zum Frühstück Butter und Marmelade aufs Brot isst?«

Einer mit einem knochigen Gesicht, einer massigen Kinnlade und Schnurrbart packte ihn drohend beim Kragen. »Wir essen Brot mit Zwiebeln«, sagte er, »weil es uns schmeckt. Und wir lassen uns von niemandem auf den Kopf scheißen. Am allerwenigsten von einem wie dir!«

Einen Augenblick lang war es still. Der Norditaliener wurde blass und lachte kurz. Dann lehnte er sich zurück und sah in die Runde, ob nicht jemand auf seiner Seite wäre. Er leckte sich über die Lippen und öffnete sie, als wollte er noch etwas sagen. Aber er sagte nichts.

»Das Reformgesetz müssen sie machen«, sagte stattdessen der mit der Brille. »Sonst gibt es einen Generalstreik. Diesmal fahren auch keine Züge. Die Bergwerke fliegen in die Luft!«

»Ja, wir streiken, und die machen sich über uns lustig«, sagte wieder ein anderer. »Sie leben in Palästen und haben satt zu essen. Und was hast du? Du bist Bergarbeiter oder Bauer. Nach zehn Tagen Streik hast du keine Lira mehr. Dann setzt sich deine Frau mit gespreizten Schenkeln vor die Haustür, und du stellst dich mit der Trommel daneben. ›Hereinspaziert. Amüsiert euch, Leute. Hundert Lire pro Mann, solange der Streik dauert!‹« Einige lachten, auch der Norditaliener. Er lachte lauter als die anderen und ließ die Zigarette von einem Mundwinkel in den anderen wandern. Der Zug hielt. Man sah einige plumpe, gelbe Berge ohne Vegetation. Mitten im Tal stand eine winzige weiße Bahnstation. Es waren an die zweihundert Bergarbeiter, die aus dem Zug stiegen und auf eine Reihe Lastwagen kletterten, die sie zu den Minen brachten.

Später fuhr der Zug durch Täler ohne Baum und Strauch. Nirgendwo schien es Wasser zu geben, nur gelben und grauen Staub und ausgetrocknete Pfützen. Am Berghang lag eine riesige Fabrik mit hohen, weißen Schornsteinen. Von allen Seiten liefen die Kabel der Schwebebahnen und Gleise darauf zu. Es sah aus wie ein Spinnennetz.

Dann begann die Landschaft, sich zu ändern, die Berge wurden grauer, Olivenbäume bildeten Tupfer, und ausgedehnte Weizenfelder wuchsen auf großen Terrassen die Hänge hinauf. Schließlich tauchten in weiter Ferne die Umrisse des Vulkans auf, der den ganzen Horizont einnahm. Zu seinen Füßen breitete sich eine sonnige Ebene aus, Flüsse blitzten in den Feldern auf, und das Meer war ein glitzerndes Band.

Es war fast Mittag, als Michele am Bahnhof von Bicocca ausstieg. Er lief die Gleise entlang, bis er den Trampelpfad erreicht hatte, und entfernte sich so rasch wie möglich von der Eisenbahnlinie. Die Sonne brannte, und seine Haare waren schweißnass. Er nahm die Mütze ab, legte sie zusammen und steckte sie in die Tasche. Dann band er sich das Taschentuch um den Hals und steckte die Pistole hinter den Hosenbund, um sie sofort ziehen zu können.

Der Pfad und die Felder waren leer. Nur manchmal stand ein Pferd oder Maulesel, reglos und wie von der Sonne verblödet, in der endlosen Weite. Die Pflanzungen wurden spärlicher, die Hügel steiniger und schroffer. Der Pfad fiel steil ab und führte dann am Fluss entlang.

Michele lief vier Stunden, ohne Rast zu machen. Nur gelegentlich ging er etwas langsamer, um durchzuatmen. Der Schweiß lief an der Innenseite seiner Schenkel hinunter, aber er hielt nicht einmal inne, als er die Furt erreicht hatte, und kletterte sofort den Berg hoch.

Hundert Meter über dem Fluss erwartete ihn Antonio Malacarne. Er war alleine und hob langsam den Arm, um zu zeigen, dass er Michele bemerkt hatte. Auch Michele schwenkte im Näherkommen die Hand.

»Und, Michele?«, fragte Antonio. Michele nickte erschöpft. Staub und Schweiß hatten rund um seine Lippen eine Kruste gebildet. Er schaute den Berg hoch, betastete seine Schenkel und wühlte in den Taschen.

»Ich habe seit Stunden keine geraucht«, sagte er und wischte sich mit dem Handrücken die Lippen sauber. Antonio sah ihn lachend an und gab ihm eine Zigarette. Ausgelassen legte er ihm den Arm um den Nacken und tätschelte seine Brust.

»Los! Klettern wir hinauf!«, rief er mit glücklicher Stimme. Sie begannen zu klettern. Auf halber Höhe trafen sie Paolo Chillemi und setzten den Weg zu dritt fort.

»Lorenzo hat einen Malaria-Anfall und hohes Fieber«, sagte Antonio Malacarne, als sie oben ankamen. »Heute Nacht haben seine Zähne geklappert wie Kieselsteine.«

Lorenzo lag dick eingemummt auf dem Stroh. Als Michele ins Haus trat, drehte er den Kopf zur Seite, rollte die Augen und lächelte.

»Michele, Michele!«, sagte er. Er wollte ihn fragen, ob alles gut gegangen sei, aber er schaute ihn nur beklommen an und fragte: »Hast du gesehen? Ich bin krank!«

»Das geht vorbei«, sagte Michele.

Lorenzo nickte, und seine Augen wurden eng vor Freude. »Jetzt, wo du zurück bist, gehts mir besser!«

Michele zog sich ganz aus, denn jeder Faden, den er am Leib hatte, war durchgeschwitzt. Dann breitete er eine Wolldecke aufs Stroh, wickelte sich ein, zog sie über den Kopf und fiel sofort in tiefen Schlaf. Die drei anderen setzten sich vor die Tür, auch Lorenzo, und Antonio Malacarne sagte: »Lasst ihn schlafen. Er muss sich erholen. In zwei Tagen machen wir den Überfall auf den Autobus und laufen zwanzig Kilometer an einem Stück. Diesmal steche ich auch die Kinder ab.«

Michele schlief bis zum nächsten Morgen. Sie ruhten den ganzen Tag aus, lagen neben dem Haus oder drinnen auf dem Stroh. Lorenzo war ohne Fieber, aber noch immer geschwächt. Manchmal sah er zu Michele hinüber und belauerte ihn. Plötzlich lächelte er traurig und fragte: »Wie du ihn erstochen hast, hat er da nicht geschrien?«

Michele schüttelte den Kopf. Nach dem langen Schlaf hatte er das Gefühl, diese Dinge hätten sich vor Wochen ereignet. Er war frisch und ausgeruht und dachte kaum noch an den Mord, denn es war alles so einfach gewesen. Er hatte nicht einmal das Gesicht des Mannes gesehen.

»Er hat einmal kurz gewimmert«, sagte er. »Ich glaube, er wollte den Kopf heben, aber er hatte keine Kraft mehr!«

Lorenzo wiegte langsam den Oberkörper und runzelte die Stirn. Durch das Fieber waren seine Schläfen weiß und durchscheinend geworden.

»Ich kannte einen Mann, der ein Messer in der Brust hatte, aufstand und noch laufen konnte«, sagte er. »Aber ein Mann mit durchschnittener Kehle erstickt sofort an seinem Blut.«

Michele kam die Geschichte bekannt vor. Trotzdem hielt er den Kopf schief, hörte zu und rauchte. Paolo Chillemi lag mit geschlossenen Augen auf einer Wolldecke und sonnte sich. In letzter Zeit wirkte er oft trostlos und melancholisch. Antonio hatte unterdessen einiges Laubwerk gesammelt und neben dem Haus ein Feuerchen entfacht, um das Büchsenfleisch aufzuwärmen. So kniete er gebückt mit einem Stöckchen neben der Glut und verrührte das Fleisch mit Wasser.

Die Sonne ging bereits unter, doch die Luft war mild, und keine Wolke stand am Himmel. Die Berge warfen lange dunkelblaue Schatten ins Tal. Lorenzo zupfte Michele am Arm.

»In einer Woche sind wir auf dem Schiff und fahren nach Venezuela«, sagte er. »Was meinst du, Michele?«

Er schluckte, schaute Michele zaghaft an und lächelte dann, doch das Lächeln erstarb sofort auf seinem kleinen Gesicht.

»Hast du keine Angst vor der Abreise? Ich denke immer daran. Ich kann mich nicht daran gewöhnen, dass wir wirklich fahren und niemals zurückkommen werden.«

Sein Blick ging über das Tal. Der Anblick der vertrauten Landschaft machte ihn sentimental. Er versuchte, über den Grund für seine Unruhe nachzudenken, aber er fand keine Worte dafür. Der Grund war klar und dennoch unerklärlich.

»Schau, Michele, ich …«, begann er, doch er wusste nicht weiter, vollführte eine nichtssagende Geste und schloss die Augen, um sich zu konzentrieren.

»Ich habe in meinem Leben«, fuhr er fort, »immer das getan, was ich für richtig gehalten habe …«

Nun hatte er sein oberstes Prinzip genannt und konnte seine Worte nur noch durch Kopfnicken bekräftigen.

»Ich hatte Hunger, also raubte ich zwei Ziegenlämmer aus der Herde des Cavaliere Ieli, weil ich es für gerecht halte, nicht zu verhungern. Nicola Ferro ließ mir die Lämmer wegnehmen, mich an einen Baum binden und mit Stacheldraht auspeitschen, sodass ich aussah wie der heilige Lazarus. Also brachte ich ihn um, denn es ist auch gerecht, wenn ein Mann seine Ehre verteidigt. Ich habe nur versucht, am Leben zu bleiben und mich mit aller Kraft zu verteidigen.

Als ich jung war, dachte ich, man müsse kämpfen und Widerstand leisten, um etwas zu erreichen. Aber ich war ein Wirrkopf. Ich dachte, wenn ein Mensch lebt, dann muss es auch ein Ziel für ihn geben. Aber ich habe nichts erreicht, und jetzt weiß ich nicht einmal mehr, was ich gesucht habe, als ich jung war. Ich bin nur noch alt und voller Schmerzen. Wenn ich morgens aufwache, fühle ich mich schon so müde wie jemand, der den Pflug gezogen hat …«

»Du bist verrückt, wenn du so etwas denkst«, antwortete Michele. »Du hast einen halben Tag im Fieber gelegen, aber das ist vorbei …«

Lorenzo schloss die Augen, und über sein Gesicht huschte ein mutloses Lächeln.

»Nachts, wenn ihr schlaft«, sagte er, »höre ich euch in der Dunkelheit schnarchen. Ihr wälzt euch auf dem Stroh, und ich liege mit offenen Augen da, denke an Venezuela und das große Meer, das wir mit dem Dampfer überqueren müssen. Dann sage ich mir:

Du mit deinen zweiundsiebzig Jahren, Lorenzo, wo willst du jetzt noch hin? Was willst du erobern? Deine Zähne tanzen im Maul, und das Vögelchen zwischen deinen Beinen ist nur noch ein schlappes Stück Fleisch. In zwei oder drei Jahren bist du tot. Warum ruhst du dich nicht aus?«

Michele hatte Lorenzo Giliberto noch nie so deprimiert erlebt.

»Am liebsten würde ich hier sterben«, sagte Lorenzo, »um hier in der Nähe meines Dorfes begraben zu werden. Ich bin ein unwissender Mensch, aber ich glaube, es gibt etwas in der Luft oder im Gras oder im Dünger des Ackerbodens, das in den Menschen eindringt. Wenn ein Mensch an irgendeinem Punkt der Erde zur Welt kommt, besteht er aus diesen Dingen. Deshalb ist es besser, wenn diese Dinge in den gleichen Boden zurückkehren, dann ist alles leichter, und sogar der Tod ist ohne Schrecken. Es lebt alles in der Erde weiter …«

Michele wollte etwas sagen, doch Lorenzo legte ihm die Hand auf den Arm und schüttelte heftig den Kopf.

»Glaubst du an Geister?«, fragte er. »Ich glaube daran. Jeder Mensch hat einen Geist mit Augen, Armen, Beinen. Er sieht genauso aus wie die Lebenden, aber niemand kann ihn sehen. Die Geister laufen durchs Haus, hören zu, was die Lebenden reden, und beobachten sie fortgesetzt. Deshalb soll der Mensch nie in der Fremde sterben. Dann lebt sein Geist unter Leuten, die er nie gesehen hat. Er leidet, weil er nicht versteht, was sie reden, und kommt sich vor wie auf dem Grunde des Meeres. So verirrt sich seine Seele und stirbt für immer!«

Er seufzte und hob klagend die Hände.

»Schau, Michele, ich bin ein armer Schäfer und kenne nur die Dörfer dieser Gegend. Ich kann nicht mal lesen und schreiben. Ich will dir etwas erzählen. Vor drei Jahren haben sie mich verhaftet, weil ich angeblich einen gewissen Sebastiano Valastro ermordet hatte. In Wirklichkeit lag ich die ganze Nacht bei meiner Herde, aber keiner wollte mir glauben. Der Hauptmann sprach zu mir in seiner Sprache, und ich verstand nicht, was er sagen wollte. Ich stand stramm und sagte immer nur: ›Verzeihung, Euer Exzellenz, ich bin unschuldig!‹ Er regte sich furchtbar auf und schrie: ›Du Analphabet, du Stück Scheiße!‹

Mir kamen die Tränen, weil ich mich nicht verteidigen konnte, aber die Carabinieri fesselten mich auf einen Tisch und gaben mir zwanzig Peitschenhiebe, weil ich mich geweigert hätte, dem Herrn Hauptmann zu antworten. Einer trat mir sogar in die Eier. Verstehst du, Michele? Ein dummer Mensch braucht die wenigen Dinge, die er kennt und gelernt hat, sonst möchte er sterben!«

Je nachdem, ob er die Worte des Hauptmanns wiedergab oder von den Schlägen berichtete, riss Lorenzo die Augen auf oder kniff die Lippen zusammen und änderte auch den Tonfall. Er straffte sich, machte einen langen Hals, krümmte die Schultern und bedeckte sich die Hoden, als müsste er sie noch immer schützen.

Wieder zupfte er an Micheles Arm.

»Hättest du keine Lust, ins Dorf zurückzukehren?«, fragte er. »Stell dir vor: Du kannst herumlaufen, mit Freunden auf der Straße stehen und reden, zu Hause übernachten …«

Michele dachte: »Wo ich vier Wände und mein Brot finde, wo mein Sohn morgens, mittags und abends sein Essen hat, soll in Zukunft meine Heimat sein. Ich werde nicht müde werden, danach zu suchen. Egal, was kommt. Ich habe keine Angst!«

Er schüttelte den Kopf und sagte: »Es gibt noch mehr im Leben …«

»Ich weiß. Die Ehre!«, sagte Lorenzo. »Deshalb habe ich Nicola Ferro getötet!«

Michele erwiderte: »Was heißt Ehre! Auch der arme Mann und der gemeine Verbrecher können Ehre genießen. Ein Mensch braucht mehr. Man nennt es Würde. Eine Arbeit gehört dazu, aber sie muss sicher sein, und niemand darf sie dir wegnehmen können. Dann eine Wohnung, aber mit fließendem Wasser und Strom.

Der Mensch will Lesen und Schreiben lernen, damit er in seinem Kopf versteht, was in der Welt passiert. Er braucht Medizin, wenn er krank wird, und er will nicht vor irgendjemandem mit der Mütze in der Hand stehen. Der Mensch muss auf die Piazza gehen und allen ins Gesicht schreien können: ›Ihr kotzt mich an!‹ Auch den Priestern und Abgeordneten muss man es sagen können … Wer sind denn diese hochwohlgeborenen Herrschaften? Dummköpfe und Schweine!

›Wer bist du?‹

›Lorenzo Giliberto!‹

›Gut, du darfst vorbei!‹

›Und wer bist du?‹

›Ich bin Seine Exzellenz, der Abgeordnete Ieli!‹

›Du irrst dich! Du bist Giuseppe Ieli und sonst nichts! Stell dich hinten an …‹«

Lorenzo senkte den Kopf und fragte: »Das ist Würde?«

»Jawohl, mein Herr!«, antwortete Michele. »Wenn ein Mensch von niemandem abhängig ist, das ist Würde! Wenn niemand ihn zwingen kann, in den Krieg zu ziehen, wenn er nicht einmal weiß, wofür, und man sagt ihm, es wäre für sein Vaterland oder den Glauben. Wenn er nicht gezwungen ist, aus Hunger zu stehlen oder zu töten, seine Freunde zu verraten und fortgesetzt nach einem Herrn zu suchen, der ihn besser bezahlt, bis sein Gewissen schlimmer stinkt als Scheiße. Wenn der Mensch frei und ohne Lüge leben kann: das ist Würde!«

Er senkte den Kopf, sammelte ein paar Steinchen auf und begann, mit ihnen zu spielen. Dann schaute er zu den zwei anderen hinüber und grinste. Antonio saß gegen den Türstock gelehnt, hatte den Topf mit dem Fleischgericht zwischen den Schenkeln und aß genüsslich. Zwischendurch biss er ins Brot und redete mit Paolo, der mit geschlossenen Augen auf seiner Wolldecke lag. Michele hätte gerne gewusst, worüber sie sprachen, doch die zwei waren zu weit weg. Nur einmal hörte er Paolo rufen: »Ach, Antonio! Warum bist du keine Frau geworden? Du wärst eine großartige Hure! Mit deinem Arsch!«

Den ganzen folgenden Tag blieben sie beim Haus, um sich auszuruhen, denn sie hatten anderntags einen weiten Weg vor sich. Paolo Chillemi schwieg fast immer, saß an die Hauswand gelehnt, rauchte, schloss manchmal die Augen und schien zu schlafen. Dann wieder riss er die Augen auf und fixierte irgendeinen Punkt.

»Was hast du?«, fragte Antonio Malacarne.

»Nichts«, antwortete Paolo und lächelte ihm zu.

Antonio ließ ihn in Ruhe, denn er wusste, dass Paolo Angst hatte.

Auch Michele machte sich Sorgen. »Mein Sohn kommt auf die Welt, und ich werde ihn niemals zu sehen bekommen«, dachte er. »Niemals bekomme ich einen Pass für Stellina. Und selbst, wenn ich ihn bekomme, ist sie bestimmt zu krank, um nach Palermo zu fahren und an Bord zu gehen. Oder sie findet das Schiff nicht.«

Stets musste er an das Kind denken. Manchmal waren die Zärtlichkeit und der Wunsch, es lebend zu erblicken, so stark, dass er weinte.

»Stellina stirbt bei der Geburt«, dachte er, »und das Kind stirbt mit ihr. Beide sind schwach und hilflos!«

Er sah das leere Bett vor sich, die Decken, die jemand beiseitegeworfen hatte, die Kuhle in der Matratze und das blutverschmierte Laken. Stellina lag mit gespreizten Beinen auf einem Tisch. Sie war wachsbleich, an ihren Schenkeln klebte Blut, und auf ihrem Leib lag die kleine Kreatur im Sterben.

»Das ist mein Sohn«, dachte er. »Der Sohn von Michele Passanisi!«

Er spürte einen heftigen Schmerz in der Brust und biss die Zähne zusammen, um nicht zu stöhnen. Wie wahnsinnig rannte er mit einem Gewehr durchs Dorf und tötete alle, die ihm in die Quere kamen, Männer wie Kinder. Er schrie, schoss, trat in die Gesichter der Sterbenden und rannte weiter. Er schrie und schoss, weil niemand ihm geholfen hatte. Später weinte er lautlos in sich hinein, und das Weinen beruhigte ihn. Er lag in einem Zimmer mit vielen Fenstern und empfand eine große Zärtlichkeit. Ein mageres Kind mit einem großen, feinen Kopf ritt auf seiner Brust. Es war sein Sohn.

»In der Nacht, bevor wir nach Palermo fahren, gehe ich noch einmal ins Dorf zurück«, überlegte er. »Antonio und die anderen sind mir egal. Wenn sie etwas sagen, erschieße ich sie. Mein ganzes Geld gebe ich Stellina und behalte für mich nur zwanzigtausend Lire. Ich sage ihr, dass ich ihr einen falschen Pass schicken werde, und erkläre ihr, wie sie mit dem Kind auf das Schiff kommt.« So fantasierte er den ganzen Nachmittag. Paolo Chillemi dagegen nahm die Karten und legte wie gewohnt seine Patience. Es schien für ihn die wichtigste Sache der Welt zu sein.

Antonio Malacarne sagte immer wieder: »Von der Furt bis zur Eisenbahnstation sind es zwanzig Kilometer Feldweg. Wir müssen marschieren wie die Verrückten!«

Bevor sie schlafen gingen, reinigten sie die Waffen. Sie hatten jeder eine Militärpistole, Antonio und Michele außerdem eine Maschinenpistole Kaliber acht mit je einem Magazin. Paolo Chillemi besaß einen Karabiner mit Bajonett und zweimal zwölf Schuss, Lorenzo Giliberto ein Gewehr mit abgesägten Läufen und zehn Kartuschen.

»Wir gehen los, wenn es dunkel wird«, erklärte Antonio zum hundertsten Mal. »Zwanzig Minuten vor Mitternacht müssen wir an der Station sein. Es gibt nur zwei Personen: den Bahnwärter und den Mann am Ausschank. Wir fesseln und knebeln sie, aber wenn sie Widerstand leisten, werden sie mit dem Bajonett erstochen.

Dann warten wir auf den Bus. Es muss gehen wie der Blitz. Sobald er auf dem Platz anhält, springe ich mit Paolo rein, während Michele und Lorenzo mit der Waffe im Anschlag auf beiden Seiten Wache halten. Die Leute im Bus müssen sich auf die Erde werfen, auch die Frauen, und die Hände in den Nacken legen. Wir nehmen ihnen alles Geld ab, auch Ringe, Goldketten und Armbänder!«

Antonio machte eine Pause und seufzte tief. Die kleine Maschinenpistole lag wie ein Stock in seinen Händen.

»Dann zertrümmern wir den Motor und verschwinden«, sagte er. »In drei Stunden müssen wir wieder an der Furt sein. Vor Sonnenaufgang. Wir müssen uns den Arsch aufreißen beim Marschieren!«

Lorenzo Giliberto zerriss ein altes Unterhemd und machte sich Fußlappen, um sich auf dem langen Marsch keine Blasen zu laufen. Antonio steckte sich die beiden Tücher in die Tasche, mit denen er den Bahnwärter und den Mann vom Ausschank knebeln wollte. Den Strick, um die zwei zu fesseln, schlang er sich um den Bauch.

Sie luden ihre Waffen. Lorenzo schob je eine der großen Patronen in die beiden Läufe. Die übrigen acht stopfte er in die Jackentasche. Dazu zog er die Augenbraue hoch, wie immer, wenn er etwas Bedeutendes tat.

»Hier drin sind Bleikugeln für Wölfe, vermischt mit Nägeln und Eisensplittern«, sagte er. »Eine einzige Patrone dieser Art hat Nicola Ferro den Rücken durchschlagen wie Papier!«

Am nächsten Tag gegen Mittag begannen sie mit dem Abstieg. Seit einer Woche hatte es nicht mehr geregnet. Die Sonne hatte das Korn auf den Feldern rasch zur Reife gebracht, und das weite Tal leuchtete golden. Eine sanfte Brise strich über die Berghänge und erleichterte den Abstieg. Der Fluss war wie jeden Sommer fast ausgetrocknet und hatte sich in viele kleine Rinnsale zurückgezogen, zwischen denen der weiße Flussschotter blinkte. Der Himmel war wolkenlos.

An ihrem gewohnten Rastplatz, etwa hundert Meter über dem Fluss, richteten sie sich ein. Sie legten die Waffen und die Feldflaschen in das kurze, harte Gras, das zwischen den Steinen wuchs, setzten sich und verzehrten schweigend Brot und Käse. Bis zur nächsten Morgendämmerung würden sie keine Zeit haben, etwas zu essen. Dann warteten sie auf den Sonnenuntergang.

Michele streckte sich aus und träumte. Der Anblick der Felswand erinnerte ihn an die Tuffsteinbrüche, in denen er zwei Jahre lang gearbeitet hatte, an die Männer, die in der Wand kletterten, die Spitzhacke in der Hand und ein rotes Taschentuch auf dem Kopf. Er versuchte, sich an seinen Vater zu erinnern, der dreißig Jahre lang Tuff gebrochen hatte, und dachte daran, wie er ausgesehen hatte. Doch das Bild blieb unscharf. Michele entsann sich nur, dass er klein war, rötliches Haar mit grauen Strähnen hatte, Pietro hieß und mit dem Geld knauserte. Gelegentlich hatte er ihn betrunken erlebt. Dann hatte der Vater sich die ganze Nacht übergeben und gejammert.

»Er war so dumm und unwissend wie ein Maultier«, dachte Michele. »Er konnte nicht lesen und schreiben, und nie hat er sich aufgelehnt. Er wusste nicht einmal, auf welche Dinge der Mensch ein Recht hat. Genau wie Lorenzo.«

Seine Arme und Beine berührten den Boden, und plötzlich fühlte er sich kraftlos, als wäre sein Körper mit dem Gestein verwachsen. Zugleich aber fühlte er sich leicht. Schimmernde Schmeißfliegen surrten um seinen Kopf, und warmer Wind strich durch die Gräser und brachte sie zum Rascheln.

»Es riecht nach Heu! Merkst dus?«, sagte Lorenzo. »Wenn es keinen Regen gibt, können sie in zwei Wochen das Getreide abmachen.«

»In zwei Wochen sind wir längst weg«, sagte Antonio. »Was kümmert mich das Getreide? Warum zünden sie es nicht an?«

Paolo Chillemi, der ebenfalls rücklings im Gras lag, lachte, ohne die Augen zu öffnen. Er fuhr sich mit der Hand über die Innenseite der Schenkel und seufzte tief.

»Lorenzo Giliberto, besorg mir eine Frau«, murmelte er. »Du redest übers Getreide, und ich werde verrückt!«

Er schaute Lorenzo eindringlich an.

»Fass mal an, Lorenzo!«, sagte er. »Was hab ich hier bloß? Ist das die Revolution?«

Der alte Lorenzo lachte und spuckte ihm fast auf die Beine. »Pfui, du Aas! Fass selber an! Ich wette, da sitzt ein Schlappschwanz!«

Paolo Chillemi lächelte, öffnete langsam seine Hose, steckte die Hand hinein und holte sein fast ganz erigiertes Glied heraus, das durch die Berührung noch anschwoll.

»Da, schau!«, sagte er. »Wenn du so etwas hättest, wärst du ein König!« Er hob den Nacken ein wenig und betrachtete sein Glied, das sich schräg zum Bauch hin aufgerichtet hatte. Die Eichel glänzte auf der Spitze. Er spannte alle seine Muskeln an, bäumte sich auf, und sein Glied zuckte in kleinen Stößen und wurde noch größer.

Plötzlich packte er sein Glied mit der Faust und ließ sich über den Steinboden rollen. Antonio, der ihm am nächsten saß, versetzte ihm einen Fußtritt, doch Paolo lachte nur und betrachtete schmachtend sein steifes Glied, auf dem sich kleine Adern abzeichneten. Verzückt schüttelte er den Kopf und fragte: »Was habe ich da? Eine Rose?«

Sein Ausdruck wurde traurig, und er schloss die Lider. Sanft schob er den Penis in die Hose zurück, knöpfte sich gemächlich zu und blieb mit gespreizten Beinen liegen.

»Ein Esel hat einen dickeren als du«, sagte Lorenzo.

»Dann hat er mehr vom Leben«, sagte Paolo.

Lorenzo lachte und warf Steinchen ins Tal. Antonio schnalzte.

»In einem Monat will ich eine Frau haben«, sagte er. »Sie muss sich nackt aufs Bett legen, ich ziehe mich aus, setze mich hin und berühre sie nicht. Sie bettelt mich an: ›Liebster, Antonio, komm …!‹ Dabei wackelt sie mit dem Hintern, um mich aufzugeilen. Aber ich: nichts da. Wie aus Stein! Ich schaue sie mir an, wie sie daliegt, schön und begehrenswert, direkt in Reichweite, ohne sie anzupacken, stundenlang, und dabei denke ich an die endlose Zeit, in der ich kein Weib besessen habe, bis mir die Zähne im Mund schmelzen wie Konfekt. Was dann kommt, ist schlimmer als ein Messerstich. Wie tot muss sie zum Schluss unter mir liegen!«

Antonio biss sich auf die Lippe. Michele breitete Arme und Beine aus, schlug die Hacken auf den Fels und jammerte, als wäre er die Frau, die Antonio soeben begattet hatte.

»Ah, ich sterbe!«, sagte er.

Antonio wandte den Kopf und sah ihn mit noch immer zusammengebissenen Zähnen an, doch seine Augen lachten schon wieder. Er schüttelte nachdenklich den Kopf und verdrehte die Augen, als sähe er nicht Michele, sondern tatsächlich eine Frau auf den Steinen liegen. Dann rutschte er nach hinten, lehnte sich an den Steilhang, musterte aufmerksam den Himmel, der sich schon dunkelblau färbte, und die Silhouette der Hügel im Westen.

»In einer halben Stunde ist es dunkel.«

Lorenzo stand auf, legte den Kopf in den Nacken, hob die Feldflasche und ließ das Wasser in den weit geöffneten Mund fließen. Bei jedem Schluck hüpfte sein Adamsapfel, und das Wasser lief ihm übers Kinn. Dann lächelte er zufrieden, stellte die Feldflasche ab und trocknete seine Hände an der Hose.

»Bevor wir den Fluss überqueren, müssen wir die Wasserflaschen auffüllen«, sagte Michele. Antonio nickte.

Wie jeden Abend kam Wind auf und versetzte die Kornfelder und das Gras auf den Hängen in wellenförmige Bewegung. Die Sonne wurde klein und rot und versank rasch hinter dem Gipfelgrat der westlichen Hügel.

»Noch zehn Minuten«, sagte Michele, knöpfte sich langsam die Joppe zu und hängte sich das Gewehr um den Hals. Auch Lorenzo und Antonio standen auf und nahmen die Gewehre vom Boden. Antonio hob die Wasserflasche auf und trank noch einige lange Schlucke. Nur Paolo Chillemi rührte sich nicht.

»Es geht los.«

Paolo schien immer noch nichts zu hören. Reglos saß er da und betrachtete tiefsinnig den Fluss. Er schien nur aus Haaren und Bart zu bestehen. Er schüttelte sich, und sein Blick irrte über die Felder und fernen Hügel, die rasch schattig wurden.

Antonio trat zu ihm und rief leise: »Paolo.«

Er packte sein Haar und zog vorsichtig seinen Kopf hoch. Jetzt erst erhob sich Paolo auf die Knie, hängte sich Feldflasche und Gewehr um und zog die Mütze aus der Tasche. In wenigen Minuten hatte sich die Dunkelheit auf den Berghang gesenkt.

Einer nach dem anderen begannen sie den Abstieg. Lorenzo ging als Erster, da er den Hang wie seine Westentasche kannte. Die anderen folgten ihm, vorsichtig tastend. So erreichten sie die Talsohle und liefen über das Ufergeröll zur Furt.

Plötzlich wurde am anderen Flussufer ein Scheinwerfer aufgeblendet, der Lorenzo ins Gesicht leuchtete. Fünf Schüsse waren zu hören, Kieselsteine spritzten hoch und bildeten im Scheinwerferlicht einen Perlenvorhang, der bei Lorenzo endete. Er zerrte an seinem Gewehr, wankte und stürzte vornüber.

»Haut ab! Haut ab!«, schrie Antonio. Zugleich wurde ein zweiter Scheinwerfer eingeschaltet. Im grellen Licht sah man die drei Banditen, die wie Hasen zum Berg zurückliefen. Auch der erste Lichtkegel folgte ihnen. Männer kamen durch die Furt und riefen sich etwas zu.

Die nächste Geschossgarbe traf einen Felsen. Kleine Steine

spritzten wie Hagelkörner umher. Antonio Malacarne warf sich rücklings gegen den Steilhang, versuchte, sich mit den Absätzen weiter nach oben zu schieben, und schoss gleichzeitig.

Paolo Chillemi, der ebenfalls schon ein Stück hinaufgelaufen war, verlor entkräftet den Halt und rutschte ab. Schreiend erhob er sich wieder, lief Richtung Fluss und fuchtelte mit den Armen.

»Ich ergebe mich! Habt Gnade!«

Antonio erledigte ihn mit drei Schüssen in Rücken und Nacken. »Verräter!«, schrie er. »Feigling!«

Paolo fiel die Böschung hinunter. Staub wirbelte auf, der eine goldene Wolke bildete. Einen Augenblick lang stand das Schimmern über seiner Leiche, dann lief der Lichtkegel rasch den Hang hinauf und erfasste Antonio, der sich gerade an einer Felsplatte hochzuziehen versuchte. Seine Beine zappelten im Leeren, die Hände rutschten ab, er landete auf den Füßen, sprang sofort wieder hoch und bekam noch einmal die Kante über sich zu packen. Dann zerfetzten mehrere Geschosse seine Beine. Er schrie wütend, landete abermals auf den Füßen, stand an den Hang gelehnt, und einen Moment lang sah es so aus, als wollte er sich seinen Feinden entgegenwerfen. Doch unentwegt schüttelten die auftreffenden Geschosse seinen Leib, sodass er, wie von Krämpfen geplagt, den Hang hinunterglitt.

Inzwischen hatte der zweite Scheinwerfer Michele erfasst. Er warf sich hin, doch im gleichen Augenblick spürte er einen Schlag in den Bauch, der ihm den Atem nahm. Er kullerte bergab, spürte, wie Gesicht und Rücken gegen das Gestein schlugen, verlor Gewehr und Mütze, kam auf die Beine und rannte zum Fluss, bis er knietief im Wasser stand.

»Sie sind tot!«, dachte er in panischer Angst. »Sie sind alle drei tot!«

Er folgte den weißen Flecken, die der Flusskies im Röhricht bildete, und erreichte das andere Ufer. Der Schmerz und die Angst verursachten ihm Übelkeit. Er kniete nieder, presste die Arme vor den Unterleib und empfand einen heftigen Brechreiz, doch es kam nur etwas Schleim und Blut heraus.

Auf der anderen Seite des Flusses glitten die Kegel der Scheinwerfer noch immer über den Abhang des Berges. Befehle und laute Rufe waren zu hören, und die Schatten seiner Verfolger liefen durchs Licht.

Schließlich begannen sie, auch an seiner Seite des Ufers zu suchen. Er drückte das Gesicht ins Gras. Eine Stimme rief: »Hier lang! Hier lang!«

Dann entfernten sich die Schritte, die Rufe wurden leiser, und auch die Scheinwerfer wurden abgeschaltet.

Er stand auf und tastete nach der Bauchwunde. Seine Hand spürte Feuchtigkeit, aber er schien kaum zu bluten, und auch der Schmerz hatte nachgelassen. Er wusste, dass die Carabinieri schon im Morgengrauen das Tal durchkämmen würden und dass er nur eine Chance hatte, die Verletzung zu überleben: Er musste zurück ins Dorf zu Stellina.

Nach etwa drei Kilometern wurde ihm schlecht, und er fiel in ein Kornfeld. Der Hosenbund drückte auf die Verletzung. Er knöpfte sich auf, zog auch die Pistole aus der Tasche und legte sie neben sich auf den Boden, ohne sie loszulassen. Der Wind trocknete den Schweiß auf seinem Gesicht, und nach einigen Minuten fühlte er sich schon besser. Nur der Durst quälte ihn. Es war ein brennendes Gefühl, das vom Mund durch den Hals bis in die Eingeweide reichte.

»Vielleicht schaffe ich es«, dachte er. »Es sind noch an die zehn Kilometer, und der Weg geht ständig bergan. Ich habe zweiunddreißigtausend Lire in der Tasche. Stellina braucht das Geld.«

Er knöpfte sich die Hose auf und schob sein Taschentuch zwischen Haut und Unterwäsche, um die Blutung zu stillen. Dann zog er den Gürtel stramm und erhob sich vorsichtig. Er hoffte, am Wegrand irgendwo eine Zisterne oder eine Quelle zu finden. Zuweilen ruhte er aus, lehnte sich gegen eine Mauer, sperrte den Mund auf und streckte die Zunge heraus, wie es die Hunde an heißen Tagen tun, um sich zu erfrischen. Die Verletzung schmerzte kaum noch, sodass er es fast den ganzen Hügel hinauf schaffte.

Hundert Meter vor der Straße hatte er einen Hustenanfall und lehnte sich gegen eine Mauer, um nicht wegzukippen. Der Brechreiz würgte ihn, aber es kam wieder nur etwas Speichel, durchmischt mit Blut. Sein Atem ging flach, sodass er kaum Luft bekam. Sein einziger Gedanke war, das Haus zu erreichen, wo Stellina ihm helfen konnte. »Ich darf noch nicht schlappmachen«, dachte er. »Ausgerechnet jetzt, wo ich den Pass habe. In vier Tagen geht das Schiff nach Venezuela. Jemand muss mir die Kugel aus dem Bauch holen. Sonst bin ich ein toter Mann!« Schließlich schleppte er sich die Böschung hoch und legte sich an den Straßenrand. Tränen standen in seinen Augen, und die Schläfen pochten. Wieder holte er die Pistole aus der Tasche und legte sie neben sich.

»Nur ein paar Minuten lang ruhe ich mich aus«, dachte er. »Die Carabinieri werden nicht vor Sonnenaufgang nach mir suchen. Wahrscheinlich denken sie, ich bin tot und liege irgendwo unten am Fluss!«

Er drehte sich um, da er hoffte, der Schmerz werde nachlassen, wenn der Bauch auf dem Boden lag, doch gleich hatte er wieder das Gefühl, zu ersticken. So blieb er gekrümmt auf der Seite liegen, riss den Mund weit auf, um Luft zu bekommen, und befühlte die Wunde. Das Taschentuch war klatschnass, und auch seine Hose war durchblutet. Der Stoff klebte an den Beinen, und ihm war kalt.

Er nahm die Pistole und richtete sich langsam auf, den ersten Häusern der Ortschaft entgegen, die zweihundert Meter weiter vorne aus der Dunkelheit auftauchten.

Die Straßen waren leer. Er ging die Treppe zur Annunziata hinab und hatte Schwierigkeiten, die Stufen zu erkennen. Nebelschwaden huschten über seine Pupillen, und die wenigen Lichter in den Häusern hatten große, scheibenförmige Höfe. Als er das Treppchen vor seinem Haus erkannte, befiel ihn die Angst, noch auf den letzten Metern liegen zu bleiben. Doch er schaffte es. Auf allen vieren kroch er die Stufen hinauf und klopfte mit der Pistole gegen die Türfüllung.

»Hilfe, Hilfe!«, rief er mit kläglicher Stimme, ließ sich mit dem Rücken gegen das Eisengitter fallen und klopfte abermals.

Die Tür wurde einen Spaltbreit geöffnet, und er sah Stellina. Sie war barfuß, hatte eine Decke über den Schultern liegen und schaute ängstlich nach draußen. Dann bemerkte sie ihn, wie er dreckig und blutend auf der Treppe lag. Sie schaute ihn an, öffnete entsetzt den Mund und wollte etwas sagen, brachte jedoch nur ein Stöhnen heraus. Sie öffnete die Tür ganz und versuchte, ihn ins Haus zu ziehen. Doch er war zu schwer und auch zu schwach, ihr zu helfen. Die knappe Luft in ihren zerfressenen Lungenflügeln verbrauchte sich in einem kläglichen Wimmern.

Er schaffte es, sich etwas aufzurichten, stützte sich auf einen Ellenbogen, schob die andere Hand ins Hemd und holte die Scheine hervor.

»Das Geld«, flüsterte er, »versteck es … versteck es!«

Stellina begriff nicht, was er sagen wollte, und versuchte wieder, ihn in die Stube zu ziehen. Er bohrte die Fingernägel in ihren Arm und schaute sie flehend an.

»Nicht jetzt!«, wiederholte er. »Erst das Geld. Du musst es verstecken!«

Seine Augen folgten Stellina, die in die Kammer schlich, sich hinhockte und das dünne Bündel unter die Truhe schob. Sie kam zurück, kauerte sich neben ihn und strich über sein Gesicht. Er drehte den Kopf, öffnete die Augen und flüsterte: »Ich wollte nicht sterben. Ich habe gekämpft …«

Er wollte erzählen, wie er mit all seiner Kraft gekämpft hatte. Seine Augen füllten sich mit Tränen, und sein Mund zuckte. Er schob das Kinn vor, ein Beben durchlief seinen Körper, und seine Augen wurden starr. Das Zucken, das seinen Tod begleitete, wurde schwächer. Noch während er starb, versuchte Stellina abermals, ihn ins Haus zu zerren. Es gelang ihr, seinen Rücken etwas anzuheben, indem sie ihn mit dem Bein abstützte. Sie packte ihn bei der Jacke und zog ihn in die Mitte des Zimmers.

Erst als sie ein Kissen unter seinen Kopf schob, bemerkte sie, dass er bereits tot war. Sein Gesicht war eingefallen, die Nase spitz, und sein Mund hatte sich zusammengezogen.

Stellina schrie laut und weinte. Sie hockte auf dem Fußboden neben der Leiche und wusste nicht, was sie tun sollte. Schließlich begann sie, sein Gesicht zu reinigen und das verkrustete Blut an Kinn und Bart abzukratzen.

Sie stand auf, schloss die Tür, verriegelte sie, holte die Waschschüssel, die Wasserkanne, einige weiße Binden und eine Bettdecke. Während der Leichenwäsche gab sie leise Klagelaute von sich, die einem verzweifelten Singsang ähnelten.

Sie legte die Bettdecke auf den Fußboden, füllte die Waschschüssel mit Wasser und Essig, tauchte die Binden hinein und begann, Michele zu entkleiden. Sie zog ihm die Jacke aus, den Schal, die Schuhe, die Hose und das Hemd, rutschte dabei auf den Knien umher und rollte den entkleideten Leichnam auf der Wolldecke hin und her, bis er auf dem Rücken lag.

Weinend und wehklagend wusch sie ihn mit Essigwasser, und ihr Gesicht war nass vor Schweiß. Sie wusch seine Brust und das Gesicht, wischte die Mundwinkel und Augenhöhlen aus und kämmte sein Haar. Später beseitigte sie vorsichtig das geronnene Blut auf der kleinen Bauchverletzung und reinigte das Schamhaar und den Penis.

Sie säuberte seine Fußnägel, die voller Erde waren, die Fingernägel und die Hände und legte ihm zum Schluss ein sauberes Kissen unter den Nacken.

Als sie mit allem fertig war, begann sie, jeden Teil seines Körpers zärtlich zu küssen.

Der Schmerz

Epilog

Der Morgen kam mit langen Schatten. Das Licht breitete sich bedächtig über das Tal aus, und die Fassaden der Paläste und Kirchen begannen zu erstrahlen. Alles geschah nach einem alten Plan und konnte sich nur auf diese Weise ereignen. Als Erstes kamen zwei Lastwagen mit Carabinieri. Sie sprangen von den Fahrzeugen, rückten im Laufschritt vor und umzingelten das Haus. Schon in der Nacht hatte sich im Dorf das Gerücht verbreitet, Michele Passanisi sei nach Hause zurückgekehrt und an seinen Verletzungen gestorben. Neugierig und mit verquollenen Augen standen die Leute an ihren Haustüren. Andere kamen aus den angrenzenden Straßen, und auch die ersten Bauern und Tagelöhner, die zur Arbeit mussten, versammelten sich auf dem Platz.

Die Carabinieri, die das Haus stürmten, fanden Stellina in einer Ecke des Zimmers sitzend. Sie hatte sich gewaschen, ihr Haar gelegt, trug ein schwarzes Kleid und tat so, als bemerkte sie die Soldaten nicht. Erst als ein Carabiniere das Tuch von dem Leichnam zu ziehen versuchte, stieß sie einen grässlichen Schrei aus, erhob sich wie eine Furie und trat und schlug nach dem Frevler.

Zwei Carabinieri hakten sie unter, sodass ihre Füße nicht die Erde berührten, und brachten sie zu einem der Lastwagen. Sie riss sich los, ging in die Knie, stieß mit dem Kopf nach den beiden und schrie nach ihrem toten Mann. Auch die Menschen auf der Piazza beschimpften die Carabinieri. »Lasst sie los, lasst sie los! Sie ist krank! Seht ihr nicht, dass sie schwanger ist?«

An die zehn Carabinieri kamen ihren Kameraden zu Hilfe, Stellina wurde auf die Ladefläche gestoßen, der Lkw drehte auf dem Platz eine Runde und bog dann in die Straße nach Catania ein.

Drei Stunden später wurde Turi Scirpu von vier Carabinieri in einem Jeep zur Kaserne gebracht. Auch er hatte schon in der Nacht erfahren, dass Michele Passanisi tot war. Man führte Turi nach kurzer Wartezeit in einen großen Raum mit einem Schreibtisch, einem Garderobenständer, einem Bild des Staatspräsidenten und einer Fahne in den Nationalfarben. An dem Schreibtisch saß ein Hauptmann, und an einem kleinen Tisch, auf dem die Schreibmaschine stand, ein Carabiniere; Carabinieri hielten Wache an der Tür. Der Hauptmann war klein gewachsen, hatte blondes, schon ergrautes Haar und eine dunkle Gesichtsfarbe.

Er fragte: »Wie heißt Ihr?«

»Scirpu Salvatore«, sagte Turi.

Der Carabiniere tippte, und der Hauptmann fragte weiter: »Alter, Wohnort?«

»Zweiundsechzig. Via Delle Calcare 42.«

»Beruf?«

»Bauer. Analphabet!«

Der Hauptmann legte die Hände auf die Tischplatte, nahm die Mütze ab und zog sich langsam die Handschuhe aus.

»Du kannst dich setzen«, sagte er.

Turi setzte sich aufrecht hin und versuchte, sich nicht anzulehnen, um respektvoll zu wirken. Er bemühte sich auch, so prompt wie möglich auf die Fragen des Hauptmannes zu antworten. Sobald der Carabiniere auf seiner Schreibmaschine tippte, schaute er ihm aufmerksam zu.

»Stellina Scirpu ist deine Tochter?«

»Zu Befehl!«

»Wusstest du, dass sie mit dem Vorbestraften Michele Passanisi zusammengelebt hat?«

»Jawohl, wusste ich!«

»Kanntest du Michele Passanisi persönlich?«

»Zu Befehl! Nein, kannte ihn nicht! Ich habe nie mit ihm geredet!«

»Dann kam deine Tochter dich nie besuchen?«

»Exzellenz, sie ist entehrt worden!«

Der Hauptmann runzelte die Augenbrauen und wandte sich dem Protokollanten zu. Kopf, Nacken und Brustkorb bildeten bei ihm eine starre Einheit, sodass er den ganzen Oberkörper zur Seite drehen musste.

»Herr Hauptmann«, sagte der Carabiniere, »der Zeuge will sagen, dass sie von zu Hause weggelaufen ist.«

Der Hauptmann tippte mit dem Brieföffner auf seinen Handballen und schaute Turi Scirpu starr an.

»Wolltest du nicht, dass sie Passanisi heiratet?«, fragte er.

»Sie lief weg, ohne etwas zu sagen«, antwortete Turi. »Sie war erst sechzehn Jahre alt, und er war arbeitslos. Er arbeitete in den Steinbrüchen, aber er hatte nichts gelernt und besaß nichts!«

»Dann wusstest du nicht, dass Michele Passanisi deiner Tochter das Geld gab, das er erbeutete, um es bei ihr zu verstecken?«

»Wer hätte mir das sagen sollen?«

Der Hauptmann nickte und betrachtete seine Fingernägel. Schließlich meinte er: »Wusstest du, dass deine Tochter Tuberkulose hat?«

Turi schaute sich um, als suchte er Rat bei den zwei Carabinieri an der Tür, und sah dann wieder den Hauptmann an. Offensichtlich verstand er die Frage nicht.

»Ich habe meine Tochter in den letzten zwei Jahren nur einmal gesehen, und da war sie krank. Aber sie war schwanger, und das war eine große Schande für die Familie.«

Turi fuhr sich mit der Hand über den grauen Schädel. Er zitterte ein wenig.

»Wussten deine Frau und dein Sohn irgendetwas?«, fragte der Hauptmann. »Ich meine, dass Michele Passanisi deiner Tochter Geld gab? Oder dass sie ihn in der Wohnung versteckte und mit Lebensmitteln und Decken versorgte?«

»Der Sohn arbeitet den ganzen Tag auf dem Feld, und die Frau verlässt das Haus nur, wenn sie in die Kirche geht«, sagte Turi bestimmt.

Auch Alfio und seine Mutter wurden an diesem Nachmittag von den Carabinieri verhört. Gegen Abend brachte man Micheles Leiche in die Kaserne. Der Sarg wurde auf einem Marmortisch abgestellt und blieb offen, da noch die Autopsie durch den Gerichtsmediziner aus Catania abgewartet werden musste.

Stellina wurde wegen Begünstigung von Mord und Raub, Nichtanzeige eines Verbrechens und Hehlerei verhaftet, da man in der Kammer das Geld und die Pistole gefunden hatte. Nach drei Tagen wurde bekannt gegeben, dass der Prozess im Schnellverfahren stattfinden sollte. Die Beweislage war eindeutig, und weitere Ermittlungen waren unnötig. Turi Scirpu hatte also nur zwei Wochen Zeit, für seine Tochter einen Rechtsanwalt zu finden.

Um den Anwalt zu bezahlen, musste er sein Land verkaufen. Er zog den schwarzen Anzug an, den er sonst nur an Feiertagen trug, und fuhr mit dem Postbus über die Dörfer. Alle wussten, dass er in Not war, und so zuckten sie mit den Schultern, um Zeit zu gewinnen, damit sie ihm nur den halben Wert zu zahlen brauchten. Sogar zu Advokat Trapanese, der ihm zwei Jahre zuvor das Land verkauft hatte, ging er.

»Hör mir gut zu, Turi Scirpu«, sagte der Advokat, »deine Tochter ist schwer krank. Sie kann in einem Jahr tot sein oder schon in einem Monat. Du kannst ihr nicht helfen. Was macht es da für einen Unterschied, ob sie jetzt zu fünfzehn Jahren Gefängnis verurteilt wird oder nur zu drei Jahren? Und im Gefängnis gibt es außerdem noch Krankenpfleger.«

Turi Scirpu sagte halsstarrig: »Ihr dürft euch das Land nicht entgehen lassen, Euer Ehren. Es ist ein sehr gutes Geschäft! Ich mache Euer Ehren das Angebot vor allem aus alter Anhänglichkeit.«

Er war ständig unterwegs, fuhr von einem Makler zum nächsten, saß stundenlang bei den Notaren herum, die mit Grundstücken handelten, und wartete auf Leute, mit denen er verabredet war.

»Ich habe zweiundvierzig Olivenbäume. Der Boden ist so locker, dass man ihn mit den bloßen Händen umgraben kann!«, sagte er immer wieder. Sein Sohn Alfio wagte nicht, dem Vater zu widersprechen. Er sagte nur: »Dein Leben lang hast du dafür gearbeitet, dieses Land zu besitzen. Mit deinem Blut hast du es bezahlt!«

Turi fehlte die Kraft, seinem Sohn ins Gesicht zu blicken. »Es ist zu viel Unglück geschehen! Jetzt haben die anderen das Messer mit dem Griff in der Hand!«

Alfio sagte dagegen: »Dann kann ich in diesem Ort nicht länger bleiben. Bevor ich mir eine Arbeit als Tagelöhner suche, ist es besser, wenn ich nach Australien oder nach Venezuela auswandere. Ich brauche nur das Geld für die Überfahrt.« Alfio war noch immer verliebt in Annuzza Trigila und konnte sich nicht vorstellen, sie niemals wiederzusehen. Sie war das einzige Mädchen, das er in seinem Leben kennengelernt hatte. Er sah den Vater wie eine Mumie im Büro des Notars sitzen und darauf warten, dass jemand ihm anbot, das Land zu kaufen, und er kam sich vor, als hätte man ihn zum Tode verurteilt.

Zum Schluss verkaufte Turi Scirpu sein Land für achthunderttausend Lire an einen Makler aus Vizzini, der ihm gestattete, es noch zwei Jahre lang als Pächter zu bewirtschaften. Auf die Weise konnte er seine Schulden bei der Landwirtschaftsbank bezahlen und den Vorschuss von hunderttausend für Advokat Sipione aufbringen. Er war der größte Anwalt von Catania und hatte beim Schwurgericht schon Wunder vollbracht.

Advokat Sipione war siebzig Jahre alt. Seine Kollegen behandelten ihn mit Ehrerbietung und nannten ihn Maestro. Seine Schultern waren schmal und rund, als hätte er einen kleinen Buckel, und sein Hals war so kurz, dass das Kinn die Brust berührte. Von der hohen, gelblichen Stirn fielen die strähnigen Haare bis über die Ohren. Die Augen saßen eng an der Nasenwurzel, die Nase war scharf geschnitten, der Mund winzig und nahezu ohne Lippen. Es war das Gesicht eines Tieres und von jener Blässe, die von einer inneren Krankheit kommt.

Turi Scirpu musste drei Tage warten, ehe er von Advokat Sipione empfangen wurde. Zuerst musste er hunderttausend Lire Vorschuss zahlen, die ein Advokat entgegennahm, der als Sekretär tätig war. Dann wurden die Prozessakten kopiert, damit Sipione sie lesen und eine Antwort geben konnte. Das Kopieren besorgten die Schreibgehilfen der Kanzlei.

Am Abend des dritten Tages schließlich sprach Turi mit Advokat Sipione. Sipione hörte ihn schweigend an, saß tief in seinem Sessel hinter dem Schreibtisch versunken, rührte sich nicht und sagte kein Wort. Zum Schluss murmelte er etwas und bewegte den Unterkiefer wie ein Wiederkäuer. Vor sich auf dem Tisch hatte er die Akte mit den Vernehmungen und Protokollen der Carabinieri liegen und blätterte in den Papieren. Seine Gesichtszüge blieben unbewegt, und nur von Zeit zu Zeit seufzte er. Turi sah ihn ergeben und aufmerksam an, beobachtete die Hände, die in der Akte blätterten, und kehrte wieder zu den weit geöffneten Augen zurück. Er hoffte, dass die Worte des Advokaten seine Sorgen lindern würden.

»Deine Tochter ist krank?«, fragte Advokat Sipione.

»Jawohl«, murmelte Turi. »In einem Monat muss sie niederkommen. Die Ärzte sagen, sie kann sterben.«

Advokat Sipione schüttelte den Kopf und bewegte tonlos die Lippen. Er blätterte noch etwas in der Akte. »Du hast deine Tochter aus dem Haus geworfen?«, fragte er.

»Jawohl«, antwortete Turi. »Sie ist mit Michele Passanisi weggelaufen.«

Der Anwalt atmete tief, und sein Gesicht wurde spitz.

»Hast du ihr später niemals geholfen?«, fragte er. »Hast du ihr Geld geliehen oder etwas zu essen gegeben? Hast du ihr nie verziehen, als sie alleine war, und ihr gesagt, sie könnte nach Hause zurückkehren?«

»Wir sind einfache Leute, Euer Ehren«, antwortete Turi. »Sie ist mit sechzehn von zu Hause weggelaufen. Das war eine große Schande für die Familie.«

Der Advokat legte die Hand auf die Akte. Dann gab er ein langes, zufriedenes Brummen von sich. Es war der einzige Hinweis darauf, dass er den Auftrag annahm.

Am gleichen Tag zahlte Turi noch einmal fünfzigtausend Lire, und der Sekretär sagte ihm, dass er am Tag der Gerichtsverhandlung weitere hunderttausend Lire zu entrichten habe. Schließlich teilte er Turi mit, dass er Stellina in zwei Tagen besuchen könne.

Turi nahm Alfio mit, als er wieder nach Catania fuhr. Seiner Frau sagte er nichts, da er fürchtete, sie habe nicht die Kraft, ihre Tochter zu treffen. Der Advokat überreichte ihm die schriftliche Erlaubnis der Behörde und begleitete ihn ins Gefängnis. Der Raum, in dem sie warteten, hatte nur ein vergittertes Fenster. An der Wand standen vier Stühle. Stellina wurde von einer Ordensschwester hereingeführt und durfte nur fünf Minuten bleiben. Alfio bemerkte ihren riesigen Bauch und empfand einen heftigen Widerwillen. Ihr Gesicht war unverändert, nur ihr Leib schien um zehn oder fünfzehn Jahre gealtert zu sein. Auch ihre Stimme kam ihm fremd vor.

Stellina umarmte ihn und lächelte ihn mit großen Augen an, als wollte sie alle Einzelheiten seines Äußeren erfassen und sich nach so langer Zeit wieder in Erinnerung rufen.

Turi begann zu weinen, setzte sich neben sie und betrachtete sie mit geröteten Augen.

»Was sind wir heruntergekommen«, sagte er. Undeutlich begriff er, wie grausam seine Äußerung war, streckte die Hände aus und drückte ihren Arm, um sie zu trösten.

»Wir haben einen bedeutenden Anwalt bezahlt«, sagte er mit unerwarteter Gemütsbewegung. »Er wird den Richtern beweisen, dass du unschuldig bist.«

Stellina schaute dem Vater ins Gesicht und nickte ergeben, ohne verstanden zu haben, was er sagen wollte.

»Ihr sollt für mich keine Opfer bringen!«, sagte sie leise.

»Du schweigst still«, antwortete er heftig, doch gleich packte ihn das Mitleid, und er unterbrach sich. Wieder griff er nach ihrer Hand und streichelte sie. Sein Gesicht zitterte, weil ihn das Reden so erregte.

»Du brauchst nie wieder böse auf deinen Vater zu sein!«

Sie schwiegen.

»Wie geht es Mama?«, fragte Stellina.

»Sie wollte kommen«, sagte Turi, »aber jemand muss das Haus hüten.«

»Wie geht es ihr?«, wiederholte Stellina.

»Immer weint sie«, antwortete Alfio.

Turi sagte: »Wann hat deine Mutter nicht geweint? Sie hat ihr ganzes Leben mit Weinen verbracht!«

Stellina nickte. Sie rutschte vorsichtig auf dem Stuhl hin und her und jammerte leise. Der Bauch drückte, sodass sie kaum Luft bekam, doch weder ihr Vater noch der Bruder erwähnten die Schwangerschaft. Als der Augenblick kam, da Turi und Alfio gehen mussten, drückte Stellina die Hand des Vaters, sah ihn ängstlich an und fragte bescheiden, um ihn nicht zu verletzen: »Ist Michele auf dem Friedhof begraben worden?«

»Ja, man hat ihn auf den Friedhof gebracht«, antwortete Alfio ebenso leise.

Stellina sah ihn zögernd an.

»Weißt du, ob sie ihn auch in ein Laken gewickelt haben? Hat er wenigstens ein Kissen unter den Kopf bekommen?«

Alfio nickte.

»Alle Toten bekommen ein Laken. Das ist immer so!«

Als Turi Scirpu und sein Sohn am Abend ins Dorf zurückkehrten, fand die Prozession zu Ehren der Reliquien des heiligen Paul statt. Das Fest begann jedes Jahr am 29. Mai, einen Monat vor Peter und Paul. Alle Balkone wurden mit Rosen geschmückt, und über der Hauptstraße hingen Lichterketten. Von der ganzen Insel kamen die Magier und Gesundbeter. Sie hatten schwarze und graue Nattern um den Hals hängen. Die Kaffeehäuser stellten Tische und Stühle auf die Piazza, damit die Leute während der Prozession Eis essen konnten.

Von den Balkongeländern hingen die schönsten Decken. Sie waren goldbestickt oder aus bemalter Seide. Die Frauen standen dicht gedrängt auf den Balkonen, warfen Blumen auf die Prozession und knieten nieder, wenn die Statue vorbeigetragen wurde. Vor der Kirche des heiligen Paul wurde ein Feuerwerk abgebrannt, und die Fassade mit ihren Säulen und Figurinen war hell erleuchtet.

Alle Augen richteten sich auf Advokat Ieli, der zum ersten Mal seit dem Tod seines Sohnes wieder in der Öffentlichkeit auftrat. Er war ganz in Schwarz gekleidet. Durch seine Wahl zum Abgeordneten war er zu einem der mächtigsten Männer der Provinz geworden, und noch immer kamen die Leute, auch die Notabeln und Priester, um ihm den Respekt zu erweisen und ihn zu beglückwünschen. Er lächelte nie, nickte nur und sagte: »Danke, mein Freund!«

Nach Matteos Selbstmord hatte er tagelang in der Bibliothek gesessen und die vielen Tausend Bücher angestarrt. Manchmal hob er den Spazierstock, verschob einen Gegenstand auf dem Tisch oder klopfte leise auf einen der Stühle.

Nur Santino Amenta, der ihm die Zeitungen brachte, durfte eintreten. Eines Tages sagte Amenta: »Man hat Rossano ermordet. In einer einsamen Bauernhütte in der Gegend von Cinisi. Jemand hat ihn im Schlaf erstochen.«

»Ermordet haben sie ihn?«, fragte Ieli. »Warum haben sie ihn umgebracht? Er war ein armer Irrer, und die Leute begriffen nicht einmal, was er sagen wollte. Auf dem Land haben sie ihn mit Steinen beworfen!«

Santino Amenta sah ihn unterwürfig an und nickte. Eines Tages brachte er ein bäuerliches junges Mädchen ins Haus. Sie war hochgewachsen und kräftig, hatte große Hände und schwarze Augenbrauen. Der Kopf war winzig, das schwarze, weiche Haar zum Dutt geflochten und die Haut sehr weiß. Ein sauberes Mädchen.

»Das ist Nunziata«, sagte Santino Amenta, »die Tochter des Gutspächters Jano Fondacaro. Er ist vor zwei Jahren gestorben. Nunziata hat zwei Brüder, die nach Venezuela auswandern wollen.«

Dann ließ er die beiden alleine.

»Gott segne Euch«, sagte Nunziata. Sie grüßte Ieli mit lauter, klarer Stimme und senkte dabei den Kopf.

Der Abgeordnete klopfte mit der Stockspitze auf einen Sessel.

»Setz dich!«, sagte er.

Das Mädchen lächelte und errötete ein wenig. Sie hielt den Oberkörper sehr aufrecht und sah den Alten neugierig an.

»Du weißt, was ich dir zu sagen habe«, begann Advokat Ieli, »und wie ich höre, bist du einverstanden. Es muss aber alles ganz klar sein zwischen uns, und ich will, dass du verstehst, was ich meine. Meine Söhne sind beide tot, und so ist alles unnütz, was ich in meinem Leben geschaffen habe: dieser Palast, meine Häuser, das Land, diese Bücher und sogar der Name meiner Familie. Das alles ist wertlos, weil ich keine leiblichen Erben habe!«

Der Advokat spazierte langsam durchs Zimmer, und die neugierigen Augen des Mädchens folgten ihm ruhig. »Ich bin gesund«, fuhr Advokat Ieli fort, »aber mit siebzig darf man nicht hoffen, dem Tod noch lange zu entgehen.«

»Ihr werdet hundert!«, sagte die Frau. Er blieb vor ihr stehen, und sein Blick wurde zärtlich.

»Ich will einen Sohn«, sagte er. »Die Frau muss jung und gesund sein, und sie muss Jungfrau sein! Ich schenke dir ein Haus und zehn Hektar Land, aber ich will aus deinem eigenen Mund hören, dass du es wirklich willst. Und du musst mir sagen, dass du Jungfrau bist!«

Die Bäuerin blickte ihn mit ruhigen Augen an.

»Ja, Euer Ehren«, sagte sie. »Ich bin Jungfrau!«

Advokat Ieli nickte zufrieden und schloss die Augen.

»Das Kind bekommt meinen Namen, und ich habe das alleinige Sorgerecht. Es wird hier im Palast aufwachsen.«

Drei Tage später, um neun Uhr abends, begab sich Nunziata in den Palast der Ieli, bezog ein Zimmer im zweiten Stock und wurde noch in derselben Nacht entjungfert. Als die Prozession vorbeizog, war sie bereits im zweiten Monat schwanger. Sie kniete an einem geschlossenen Fenster im zweiten Stock, damit niemand sie sehen konnte, und bekreuzigte sich.

»San Paoluzzo«, betete sie, »vergib mir. Vergib mir meine Todsünde. Mach, dass ich einen Sohn zur Welt bringe!«

Turi Scirpu stand in der Masse der Gläubigen, zog die Mütze, kniete nieder, als die Reliquien vorbeigetragen wurden, und erflehte die Gnade des Heiligen.

»San Paolo, sei uns gnädig!«

Nach zehn Tagen fand vor dem Schwurgericht Catania der Prozess gegen Stellina statt. Sie wurde vorgeführt, nannte Namen und Vornamen und erklärte sich für unschuldig. Ihre Mutter zitterte und weinte. Turi, der neben ihr saß, hatte rote Augen, ballte die Fäuste und schimpfte mit leiser Stimme, sie solle sich endlich beruhigen.

Zum Schluss brachte ein Feldwebel Santuzza in ein anderes Zimmer, wo sie das Ende der Sitzung abwartete.

Als letzter Zeuge wurde ein Polizist vernommen, der an dem Gefecht teilgenommen hatte. Er stand stramm und beantwortete die Fragen des Verteidigers mit großer Genauigkeit.

»Die vier Banditen besaßen Gewehre und Maschinenpistolen, wie sie das Militär verwendet. Durch Mittelsmänner wussten wir, dass Passanisi, Chillemi, Malacarne und Giliberto nach Einbruch der Dämmerung vom Monte Lauro herunterkommen wollten, um einen Raubüberfall auszuführen. Die Namen der Gewährsleute sind nur dem Kommando bekannt, sodass ich sie nicht zu nennen vermag. Aufgrund des Todes der Banditen war es leider unmöglich festzustellen, welches ihre kriminellen Absichten waren und welche Morde und Raubüberfälle sie in der Vergangenheit begangen haben.«

»So ist es!«, rief Advokat Sipione mit lauter Stimme. Der Feldwebel rührte sich nicht und redete erst weiter, als der Vorsitzende ihm ein Zeichen gab.

Der Feldwebel fuhr fort: »Wir hatten Befehl, nur zu schießen, wenn die Banditen Anstalten machten, ihre Waffen zu gebrauchen. Sie schossen sofort auf die Scheinwerfer, sodass wir das Feuer erwidern mussten. Einer von ihnen, der sich ergeben wollte, wurde von seinen Genossen getötet, bevor er den Fluss erreicht hatte.

Von uns schoss keiner auf diesen Mann, der später als Paolo Chillemi identifiziert wurde. Zwei weitere wurden durch Schüsse aus unseren Waffen getroffen. Ihre Leichen wurden später am Abhang gefunden. Michele Passanisi gelang es zu fliehen, obwohl er am Bauch schwer verletzt war. Die Patrouillen, die während der ganzen Nacht das Tal des Anapo absuchten, hatten keinen Erfolg. Er verblutete wenige Stunden nach dem Feuergefecht in der Wohnung seiner Geliebten Stella Scirpu, wo eine unserer Patrouillen ihn fand.

Stella Scirpu hat vergeblich versucht, ihm zu helfen. Nach dem Tod wusch sie seinen Körper und legte ihn auf eine Wolldecke. Gegen ihre Festnahme leistete sie Widerstand, ohne jedoch von der Waffe Gebrauch zu machen. Die Pistole von Passanisi wurde später bei seinen Sachen sichergestellt. In einem behelfsmäßigen Versteck unter einigen Fußbodenziegeln wurde außerdem der Betrag von einigen Tausend Lire gefunden, ich glaube, von fünfzehn oder zwanzigtausend, die mit Sicherheit von Passanisi stammten, da sie im Augenblick ihrer Auffindung noch deutliche Blutspuren aufwiesen.«

Die Vernehmung der Zeugen dauerte etwa eine Stunde. Der Anklagevertreter fand nachdenkliche Worte für Stellina und erwähnte, dass sie noch sehr jung sei und unter einer schrecklichen Krankheit leide. Außerdem werde sie Mutter.

»Aber«, sagte er, »es gibt auch die unwiderleglichen Fakten. Es gibt für diese Fakten Beweise, und kein Richter, und sei er noch so gnädig, kann sie ignorieren.«

Er beantragte neun Jahre Gefängnis wegen Beihilfe zum Mord und Hehlerei. Danach begann Rechtsanwalt Sipione zu reden. Er stand auf und zog sich die Robe über.

»Fangen wir an«, sagte er seufzend.

Er ging bis zur Mitte des Saales, schaute die Richter bescheiden an und kaute auf irgendetwas herum. Seine ersten Worte kamen leise, und während er sprach, stützte er sich bald auf den Tisch des Anklägers, bald auf den der Geschworenen und redete ihnen freundschaftlich ins Gewissen. Gelegentlich fuhr er sich über das Haupthaar und seufzte. Dann wieder schien er den Faden zu verlieren, wechselte den Standort, sah einem Geschworenen ins Gesicht und begann wieder zu sprechen. Es waren nur etwa zehn Personen im Saal, dazu der Vorsitzende, die Geschworenen, die Carabinieri und noch fünf Anwälte, die in einer Reihe saßen und zuhörten.

»Warum Beihilfe zum Mord?«, fragte Advokat Sipione und malte mit der Hand ein großes Fragezeichen in die Luft. »Als Michele Passanisi flüchtete, nachdem er Faustino Moncada in der Spielhölle umgebracht hatte, wusste Stellina Scirpu nicht, wo er den Abend verbracht hatte. Sie wusste nicht einmal, dass er einen Mann getötet hatte.

Handelt es sich also um einen anderen Mord? Aber wo sind die Personen, die Michele Passanisi umgebracht hat? Ich bitte um die Namen und Vornamen! Jawohl, meine Herren! Michele Passanisi hat noch mindestens zehn Menschen umgebracht! Tatsache ist jedoch, dass man ihn und die anderen drei umgebracht hat, bevor sie uns über die Identität ihrer Opfer aufklären konnten.

Er war ein gefährlicher Mann. Die Carabinieri hatten Befehl, sofort auf ihn zu schießen und ihn zu töten. Und sie haben ihn getötet. Das ist alles, was wir über ihn wissen. Sonst nichts! Wir wissen alles über die Passion Jesu Christi vor zweitausend Jahren. Über die Passion von Michele Passanisi, über sein Leben und Sterben wissen wir nichts. Er ist einer von Millionen! Das ist sehr ungemütlich für die Justiz.«

Niemand unterbrach ihn. Advokat Sipione zog aus der Robe ein großes weißes Taschentuch, wischte sich den Schweiß von der Stirn und stopfte das Tuch zurück in die Robe. Sein Blick wanderte vom Tisch des Anklägers zur Bank der Geschworenen, als überlegte er, wem das Verdienst gebührte, zuerst angesprochen zu werden.

»Aber was rede ich von Michele Passanisi?«, sagte er. »Von Stellina Scirpu muss ich sprechen …«

Er näherte sich der Anklagebank und deutete mit dem Zeigefinger auf das schwarz gekleidete Mädchen.

»Stellina Scirpu war sechzehn Jahre alt, als sie sich in Michele Passanisi verliebte. Eine fatale Liebschaft. Stellina hätte den Boden geküsst, auf dem er ging. Sie hätte sich von seinen Essensresten ernährt. Sie brauchte nur ihn, um glücklich zu sein. Ihr war es genug, wenn sie ihn an ihrer Seite wusste. Ihre Hingabe war grenzenlos, und sie hätte ihm alles gegeben, sogar ihr Augenlicht. Meine Herren! Gibt es ein Verschulden, wenn ein Mensch so liebt?

Aber fahren wir fort: Michele Passanisi wollte einen Sohn. Stellina Scirpu war krank, ihre Lunge nur noch ein kleiner, blutiger Schwamm, und dieses bisschen Blut begann das Kind auch noch für sich zu beanspruchen. Doch Michele Passanisi wollte das Kind, und Stellina Scirpu wollte es ihm um jeden Preis schenken, da sie ihn zutiefst liebte, da sie begriff, dass er ein armer, unwissender Mensch war, der für dreihundert Lire am Tag in den Steinbruch ging und für den ein Sohn die einzige Hoffnung war, auf dem Antlitz der Erde ein Zeichen zu hinterlassen.«

Wieder legte Advokat Sipione den Zeigefinger nachdenklich auf die Lippen und betrachtete die Angeklagte.

»Sie werden sagen«, fuhr er fort, »die Liebe ist kein Rechtfertigungsgrund für eine Straftat, und ich muss Ihnen sogar recht geben! Doch als Michele Passanisi zum Kriminellen wurde, was hätte Stellina Scirpu tun können? Sterben? Sie besaß gar nichts. Ohne das Geld, das Michele Passanisi ihr brachte, wäre sie verhungert. Als Passanisi sich nachts in der Wohnung versteckt hielt, was hätte sie machen sollen? Die Carabinieri rufen oder ihn im Schlaf erdrosseln? Hätte sie vielleicht abtreiben sollen? Das Kind in ihrem Leib mit der Stricknadel abtöten und sich stückweise rauskratzen lassen? Oder sich prostituieren? Vorausgesetzt, es wäre ihr jemals gelungen, einen Mann zu verführen, das heißt jemanden, der den Mut hat, eine schwangere Frau zu nehmen, die vor Fieber glüht und fortgesetzt Blut speit. Oder sollte sie sich auf die Stufen der Kirche setzen, ihren aufgeblähten Bauch vorzeigen und betteln?

Meine Herren, das Gesetz! Das Gesetz … Wenn jemand das Gesetz verletzt, muss man sich fragen, ob er eine andere Möglichkeit hatte. Aber was hätte Stellina Scirpu anderes tun sollen?

Ihr Vater heißt Turi Scirpu, ist zweiundsechzig Jahre alt, Bauer und Analphabet. Er weiß nur, dass man seine Tochter mit sechzehn

Jahren entjungfert hat, und hält sie für eine Hure. Für ihn war sie gestorben, ja, schlimmer als tot. Er hatte sie sogar aus seinem Gedächtnis und seinem Mitgefühl gestrichen …«

Der Advokat drehte sich einmal um die eigene Achse, sah allen ins Gesicht und gab ein böses Brummen von sich.

»Michele Passanisi kam Stellina Scirpu zu Hause besuchen und brachte ihr Geld? Fünfzehntausend, zwanzigtausend Lire. Stellina Scirpu kaufte sich Penizillin von diesem Geld oder Pferdefleisch, um zu essen und um das Kind zu ernähren, das in ihr heranwuchs – gieriger als ein Wolf. Verzeihen Sie mir: Aber während alles das geschah, während Stellina Scirpu aus Liebe verrückt wurde und die Tuberkel ihre Lungenflügel zerfraßen, was haben Sie, meine Herren – ich meine, Sie als Bürger, die jetzt Recht sprechen sollen –, derweil getan?

Sie werden sagen, Sie hätten nichts von ihrem Unglück gewusst? Nun gut: Ich gebe Ihnen jetzt eine Möglichkeit. Ich nenne Ihnen die Anschriften von zehn Personen, die in diesem Augenblick Hunger leiden und deshalb in Versuchung sein könnten, straffällig zu werden. Oder besser noch: Ich gebe Ihnen die Adresse eines Kindes, das an grünem Star leidet und dessen Augenlicht durch einen chirurgischen Eingriff gerettet werden könnte, der nur in einer schwedischen Klinik ausgeführt wird. Es benötigt deshalb fünf Millionen Lire …«

Advokat Sipione begann zu schreien und spreizte die Finger. »Vorwärts! Meinen Sie nicht, dass das Leben eines Kindes, oder auch nur sein Augenlicht, fünf Millionen wert ist? Dass es mehr wert ist als ein Palast oder dieser Gerichtssaal? Mehr als alle Justiz der Erde? Geben Sie dem Vater dieses Kindes nicht das Recht, eine Straftat zu begehen, um sein Kind zu retten?«

Er beruhigte sich sofort wieder, rückte die Robe zurecht und massierte sein Kinn.

»Ich verstehe, dass Sie sich fragen, warum ich diesem Kind oder diesen zehn Personen, die vor dem Hungertod stehen, nicht selber helfe. Darauf kann ich nur antworten, dass ich genauso bin wie Sie und wie alle anderen. Ich lebe hastig und habe keine Zeit. Allein deshalb flößt mir diese Frau von achtzehn Jahren, die die Geliebte eines Banditen war, kein Entsetzen ein, sondern nur ein Gefühl des Widerwillens, wie wir es empfinden, wenn wir zwei kopulierende Hunde sehen, die nicht mehr auseinanderkommen und von den Passanten mit Steinwürfen und Stockschlägen getötet werden. Ich danke Gott, dass ich nicht über Stellina Scirpu urteilen muss …«

Advokat Sipione sprach an die fünfzig Minuten lang und bescherte seinen Zuhörern noch einige theatralische Höhepunkte. Zum Schluss beantragte er die Anerkennung einer Notlage.

Stellina hörte ihm reglos zu, hielt den Kopf gesenkt, da sie es nicht wagte, irgendwohin zu schauen, und nur, wenn der Advokat in ihre Nähe kam, sah sie ihm demütig in die Augen.

Sie dachte: »Michele hat sein Ohr auf meinen Bauch gelegt, um den Herzschlag des Kindes zu hören. Niemals wird er seinen Sohn sehen, aber seinen Herzschlag hat er wenigstens noch gehört. Diese Menschen wissen nicht, wie glücklich wir waren.«

Sie wurde zu zwei Jahren und acht Monaten Gefängnis verurteilt. Nach dem Urteilsspruch blieb Turi Scirpu stehen und sah sich mit bekümmertem Blick um. Sein grauer Bart war schweißnass. Die Carabinieri führten ihn zu seiner Tochter, damit er sich von ihr verabschieden konnte.

Zwanzig Tage später, in der letzten Juniwoche, starb Stellina. Es war Sommer geworden, die Täler färbten sich gelb, und über den welken Feldern lag ein Geruch nach Brot. Sie schrie die ganze Nacht lang, klammerte sich an das eiserne Bettgestell, bis sie zwischen den Beinen die plötzliche Wärme des austretenden Fruchtwassers und einen Blutschwall verspürte. Danach lag sie reglos da, und ihr ausgebluteter Körper war bleich und ohne Kraft.

Das Kind wog sechs Pfund und vierhundert Gramm. Die Schwestern nannten es Paolo und vertrauten es einem Findelhaus an.

Alfio begann, sich die Papiere für die Auswanderung nach Venezuela zu beschaffen. Im Juli sollten dreihundert Landarbeiter und Handlanger für Südamerika angeworben werden. Einen Tag vor dem Fest des heiligen Paulus fuhr er nach Neapel, wo die ärztliche Untersuchung stattfand, und bekam einen Pass.

»Die Auswanderer sind wie das Vieh auf dem Jahrmarkt«, sagte Turi. »Bevor der Herr sie kauft, schaut er ihnen ins Maul, ob sie gesund sind und noch viele Jahre arbeiten können.«

Es war Abend, und er saß mit Santuzza vor der Haustür und schaute aufs Land hinaus. Schließlich hob er die Hand, betrachtete die Erde unter seinen Fingernägeln, schloss die Hand zur Faust und öffnete sie wieder.

»Die Handgelenke tun mir weh«, sagte er leise. Er hätte gerne mehr gesagt, fuhr aber nur mit der Hand durch die Luft, beugte sich vor, hob ein Steinchen auf und presste es in die Faust.

»Ich entsinne mich nicht einmal mehr daran, wie ich als Junge war«, sagte er. »Ich weiß nur, dass ich immer auf dem Land war, das Land gepflügt und bestellt habe, die Steine von den Schollen gelesen und den Weizen gemäht habe. Nun habe ich keine Kraft mehr. Mein ganzes Leben lang habe ich gearbeitet, und immer schien es mir, es müsste von heute auf morgen etwas passieren, aber ich wusste nicht einmal, was und warum. Stattdessen sind mir die Kinder weggestorben, und was ich besaß, habe ich verloren. Auch Alfio geht, und ich werde ihn nicht wiedersehen. Eines Tages kommt der Tod. Wo liegt der Sinn?«

Santuzza nahm Turis Hand und legte sie auf ihr Knie, um ihn zu trösten. »Vielleicht die Kinder …«, sagte sie. »Eine Hoffnung muss es geben. Vielleicht das Leben nach dem Tod …«

Turi sah starr geradeaus und schüttelte den Kopf. Nie, soweit er sich erinnerte, hatte Santuzza seine Hand gestreichelt.

»Keiner weiß, was nach dem Tod ist!«, sagte er. »Nicht einmal die Pfarrer.«

Sie saßen bis in die Nacht auf der Treppe vorm Haus und beobachteten das Feuerwerk über der Kirche von S. Paolo. Die Fassaden der Häuser und Paläste wurden in blaues und rötliches Licht getaucht, und von der fernen Piazza erklang die Stadtmusik.

Der nächste Tag begann mit Böllern und Fanfaren. Auf Maultieren und in Kaleschen kamen die Leute schon vor Sonnenaufgang von den Feldern. Von einer Kirche zur nächsten hallten die Glocken, Musikkapellen marschierten mit roten Standarten durch die Straßen, und die Kinder gaben ihnen das Geleit.

Es war ein schlimmes Jahr gewesen. Viele Leute waren umgebracht worden, und viele Kinder waren an Krankheiten gestorben. Etliche hatten das Dorf für immer verlassen, doch nun schienen die Zeiten ruhiger zu werden.

Anfang Juli erhielt Alfio Scirpu die Ausreisepapiere. Sein Schiff hieß Vulcania und sollte am ersten Sonntag im August in Palermo anlegen. Er hatte alles vorbereitet, und so saß er auf der Piazza herum, diskutierte mit anderen, die ebenfalls auswandern wollten, oder verabschiedete sich von seinen Bekannten.

»Man ist zwanzig Tage und zwanzig Nächte mit dem Schiff unterwegs, bevor man in der Hauptstadt ankommt«, sagte Paolo Calafiore. »Sie heißt Caracas. Wir können sie uns nicht vorstellen: Mitten im Dschungel gibt es Wolkenkratzer mit vierzig Stockwerken. Für hundert Lire kriegst du eine Negerin die ganze Nacht lang. Du darfst sie sogar vollpissen.«

»Mein Großvater war Witwer und arbeitete als Schuhmacher«, erzählte Brasi Fazzìno. »Er starb fast vor Hunger. Eines Tages steckte er das Ledermesser in die Tasche und fuhr nach Amerika. Er verheiratete sich noch einmal mit einer Frau, die zwei Meter groß war, aber er wurde sofort wieder Witwer, weil die amerikanischen Frauen andauernd Schokolade und Bonbons essen, und der Zucker zerstört ihre Därme.

Er arbeitete als Schuster, Maurer und Barbier. Zum Schluss hatte er einen Buckel. Als er zurückkam, sah er aus wie ein Herr, trug einen Filzhut auf dem Kopf und besaß einen karierten Mantel. Er hatte sich wirklich sehr verändert in den vierzig Jahren, die er weg war. Zu den Carabinieri sagte er Plisi. ›Die italienischen Plisi sind zum Lachen‹, sagte er immer. Oder er sagte: ›In Amerika fahren die Eisenbahnen über den Dächern der Wohnhäuser.‹

Zweitausend Dollar hatte er gespart, davon kaufte er sich einen kleinen Garten. Er saß oft auf der Piazza auf einer Bank, aber die Männer, die vor vierzig Jahren seine Freunde gewesen waren, wollten nichts mehr von ihm wissen, und wenn sie ihn grüßten, sagten sie ›Küss die Hand‹. Zum Schluss war er gelähmt. Mit dem Stuhl ließ er sich vor die Haustür tragen und behauptete, die Leute würden nur auf dem Bürgersteig gehen, um ihm die Sonne zu nehmen. Dann schlug er mit dem Stock nach ihnen.

Er wurde immer kleiner, und sein Kopf versank fast im Mantel. Er zog ihn niemals aus, wenn er vors Haus ging. ›Am Mantel erkennt man die Bildung eines Menschen‹, sagte er. Bevor er starb, bestellte er einen wattierten Sarg. ›In Amerika‹, sagte er, ›legt man die Toten in einen Sarg, der mit Samt ausgeschlagen ist. Das Kissen ist sogar aus Atlas. Was für ein zivilisiertes Volk!‹ Aber seinen blauen Anzug ließ er vom Schneider aufarbeiten und trug ihn fünf Jahre.«

Alfio Scirpu lauschte diesen Reden, und wenn die anderen lachten, lachte auch er. Jeden Abend ging er durch die Straße, wo Annuzza Trigila lebte, doch nie bekam er sie zu Gesicht.

Erst einen Tag vor der Abreise traute er sich zu klopfen, um das Mädchen, in das er verliebt war, ein letztes Mal zu sehen. Er trug seinen Anzug aus schwarzer Wolle und seine Krawatte.

»Ich komme, um mich zu verabschieden«, stammelte er, als der alte Amedeo Trigila ihm öffnete. »Morgen fahre ich nach Venezuela …«

Mehr fiel ihm nicht ein. Amedeo Trigila bat ihn ins Haus. Auch er war bleich vor Erregung. Sie setzten sich einander gegenüber und schwiegen eine Weile. Der Alte saß sehr steif und aufrecht, die Hände auf den Schenkeln, während Alfio bescheiden lächelte.

»Dieses Land hat nicht genug Platz für alle«, sagte Amedeo Trigila schließlich. »Deshalb müssen einige ihr Glück woanders suchen!«

Er versuchte, würdevoll zu reden, doch seine Stimme war kraftlos, und seine Augen waren sanft und traurig. Etwas schien ihn zu bedrücken. Er wurde ärgerlich, drehte sich zweimal um und rief: »Annuzza … Annuzza!«

Das Töchterchen wartete schon hinter der Tür. Alfio wagte nicht mehr als ein Kopfnicken zum Gruß und drehte die Mütze in den Händen, als er vor ihr stand. Der Alte legte ihr die Hand auf die Schulter.

»Er kommt, um sich zu verabschieden«, sagte der Alte. Dann setzten sie sich wieder. Annuzza brachte drei Gläschen Likör und stellte sie auf ein Tischchen in der Mitte.

»Zum Wohl«, sagte sie mit dünner Stimme, und alle drei nippten am Likör.

»Dann fährst du nach Venezuela?«, fragte Amedeo Trigila.

»Jawohl!«, antwortete Alfio. »Aus unserem Ort sind es zwölf auf demselben Dampfer!«

Der Alte nickte schwerfällig.

»Nach dem Ersten Weltkrieg war ich in Deutschland«, sagte er. »Es hat dort immer zwei Meter Schnee. Dafür liegt Venezuela mitten im Wald.«

Alfio nickte seinerseits und schwieg.

»Was hast du für eine Arbeit?«, fragte der Alte.

»Ich habe einen Vertrag als Maurer«, antwortete Alfio, »aber ich kann auch als Handlanger arbeiten oder im Straßenbau.«

Annuzza senkte den Kopf und weinte. Es war mehr ein Wimmern, und dazu presste sie die Fäuste auf den Mund, während der Vater ihr Haar streichelte.

»Ich habe Annuzza sehr gerne«, sagte Alfio hastig und ohne sie anzuschauen. Der Alte antwortete nicht und streichelte weiter die Tochter.

»Du fährst sehr weit weg«, sagte er mit leiser Stimme. »Du weißt nicht einmal, wann du wiederkommst …«

Er hätte gerne mehr gesagt oder gefragt, aber er fühlte sich zu alt, um über Dinge zu reden, die wer weiß wo und wann passieren konnten. Er empfand Mitleid mit seiner Tochter, wollte sich aber nichts anmerken lassen.

»Alles ist Schicksal«, sagte er.

Alfio fuhr in aller Frühe. Die Eltern brachten ihn mit dem Karren zum Bahnhof, der zwölf Kilometer entfernt auf der anderen Seite des Tales lag. Der Himmel war grau, und die Berge sahen aus wie schwarze Scherenschnitte. Alfio betrachtete die Kruppe des Maultieres.

»Es kriegt weiße Haare auf dem Rücken«, sagte er.

»Es ist noch kräftig«, antwortete Turi.

Die Straße führte ostwärts, und je weiter der Karren ins Tal kam, desto heller wurde es. Man erkannte bereits die öden Steilhänge der Steinbrüche.

Alfio wandte sich um und warf einen letzten Blick auf sein Dorf oben auf dem Berg. Der Glockenturm der Mutterkirche, der alles überragte, sah blau aus.

»Mitten zwischen diesen Dächern liegt unser Haus«, dachte er. »Aber es ist zu weit weg. Man kann es nicht erkennen.«

Sie fuhren an Feldern entlang, auf denen schon die Stoppeln verbrannt waren. Nach jeder Kurve sah Alfio wieder das Dorf, aber jedes Mal war es weiter weg.

»Alle, die ich gekannt habe, liegen noch im Bett und schlafen«, dachte er, »und ich fahre in die Welt hinaus. Wenn ich zurückkomme, sind die meisten von ihnen schon tot.«

Einige Bauern auf Maultieren begegneten ihnen. Sie hatten die Hacke und das Gewehr quer auf dem Sattel liegen. Unten am Fluss erkannte man bereits die Schienen der Eisenbahn.

»Man muss zwanzig Tage mit dem Schiff fahren, bevor man in Venezuela ankommt«, sagte der Vater. »Vorher kannst du nicht schreiben.«

»Macht euch keine Sorgen um mich«, antwortete Alfio.

Der Vater schwieg. Die Mutter hatte sich in eine Decke gehüllt.

»Sie weint«, dachte Alfio. »Wahrscheinlich sehe ich sie nicht wieder. Es ist wie eine Fahrt zum Friedhof.«

Die Sonne überflutete das Tal, und mittendrin fuhr pfeifend die Eisenbahn. Alfio war bleich und schrie etwas aus dem Abteilfenster. Turi und Santuzza liefen noch einige Schritte neben den Gleisen her, schrien ebenfalls und winkten, bis der Zug zwischen den Olivenhainen verschwand. Vor ihnen lag das Meer.

Ehrenwerte Leute

Als die junge Lehrerin Elena in einem sizilianischen Bergdorf eine Stelle antritt, wird sie über Nacht zur Respektsperson. Wer sie beleidigt, wird am nächsten Morgen tot auf der Piazza gefunden. Ein undurchschaubares, unerklärliches Netz ist um sie gesponnen. Sie steht unter dem Schutz »ehrenwerter« Leute und weiß nicht warum. Das Dorf wird ihr zum Alptraum.
Ein Kriminalroman ohne Täter, ohne beruhigende Aufklärung der Morde, ohne sichtbare Motive. Ein Schlüssel zum absurden Gesetz des Schweigens.

»Dieses hochspannende Buch, bei dem ich heute noch eine Gänsehaut bekomme, empfehle ich nicht als Krimi, sondern als Gesellschaftsstudie, in der die Machenschaften der Mafia auf literarische Art und Weise spürbar gemacht werden. Was in der Geschichte offen bleibt, wurde im realen Leben deutlich: der Autor wurde vor seinem Theater umgebracht.«

Paule-Francoise Goyheneix, www.hugendubel.de

»Ein großartiges, packendes und stellenweise verstörendes Buch. Eindrucksvoll schildert Fava die Angst und das Schweigen der Menschen angesichts des Bösen, das in ihrer Stadt geschieht und dessen Namen niemand auszusprechen wagt.«

Petra Pluwatsch, Kölner Stadt-Anzeiger